크로스오버 3: 사회의 탐색

크로스오버 3: **사회의 탐색**

사회의 탐색

장세진 | 유정민 | 고재민 | 최준혁 지음

인하대학교 출판부

[필진]

장세진(인하대학교 경제학과 명예교수) 제1편 경제 집필

유정민(인하대학교 학부대학 교수) 제2편 경영 집필

고재민(인하대학교 경영학과 교수) 제3편 회계 집필

최준혁(인하대학교 법학전문대학원 교수) 제4편 법학 집필

[머리말]

사회의 탐색에 초대합니다

이 책은 이공계 대학생들이 사회과학 중 경제학, 경영학, 회계학, 법학의 4개 분야를 한 학기 강의만으로 빠르고 쉽게 탐구할 수 있도록 설계되었습니다. 우리는 이공계 대학생들이 전공을 뛰어넘어 교양인으로서 경제, 경영, 회계, 법과 제도 등의 사회현상을 이해할 수 있기를 기대합니다.

원래 대학교(university)는 보편 교육(universus+stadium), 즉 보편적 지성을 갖춘 교양인을 양성하는 것을 목적으로 생겨났다고 합니다. 그러나 학문이 발전함에 따라 대학 교육은 전문 교육, 특수 교육으로 옮아갔습니다. 좁은 전공은 깊은 전문지식을 익히는데 유리하지만 시야를 좁게 만드는 경향이 있습니다. 좁은 시야는 상황의 변화에 취약하고, 창의적 사고를 어렵게 하기도 합니다. 우리는 이공계 학생들이 좁고 깊은 전공을 넘어 시야를 크게 넓혀서 전공과 사회과학의 지식을 융합할 수 있게 되기를 기대합니다. 창의적 사고와 문제해결능력은 그러한 융합에서 나오는 경우가 많기 때문입니다. 건축학도도 주택의 가격이 결정되는 원리를 이해해야 하고, 다양한 부품을 조립하여 로켓엔진을 만드는 사람도 생산의 조직과 회계를 알아야 하고, 여러 프로그래머를 동원하여 컴퓨터 게임을 개발하는 사람도 고용 계약을 이해하고 있어야 합니다. 우리는 이공계학생들이 사회가 어떻게 서로 협력하고 때로는 갈등하는지, 최고경영자가 어떻게 조직을 유지하고 혁신을 달성하는지, 상장 기업이 공시하는 재무제표가 무엇을 의미하는지, 고용계약이나 임대차 계약서를 어떻게 작성하는지 이해할 수 있게 되기를 바랍니다.

사회과학은 사람들이 자유의지에 따라 상호의존적으로 행동하면서 생겨나는 사회현상을 연구하는 학문 분야입니다. 왜 같은 사람에 관한 연구인데, 코로나19와 같은 질병의 진단과 치료에 관하여 연구하는 의학은 자연과학으로 분류하고, 같은 질병이 국민소득과 고용에 미치는 영향을 연구하는 경제학은 사회과학으로 분류할까요? 질병에는 자유의지에 따른 선택이 개입하지 않았고, 소득과 고용에는 그러한 선택이 개입하기 때문입니다. 자연과학의 "자연"스러움은 자유의지의 선택이나 개입이 없었다는 의미입니다.

그러면 자유의지에 따른 사람의 행동은 변덕스럽고, 또한 그 상호작용은 복잡하고 예측하기 어렵기 때문에, 과연 사회과학이 과학으로 성립할 수 있는지 의심할 수 있습니다. 일찍이 프랑스의 철학자 오귀스트 콩트(1798-1857)는 『실증철학강의』에서 자연현상에 일정한 법칙이 있는 것처럼 "사회물리학"에도 그런 법칙이 존재할 수 있음을 논증한 바 있습니다. 그에 의하면 과학은 신학적 단계, 형이상학적 단계를 거쳐 실증적 단계에서 완성되고, 사회물리학은 가장 총체적인 학문으로 가장 마지막에 실증적 단계에 도달하는 과학입니다. 사실 우리는 암묵적으로 그러한 법칙성의 존재를 믿고 있습니다. 그런 믿음이 없다면, 그래서 다른 차들이 언제든지 중앙선을 넘어서 달려올 수도 있다고 의심한다면, 우리는 자동차를 몰고 고속도로를 달릴 엄두를 내지 못할 것입니다.

사람의 행동선택에 규칙성이 있다고 하더라도 이를 연구하는 것이 자유의지의 존재를 부정하고 인간의 존엄을 해치는 것으로 여겨서 꺼릴 수도 있습니다. 그렇지 않습니다. 자연현상을 깊이 이해할수록 우주와 생명은 더욱 존엄하고 신비롭게 느껴지지 않습니까? 같은 이유에서 사회현상을 깊이 이해할수록 인간은 더욱 존엄하고 신비롭게 느껴집니다. 천체의 운동이나 병의 원인을 모를 때, 우리는 자연은 변덕스럽다고 생각하면서 신화나 미신에 따라 무지와 불안 속에서 전통과 관습을 조심스럽게 따라 할 수밖에 없습니다. 마찬가지로 사람의 행동이나 상호작용의 이치를 모를 때, 우리는 인간은 변덕스럽다고 생각하면서 무지와 불안 속에서 전통과 관습을 따라 할 수밖에 없습니다. 사람의 행동과 상호작용에 관한 이해가 깊어지면서 우리는 서로 믿고 소통하고 창조적으로 협력할 수 있게 됩니다.

물론 개인의 행동이나 사회현상은, 자연현상(예: 물리적 입자의 운동)과는 달리, 역사적·문화적 배경에 따라 달라집니다. 그렇지만 역사나 문화에 따라 사회현상이 달라질 수 있다는 것은 과학적 탐구의 도전이 될 뿐이지, 탐구를 중단할 사유가 되지는 않습니다. 사회과학의 탐구는 더욱 창의적이고 다면적인 탐구를 필요로 할뿐입니다.

사회과학의 연구에서 주의할 점이 또 있습니다. 자연과학과는 달리 사회과학에서는 연구 대상에 연구자 자신의 입장을 투영하여 그 행동선택을 유추할 수도 있습니다. 자신의 정보와 지식, 심지어 가치판단까지 투영하기도 합니다. 경우에 따라 도움이 되기도 하지만, 이러한 투영은 종종 복잡한 사회현상에서 이론적 추론과 관찰의 해석을 편향시키기도 합니다. 어떤 이념적 편향은 때로는 과학적 탐구를 어렵게 할 정도로 심각할 수도 있습니다. 그렇지만 칼 만하임의 말처럼 소수의 천재는 어떤 이념적 편향도 극복하고 진리의 바위에 굳건히 서서 과학적 진리를 탐구할 수도 있습니다. 실증적 진리를 추구하는 과정에서 연구자는 자연과학자와 마찬가지로 가치 판단을 유보하여야 합니다. 독일의 사회학자 막스 베버는 이를 사회과학의 몰가치성(wertfreiheit)이라고 불렀습니다. 자연과학과 마찬가지로 실증적 진리를 어떻게 이용하는지는 물론 연구자의 자유이고, 그의 가치 판단에 따를 수 있습니다.

이 책은 크게 경제, 경영, 회계, 법학의 네 편으로 구성되어 있습니다. 저자들은 어떤 편부터 시작해서 어떤 순서로 공부해도 상관없도록 각 편을 독립적으로 집필하였습니다. 학생들은 가장 관심 있는 편부터 또는 가장 자신 있는 편부터 학습하기 시작해도 좋습니다. 거기서 시작해서 다음으로 관심 있는 부분, 또는 다음으로 자신 있는 부분으로 옮겨가면 됩니다. 각 편은 서로 독립적이면서도 유기적으로 연관되어 있습니다. 어떤 순서로 읽고 공부하든, 먼저 읽고 공부한 부분과의 관계를 생각하면서 탐구하는 것이 우리의 탐구여행을 더욱 의미 깊게 만들 것입니다. 이하에서는 책이 묶여 있는 순서에 따라 과목별 개요를 소개하려고 합니다.

경제학은 의식주와 같이 필요한 재화와 서비스가 어떻게 생산되고, 교환되고, 소비되는가에 대한 체계적인 연구입니다. 경제편의 필자는 이를 개인의 행동선택, 개인간의 상호작용, 국가경제의 성장과 변동의 3개장으로 구분하여, 각각 일곱 가지 원리로 나누어 설명하고 있습니다.

먼저 개인의 행동선택에 관한 일곱 가지의 원리는 세상에 공짜는 없다는 원리에서 출발합니다(원리1). 즉, 무언가를 얻으려면 다른 무언가를 잃어야 합니다. 얻는 것을 이득, 잃는 것을 비용이라고 합니다. 사람의 행동은 선택의 결과이고, 선택은 이득과 비용을 비교해서 이루어집니다(원리2). 행동의 선택은 어떤 대안이 있는가에 따라 달라집니다. 사과를 사는 것처럼 임의의 자연수를 선택할 수 있다면, 수량의 선택은 마지막 단위의 이득과 비용을 비교해서 이루어집니다(원리3). 어떤 행동을 장려하기 위해 이득을 증가시키면 그 행동은 장려됩니다(원리4). 쓴약을 먹을 때처럼 나중의 이득이나 비용도 잊지 말아야 합니다(원리5). 지금은 쓰지만, 병이 치료되니까요. 올바른 선택을 위해서 정보가 필요하지만, 정보를 얻는데도 비용이 들면 사람은 적절한 수준까지만 정보를 얻습니다(원리6). 사람들은 지식과 학습에 따라 행동선택이 달라질 수 있습니다(원리7). 이득과 비용의 인식이나 전망이 달라지기 때문입니다.

사회 현상은 단순히 개인 현상의 합이 아닙니다. 1+1은 적절히 협력하느냐 여부에 따라 3이 될 수도 있고 1이 될 수도 있습니다. 거래는 둘 이상의 사람들이 자발적인 합의에 따라 가치 있는 물건을 주고받는 것입니다. 거래는 당사자 모두에게 이득을 가져옵니다(원리8). 그렇지 않으면 자발적으로 합의하지 않았을 테니까요! 거래의 이득은 교환의 이득과 분업의 이득으로부터 생깁니다. 거래에는 탐색, 협상, 계약, 이행을 위한 비용도 듭니다(원리9). 이 비용이 거래이득보다 크면 거래는 이루어지지 않습니다. 그러므로 거래비용을 줄이기 위하여, 시장과 화폐가 발명되기도 합니다. 거래이득은 갈등을 초래하기도 합니다(원리10). 사회는 거래제도를 체계적으로 만들고 발전시킵니다(원리11). 시장경제에서 가격은 경제문제를 푸는 핵심적인 매개변수가 됩니다. 그 가격은 수요와 공급에 의하여 결정됩니다(원리12). 수요와 공급은 가격과 아울러 생산소비량을 결정하기도 합니다. 시장에서 결정되는 생산소비량은 거래의 이득(분업과 교환의 이득)을 모두 활용한다는 점에서 사회적으로 바람직합니다(원리 13). 그렇지만 독과점이 있거나 공해가 생기거나 품질정보가 잘못 알려지는 경우에는 정부가 개입하여 시장성과를 개선할 수 있습니다(원리14).

국가경제 전체를 이해하려면 나무가 아니라 숲을 보는 시각이 필요합니다. 경제전체로서는 생산이 있어야 소득이 생깁니다(원리15). 결국 경제성장을 위해서는 생산성이 증가해야 하고, 이를 위해서는 자본축적과 기술진보가 필요합니다(원리16). 화폐의 가치는 화폐의 수요와 공급에 의하여 결정되는데 이로부터 인플레이션(화폐가치의 지속적 하락)은 과도한 통화증가가 원인임을 알 수 있습니다(원리17). 경제에는 코로나19같은 충격들이 닥칠 수 있고 이들은 여러 주체와 시장 사이의 상호작용을 거쳐서 경제에 반영됩니다. 그 결과 경기는 호황과 불황을 번갈아 겪게 됩니다(원리18). 정부는 통화정책과 재정정책을 통해서 이러한 경기변동을 완화시킬 수 있습니다(원리19). 이제 국제무역으로 넘어가 국제무역은 개인간 거래와 마찬가지로 당사국 모두에 이롭습니다(원리20). 환율은 두 통화 사이의 교환비율입니다. 환율도 일종의 가격이므로 환율은 외환의 수요와 공급에 의하여 결정됩니다(원리21).

수백 년 동안 발전해온 경제학의 지혜와 통찰을 불과 21개의 원리로 요약할 수 있다는 것은 놀라운 일이 아닐까요? 각각의 원리마다 체계적인 논증과 풍부한 예시가 들어 있어서 지적 도전을 한껏 즐길 수 있는 경제학 탐구가 될 것으로 생각합니다.

경영학은 기업의 목적을 달성하기 위하여 인적, 물적자원을 효과적으로 계획, 조직, 지휘, 통제하는 과정을 탐구하는 학문입니다. 경영편의 저자는 먼저 사회적 환경의 변화에 따라 기업 경영자의 책임이 기업의 이윤극대화라는 경제적 책임에 그치지 않고, 기업의 환경적 책임, 사회적 책임, 나아가 지배구조 개선을 포함하는 ESG(environmental, social and governance) 경영으로 확대되고 있다고 지적합니다. 더욱이 기술환경의 변화에 따라 글로벌 시대, 디지털 시대에 맞추어 기술환경이 변화하고 불확실성이 증대함에 따라 기업 경영도 환경 변화에 대해서 유연하고 기민한 대응이 필요하게 변화하였다고 설명합니다. 이후 저자는 경영 전반을 크게 제2장 인적자원관리와 경영의사결정, 제3장 소비자 선택에 대한 이해, 제4장 재무적 관점에서의 경영 활동으로 구분하여 탐구하고 있습니다.

제2장 인적자원의관리와 경영의사결정에서 저자는 기업 조직은 업종과 환경에 따라 다양한 구조가 가능하지만, 어느 조직 구조에서나 수평적, 수직적 업무 분장과 아울러 이를 전사적으로 통합하기 위한 권한의 배분이 필요하다고 설명합니다. 인적자원관리를 위해서 먼저 적합한 인적자원을 선발하여 이들을 적절한 교육·훈련을 거쳐 조직에 배치하고 이들의 성과를 모니터하여 배치를 조정해 나가야 합니다. 분장된 업무를 통합하

기 위한 경영의사결정과정은 최고경영층, 중간관리층, 현장관리층으로 중층화되는 것이 보통입니다. 기업 경영에 바람직한 리더십도 지시형, 비전형, 민주형, 코치형으로 역사적으로 변천되어 왔습니다. 나아가 저자는 경영 전략을 수립하는 기법의 하나로 SWOT(strength, weakness, opportunity and threat) 분석을 소개하고, 경쟁력 우위 전략으로 가격, 품질, 유연성, 신속성 등이 선정될 수 있다고 지적합니다.

제3장 소비자의 선택에 대한 이해에서는 역사적으로 고객 중심 경영의 중요성이 점차 강조되는 과정이 소개됩니다. 전통적으로 낮은 가격과 높은 품질로 제품을 대량생산하거나 기술혁신을 이루고 이들을 광고하여 판매하는 것이 정석이었지만, 이제는 제품 개발단계에서부터 고객의 요구를 반영하여, 마케팅의 모든 단계인 4P(product, price, place, promotion; 제품개발, 가격결정, 유통경로, 판매촉진)를 고객의 요구에 맞도록 설계해야 한다고 설명합니다. 이제 이윤은 제품의 생산이 아니라 소비자의 만족에서 생긴다고 말합니다. 그래서 소비자의 행동, 제품의 선택과정을 잘 이해하여야 합니다. 소비자와 경쟁사의 환경을 고려하여 목표 시장을 좁고 깊게 선택하여야 합니다. 또한 저자는 초연결 시대, 글로벌 시대, 빅데이터 시대에 맞추어 소셜 마케팅과 고객 맞춤 알고리즘을 적극 활용하여야 한다고 지적합니다.

제4장 재무적 관점에서의 경영에서는 기업 경영을 위한 자금의 조달, 운용, 배당에 관한 의사결정에 관한 재무관리를 탐구합니다. 재무관리는 장기적인 자산, 부채, 자본의 관리와 더불어 단기여유자금의 관리를 포함합니다. 일반적인 투자의사결정의 이해를 돕기 위해 먼저 미래 수익에 대한 현재가치의 개념을 소개합니다. 투자의 적정성을 판단하려면 투자비용의 현재가치와 미래 투자수익의 현재가치의 합계를 비교해야 합니다.

단기여유자금의 관리를 위해서 저자는 포트폴리오 이론을 소개합니다. 포트폴리오(portfolio)란 증권이나 주식을 어떤 비율로 혼합해서 갖는가를 나타내는 용어입니다. 투자자는 수익률은 높으면서 위험은 낮은 포트폴리오를 선택하려고 노력합니다. 마코위츠 등의 자본자산가격결정모형은 무위험 채권이 있고 투자자의 정보가 동일할 때, 시장균형에서 개인의 최적 포트폴리오가 어떻게 시장 포트폴리오와 같아지는지를 알려 줍니다. 재무전문가는 이로부터 증권시장선을 도출하여 개별 증권 가격이 적정한지 여부를 평가할 수도 있습니다. 전통적으로 수익률과 위험을 평가하는 과정은 재무전문가의 영역이었지만, 이제는 로보어드바이저와 같은 AI가 재무전문가의 역할을 대체해 가고 있습니다.

기업회계는 기업활동을 화폐적 측면에서 측정, 기록, 정리, 보고하는 것입니다. 회계편의 제1장과 제2장은 일종의 서론으로 우리가 왜 회계를 공부해야 하고, 왜 회계를 어렵게 생각하는가를 설명하고 있습니다. 드라마 『미생』에서처럼 회계팀만이 아니라 영업팀에서도 회계를 이해해야 합니다. 구매팀이나 연구개발팀이라도 마찬가지입니다. 결국 기업경영의 의사결정은 막연한 감이 아니라 구체적인 수치에 근거해야 하기 때문입니다. 사실 소비자도 투자자도 회계를 이해해야 합니다. 회계는 경영의 언어입니다. 계정과목은 그 언어의 중요한 단어입니다. 우리는 회계의 언어를 통해서 거래를 분류하고 기록하고 소통할 수 있습니다.

회계에 대한 본격적인 설명은 다음의 3개 장에서 진행됩니다. 제3장 회계 맛보기에서는 기타 동아리의 현금출납부를 통해서 왜 현금의 수입, 지출을 기록하는 것만으로는 재무상태나 성과를 파악하기에 미흡한지를 보여줍니다. 여기서 출발하여 기업의 재무상태와 경영성과를 파악하려면, 왜 발생주의와 복식부기가 필요한지도 설명하고, 이로부터 손익계산서와 재무상태표는 무엇인지를 설명하기도 하고, 나아가 회계부정이 어떻게 발생하고, 이를 막기 위한 회계감사의 역할이 무엇인지까지 설명합니다. 복식부기에서 모든 거래는 △자산+비용=△부채+△자본+수익의 등식(△는 증가분을 나타내는 표식입니다)을 유지하면서 왼쪽(차변)과 오른쪽(대변)

에 동시에 기록됩니다. 그래서 단식이 아니라 복식입니다. 예컨대, 자산이 100만큼 증가했다면, 부채가 100만큼 증가했거나 수익이 100만큼 증가하거나 부채와 수익이 50만큼씩 증가하여, 좌변 합계와 우변 합계가 같은 금액 100만큼이 기록된다는 말입니다. 이러한 복식부기는 자기검증이 될 뿐만 아니라, 원인과 결과를 함께 기록하는 것에도 해당합니다. 복식부기로부터 일정 시점의 재무상태를 "자산=부채+자본"이라는 재무상태표의 형식으로 나타낼 수도 있고, 일정 기간의 경영성과를 "비용+순이익=수익"이라는 손익계산서의 형식으로 나타낼 수도 있습니다.

이어 제4장 재무제표 이해하기에서 저자는 자산, 부채, 자본을 어떻게 구분하여 재무상태표를 작성하는지, 또한 비용, 수익, 이익을 어떻게 구분하여 손익계산서를 작성하는지를 설명합니다. 적절한 계정과목으로 재무상태표와 손익계산서를 구분하는 것은 회계기록의 요약과 정리를 위해서 매우 중요한 일입니다. 재무상태표에서 자산과 부채는 1년 기준으로 유동자산/비유동자산, 유동부채/비유동부채로 구분하여 계상합니다. 손익계산서에서 이익은 매출총이익, 영업이익, 법인세비용차감전이익, 당기순이익으로 구분하여 작성합니다. 현금흐름표는 발생주의를 보완하기 위하여 현금 및 현금성자산의 증감을 영업활동, 투자활동, 재무활동에서 비롯된 것으로 구분하여 작성합니다.

마지막으로 제5장에서는 재무제표(재무상태표, 손익계산서, 현금흐름표)로부터 대표적인 수익성 비율, 안전성 비율, 활동성 비율, 성장성 비율 등을 계산하고 해석하는 방법을 설명하고 있습니다. 수익성은 기업이 얼마나 이익을 남겼는가를 판단하는 지표로, 영업이익률, 총자산이익률(ROA), 자기자본이익률(ROE) 등으로 분석합니다. 안전성은 기업의 파산 가능성은 없는가를 판단하는 지표로, 유동비율, 당좌비율, 부채비율, 이자보상비율 등이 이용됩니다. 활동성 비율은 기업의 영업활동이 얼마나 활발한가를 판단하는 지표로, 총자산회전율, 재고자산회전율 등이 이용됩니다. 마지막으로 성장성 비율은 기업이 얼마나 성장하고 있는가를 판단하는 지표로 총자산, 매출액 또는 영업이익의 증가율 등이 이용됩니다.

회계편의 저자는 재무제표와 재무비율 분석을 보여줄 때 구체적으로 우리 나라의 대표기업인 삼성전자(2020년)의 실제 자료를 사용하고 있어서 현장감을 더해 줍니다. 이러한 학습을 통해서 학생들은 회계를 기록하고 정리하는 구체적인 절차와 과정은 모르더라도 그 원리를 이해함으로써, 공시된 재무제표를 해석하고 활용할 수 있을 것으로 기대됩니다.

법은 국가가 이행을 보장하는 인위적 규범의 체계입니다. 법은 개인의 윤리적 판단에 의존하는 도덕이나 예절과 달리 국가가 공권력으로 강제하는 최소한의 게임의 규칙입니다. 법학은 이러한 인위적이고 강제적인 규범이 어떻게 구성되어야 하고, 구성되어 있고, 어떻게 해석하고 적용되어야 하는지를 연구합니다.

법이 보편성과 일관성을 가진 보편적 규범으로 작동하도록 하기 위하여 법은 고유한 언어체계로 구성됩니다. 그래서 비전문가들이 법을 이해하기 어렵기도 합니다. 법학편의 저자는 법학을 제1장 나, 사회, 국가, 제2장 개인과 개인의 관계(1), 제3장 개인과 개인의 관계(2), 제4장 법과 나, 그리고 사회의 4개장으로 나누어 안내하고 있습니다.

제1장에서 저자는 법을 국가와 개인의 관계를 다루는 공법과 개인과 개인의 관계를 다루는 사법으로 구분하고, 살인, 강도, 강간과 같은 범죄의 처벌을 왜 국가가 담당하여야 하는가를 설명하고 있습니다. 그렇지만 양심적 병역 거부같이 형사 처벌의 정당성이 논쟁의 대상이 될 수도 있습니다. 저자는 남에게 해를 끼치지 않으면 자유에 맡겨야 한다는 "해악원칙"(harm principle)을 소개하면서, 헌법의 목적은 국가의 과도한 권력으로

부터 개인을 보호하는데 있다고 말합니다. 또한 정의의 여신이 변천되어온 역사적 과정을 설명하면서, 정의는 올바른 절차와 합리적인 토론으로 만들어가는 것이라고 밝힙니다.

제2장에서 저자는 우리가 흔히 접하는 핸드폰 약정, 부동산임대차 계약, 고용계약, 구매계약 등의 계약의 법적 성격을 탐구합니다. 모든 인간이 자유롭고 평등하다는 이념이 민법의 자유계약 원칙의 바탕이 되고 있음을 설명하면서 근대 민법의 3대 원칙으로 사적 자치의 원칙, 사유재산권 존중의 원칙, 과실책임의 원칙을 소개합니다. 다만 사회적 약자가 있거나, 비대칭정보가 있는 경우, 국가가 약자를 보호하려고 개입할 수 있습니다. 저자는 구체적으로 계약서의 작성방법을 단계별로 소개하고, 필요에 따라 표준계약서를 이용할 수 있음을 알려줍니다. 나아가 저자는 계약이 이행되지 않았을 경우, 불이행의 손해를 보상 또는 배상 받는 방법에 대해서도 민사소송과 형사소송으로 나누어 설명합니다.

제3장은 법률을 통해 문제를 해결하는 방법을 설명합니다. 저자는 구체적으로 인터넷 댓글을 통한 명예훼손이나 모욕, 음란 동영상 유포의 경우를 들어 법조문과 그 해석, 또한 해석의 방법을 둘러싼 논쟁을 소개합니다. 법률 용어가 일반용어와 다르고, 문리를 따르느냐, 논리를 따르느냐, 입법 취지를 따르느냐, 사회경제적 목적을 따르느냐에 따라 해석이 달라질 수 있습니다. 다만 민법과 달리 형법에서는 죄형법정주의에 따라 유추해석이 금지됩니다. 나아가 저자는 자백과 조서를 설명하면서, 개인이 피의자로 조사를 받을 때 유의할 점도 언급하면서, 변호사의 도움이 중요하다는 점을 강조합니다. 저자는 CCTV와 달리 블랙박스는 아무런 규제를 받지 않고 사생활을 침해할 수 있음을 지적하기도 합니다.

제4장은 사회적 약자를 보호하는 법의 기능을 탐구합니다. 예컨대 아르바이트 임금을 받지 못하면 어떻게 구제 받을 수 있을까요? 내용증명을 통한 분명한 요구, 근로감독관의 도움, 마지막으로 민사소송의 방법이 있습니다. 이를 통해 저자는 민법, 형법 상의 시효를 설명합니다. 임금채권의 시효는 3년이고, 법은 권리 위에서 잠자는 자를 보호하지 않습니다. 나아가 저자는 사회적 약자가 있을 때 어떻게 평등권이 확장되는지를 설명합니다. 남녀 차별, 장애인 차별은 같은 기준을 적용하는 기계적 평등을 의미하는 것이 아닙니다. 그 차이를 고려하여 일방적으로 불리한 결과를 초래하지 않도록 배려하여야 평등해지는 것입니다. 권리는 스스로 찾아야 하고 개인으로 힘이 딸리면 연대해서 찾아야 합니다. 그것이 단결권, 단체교섭권, 단체행동권의 노동3권이 생겨난 이유이기도 합니다.

법은 우리의 공동체를 형성하고, 안전을 확보하고, 자유를 보장하고, 더 나은 사회로 이끌어가기도 합니다. 법이 추구하는 정의는 명확하게 규정되는 것이 아니라, 명백히 정의가 아닌 것으로부터 희미하게 도출되는 것일지 모릅니다. 그런 의미에서 토론과 소통 자체가 정의일지 모른다고 저자는 조심스럽게 술회합니다.

이 책의 저자들은 독자인 이공계 대학생들이 분명한 문제의식을 가지고 경제, 경영, 회계, 법학의 각 과목들을 탐구하기 바랍니다. "나는 이 장을 읽고 난 후 어떤 문제에 답할 수 있으면 좋겠다"는 마음으로 문제 2-3개를 미리 설정하고, 그 문제에 대한 답을 찾는다는 마음으로 책을 읽거나 강의를 들은 후에, 저자나 교수가 설명하거나 암시하는 답안을 자신의 말로 요약하고, 다시 이를 비판적으로 수용하거나 발전시킨 답을 자신의 말로 정리해 보라는 의미입니다. 이러한 학습법을 설문법이라고 합니다. 설문법은 지식의 습득은 물론, 비판적 사고능력과 창의적 문제해결능력을 기르기 위한 최선의 학습방법으로 알려져 있습니다.

학생 여러분은 경제, 경영, 회계, 법학의 어느 분야에서든 적지 않은 전문용어를 만나게 될 것입니다. 전문용어를 이해하는 것은 의성어나 의태어를 이해하는 것과 비슷합니다. 개가 "멍멍" 짖는다고 할 때, 정말로 개가

"멍멍" 짖는 것은 아닙니다. 언어마다 표현하는 말이 다를 수 있습니다. 우리 나라에서는 개가 짖는 소리의 집합에 "멍멍"이라는 이름을 붙여서 대표하게 했다고 보아야 합니다. 이를 이해하면 그 집합을 멍멍이라고 칭하든, X 또는 Y라고 칭하든 상관이 없다는 것을 알게 됩니다. 전문용어도 마찬가지입니다. 과학적 탐구과정에서 현실을 관찰하고 검증할 때, 전문용어도 결국 보통의 용어로 번역되어야 하기 때문입니다. 전문용어를 이해하는 것도 지식이라고 부를 수 있지만, 정작 중요한 것은 전문용어가 아니라 그에 담겨진 내용이라는 뜻이기도 합니다.

중요한 것은 용어가 아니라 관계입니다. 자연과학에서든, 사회과학에서든, 본질적이고 중요한 것은 둘 이상의 사실 사이에서의 관계입니다. 사실은 문장으로 표현할 수 있고, 문장은 주어(명사)가 술어(동사)를 결합해서 만들어집니다. 다음은 문장으로 표현된 두 사실입니다. "낯선 사람이 나타난다." "개가 멍멍 짖는다." 다음은 두 사실을 조건으로 연결한 문장으로 사실과 사실의 관계를 타나냅니다. "낯선 사람이 나타나면, 개가 멍멍 짖는다." 조건부 문장으로 표현된 사실 사이의 관계는 현상을 설명하거나 예측합니다. 이러한 사실 사이의 관계에 대해서 우리는 이론을 세우고, 관찰에 의하여 검증할 수 있습니다. 이는 자연현상을 다루든, 사회현상을 다루든 마찬가지입니다. 위에서 학생들에게 권유한 설문법은 사회 현상으로서 사실 사이의 관계를 학습하고 이해하는 최선의 방법이기도 합니다.

사회과학은 자유의지를 포함하는 현상을 다룹니다. 자유의지는 연구의 대상이기도 하고, 연구의 주체이자 정책의 수단이기도 합니다. 우리는 나를 포함한 인간의 자유의지가 어떤 사회현상을 초래하는가를 실증적으로 연구할 수 있습니다. 이것은 자연과학과 유사합니다. 그런데, 우리는 또한 주관적으로 내가 어떻게 행동해야 하는지, 즉 행동의 당위적 규범적 측면을 연구할 수도 있습니다. 가치판단은 자연과학에 없는 사회과학의 독특한 측면입니다. 때로는 가치판단이 실증적 연구를 방해할 수도 있습니다. 주관적 선입관이 객관적 사고를 방해할 수 있기 때문입니다. 이것이 사회과학에서 비판적 사고능력이 더 중요하게 되는 이유이기도 합니다. 이 사회의 탐색을 배우는 과정에서 학생 여러분들의 비판적 사고능력이 더욱 예리해지기를 기대합니다.

2022년 2월 2일
저자 일동

크로스오버 3

사회의 탐색

Contents **목 차**

제1편 경제

제2편 경영

제3편 회계

크로스오버 3
사회의 탐색

Contents **목 차**

제4편 법학

제 1 편
경제

장세진
인하대학교 경제학과 명예교수

01

개인의 행동 선택에 관한 일곱 가지 원리

경제학을 희소성의 학문(science of scarcity)이라고 합니다. 희소성(scarcity)이란 사람의 욕망에 비하여 욕망을 충족시켜주는 자원이 부족한 것을 말합니다. 거꾸로 자원에 비하여 사람의 욕망이 크다고 말할 수도 있습니다. 욕망이 아무리 커도 자원이 충분히 많다면 희소성은 해소됩니다. 그런 세계를 패러다이스(Paradise)라고 부릅니다. 거꾸로 욕망이 충분히 작으면 희소성이 해소됩니다. 그런 세계를 니르바나(Nirvana)라고 부릅니다. 그런데 현실은 패러다이스도 니르바나도 아닙니다. 우리가 살고 있는 세계는 희소성이 지배하고 있다는 사실을 희소성의 법칙이라고 부릅니다. 경제학은 희소성의 법칙이 지배하는 세계를 연구합니다. 경제학은 개인이 희소한 자원을 어떤 용도를 선택해서 사용하는가, 그러한 행동의 선택이 상호 작용을 통하여 어떤 사회 현상을 초래하는가를 연구하기 때문에 선택의 과학(science of choice)이라고 부르기도 합니다.

경제학

우리말의 경제학(經濟學)이라는 용어는 원래 나라를 다스리고 백성을 구제한다는 경세제민(經世濟民)에서 비롯되었다고 합니다. 경제학을 의미하는 영어 에코노믹스(economics)는 원래 집을 의미하는 그리스어 오이코스(oikos)에서 비롯되었다고 합니다. 가계에서 국가에 이르기까지 의식 주라는 물질적 문제일 해결하기 위하여 경제학이 연구되기 시작한 것입니다. 경제학의 아버지로 일컬어지는 아담 스미스는 경제학을 국부(國富, national wealth)에 관한 연구라고 보았습니다. 알프레드 마샬은 경제적 복지에 필요한 물질의 획득과 사용에 관련된 개인과 사회의 행동에 관한 연구라고 보았습니다. 다만 경제적 복지라는 개념도 시대와 나라에 따라 변화하고, 교육, 의료, 안전 등 비물질 복지도 중요해 졌습니다. 그래서 경제학을 좀더 추상적으로 선택의 과학이라고 부르는 것입니다.

선택의 과학이라는 경제학의 정의는 지나치게 넓고 추상적으로 보이지만, 경영학, 정치학, 심리학 등 사회과학의 다른 부분과 분명한 차이가 있습니다. 경영학은 원래 경영 경제학이라는 경제학의 한 분야로 출발했지만, 이제는 독립된 학문 분야로 생산 조직인 기업의 내부 경영에서의 선택의 문제에 집중하고 있습니다. 정치학은 정치권력이라는 현상을 연구하여 희소성이 주된 관심이 아닙니다. 심리학은 희소성 하의 합리적 선택보다는 선택의 심리적, 정서적 편향에 관심을 갖습니다.

경제학적 사고방식

좋든 싫든 경제학 또는 경제 사상은 현실에 심대한 영향을 미쳐왔습니다. 아담 스미스의 국부론이 자본주의 시장경제를 꽃피우게 하였다면, 칼 마르크스의 자본론은 공산주의 계획경제를 출범시켜서 세계를 동서 진영으로 나누기도 하였습니다. 소련과 동구권이 해체된 지금도 좌우의 이념은 여전히 여러 문제에서 대립되고 있습니다.

알프레드 마샬 이후, 경제학의 연구대상이 상품의 생산, 소비에서, 교육, 보건, 범죄, 정치로 넓어져 감에 따라, 경제학을 정의하기가 점점 어려워졌습니다. 그래서 때로는 경제학은 "경제학자들이 하는 것"이라고 풍자하기도 합니다. 더욱이 경제학자마다 주장하는 것이 달라서 열 사람의 경제학자가 모이면 "열 두 개의 주장"이 나온다고 조롱하기도 합니다. 이러한 다양성이 경제학의 중요한 일면을 나타내기도 합니다.

존 메이너드 케인즈는 경제학이 정책에 즉각 적용되는 결론의 복합체가 아니라고 말합니다. 그에 의하면, 경제학은 법칙들이 아니라, 경제학의 소유자를 올바른 결론으로 인도하는 마음의 도구이자 사고의 기술의 집합일 뿐입니다. 자유의지를 가진 사람들은 물리학처럼 정해진 법칙에 따라 행동하는 것은 아니라, 역사적·문화적 배경에 따라 복잡하게 반응하고 상호 작용하게 됩니다. 경제현상을 분석하기 위해서는 범인을 추리하는 탐정처럼 그 때마다 역사적·문화적 배경에 맞추어 스스로 기본적인 원리들을 조립하여 추론해 나가지 않으면 안 됩니다. 그래서 현황의 판단과 이념의 차이에 따라 중요한 현안 문제에 대해서 많은 이견이 생겨날 수도 있습니다

비록 많은 경제학자들이 중요한 현안 문제에 대해서 다른 의견을 가지고 있지만, 경제학자들이 동의하는 경제학적 사고의 기본적인 원리들이 있습니다. 그것을 우리는 경제학적 사고 방식이라고 부릅니다. 우리는 이 경제학자들이 동의하는 기본 원리를 중심으로 경제학을 탐색하려고 합니다. 우리는 이를 개인의 행동 선택에 관한 일곱 가지 원리, 개인간 상호 작용에 관한 일곱 가지 원리, 국가 경제에 관한 일곱 가지 원리, 총 스물 한 가지 원리으로 나누어 살펴보려고 합니다. 왜 원리인가요? 이 강좌는 원래 세 번의 강의로 경제학을 탐구하도록 기획되었습니다. 필자는 그 시간에 경제학적 사고 방식의 원리들을 살펴보는 것이 경제학을 탐구하는 가장 효과적인 방법이라고 생각했습니다. 이 원리들은 필자의 독창적인 사고의 소산이 아닙니다. 필자는 이들을 추출하고, 분류하여 원리의 형태로 정리했을 뿐입니다.

개인의 행동에 관한 일곱 가지 원리는 다음과 같습니다: ① 세상에 공짜는 없다; ② 이득과 비용을 비교하라; ③ 마지막 한 단위에 주목하라; ④ 인센티브는 중요하다; ⑤ 이차 효과를 잊지 마라; ⑥ 정보도 공짜가 아니다; ⑦ 사람은 추론하고 학습한다. 이제 이들을 하나씩 살펴보며 경제학의 탐구를 시작하겠습니다.

여러분들에게도 즐거운 지적 탐구 여행이 되기를 바랍니다.

원리 1 세상에 공짜는 없다

옛날 어느 황제가 넓은 나라를 잘 다스리기 위해서, 경제학에 관한 지식을 학자들에게 집대성하도록 명령했답니다. 수년이 지나 학자들은 일흔 다섯 권으로 된 경제학 전집을 마련했습니다. 왕은 너무 복잡하다고 이를 열 권으로 줄이라고 했답니다. 열 권으로 줄여도 왕은 너무 복잡하다고 생각되어 다시 한 권으로 줄이라고 했습니다. 한 권으로 줄인 후에도 여전히 너무 복잡하게 생각되었습니다. 왕이 물었습니다. "경제학을 한 문장으로 줄이면 어떻게 되지?" 신하는 답했습니다. "폐하, '세상에 공짜는 없다'입니다."

그렇습니다. 경제학은 좋은 것만 있을 수 없다고 말합니다. 늘 좋은 것 뒤에는 나쁜 것도 있다고 말합니다. 공짜로 보여도 숨겨진 비용이 있다고 말합니다. 미국에서는 "공짜 점심은 없다"고 말하는 수가 많습니다. 이를 약칭으로 "틴스타플"(TINSTAAFL, There isn't such thing as a free lunch)이라고 말하기도 합니다. 시인 키플링의 전언에 의하면 서부 개척시대 샌프란시스코의 주점에서는 공짜, 또는 공짜에 가까운 안주나 음식을 제공하였던가 봅니다. 물론 소시지나 짠 크래커나 대부분이어서 맥주를 많이 마시도록 유인하는 일종의 마케팅이었습니다. 지금도 라스베가스의 도박장에서는 공짜 뷔페를 쉽게 발견할 수 있습니다. 공짜 점심을 먹은 손님은 다른 형태로 대가를 지불하게 됩니다.

물론 공짜 점심만 먹고 맥주를 먹거나 도박을 하지 않으면 그 손님에게는 공짜가 됩니다. 그렇지만 누군가 다른 손님이 비용을 더 부담하게 됩니다. 어떤 사람은 군 입대를 피하면서 공짜 국방을 누릴 수 있습니다. 그렇지만, 누군가 다른 사람이 더 많이 부담하여야 합니다. 오래 전 어렵게 살던 고향 친구가 나에게 물은 적이 있었습니다. "세진아, 라디오에서 들으니, 북유럽 어느 나라에선가는 나라가 집을 지어준다더라. 왜 우리 나라에서는 안 그러니?" "친구야, 그건 어느 나라에서도 불가능해." "아니 분명히 들었어. 호숫가에 살고 싶다면 호숫가에 파란색 기와집을 지어주고, 산기슭에 살고 싶다면, 그곳에 초록색 기와집을 지어준다던데." "글세, 안 될걸? 누군가 집을 지어야 하잖아. 평생 집만 짓는 노예나 도깨비 방망이가 있으면 몰라도." 친구는 몹시 실망하는 눈치였지만, 경제학자는 대부분 그렇게 생각합니다. 그 친구, 다행히도, 지금은 집을 여러 채 가지고 잘 삽니다. 물론 나라가 마련해 준 것이 아니라, 본인과 가족이 열심히 일하고 절약해서 저축한 돈을 잘 굴린 덕입니다.

자원이 욕망보다 모자란 희소성의 세계에서 개인이 당면하는 첫 번째 문제는 세상에 공짜가 없다는 것입니다. 즉 무엇인가 희소한 것, 즉 가치 있는 것을 얻기 위해서는 다른 무엇인가 희소한 것, 즉 가치 있는 것을 포기해야 한다는 문제입니다. 여기서 가치(value)란 욕망을 직접, 간접으로 만족시켜주는 자원의 특성을 말합니다. 따라서 희소한 것은 가치 있는 것이기도 합니다. 우리는 얻는 가치를 이득(benefit, 보통

편익이라고 번역합니다만 "이득"이 이해하기 쉽습니다)이라고 부릅니다. 우리는 포기하는 가치를 비용(cost)이라고 부릅니다. 따라서 공짜는 없다는 것은 하나의 가치 있는 것을 얻기 위해서는 반드시 다른 가치 있는 것을 포기해야 한다는 것, 곧 모든 이득에는 반드시 비용이 따른다는 것을 의미합니다.

보통 이득과 비용을 말하면, 우리는 돈(money)을 떠올립니다. 누구나 돈을 원하는 만큼 가질 수 없기 때문에 개인에게 돈은 희소합니다. 또한 돈은 시장 경제에서 상인들이 공급하는 상품을 교환하는 매개이고, 가치를 평가하는 단위로 널리 사용되기도 합니다. 그렇지만, 돈은 나중에 다시 살펴보겠지만, 제도의 산물입니다. 따라서 개인에게는 희소하지만, 사회 전체로는 희소하지 않을 수 있습니다. 중앙 은행은 원하는 만큼 돈을 찍어낼 수 있기 때문입니다. 그것은 희소성 아래 개인의 행동을 제어하는 수단이지 그 자체가 희소한 것은 아닙니다. 아무튼 돈을 생각하는 것은 좀더 긴 논의를 필요로 하므로 뒤로 미루겠습니다. 유한한 생애를 사는 사람들에게는, 돈 못지 않게 희소하고 가치가 있는 것은 시간(time)입니다. 화폐가 없는 사회는 생각할 수 있어도 시간이 없는 사회는 생각할 수 없습니다. 여러분이 시간이라는 희소한 자원을 어떻게 사용하는지 생각해 봅시다.

기회비용

여러분은 지금 이 시간에 여기서 강의를 듣는(또는 이 책을 읽는) 대신, 공원을 산책할 수도, 낮잠을 잘 수도 있었습니다. 따라서 여러분이 학문이라는 가치를 얻는 대신, 산책이나 낮잠이라는 가치를 포기한 것입니다. 이들의 가치는 꼭 화폐 가치의 단위(원)로 표시할 필요는 없습니다. 그렇지만, 비교를 위해서는 같은 가치의 단위로 표시해야 합니다. 우리는 학문, 산책, 낮잠의 가치를 비교해서 그 중 가장 가치가 큰 것을 선택한다고 생각할 수 있습니다. 이 경우, 가치의 단위를 주관적 만족의 정도라고 합시다. 경제학자는 이를 효용(utility)이라고 부릅니다. 효용은 주관적 만족인 만큼 사람마다 다릅니다. 같은 사람도 상황에 따라 달라질 수 있습니다. 물리학의 CGS(cm, gram, second)처럼 표준적인 단위도 없습니다.

그래도 개인의 효용은 모든 경제활동의 가치를 판단하는 가장 기본적이고 궁극적인 기준인 것은 틀림없습니다. 우리는 임시로 그 단위를 유틸(util)이라고 부르겠습니다. 여러분 중 누군가(A군이라고 합시다)가 시간의 가능한 용도에 부여한 효용을 학문 100유틸, 산책 60유틸, 낮잠 80유틸이라고 합시다. (마침 A군은 어제 밤잠을 설쳐서 산책보다 낮잠이 더 가치 있다고 합시다). A군은 이 강의를 듣고 있습니다. 따라서 A군은 100유틸을 얻습니다. 그것이 이득입니다. 비용은 무엇일까요? 포기한 것은 산책과 낮잠입니다. A군이 강의를 듣지 않았어도 둘 다 선택할 수는 없습니다. 그 중 하나를 골랐어야 하고, 고른다면 더 높은 낮잠을 골랐을 것입니다. 따라서 비용은 낮잠의 효용인 80유틸입니다. 현재의 용도 대신 그 용도를 선택할 "기회"를 포기하였다는 의미에서, 포기한 가치 중에서 가장 높은 가치를 기회 비용(opportunity cost)이라고 부릅니다.

경제학에서 비용이라고 하면 항상 기회 비용을 의미합니다. 이 점을 잘 기억해 두기 바랍니다. 이는 회계학에서의 비용과 다를 수 있습니다. 회계학에서는 돈의 지출이 수반되는 것을 비용으로 정의합니다. 그러면, 이 강의를 듣는 비용은 등록금이나 교재대의 일부로 측정될 것입니다. 물론 등록금과 교재대가 있다면 그것도 경제학에서 기회비용이 됩니다. 그 돈을 다른 곳에 쓸 수 있었기 때문입니다. 그렇지만, 회계학에서는 돈의 지출을 수반하지 않는 것(A군의 시간)은 비용으로 간주되지 않습니다. 예를 들어 자영업자가 자신의 노력, 자금, 부동산을 사용한 것은 경제학에서는 비용(기회 비용)이지만, 회계학에서는 비용이 아닙니다. 거꾸로 어떤 비용은 회계학에서는 비용이지만, 경제학에서는 비용이 아닐 수 있습니다(나중에 설명하겠지만, 매몰 비용이라고 부릅니다).

어떤 자원(시간)이 희소한 경우, 한 용도에 사용하여 이득을 취하면, 다른 용도에 사용하는 것을 포기해야 하므로, 반드시 이득에는 비용이 따르기 마련입니다. 희소성의 정의에 따라 당연한 결론이라고 불평할지 모르겠습니다. 그렇습니다. 당연한 결론입니다. 다만, 희소성의 세계에서 얻는 것(이득)이 있으면 반드시 잃는 것(비용)이 따른다는 것을 잊어버리기 쉬우므로, 이렇게 강조해 둘 필요가 있습니다.

위에서 나는 개인의 효용(utility)이 모든 경제활동의 가치를 판단하는 가장 기본적이고, 궁극적인 기준이라고 말했습니다. 그렇다면 기회비용을 초래하는 가장 기본적이고, 궁극적인 제약은 무엇일까요? 그것은 기술(technology)입니다. 왜 우리는 강의를 들으면서 동시에 공원을 산책하거나, 낮잠을 자지 못할까요? 우리는 서유기의 손오공처럼 분신하는 기술이 없기 때문입니다. 또는 왜 우리는 시간이 희소한가요? 영생의 기술이 없기 때문입니다. 현재의 기술로 충족되지 않는 효용의 존재, 또는 효용을 충족시키지 못하는 기술의 한계는 희소성의 다른 측면입니다. 그런 의미에서 효용과 기술은 경제의 궁극적인 "쌍둥이 독재자"라고 부를 수 있습니다.

경제학에서는 상충되는 가치, 예컨대 학습의 가치와 낮잠의 가치 사이에서의 선택을 다룹니다. 어떤 행동을 선택하는 것은 얻는 가치가 잃는 가치보다 커야 그 행동을 선택합니다. 기회비용이라는 개념은 같은 자원의 여러 용도 중에서 하나를 선택하는 문제를 최선의 용도와 차선의 용도 사이의 비교로 단순화시켜 줍니다. 우리는 시간의 세 가지 용도에서 하나를 선택하는 대신, 학문이라는 이득 100유틸과 낮잠이라는 비용 80유틸을 비교하여 선택을 정당화했습니다. 산책을 선택했다면, 이득 60유틸, 기회비용(학문) 100유틸이 되므로, 선택을 정당화할 수 없었을 것입니다.

공학적 문제와 경제학적 문제

다른 입장에서 보면 경제학은 상충되는 가치 사이에서 절충(trade-off)을 다룹니다. 위에서는 학문과 낮잠을 전부 아니면 전무로 생각했지만, 그 안에서도 절충이 있습니다. 강의를 들으면서 가끔 조는 것도 하나의 절충입니다. 절충이라는 경제학적 관점이 공학적 관점과 어떻게 다른지를 살펴보는 것도 경제학이 어떤 학문인지 이해하는 데 도움이 될 것입니다. 발전기를 만들 때, 중량을 일정하게 둔 채로 출력을 가장 크게 만드는 것은 공학적 문제(engineering problem)입니다. 발전기의 출력을 일정하게 둔 채로 중량을 가장 작게 만드는 문제도 역시 공학적 문제입니다. 그렇지만, 공학적으로 가능한 중량과 출력 사이에서 최적의 조합을 찾아내는 문제는 경제학적 문제(economic problem)입니다. 우리는 출력의 가치와 경량의 가치를 비교하여 적절히 절충해서 선택해야 하기 때문입니다. 대량생산이 필요하다면, 발전기의 적절한 출력과 중량의 조합은 시장에서 선택될 것입니다. 실제로 시장에는 다양한 중량과 출력이 조합된 발전기가 공급되고 있습니다.

일상생활에서 관찰되는 간단한 절충의 문제를 생각해 봅시다. 왜 냉장고의 냉장실은 문을 열면 불이 들어오는데, 냉동실은 불이 들어오지 않을까요? 냉장실은 자다가도 일어나 음료수를 찾을 수 있습니다. 실내등을 켜는 것이 귀찮거나 눈이 부셔서 싫을 수도 있습니다. 즉 냉장실의 작은 등은 효용이 큽니다. 그에 비하여 생산비용이든 전기료든 그 비용은 충분히 작습니다. 그렇지만, 자다가 냉동실을 여는 경우는 드뭅니다. 그 효용이 작습니다. 냉동실은 칸막이로 막혀 있어서 등을 장착하는 것도 어렵고, 기존의 열 전구로는 냉동을 방해하기도 합니다. 시장의 절충은 냉장실에는 등을 달고, 냉동실에는 등을 달지 않는 것입니다.

보통 우유는 단면이 사각형인 상자에 담겨 있고, 음료는 단면이 원형인 캔에 담겨 있습니다. 왜 그럴까요? 우유는 대용량으로 냉장고에 보관하여 컵에 따라 마시므로, 보관 공간을 절약하는 것이 좋습니다. 그에 비하여 음료도 냉장고에 보관하지만 보통 캔 채로 마시므로, 손에 잡기 좋게 원형으로 만든 것입니다. 왜 자동차에는 유아 보호석이 의무화되어 있는데, 비행기에는 유아 보호석이 의무화되어 있지 않을까요? 비행기에 유아 보호석을 마련하려면 훨씬 많은 비용이 들기 때문입니다.

원리 2 이득과 비용을 비교하라

사람이 어떤 행동을 선택할 때는 나름대로 좋은 이유가 있기 마련입니다. 적어도 그 사람이 믿기에는 그 행동이 여러 대안 중에서 최선이기 때문입니다. 특히 희소성에 대응하는 개인의 행동은 합리적인 이유가 있고, 그 행동을 상당히 정확하게 예측할 수 있다는 것이 사회과학으로서 경제학이 성립하기 위한 전제가 됩니다.

희소성의 세계에서 사람은 희소한 것을 더 얻는 것(이득)을 좋아하고, 잃는 것(비용)을 싫어합니다. 따라서 어떤 행동의 선택으로 이득과 비용이 함께 변화하면, (추가되는) 이득이 (추가되는) 비용보다 클 때, 그 때에만 그 행동을 선택하게 됩니다. 나아가 다양한 행동 중에서 선택하거나 행동의 정도를 조정해서 이득과 비용을 변화시킬 수 있다면, 사람들은 이득을 최대화하고 비용을 최소화하도록 선택하고 조정합니다. 이를 “최소 비용으로 최대 이득”(maximum benefits with minimum costs)을 추구한다고 말합니다.

경제원칙

"최소비용, 최대이득"은 논리적으로는 중복입니다. 비용을 일정하게 둔 채로 이득을 최대화하거나, 이득을 일정하게 둔 채로 비용을 최소화하거나, 아니면 이득과 비용의 차이인 순이득을 최대화해야 합니다. 그럼에도 불구하고 최소비용, 최대이득으로 충분히 뜻이 전달되므로, 이를 경제 원칙(economic principle)이라고 부릅니다. 경제 원칙은 개별 행동의 이득이 비용보다 클 때, 그 때에만 그 행동을 선택한다는 것을 의미합니다. 경제원칙을 때로는 합리성의 원칙(principle of rationality)이라고 부르고, 그렇게 행동하는 사람을 경제인(homo Economicus)라고 부르기도 합니다.

나는 서둘러 합리성이 반드시 이기심이나 물질주의와는 다르다는 것을 덧붙여 말해 두겠습니다. 사람은 얼마든지 이타적, 정신적으로 합리적일 수 있습니다. A가 경제적으로 어려운 친구 B를 만났다고 합시다. A는 돈 20만원을 두 가지 대안 중 하나의 용도로 쓸 수 있다고 합시다. 첫번째 대안은 친구에게 고급 레스토랑의 음식을 대접하는 것입니다. 두 번째 대안은 친구에게 주머니에 살며시 넣어 주어 생활비에 보태도록 하는 것입니다. 우리는 A가 진정한 친구라면 합리적으로 두번째 대안을 선택할 것을 압니다. 같은 비용으로 더 큰 이타적, 정신적 이득을 얻는 대안이기 때문입니다. 그 믿음이 너무도 강해서, A가 첫번째 대안을 선택하면 우정보다 자기과시를 중시하는 사람으로 의심할 수 있습니다.

이제 이득과 비용을 비교하는 문제로 돌아가 봅시다. 앞서 시간이라는 자원의 용도를 선택할 때, 여러 용도의 효용(강의를 듣는 효용, 산책을 하는 효용, 낮잠을 자는 효용)을 비교하여 가장 큰 효용의 용도를 선택하는 대신, 강의의 효용(이득)과 차선의 용도인 낮잠의 효용(비용)을 비교하면 된다고 하였습니다. 그런데 강의를 듣기 위해서 다른 비용도 든다고 합시다. 예컨대, 다른 희소한 자원인 자금을 들여서 교재도 사고, 등록금도 내야 합니다. 그 돈을 다른 용도에 사용할 수도 있었으므로, 역시 기회비용입니다. 여러 기회비용이 있으면 이들을 합산하여 이득과 비교해야 합니다.

비교나 합산을 위해서는 같은 단위로 표시해야 합니다. 우리는 강의와 낮잠의 가치는 효용으로 표시했습니다. 이에 비하여 교재 대금과 등록금은 화폐단위로 표시되어 있습니다. 단위를 통일하는 데는 두 방법이 있습니다. 하나는 효용 단위로 통일하는 것이고 다른 하나는 화폐 단위로 통일하는 것입니다. 사실 효용은 주관적, 추상적인 개념일 뿐 표준 단위도 정해진 것이 아닙니다. 그러므로, 익숙한 화폐 단위로 통일하는 것이 자연스럽습니다.

효용을 화폐 가치로 바꾸려면 우리는 주관적 질문을 해야 합니다. 낮잠을 잘 수 있다면 돈으로 따져서 최대 얼마만큼의 비용을 지급할 용의가 있는가를 물어야 합니다. 이것을 지급용의 가격(willingness to pay) 또는 유보 가격(reservation price)이라고 부릅니다. 이를 적용하면 낮잠의 효용도 화폐 가치로 바꾸어, 교재 대금, 등록금과 합산할 수 있습니다. 비용과 이득을 비교하려면, 강의의 효용(이득)도 같은 과정을 거쳐서 화폐가치로 환산해야 합니다.

여러분들이 꼭 이런 분석 과정을 거쳐서 이 강의를 듣는 것을 선택했다고 주장하는 것은 아닙니다. 사람은 이득과 비용의 차이가 충분히 크면, 정확한 환산 과정을 밟지 않고도, 직관적으로 올바른 선택을 내릴 수 있습니다. 사실 많은 선택은 그렇게 직관적으로 이루어집니다. 선택의 일반 논리가 그렇다는 것, 그러면 직관적 선택을 넘어서 일반적인 선택을 논리적으로 이해할 수 있다는 것뿐입니다.

자유의지와 예측

희소성이 합리성의 원칙을 가져오고, 합리성이 희소성에 당면한 개인의 행동을 설명하고, 예측 가능하게 한다는 사실--그것이 사회 과학으로서 경제학이 성립되기 위한 중요한 전제 조건이 됩니다. 자연 과학이든 사회 과학이든 과학이 되기 위해서는 무엇보다 사후적 설명이 아니라, 사전적 예측의 정확성이 필요합니다. (사후적 설명은 흔히 변명이나 왜곡이 숨겨져 있기 때문입니다.) 사회 과학과 자연 과학의 차이는 인간의 의지를 포함하느냐 않느냐에 달려 있습니다. 사회 과학은 자연 과학과 달리 인간의 의지를 포함하는 현상을 다룹니다. 예컨대, 의학은 같은 인간을 다뤄도, 의지와는 관계없는 육체적 정신적 질병을 다루므로 자연 과학에 속하고, 경제학은 인간의 의지에 따른 선택을 다루므로 사회 과학에 속합니다. 그런데, 우리는 은연중 자연 현상과는 달리 인간의 의지를 포함하는 사회 현상은 예측이 어렵거나 불가능하다는 견해를 가지고 있습니다. 이러한 견해를 검토하기 위하여 자연 과학과 사회 과학의 예측력이 직접 대비되는 경우를 한번 상정해 봅시다.

전철을 타고 학교로 오는 중에 어느 한적한 곳에서 전철이 갑자기 멈추어 섰습니다. 아무런 안내 방송도 없이 몇 분이 지나자, 승객들이 웅성거리기 시작합니다. 전철에 타고 있던 어떤 학생이 친구에게 내기를 제안합니다. 전철이 멈춘 이유가 어떤 물리적 고장 때문일까, 기관사의 자유 의지 때문일까? 물리적 고장이란 단전이나 전동 장치, 제어 장치의 고장을 말합니다. 기관사의 자유 의지라면, 예컨대, 기관사가 철로 변의 민들레를 보고, 순이와 놀던 동심으로 돌아가 잠시 떠오르는 시의 구상을 가다듬기 위해서, 자발적으로 전철을 멈춘 것을 의미합니다.

우리는, 이 경우, 대부분 기관사의 변덕(자유의지)보다는 물리적 고장이라고 추측합니다. 자연 과학의 예측이 사회 과학의 예측보다 부정확할 수 있다고 이신하는 셈입니다. 왜 그럴까요? 떠오르는 시상을 가다듬는 기관사의 이득에 비하여 기관사가 부담할 비용이 너무 클 것이라고 추정하기 때문입니다. 그 많은 승객의 항의로 전철 회사는 기관사를 엄중하게 처벌할 것이 분명합니다. 그런데도 기관사가 멈추었다면, 우리는 아마도 정신병을 의심할지 모릅니다. 자연 과학적인 이유로 돌아가는 셈입니다.

과학을 자연 과학과 사회 과학으로 분류하는 것, 즉 사회 과학도 과학이라는 명제는 오래 전 18세기에 프랑스의 오귀스트 콩트가 확립하였습니다. 그렇지만, 한국에서는 이 명제가 새롭게 느껴질지 모릅니다. 고등학교 교과서인 과학은 분명히 자연 과학만을 지칭합니다. 한국 과학 재단도 자연 과학만을 과학으로 간주합니다. 이것은 미국이나 유럽은 물론 동양권인 일본과 중국의 국립과학재단은 사회과학을 포함하고 있습니다. 그래서 우리 나라에서는 사회 과학이라는 말도 자연 과학의 신뢰성에 편승하려는 것 정도로 간주되기도 합니다. 또는 우리가 자유의지에 따르는 우리의 행동이 예측 가능하다는 것을 내심 부정하고 싶어하는지도 모릅니다. 그래서 사회 과학의 과학성은 종종 의심의 대상이 되기도 합니다. 그러면 위의 전철의 예시가 왠지 역설적으로 생각되기도 할 것입니다.

그렇지만, 실제로 사람의 행동이 예측 가능하지 않다면, 어떻게 자동차를 몰고 도로를 달릴 수 있을까요? 맞은 편에서 달려오는 차의 운전자가 언제 중앙선을 넘어 덮칠지도 모른다고 의심하면 도로로 나서기 어렵습니다. 우리는 (적어도 차를 몰고 나갈 만큼 상당히 높은 확률로) 그럴 리는 없다고 믿고 있습니다. 상대방 운전자의 비용과 이득을 추정하면 합리적인 사람이 중앙선을 넘을 리 없다고 믿는 것입니다. 사실 때로는 자동차가 중앙선을 넘어오는 사고도 생깁니다. 그렇지만 대부분 물리적 고장이거나, 운전자가 혼절한 경우입니다. 다시 자연과학으로 돌아가는 셈입니다.

전철의 고장이든 자동차의 고장이든, 그 생산, 관리 과정을 자세히 살펴보면, 결국 인간의 실수가 발견될 것이므로, 자연 과학의 부정확성에 기인한 것이 아니라고 주장할 수도 있습니다. 그 말도 아마 맞을 것입니다. 전철과 자동차는 사람이 만들고 관리한 것이므로, 자연 과학과 사회 과학의 합작품이라고 볼 수 있고, 잘못이 있다면 사람을 먼저 의심하는 것도 일리가 있습니다. 다만, 여기서 문제가 되는 것은 전철 기관사나 자동차 운전자의 자유 의지이지, 공장 노동자나 관리자의 자유 의지가 아닙니다. 내가 주장하는 것은 기관사나 운전자의 합리적 행동과 그 예측 가능성에 대해서 우리가 부지불식간에 믿고 있고 그 믿음은 정당하다는 것뿐입니다. 좀더 신중하게 구체적으로 말한다면 인간의 행동 중 “어떤” 행동은 예측 가능합니다. 그 중에서 희소성에 당면한 인간의 행동은 합리성에 따라 충분히 높은 신뢰도로 예측 가능합니다. 사회 과학 중 경제학은 주로 그 부분을 연구합니다.

자연 과학이 더 뛰어난 진보를 이루어왔고, 또 더 정확한 예측을 이룩한 것은 사실입니다. 그렇지만, 자연 과학도 부정확할 수 있다는 점은 부기해 둘만 합니다. 나는 물리학자가 아닙니다. 그래도 천체나 입자의 움직임을 연구하는 물리학이 놀랄만한 정확성을 보인다는 것은 잘 알고 있습니다. 수 억 광년 떨어진 천체의 움직임이나, 수십억 년 전의 빅뱅을 나노 초 단위로 추론할 정도로 정확합니다. 그렇지만, 가까운 지상의 일기 예보로 넘어가면, 하루나 사나흘 이내면 몰라도 그 후의 일기를 예측하기는 어렵습니다. 그것도 기상학이 최근에 괄목할 만한 진보를 이루었기 때문입니다. 지질학의 경우는 지난 100년간 거의 진보를 이루지 못했습니다. 그래서 우리 발밑에서 일어나는 지진이라면 예측은 훨씬 부정확해 집니다. 예측이라기보다 사후적으로 왜 지진이 일어났는지를 설명하는 것이 대부분입니다. 일반적으로 자연과학에서도 열역학, 화학, 생물학, 의학으로 넘어 올수록 예측이 어려워지는 것은 잘 알려진 사실입니다.

혹시 사람들의 행동이 예측 가능하다는 것이 자유 의지에 대한 우리의 믿음을 해쳐서 삶의 깊이나 다양성이 훼손되지 않을까 염려됩니까? 천체가 어떻게 운행하는지, 지구가 어떻게 생겼는지, 병이 어떻게 걸리는지를 몰랐을 때, 우리는 여러 가지 금기를 가지고, 조심스럽게 관습과 전통을 따랐습니다. 인류는 천체, 지구, 병에 관해서 알고 나서 더욱 진취적이고 창의적으로 삶을 개척해 나갔습니다. 천체의 운행 법칙을 알고 우주가 덜 신비로워지거나, 병균의 실체를 알고 생명 현상이 덜 신비로워졌을까요? 적어도 뉴턴이나 파스퇴르에게는 반대입니다. 사람들이 어떻게 행동을 선택하는지를 모를 때에도 마찬가지입니다. 우리는 조심스럽게 주변의 눈치를 보면서 관습과 전통을 따르게 됩니다. 나와 주변의 행동을 합리적으로 이해할 때, 우리는 더욱 진취적이고 창의적으로 믿고, 소통하고, 협력할 수 있으며, 삶은 더 다양하고 깊이 있게 될 것입니다.

원리 3 마지막 한 단위에 주목하라

물 한 방울과 물방울 모양의 다이아몬드는 어느 쪽이 더 비쌀까요? 당연히 다이아몬드입니다. 이 당연한 사실이 경제학의 아버지 아담 스미스를 괴롭혔습니다. 물은 우리의 생존에 필수적인 것입니다. 그에 비하여 다이아몬드는 있어도 없어도 좋은 사치품입니다. 그런데 왜 다이아몬드의 가치가 시장에서 더 높이 평가될까요? 스미스는 이를 설명할 수 없어서 사용가치(효용)과 교환가치(가격)의 관계를 부정하였습니다. 이를 물과 다이아몬드의 역설(paradox of water and diamond) 또는 가치의 역설(paradox of value)이라고 부릅니다.

우리는 보통 두 크기를 비교할 때, 전체 크기 또는 평균 크기를 비교합니다. 그렇지만, 경제행동의 선택에서 이득과 비용을 비교할 때에는 총이득과 총비용, 또는 평균 이득과 평균 비용을 비교하는 것이 아니라, 추가 이득과 추가 비용을 비교하여야 합니다.

데스크탑 컴퓨터가 있으면서 노트북 컴퓨터를 사는가 여부를 결정할 때, 컴퓨터를 갖는 총이득과 총비용을 비교하는 것이 아니라, 노트북을 사는 추가 이득과 추가 비용을 비교해야 합니다. 마찬가지로 사과를 두 개 사는가 세 개 사는가를 결정할 때, 사과의 총이득과 총비용을 생각하는 것이 아니라, 세 번째 사과, 즉 마지막 한 단위를 추가로 살 경우의 추가된 이득과 추가된 비용을 비교해야 합니다. 경제학에서는 마지막 한 단위를 선택의 경계에 있다는 의미에서 한계(margin)라고 부릅니다. 그러므로 마지막 한 단위의 추가 이득을 한계이득(marginal benefit), 추가 비용을 한계비용(marginal cost)이라고 부르게 됩니다. 경제적 선택이 총이득과 총비용의 비교가 아니라, 한계이득과 한계비용의 비교에 의하여 결정된다는 것을 한계원리(marginal principle)라고 부릅니다.

물과 다이아몬드의 역설

한계 이득을 소비자의 주관적인 만족, 즉 효용으로 표시한다면 한계 효용(marginal utility)이 됩니다. 한계 효용이 중요하다면, 이제는 존재량이 문제로 됩니다. 존재량, 따라서 소비량이 많으면, 한계 효용이 체감하는 경향이 있기 때문입니다. 빵을 배고플 때 먹으면 큰 만족을 느낍니다. 그렇지만, 먹는 양이 늘어남에 따라 만족은 빨리 감소하게 되고, 포만을 넘어서면 오히려 고통이 되기도 합니다. 무엇이든 많이 소비하면 한계 효용이 감소하는 경향을 한계 효용 체감의 법칙이라고 부릅니다.

한계 효용 체감의 법칙은 물과 다이아몬드의 역설을 이해하는 데 중요한 의미를 갖습니다. 물은 소중하지만 바다와 대기의 순환을 통해서 자연은 우리에게 풍부한 물을 마련해 주고 있습니다. 때로는 너무 많아서 홍수 피해가 나기도 합니다. 따라서 누가 물 한 방울을 무료로 준다고 해도 추가로 얻는 이득(한계효용)은 거의 0에 가깝습니다. 그에 비하여 다이아몬드는 아주 희소합니다. 사람에 따라 다르겠지만, 물방울보다 훨씬 작은 다이아몬드라도 아주 큰 추가의 만족을 얻을 수 있습니다.

이와 같이 관점을 평균에서 한계로 전환하는 것이 매우 중요하기 때문에 좀더 자세하게 살펴보겠습니다. 빵을 먹느냐 마느냐는 행동의 선택이라면 행동의 비용과 이득(효용)을 총량 또는 평균으로 비교하면 충분합니다. 그런데 빵을 몇 개 먹느냐는 행동의 크기를 선택하는 문제라면, 이제는 빵 1개를 더 먹느냐는 추가 행동의 선택으로 넘어가게 됩니다. 그러면, 추가로 먹는 빵 1개의 효용과 비용, 즉 한계 효용과 한계 비용만을 비교해야 합니다.

예를 들어, 빵으로부터의 만족(효용)이 〈표 1〉과 같이 주어졌다고 합시다. 빵 소비량이 1, 2, 3개로 늘어남에 따라 총효용은 100, 180, 240 유틸로 증가합니다. 그렇지만 마지막 한 단위의 추가 효용, 즉 한계 효용은 100, 80, 60으로 떨어집니다.

〈표 1〉 빵의 효용과 지급용의가격

소비량	총효용	한계효용	지급용의가격
0개	0	-	-
1개	100	100	2,000
2개	180	80	1,600
3개	240	60	1,200
4개	280	40	800
5개	300	20	400

한계 비용(빵의 가격)이 빵 1개당 1,200원으로 고정되어 있다고 합시다(내가 빵을 한 개 더 산다고 빵 가격이 상승하지는 않습니다). 첫 번째 빵을 사 먹을 것인가 여부를 결정하려면, 한계 효용 100유틸과 한계 비용 1,200원을 비교해야 합니다. 이를 비교하려면, 물론 먼저 같은 단위로 바꿔야 합니다. 효용으로 비교하려면, 돈 1,200원으로 살 수 있는 차선의 용도(예컨대 음료)의 효용을 생각해야 합니다. 화폐 단위로 비

교하려면 빵의 한계효용을 지급용의 가격(또는 유보 가격)으로 바꿔야 합니다. (앞서 지급용의 가격 또는 유보 가격은 빵 1개를 얻으려고 지급할 용의가 있는 최대의 금액이라고 정의했습니다.) 위의 표에서는 효용 1유틸을 20원으로 환산하여 유보 가격으로 바꾸었습니다. (1원은 0.05유틸의 효용이 있는 셈입니다. 이를 돈의 한계효용이라고 부르기도 합니다. 우리는 돈의 한계효용이 일정하다고 가정합니다.) 첫 번째 빵의 지급용의 가격 2,000원은 빵의 가격 1,200원보다 높으므로 첫 번째 빵 1개를 삽니다.

이제 두 번째 빵을 사는가 여부를 결정해야 합니다. 이 때는 두 번째 빵의 한계 효용과 한계 비용만을 생각할 뿐 첫 번째 빵이 어떤 효용, 또는 비용을 갖는지는 생각할 필요가 없습니다. 두 번째 빵의 지급용의 가격은 1,600원입니다. 가격이 이보다 낮으므로, 두 번째 빵도 삽니다. 거꾸로 두 번째 빵으로부터의 한계 효용 80유틸이, 돈의 한계 효용 1,200원×0.05유틸/원=60유틸보다 높으므로 산다고 생각해도 좋습니다. 같은 방식으로 생각하면 세 번째 빵도 사게 되지만 네번째 빵은 사지 않습니다. 결국 이 소비자는 꼭 3개의 빵을 소비하게 됩니다.

이제 같은 논리를 물과 다이아몬드에 적용해 봅니다. 〈그림 1〉은 물과 다이아몬드의 한계효용곡선(MU_W와 MU_D로 표시)을 보여주고 있습니다. 수직 절편은 첫 번째 단위의 한계효용에 해당하는데 물 쪽이 훨씬 높습니다. 그렇지만, 두 곡선 모두 음의 기울기를 가지며, 물의 존재량 $\overline{W}$는 다이아몬드의 존재량 $\overline{D}$보다 훨씬 더 큽니다. 그 결과, 물의 한계효용은 거의 0에 가깝게 하락합니다. 반면에 다이아몬드의 경우에는 첫 번째 단위의 한계효용은 작지만, 존재량도 작아서, 상당히 높은 수준의 한계효용을 유지합니다. 그러므로 마지막 한 방울에 대한 다이아몬드 지급용의가격 P_D는 물의 지급용의가격 P_W보다 훨씬 높습니다. (이 그림은 돈 1원의 효용이 1유틸과 같다고 가정하고 있습니다.)

〈그림 1〉 물과 다이아몬드의 역설

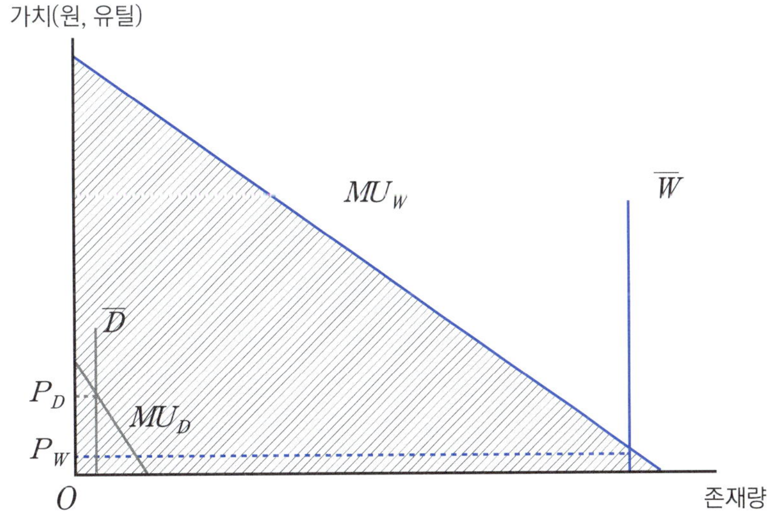

한계효용을 모두 더하면 총효용이 됩니다. 예를 들어서 〈표1〉에서 빵 4개 소비의 한계 효용 280유틸은 빵 1, 2, 3, 4번째의 한계효용을 더한 값 100+80+60+40=280유틸과 같습니다. 위의 그림에서 물의 한계 효용을 작은 기둥으로 나타냈다고 생각하면 물의 총효용은 물의 한계 효용 곡선 아래의 면적이 해당합니다(우리는 암묵적으로 미적분의 기본원리를 적용하고 있습니다). 그 부분이 빗금으로 표시되어 있습니다. 다이아몬드의 총효용은 두 빗금을 겹쳐서 그린 부분입니다. 물의 총효용이 다이아몬드의 총효용보다 훨씬 더 큽니다. 따라서 "네가 가진 모든 물과 모든 다이아몬드 중 어느 쪽을 포기하겠는가?"라고 물으면 당연히 다이어몬드를 포기할 것입니다. 물을 포기하는 것은 생명을 포기하는 것에 해당하기 때문입니다. 그렇지만, "네가 가진 모든 물과 모든 다이아몬드 중 마지막 한 방울만을 포기한다면 어느 쪽을 포기하겠는가?"라고 물으면 물 한 방울을 기꺼이 내 놓을 것입니다. 시장 거래에서 가격은 마지막 한 방울의 선택을 묻는 것에 해당합니다. 그러면 한계 효용이 높은 다이어몬드가 더 높은 가격을 갖게 됩니다. 우리는 가치를 총효용이나 평균 효용으로 생각하는 경향이 있습니다. 따라서 총효용(또는 평균 효용)과 한계 효용에 의한 대소 관계의 역전이 우리에게 역설로 느껴지는 것입니다.

분석의 초점을 총효용에서 한계 효용으로 전환한 것은 혁명적인 패러다임의 전환입니다. 그래서 19세기말에 일어난 이러한 관점의 전환을 우리는 한계 혁명(marginal revolution)이라고 부릅니다. 지금은 익숙한 수요 공급 분석에서 수요가 공급과 대등한 위치를 얻은 것도 한계 혁명의 덕분입니다. 한계 혁명 이전에는 사용가치(효용)는 주관적이므로 과학적 탐구의 대상이 되지 않고, 객관적으로 측정되는 생산비용만이 객관적 가치(가격)를 결정한다고 믿었습니다.

노동가치설과 그 한계

구체적으로 한계 혁명 이전에는 평균 생산비용에 의해서 교환가치(가격)가 결정된다고 생각했습니다. 생산비용 중에서 노동 비용이 중요하므로, 생산에 들어간 노동의 양에 의해서 가치가 결정된다고 생각했습니다. 수렵 채취 시대를 생각하면, 사냥꾼이 어떤 산에 가서 하루에 노루 한 마리를 잡고, 다른 산에 가서 하루에 토끼 두 마리를 잡는다면, 노루 1마리의 가치=토끼 2마리의 가치와 같이 결정된다는 것입니다. 즉 노동 투입량의 비율이 노루와 토끼의 교환 비율을 결정합니다. 이를 노동 가치설(labor theory of value)이라고 부릅니다. 노동 가치설은 아담 스미스 이래, 데이비드 리카도, 칼 마르크스로 계승 발전됩니다.

노동 투입량만으로 가치를 평가하는 데는 논리적으로 몇 가지 문제가 생깁니다. 생산량에 따라 노동 투입량이 달라지면 어떨까요? 그것도 평균 노동투입량이 기준이 된다고 생각했습니다. (한계 원리를 적용하면 한계 노동 투입량이 기준이 되어야 합니다.) 사냥꾼마다 능력의 차이가 있으면 어떤 노동을 기준으로 가치가 결정될까요? 그들은 평균적인 능력, 즉 평균적인 노동 투입량을 기준으로 결정된다고 생각했습니다. (한계 원리를 적용하면 역시 한계 노동자의 노동 투입량을 기준으로 해야 합니다.)

그래도 문제가 남습니다. 어떤 행동은 상당한 노동이 투입되어도 가치가 없기도 합니다. 우리 속담에 "땅을 열 길을 파도 고리전 한 푼 생기지 않는다"는 말도 있습니다. 또한 "진주는 깊은 바다에서 캐내기 때문에 비싼 것이 아니라, 비싸기 때문에 깊은 바다에서 캐내는 것이다"는 비판도 있습니다. 궁극적으로 가치를 결정하는 것은 노동투입량(기술)만이 아니라, 인간의 주관적 만족(효용)을 함께 생각해야 합니다. 그것도 마지막 단위의 노동투입량과 효용을 생각해야 합니다.

전체 또는 평균이 아니라, 마지막 단위(한계)를 보아야 한다는 것은 전혀 새로운 아이디어는 아닙니다. 아리스토텔레스는 무엇이든 너무 많으면 가치가 없고, 오히려 해가 될 수 있다고 말했습니다. 우리말에서 "귀하다"는 말은 희소하다는 뜻과 높은 가치를 갖는다는 뜻을 함께 갖고 있습니다. 무엇이든 흔한 것은 귀하지 않고, 희소(귀)해야 귀해집니다. 한계 혁명은 이러한 아이디어를 논리적으로 명확한 방식으로 가격 결정에 적용했다는데 의미가 있습니다.

한계원리의 적용

소비에서뿐만 아니라, 생산에서도 누가 평균적으로 얼마나 기여하는가가 아니라, 마지막 한 사람이 얼마나 기여하는가가 더 중요합니다. 최근 미국에서는 에어컨 수리공의 임금이 보육 교사의 임금보다 두 세 배 높습니다. 소비자는 그러한 임금 차이를 기꺼이 지불합니다. 그것이 자녀(보육)보다 에어컨(수리)이 더 중요하다는 것을 의미할까요? 아닙니다. 최근 자녀의 수는 줄어들고, 에어컨의 수는 늘어서, 보육 교사는 남아도는 반면에, 에어컨 수리공은 모자라기 때문입니다. 그래서 자녀 보육의 총효용이 에어컨 수리의 총효용보다 크지만, 에어컨 수리의 한계 효용이 자녀 보육의 한계 효용보다 클 뿐입니다.

가격이 아니라, 정부가 정책을 입안할 때도 한계 원리는 중요합니다. 출산을 장려하기 위해서 우리 나라 정부는 보육원에 내는 비용을 12시간(종일형) 기준으로 월 72만원까지 지원하고 있습니다. 원래 맞벌이 부부를 지원하기 위한 것이었지만, 형평성을 이유로 전업 주부의 경우에도 같은 지원을 하고 있습니다. 사실 전업 주부의 경우, 종일형 보육시설에 아기를 맡기는 것이 바람직한 지에 대해서는 논란의 여지가 있습니다. 더욱이 이에 따른 보육비 지원액이 3년만에 거의 두 배인 10조 4천억원이 되면서 정부도 재정부담을 느끼기 시작했습니다. 그래서 전업주부가 보육원 이용을 반일형(6-8시간)으로 줄이면, 그 대가로 월 5만원을 현금으로 지급하는 제도를 시행하였습니다. 정부는 30-40%의 부모가 반일형을 선택할 것으로 기대했습니다. 결과는 3-4%의 부모만 선택했을 뿐입니다. 왜 그럴까요? 종일형을 선택하는 비용은 월 5만원의 현금 수취를 포기하는 것, 즉 기회 비용으로 월 5만원인 셈입니다. 이를 시간당으로 나누면 500원에 불과합니다. 500원만 포기하면, 언제든지 필요에 따라 보육원에 맡기고, 아니면 가정에서 보살필 수 있기 때문입니다. 500원 짜리 사탕 하나만 받아먹어도 종일반에 보내는 것이 이득이라고 생각할 수도 있습니다. 낮은 한계 비용이 추가 보육 수요를 크게 증가시킨 것입니다.

한계 비용은 시간 비용으로 나타날 수도 있습니다. 어느 미국 대학교에 설치된 무료 진료소에서 진료를 기다리는 줄이 너무 길어지자, 대학 당국은 원래 5-10분 걸리던 곳에 설치했던 진료소를 20분이 걸리는 곳으로 옮겼습니다. 진료자 수는 40%가 감소하고 기다리는 줄은 없어졌습니다. 거꾸로 해석하면 10-15분의 보행 시간의 단축(한계 비용의 감소)이 진료자 수를 40%만큼 증가시켰던 셈입니다.

최근 고속 도로에서의 속도 제한을 높이는 문제가 거론되고 있습니다. 미국에서도 속도 제한을 88km(55마일)에서 105km(65마일)로 올리는 문제가 논의된 적이 있습니다. 이 문제는 소중한 생명이 걸려있는 문제라 신중해야 합니다. 그렇지만, 이 경우에도 중요한 것은 한계 원리입니다. 속도 증가에 의해서 한계 비용(추가 사망자 수)과 한계 이득(운전 시간의 단축)을 추정해야 합니다. 생명과 단축시간을 비교하려면 비교의 기준이 있어야 하는 데, 80년간 24시간 쉬지 않고 운전해야 하는 손실을 한 생명의 손실과 같은 손실이라고 가정합시다. 추정 결과는 대체로 한 생명을 구하기 위해서 누군가 240년 동안 쉬지 않고 운전해야 한다는 것이었습니다. 그렇다면 한 생명을 구하기 위해서 세 생명이 희생되어야 하는 셈입니다. 결론은 운행속도를 올리는 것이 타당하다는 것입니다. 한국에서도 고속 도로 제한 속도를 올려야 한다고 주장하는 것은 아닙니다. 이미 제한 속도가 충분히 높고, 또 한국의 운전자는 속도 제한을 잘 지키지 않기 때문입니다. 왜 그런 경향이 생기는지는 별도의 설명이 필요합니다. 이에 대해서는 다음 항목에서 설명하겠습니다.

원리 4 인센티브는 중요하다

인센티브(incentive)란 어떤 행동에 대해서 외부에서 추가로 주어지는 이득이나 포상, 또는 비용이나 징벌을 말합니다. 우리말의 유인에 해당합니다만, 보통 인센티브라고 그대로 씁니다. 영어에서도 비교적 최근에 생겨난 말인데, 라틴어의 (악기의) 조율(incentivum)이라는 명사와 (촛불을) 켜다(incendere)라는 동사의 의미가 복합된 용어로서, 이차 대전 중 전시 경제에서 더 열심히 일하게 유인하는 보상 체계라는 의미의 형용사로 처음 사용되었다고 합니다. 촛불을 켜는 것은 작은 행동이지만, 그것이 방안을 빛으로 가득 차게 합니다. 작은 인센티브가 촛불을 켜는 것처럼 큰 행동의 변화를 초래할 수도 있으므로, 적절한 조어라고 생각됩니다.

사람들은 외적으로 추가된 이득과 비용, 인센티브에 반응합니다. 행동의 선택은, 원래부터 있던 것이든 추가된 것이든, 이들을 합한 이득과 비용의 비교에 의해서 이루어지기 때문입니다. (추가라는 말이 앞서 설명한 한계 원리에서와는 다른 의미로 사용되었으므로 이 둘을 혼동해서는 안 됩니다. 즉 한계 원리에서 추가라는 말은 마지막 단위에 관해서 발생하는 것이냐 아니냐의 구분이었습니다. 여기서 추가라는 말은 원래 있었던 것이냐, 새로 외부에서 추가된 것이냐의 구분입니다.) 원래의 이득과 비용의 차이가 작았다면, 추가된 이득이나 비용이 작아도 선택의 방향을 바꿀 수 있습니다.

사람들이 인센티브에 반응한다는 것은 정책 입안자 또는 조직 관리자에게 중요한 의미를 갖습니다. 어떤 행동을 촉진, 장려하고 싶으면, 추가의 이득을 주거나 비용을 감소시키면 됩니다. 거꾸로 어떤 행동을 억제하고 싶으면 추가로 이득을 줄이거나 비용을 증가시키면 됩니다. 나아가 행동의 크기를 조정할 때, 어떤 행동을 증가시키려면, 한계 이득을 늘려주거나 한계 비용을 줄여줘야 합니다. 어떤 행동을 줄이고 싶으면, 한계 이득을 줄이거나 한계 비용을 늘려야 합니다.

사실 인센티브는 보통 이렇게 의도적으로 추가되는 보상이나 징벌을 의미합니다. 커피 숍이나 피자 가게의 포인트 카드, 항공사의 마일리지는 고객 관계를 지속시키려는 인센티브입니다. 기업이 회사의 판매원이나 노동자에게 판매 보너스를 주거나 성과급을 지급하는 것은 종업원의 노력을 유인하기 위한 인센티브입니다. 주주는 경영자에게 일정한 가격에 주식을 살 수 있는 권한, 즉 스톡옵션을 주어 경영자가 기업의 가치를 끌어올릴 인센티브를 주기도 합니다. 나아가 국가도 출산을 장려하기 위하여 출산 장려금을 주거나 보육료를 지원하기도 하고, 거꾸로 환경 오염을 줄이기 위하여 공해 배출 업소에 벌칙금을 물리거나 탄소세를 부과하기도 합니다.

인센티브가 꼭 물질적인 보상이나 징벌만을 의미하는 것은 아닙니다. 윤리적 가치판단이나 사회적 명예나 압력이 작용하기도 합니다. 어떤 행동은 자존감을 강화하고 사회적 명예가 따르는 반면, 다른 행동은 죄책감을 일으키고, 사회적 질책이나 경멸이 따르기도 합니다. 올림픽의 월계관은 원래 명예로 주어졌던 것입니다. 훈장이나 포상은 대부분 명예를 상징할 뿐입니다. 어떤 행동에는 보상은 물론 상징조차 없습니다. 대부분의 사회에서 근면과 검소, 예술적 창조, 어려운 운명의 개척에는 사회적 지지와 존경이 뒤따릅니다. 사회적 평판이나 명예 또는 사회적 압력도 개인의 행동에 영향을 미치는 중요한 인센티브가 됩니다.

✔ 인센티브의 효과

사실 사회 체제나 조직은 복잡한 인센티브의 구조를 가지고 있어서, 다양한 형태로 개인의 행동 선택, 나아가 상호간의 협력과 경쟁에 영향을 미칩니다. 상이한 사회 체제, 조직 체계에서 생겨나는 상이한 인센티브 구조에서 개인이 어떻게 행동을 선택하고 경쟁하고 협력하는가를 연구하는 것이 경제학의 핵심적인 과제입니다.

인센티브는 외부에서 주어지는 것인 만큼 반드시 주어지는 것이 아니라 확률적으로 주어지는 경우도 많습니다. 때로는 보상 또는 처벌을 받을 일을 하고도 보상이나 처벌을 받지 않는 경우도 생깁니다. 이 경우에는 보상이나 처벌을 확률을 곱한 기대값으로 계산해서 비교해야 합니다.

보통 법규 위반에는 확실한 이득은 있습니다. 그에 비해서 법규 위반의 비용은 확률적으로 결정됩니다. 따라서 비용은 수학적 기대값, 즉 적발시의 범칙금×적발될 확률로 계산하여야 합니다. 다른 요인이 없다면, 기대비용(=범칙금×적발될 확률)이 법규 위반의 이득을 초과하는 경우, 그 경우에만 법규를 지키게 될 것입니다.

구체적으로 교통 신호를 위반하고 그대로 직진하는 이득이 500원이라고 합시다. 교통신호 위반의 범칙금이 5만원이라고 합시다(사고의 위험은 없다고 가정합니다). 그러면 신호위반이 적발될 확률이 1% 미만이면 그냥 직진하게 됩니다. 우리 나라는 여기에 해당합니다. 거의 적발되지 않습니다.

그에 비하여 미국에서는 거의 100% 적발됩니다. 교통경찰이 수시로 다니고, 일반인의 신고도 활발합니다. 따라서 신호를 잘 지킵니다. 신호등이 아니라, 우선 멈춤 신호판도 잘 지킵니다(오래 전에는 우리 나라에도 있었습니다만, 거의 지키지 않아서 사라졌습니다). 고속도로에서의 속도 위반도 아주 높은 확률로 적발됩니다. 따라서 미국의 운전자들은 한국의 운전자보다 속도 제한을 잘 지킵니다. 왜 한국의 교통 경찰이 신호 위반을 적발하지 않는가는 또 다른 설명이 필요한가요? 아마도 미국과 한국에서 교통경찰의 인센티브 구조가 다르기 때문일 것입니다.

최근의 저출산도 인센티브의 변화에 대한 반응으로 생각할 수 있습니다. 원래 전통사회에서 가족의 부양은 가족의 책임이었습니다. 자녀의 양육을 부모가 책임지고, 부모의 노후는 자식이 책임지는 구조입니다. 전자는 자연스러운 부모의 애정에 바탕한 반면, 후자가 다소 인위적이기 때문에 효를 더 강조하기도 하였습니다. 농업 사회에서는 많은 교육보다 육체 노동이 중요했으므로, 양육비도 비교적 적었고 어느 정도 크면 노동으로 가족에 기여하기도 하였으므로, 출산율이 높았습니다. 농업 기술은 주로 경험으로 전승되었으므로, 노부모의 역할도 남아 있었습니다. 그렇지만, 현대 사회에서 부모의 자녀에 대한 애정 외에는 이러한 틀이 거의 무너졌습니다. 부모의 노후는 사회 보험이 맡게 되고, 자녀는 노후 보장이라는 필수품이 아니라, 부모의 자랑거리라는 사치품이 되었습니다. 적게 낳아 명품으로 기르는 쪽을 선택한 것이 저출산이라는 변화된 반응입니다.

인센티브의 설계

제도나 정책의 입안자는 왜 인센티브를 장치하려고 할까요? 일일이 지시하고 감독하는 것이 불가능하거나, 지시와 감독의 비용과 이득을 고려할 때 효율적이 아니기 때문입니다. 이솝과 같은 노예라도 속마음까지 살펴서 주인이 일일이 지시하고 감독할 수 없습니다. 그 덕에 우리는 이솝 우화라는 문화유산을 갖게 되었지만요.

아버지가 두 형제에게 매번 공평하게 케이크를 나누어 줄 수 없다면, 어떻게 해야 할까요? 형에게 케이크를 반으로 나누게 하고, 동생이 고르게 하면 됩니다. 동생이 큰 쪽을 고를 것이 분명하니까, 형은 될수록 정확하게 케이크를 반으로 나누어야 합니다. 아버지로서는 적절한 인센티브를 마련하여 케이크를 사이 좋게 나누어 먹는 제도를 만든 셈입니다. 바람직한 행동을 선택하도록 주의하며 인센티브의 구조를 만드는 것을 인센티브 설계(incentive design)이라고 부릅니다. 네덜란드 민법에 의하면, 분쟁의 대상인 토지를 둘로 나누는 사람과 고르는 사람이 따로 있습니다.

미국의 패스트푸드점에서 영수증을 받지 않았다면 식대를 면제해 주겠다는 광고가 붙어 있는 곳이 많습니다. 왜 그럴까요? 손님으로 하여금 종업원을 감시하게 하는 것입니다. 그 편이 따로 감시원을 두는 것보다 싸게 먹히니까요.

가격은 시장 경제의 기본적인 인센티브입니다. 싼 것을 많이 소비하도록 비싼 것을 덜 소비하도록 소비자를 유인합니다. 거꾸로 생산자에게는 싼 것을 덜 생산하고 비싼 것을 더 생산하도록 유인합니다. 생산자에게는 비싼 것을 싸게 생산하는 방법을 고안하도록 유인하기도 합니다.

공장 노동에 비하여 농업 노동은 감시하기 어려운 것이 보통입니다. 생산이 오래 걸리고, 넓은 지역에서 이루어지는 데다가, 날씨와 같은 외적인 요인의 영향을 많이 받기 때문입니다. 따라서 적절한 인센티브가 필요합니다. 미국에 비하여 소련은 개인이 열심히 일할 인센티브가 부족하였습니다. 자기가 열심히 일한 것은 1/n만 자신에게 귀속되었기 때문입니다. 똑같은 인센티브 문제가 있을 때, 공업과 농업 중 어느 쪽이 더 심하게 영향을 받겠습니까? 감시하기 어려운 농업입니다. 실제로 소련의 공업 생산성은 상당 기간 동안 미국을 앞질렀습니다. 그렇지만, 농업 생산성은 미국의 20분의 1에 불과하였습니다. 기후나 풍토를 감안해도 너무 큰 차이입니다.

사실 이런 큰 차이가 중국의 등소평이 농업부터 시장화시킨 절대적인 이유였습니다. 1979년 시장한 농업 개혁은 주어진 할당량을 넘어선 수확물은 개인 소유로 한다는 것이었습니다. 한계 원리로 말하자면 마지막 생산물이 온전히 사유화된 것입니다. 그로부터 약 5년 동안 중국의 농업 생산량은 2배로 증가했습니다. 10억명이 먹을 농산물을 배로 만들었다는 것은 엄청난 도약입니다.

우리 나라도 인센티브를 고쳐서 큰 성과를 이룬 예가 있습니다. 선거 부정을 없애기 위해서 음식물 등 향응을 받으면 쌍방에 50배의 벌금을 부과한다는 것이 그것입니다. 더욱이 이를 신고하면 50배까지 포상금을 지급하기로 하였습니다. 적합한 정보의 흐름까지도 마련된 것입니다. 물질적 유인뿐만 아니라, 상대방의 향응을 적발하는 것이 좋은 선거 전략의 하나로 자리잡게 되었습니다. 결과는? 오랜 고질병으로 간주되던 선거 향응이 단기간 내에 사라졌습니다.

잘못된 인센티브

거꾸로 잘못된 인센티브는 잘못된 결과를 초래합니다. 정부의 부처별 예산액은 흔히 전년도의 부처별 지출액에 일정 비율을 더해서 배정됩니다. 그러면 부처별 담당자는 연말에 남은 예산을 무리하게 지출하려는 유인을 갖게 됩니다. 정부에서 발주하는 공사비는 흔히 비용에 일정 이윤을 더하는 방식으로 책정됩니다. 그러면 시공사는 공사비를 늘리려는 유인을 갖게 됩니다.

직업공무원은 일단 어려운 경쟁을 뚫고 채용되면 특별한 귀책사유가 없으면 평생 직업이 보장됩니다. 그러면 귀책사유를 만들지 않는 것이 최선입니다. 창의적 시도는 위험을 내포합니다. 따라서 현상을 유지할 강력한 동기가 생깁니다. 관료들이 무사안일한 것이 아니라, 직업공무원제도가 그렇게 만듭니다.

이차대전에 비교하여 월남전에서 미군 병사의 태도는 크게 달랐다고 합니다. 상관의 명령에 대한 불복종이나 항명은 물론, 상관을 살해하는 경우도 많았습니다. 전쟁에 임하는 국가의 목적은? 물론 전쟁에 승리하는 것입니다. 전쟁에 임하는 군인의 목적은? 물론 살아서 가족에게 돌아가는 것입니다. 이차대전에 참전한 군인이 살아 돌아 가려면? 전쟁에 이겨야 했습니다. 월남전에 참전한 군인이 살아 돌아 가려면? 불복종으로 군사재판에 회부되더라도, 파견기간 동안 안전하게 시간을 보내는 것이었습니다.

왜 구 소련의 철강업체 담당자는 실제로는 쓸 수도 없는 1톤 짜리 대못을 만들었을까요? 계획 당국이 철강 제품의 구체적 용도를 무시한 채 총중량으로만 할당생산량 달성 여부를 점검했기 때문입니다. 왜 당국은 총중량으로 점검했을까요? 그 편이 평가하고 측정하기 쉬웠기 때문입니다.

스포츠에서 누구나 팀웍이 중요하다고 말합니다. 그렇지만, 선수들은 개인기에 치중합니다. 팀웍보다 개인의 득점이 포상의 기준이 되기 때문입니다. 개인의 득점이나 실점이 쉽고 정확하게 측정되니까요.

비슷한 일이 대학 교육에서도 생깁니다. 대학에서 교수의 역할은 교육과 연구를 병행하는 것입니다. 그렇지만, 우수한 교육은 드물게만 포상되고, 열등한 교육도 드물게만 처벌됩니다. 그에 반하여 연구는 엄격하게 관리되고 포상되며, 열등한 연구실적도 엄격하게 처벌됩니다. 교육은 평가하기 어렵고, 연구는 평가하기 쉽기 때문입니다. 그 결과 대부분의 교수는 교육보다 연구에 집중하게 됩니다.

학생은 어떨까요? 학문을 익히는 것이 원래의 목표입니다. 그렇지만, 학점이 취업, 진학, 장학금 등에 중요한 기준이 되므로, 학문보다 학점에 과도하게 매달리게 됩니다. 족보가 돌고, 과제 대행서비스가 생기고, 표절도 흔히 발견되는 이유입니다.

세월호 사건이 발생했을 당시에는 집중적으로 보도되다가 지금은 거의 잊혀져 갑니다만, 어떻게 세월호의 증개축이 안전 점검을 통과하였을까요? 안전 점검 업체를 선정하는 것은 피검 회사이고, 점검 업체는 선박회사의 주문을 계속 받기 위해서 통과시켜주는 것이 유리하기 때문입니다. 안전 점검 업체는 안전성을 정확히 판단하는 것과 주문을 계속 받는 것 사이에서 이해관계가 충돌하고 있습니다. 이를 이해관계의 상충(conflicts of interest)이라고 부릅니다.

또한 당시 규정을 초과한 하물을 싣느라고 평형수(배의 균형을 잡기 위한 물탱크의 물)를 뺀 것이 문제로 되었습니다. 이를 점검하여 출항허가를 내는 것은 해경의 역할이었습니다. 왜 해경은 세월호의 평형수를 직접 점검하지 않고 망원경으로 홀수선(배가 물에 잠겨서 수면과 이루는 선)만 보았을까요? 평형수를 점검하려면 기관실까지 가야하고, 해경은 그런 수고를 덜고 싶었기 때문입니다. 안전과 수고라는 이해관계가 다시 상충하고 있습니다. 평형수의 양을 전광판으로 손쉽게 확인할 수 있었더라면 그런 비극은 피할 수 있었을지 모릅니다.

세월호 사건이 벌어지고, 우리나라의 안전 불감증을 탓하는 소리가 많았습니다. 실제로 초중등학교에서 안전교육이 강화되기도 하였습니다. 그렇지만, 안전 불감증이라는 용어 자체가 어긋난 인센티브의 다른 예일 뿐입니다. 자동차 운전자가 안전 벨트를 매지 않는 것처럼 한 사람이 자신의 안전을 소홀히 하는 것은 안전 불감증이라고 비난할 수 있습니다. 그렇지만, 한 사람 A가 다른 사람 B의 안전을 소홀히 하거나, A가 B를 죽음의 위험으로 내 모는 것을 안전불감증이라고 부르면, 너무 많은 것을 호도하게 됩니다. 세월호의 선장이나 선원들, 또는 해경들은 충분히 자신의 안전에 유념하여 행동했습니다. 선장은 물에 젖은 5만 원권이 혹시라도 못쓰게 될까봐 조심스럽게 펴서 말리기도 했습니다. 지나친 추측이겠지만, 자신들의 탈출에 방해가 될까봐 퇴선 명령을 내리지 못한 것이라는 추리도 있습니다. 이후에도 선원들이나 해경들도 자신의 신체적 안전을 위해서 최선을 다했습니다. 필요한 것은 그들에게 안전교육 또는 다른 방법으로 자신의 안전에 대한 인센티브를 강화하는 것이 아니라, 남의 안전을 책임진 그들(안전점검인, 선원, 해경)이 승객의 안전을 위해 주어진 책임을 제대로 수행하도록 인센티브를 디자인하는 것입니다.

안전불감증의 의미대로 왜 승객들이 그런 위험한 배를 탔느냐고 탓하려면, 선박의 안전 등급, 화물과적 상태, 평형수등의 정보가 제대로 제공되었는가를 물어야 합니다. 이들 정보는 개인이 파악하기 어렵기 때문입니다. 중요한 교훈은 인센티브를 설계할 때 올바른 선택을 유도하는 정보의 소통을 함께 고려해야 한다는 점입니다.

원리 5 이차효과를 잊지 마라

인센티브가 중요하고 또 정책 담당자나 조직 관리자가 인센티브를 변경시킴으로써 개인의 행동 선택에 영향을 미칠 수 있다고 하더라도, 개인이 기계적으로 인센티브의 의도에 따를 것이라고 보는 것은 위험합니다. 사람들은 정책 입안자가 생각하는 것보다 훨씬 복잡하고, 창의적인 존재입니다. 그러므로 정책 입안자의 생각을 넘어서서, 예측하기 어려운 방식으로 반응하여 전혀 의도하지 않는 결과를 초래할 수도 있습니다.

인센티브 설계에서 의도한 효과를 일차 효과(primary effect), 의도하지 않은 효과를 이차 효과(secondary effect)라고 구분하는 것이 편리합니다. 원래 일차 효과니 이차 효과니 하는 것은 사실 일상 생활의 상식적인 구분입니다. 오늘 밤 술을 너무 많이 마시면 우선 기분이 좋지만, 내일 아침에 숙취가 따르는 수가 많습니다. 그러면 기분 좋은 것은 일차효과, 숙취는 이차효과라고 부를 수 있습니다. 이러한 구분이 편리한 것은 인센티브를 설치하는 정책당국이 흔히 직접적, 가시적, 단기적인 효과에 집중하고, 간접적, 비가시적, 장기적인 효과를 소홀히 하는 경향이 있기 때문입니다. 이차효과는 훌륭한 경제학자를 구분하는 시금석이 되기도 합니다. 초보적인 경제학자는 사람의 행동이 일정한 패턴으로 고정되어 있는 것처럼 생각합니다. 중급의 경제학자는 사람들이 인센티브에 반응한다는 일차효과를 감안합니다. 훌륭한 경제학자는 남들이 놓치는 이차 효과까지 예상하고 대비합니다.

구축효과

어떤 좋은 행동을 장려, 촉진하기 위하여 지원하거나 포상하면, 다른 좋은 행동들이 위축될 수 있습니다. 이러한 이차효과를 구축효과(crowding-out effect)라고 부릅니다. 하나의 좋은 행동이 다른 좋은 행동을 쫓아내기(驅逐) 때문입니다.

헌혈을 장려하기 위해서 보상금을 지급하면, 오히려 헌혈이 줄어들기도 합니다. 피를 판다는 느낌이 들게 되면, 순수한 헌혈이 줄어들기 때문입니다.

좀더 복잡한 사례는 아프리카 수단의 1990년대 중반 노예 석방을 둘러싼 유니세프(UNICEF)와 국제기독연맹(Christian Solidarity International)의 논쟁에서 나타났습니다. 그렇습니다. 노예제도는 현대 사회에서 거의 사라졌지만, 아프리카 일부 지역에서 아직도 있습니다. 이들을 해방하기 위해서 미국의 자선단체의 자금으로 기독연맹이 노예를 주인에게 사서 가족에게 되돌려주는 방식으로 해방시켰습니다. 기독연맹은 노예의 숫자가 고정되어 있다고 생각하고, 노예해방이 노예를 줄인다고 생각했습니다. 그렇지만, 이러한 노예해방은 인신매매범들이 원래 노약자를 풀어주던 좋은 관습을 "구축"(crowd-out)했습니다. 사실 그 뿐이 아닙니다. 노예의 공급이 크게 늘어났습니다. 노예의 가격 상승으로 인신매매가 더 좋은 수익사업이 되었기 때문입니다. 일부에서는 거짓으로 노예 석방인 것처럼 꾸며서 돈을 요구하는 경우도 생겨났습니다. 유니세프가 반대한 이유입니다.

스톡옵션(stock option)은 경영자에게 미래에 일정한 가격(행사가격)으로 주식을 매수할 수 있는 선택권을 주는 것입니다. 경영자가 훌륭한 경영으로 회사의 가치(따라서 주식가격)를 올리면 그 성과의 일부를 주식가격과 매수가격의 차익으로 포상하여 성실한 경영을 유도하는 것이 목적입니다. 그렇지만, 정반대의 결과를 초래할 수도 있습니다. 경영자로서 장기적 성과를 희생하여 단기성과를 올리는 것은 어려운 일이 아닙니다. 더욱이 회계 자료를 조작하여 성공 신화를 만들어내고, 이로부터 진실이 밝혀지기 전에 스톡옵션의 이익을 챙기는 것도 가능합니다. 실제로 2000년 대 초반에 일어난 많은 회계 부정이나 부도는 1990년대 널리 유행하였던 스톡옵션의 후유증으로 추정되고 있습니다. 또한 원래 고객 만족이나 품질 개선에 주어졌던 인센티브를 경영 조직의 하부로 침투시킴에 따라 단기의 비용 절감이 중요한 목표가 되면서, 경영 조직 전체의 통일성이나 협력이 붕괴되고, 품질이 악화되는 경향도 보고되고 있습니다.

이 장의 범위를 다소 넘어서는 것이지만, 거시 경제학에서는 적자 재정 정책이 구축효과를 가진다는 것이 잘 알려져 있습니다. 정부가 총수요를 늘려서 경기 침체를 극복하려고 정부 구매를 늘린다고 합시다. 그러면 정부 구매만큼 총수요가 늘어납니다. 낙관적인 시나리오에 의하면, 국가경제에 충분한 유휴노동력과 유휴설비가 있을 경우, 총수요가 늘어나면 그만큼 산출, 소득이 증가하여 다시 소비수요가 늘어납니다. 이것은 다시 산출, 소득을 증가시켜서 총수요를 다시 늘입니다. 그래서 총수요는 원래의 정부구매보다 몇 배 더 늘어나게 됩니다. 이를 승수효과라고 부릅니다.

그렇지만, 정부가 적자재정을 조달하기 위하여 자금시장에 국채를 발행하면, 이자율이 올라가고 민간투자가 줄어들게 됩니다. 즉 정부구매가 민간투자를 구축합니다. 국채를 상환하기 위해서 미래의 세금이 늘어날 것이라고 예상하면, 사람들은 소비를 줄이기도 합니다. 또한 이자율 상승이 외국 자금을 유입시키면, 원화 가치 상승으로 순수출이 줄어들기도 합니다. 이런 투자, 소비, 순수출의 구축효과를 감안하면 정부구매 증가에 의한 총수요의 증가는 거의 없어질 수도 있습니다. 이것은 거시경제학에서 논쟁이 아직 지속되는 문제이기도 합니다.

풍선효과

거꾸로 어떤 나쁜 행동을 억제하기 위하여 단속하거나 처벌하면, 상대적으로 단속이 약한 다른 나쁜 행동들로 전환, 파급되는 경향이 있습니다. 이러한 이차효과를 풍선 효과(balloon effect)라고 부릅니다. 풍선의 한 곳을 누르면 다른 곳이 튀어나오는 것을 빗댄 표현입니다.

성매매 단속이 대표적인 경우입니다. 눈에 보이는 성매매 행위가 단속되자, 은밀한 형태의 성매매로 확산되었습니다.은밀한 형태의 성매매는 성노동자의 권익을 더욱 열악하게 만들 수 있습니다. 그것이 종암결찰서장으로 성매매 특별법에 의한 단속의 선두에 섰던 김강자 여사가 단속 반대로 돌아서고, 2015년 8월에는 국제 엠네스티가 성매매의 비범죄화를 권고한 이유이기도 합니다. 그 권고가 과연 옳은지 그른지에 관한 최종 판단은 어렵습니다. 이 문제는 이차 효과를 포함한 제도 효과의 예측뿐만 아니라, 가치관에 따라 의견이 달라질 수 있는 좋은 예이기도 합니다.

금융시장에서도 비슷한 규제회피가 이루어집니다. 통화량을 관리하기 위하여 은행 예금에 대해서 관리감독이 강화되면, 이를 대체하기 위하여 유사한 다른 저축 수단이 만들어집니다. 새로운 저축 수단을 만들어 내는 사람에게는 규제가 새로운 이익의 기회를 마련해 준 셈이라서 그 이익을 "규제 차익"(regulatory arbitrage)이라고 부르기도 합니다.

우리 나라의 입시제도도 그렇습니다. 사교육비를 감소시킨다는 목적으로 입학 사정 기준을 바꾸면, 이에 맞춘 새로운 사교육이 생겨나서 새로운 규제차익을 챙깁니다. 사정기준이 복잡하고 다양해질수록, 이를 적절히 선택하고 활용하는 사설 학원의 정보와 기술의 가치가 증가하기 때문입니다.

때로는 적절한 감독이 결여된 상태에서 무리한 정책의 시행이 의도하지 않는 결과를 초래하기도 합니다. 최근 보육료의 지급에 따라 보육수요가 급증하자, 정부는 세 개의 보육원까지 지원서를 내도록 한정하였습니다. 그렇지만, 실제로 세 개의 보육원에 지원서를 냈는지 여부를 점검할 이행수단은 없었습니다.

결국 이를 눈치챈 학부모는 이 지시를 무시하고 열 곳 이상 지원서를 냈고, 일부 선량한 부모는 세 곳만 냈습니다. 열 곳 넘게 낸 사람은 여러 군데 배정된 곳 중 가장 적합한 곳을 골라간 반면에, 세 곳만 낸 부모는 아무 곳에도 배정되지 못하여 빈자리가 나기를 기다려야 했습니다. 정책 당국은 결과적으로 정직을 처벌하고 거짓을 장려했던 셈입니다.

정치적 근시안

지금까지 우리는 이차효과가 착오나 부주의로 간과되었다고 전제하였지만, 의도적으로 무시될 수도 있습니다. 선거에서는 제1원리 "공짜는 없다"에 배치되는 선심성 공약이 종종 나타납니다. 정부의 지원을 약속하지만, 자금을 어떻게 조달하는지, 그 대신 다른 어떤 지원이 희생되는지는 밝히지 않는 것이 보통입니다. 이 경우, 자금이 필요하다는 "이차효과"를 모르는 것이 아니라, 의도적으로 무시하는 것으로 보아야 합니다. 가정주부라면, 아이들이 장난감을 사달라고 조를 때, 어디선가 지출을 줄여야 한다는 것도 함께 생각해야 합니다. 정치적 선동가는 꼭 그럴 필요는 없습니다. 정치적 가시성이 높은 곳에 집중하면 됩니다.

비용을 전가시킬 수 있으면, 정치적 편향은 더욱 강화됩니다. 평창 동계올림픽을 개최하는 비용을 줄이기 위하여 국제적으로 또는 국내에서 분산 개최하는 대안이 검토된 적이 있습니다. 지역 주민이나 지방자치단체장으로는 분산 개최를 반대하기 마련입니다. 비용을 다른 지역으로 떠넘길 수 있기 때문입니다. 비용이 간접적, 비가시적, 장기적으로 발생할 경우에는 이를 무시하는 것이 더 쉬워집니다. 한정된 임기를 가진 정치인은 의도적이든 아니든, 직접적, 단기적, 가시적 효과를 중시하고 이차 효과는 무시하는 경향도 생깁니다.

미국에서는 서민층에게 집세의 비중이 소득의 30% 이내가 되도록 지원합니다. 그러면 의도와는 달리 도심 지역(또는 전철역 부근)의 거주를 촉진하는 효과가 생기고, 결국 도심 주택 소유주를 지원하는 효과가 생깁니다. 왜 그럴까요? 도심에 거주하는 중요한 이득은 교통 편리성, 또는 교통비의 절감입니다. 도심 거주는 주거비와 교통비의 복합상품인 셈입니다. 그런데 교통비는 많은 경우 주거비에 이어 두 번째로 비중이 높은 소비 지출입니다. 소득의 30%가 이내라면 패키지를 사는 것이 유리합니다. 결국 도심 거주에 장려금을 지급하는 셈이고, 장려금의 대부분은 도심 주택의 소유주에게 이전됩니다. 이것은 아마도 정책 입안자의 의도와는 상반되는 결과일 것입니다.

비슷한 사례로, 우리 나라에서는 한 때 주택경기부양을 위해서 일시적으로 수도권의 주민에게 원리금 상환부담이 소득의 60%에 이를 때까지 주택 마련 자금을 장기 저리 융자로 지원한 적이 있었습니다. 이것은 출산율을 억제하는 효과가 있습니다. 왜 그럴까요? 자녀를 양육하는 가정은 원리금을 소득의 60%만큼 지출할 엄두도 내지 못하기 때문입니다. 따라서 대부분의 혜택은 무자녀 맞벌이 부부에게 돌아갈 것입니다. 이것은 아마도 정책 입안자가 의도한 것과는 상반되는 결과일 것입니다.

원리 6 정보도 공짜가 아니다

이득과 비용을 제대로 비교하기 위해서는 올바른 정보가 필요합니다. 어떤 정보의 잠재적 가치는 그 정보의 덕분에 올바른 결정을 해서 얻는 순이득(=이득-비용)의 크기와 같습니다. 인터넷에 정보가 넘쳐나는 시대에 살고 있는 우리는 흔히 정보는 공짜라고 생각하기 쉽습니다. 그렇지 않습니다. 개인이 정보를 검색하고 올바른 정보를 식별하고 정리하여 합리적 선택에 적용하려면 여러 가지 비용이 듭니다. 따라서 정보도 공짜가 아닙니다.

주안역의 지하상가에서 티 셔츠를 사는 경우를 생각해 봅시다. 가게마다 부르는 가격이 조금씩 차이가 난다고 합시다. 소비자는 모든 가게를 들러보고 가장 싼 곳에 가서 살까요? 아닙니다. 가게를 들러볼 때마다 시간이 들고 따라서 기회 비용이 생깁니다. 그러면 한 가게를 추가로 들러 볼 때 얻는 추가 기대 이득과 탐색 비용보다 큰 경우에만 가게를 들러 볼 것입니다.

가격탐색

구체적으로 가게에서 부르는 가격이 평균 20,000원이지만, 가게에 따라 18,000원을 부르는 곳도, 22,000원을 부르는 곳도 있다고 합시다. 그 확률이 각각 0.5, 0.25 0.25로 주어졌다고 합시다. 소비자가 만나는 가격은 확률 변수입니다. 확률 변수란 확률적으로 값이 결정되는 변수를 말합니다.

〈표 2〉 티셔츠 가격의 확률분포

가격	확률
18,000원	0.25
20,000원	0.50
22,000원	0.25
(합계)	1.00

그런데, 1회 탐색 비용이 500원이라면, 몇 가게를 들러봐야 할까요? 이것은 노벨 경제학상 수상자인 조지 스티글러가 던졌던 질문입니다. 그렇지만, 잠깐만, 사실은 질문이 잘못되었습니다. 이 경우, 탐색 가게 수를 미리 결정할 수 없습니다. 두 가게라고 결정했다고 합시다. 첫 번째 방문에서 최저가격인 18,000원을 발견했다면, 그래도 예정대로 한 가게를 더 방문하고 결정해야 할까요? 아닙니다. 탐색 비용이 있다면, 더 돌아다니지 말아야 합니다. 세 가게, 네 가게라고 결정했어도 마찬가지입니다. 그러므로 탐색 가게 수를 미리 결정할 수 없다는 것이 분명합니다. 스티글러는 동태적인 문제를 정태적으로 접근하는 실수를 한 셈입니다. 상황의 전개에 따라 결정할 문제를 미리 결정하려고 했다는 의미입니다. 이것은 일종의 최적 중단(optimal stopping)의 문제입니다. 마치 숨겨진 카드를 뒤집어 최적의 패를 고르듯이, 상황의 전개에 따라

중단 여부를 결정해야 하지, 미리 몇 장을 뒤집어야 할지 미리 결정할 수는 없습니다.

그러면 어떻게 해야 할까요? 그 때마다 추가 탐색의 이득과 비용을 비교하여 탐색을 계속할 것인가 여부를 결정해야 합니다. 첫 가게에서 18,000원을 발견했다면 탐색을 중단하고 그냥 사야합니다. 왜냐하면 추가 탐색의 이득은 0인데, 탐색 비용은 500원이기 때문입니다.

첫 가게에서 20,000원을 불렀다면 어떨까요? 이 경우, 다음 방문에서 18,000원을 발견하면 2,000원이 절약(이득)됩니다. 그럴 확률은 0.25이므로, 추가이득의 기대값은 500원입니다. 탐색 비용과 같습니다. 그러면 중단하고, 그냥 20,000원에 사야합니다. 그렇습니다. 추가 이득이 확률변수라면, 그 기대값을 탐색 비용과 비교해야 합니다. 확률 변수의 기대값(expectation)은 확률 변수가 취할 수 있는 값과 그 값을 취할 확률을 곱하여 합산한 것입니다.

첫 가게에서 22,000원을 불렀다면 어떨까요? 이 경우, 다음 방문에서 18,000원을 발견하면 4,000원이 절약되고, 20,0000원을 발견해도 2,000원이 절약됩니다. 따라서 추가 탐색의 이득은 기대값으로 4,000원×0.25+2,000원×0.5=2,000원이 됩니다. 추가 이득이 탐색 비용보다 크므로, 탐색을 계속해야 합니다.

탐색을 계속한다면, 두 번째 가게에서는 어떻게 추가 탐색 여부를 결정해야 할까요? 마찬가지로 다시 추가탐색의 이득과 비용을 비교해야 합니다. 그러면 정확하게 같은 결론에 이르게 됩니다. 즉 18,000원이나 20,000원을 만나면 그 가격에 사고, 22,000원이면 추가 탐색에 나서야 합니다. 추가 탐색의 기대 이득과 비용이 변하지 않기 때문입니다.

혹시 두 번째 가게에서 탐색 여부를 결정할 때, 이미 발생한 탐색 비용을 고려해야 될까요? 아닙니다. 기왕에 발생한 비용은 기회 비용이 아닙니다. 추가 탐색 여부와 와 이미 과거에 발생한 것으로 추가 탐색에서 고려될 비용이 아닙니다. 이러한 비용을 매몰 비용(sunk cost)이라고 합니다. 매몰 비용은 기회 비용이 아니므로, 즉 추가 탐색이 없어도 없어지지 않는 비용이므로, 추가 탐색의 판단에 고려할 필요가 없습니다. 이것은 기회 비용과 반대로, 회계학적으로는 비용이면서 경제학적으로는 비용이 아닌 경우에 해당합니다.

결국 매 탐색마다 같은 기준이 적용되므로, 20,000원 이내면 사고, 그렇지 않으면 탐색을 계속한다는 것이 최선의 선택입니다. 지급할 용의가 있는 최고의 가격 20,000원이 유보 가격(reservation price)입니다. 탐색 비용이 500원이면 유보 가격이 20,000원입니다. 구체적으로 거기에서 추가 탐색의 기대 이득과 탐색 비용이 일치하기 때문입니다.

이 경우 평균 몇 가게를 돌아다니게 될까요? 운이 좋으면 바로 유보가격 이내의 가게를 발견하게 되고, 그렇지 않으면 여러 가게를 방문해야 합니다. 유보가격 이내의 가게를 발견할 확률은 0.5+0.25=3/4입니다. 일반적으로 확률 p로 성공하는 일은 성공할 때까지 $1/p$회가 걸립니다. 예컨대 확률 0.01로 성공하는 일은 성공할 때까지 평균 100회가 걸립니다. 따라서 평균 방문 가게 수는 4/3이 됩니다. 보통 한 두 가게만 방문하게 된다는 의미입니다.

탐색비용이 아주 작아서 10원이라면 어떨까요? 그러면 유보가격이 18,000원에 가까워집니다. (정확하게는 18,040원이 됩니다.) 그러면 성공확률이 p=1/4가 되고, 평균탐색회수는 1/p=4회가 됩니다. 탐색 비용이 2,000원이라면 어떻게 될까요? 그러면 유보가격이 22,000원이 됩니다. 이 경우, 무조건 첫 가게에서 사게 되므로, 평균탐색회수는 1회입니다.

우리는 이러한 과정을 가격탐색(price search)라고 부릅니다. 이러한 탐색과정은 직장이나 배우자를 찾을 때에도 나타납니다. 중요한 것은 정보의 탐색과정에서 탐색비용이 들면, 사람들은 완전한 정보를 얻으려고 노력하지 않는다는 것입니다. 즉 추가이득과 탐색비용을 감안하여 추가이득이 탐색비용보다 작으면 추가 정보를 얻는 것을 포기하고 무지를 선택한다는 것입니다. 이렇게 선택된 무지를 합리적 무지(rational ignorance)라고 부릅니다.

정보가 중요하지 않다는 것은 아닙니다. 사람은 아는 만큼 올바르게 선택할 수 있습니다. 그렇지만 정보를 얻는 것도 비용이 듭니다. 그러면 무한히 정보를 얻지는 않습니다. 배우자의 선택은 대단히 중요합니다. 그렇지만 세상의 배우자 후보를 모두 철저히 알아 보고 난 후에 배우자를 선택할 수는 없습니다. 비용이 너무 많이 들기 때문입니다. 우리는 적당한 정보와 합리적 무지의 경계선에서 탐색을 멈추고, 호르몬이 선택을 돕는 가운데, 직관적, 열정적으로 평생의 반려로서 배우자를 선택하게 됩니다.

합리적 무지

정치적 선택에서는 합리적 무지의 경향이 더욱 커집니다. 유권자는 여러 후보의 인성을 충분히 검증하거나 공약을 면밀하게 분석하지 않습니다. 정보를 얻는 비용은 큰 반면에, 그로부터 기대되는 이득은 적기 때문입니다. 왜 기대이득이 작을까요? 후보들의 공약이 비슷해지는 경향이 있기 때문이기도 하지만(중위투표자 정리라고 부릅니다), 내 한 표로 당락이 뒤바뀔 확률이 아주 작기 때문입니다. 따라서 유권자는 후보자의 이미지나 대중매체가 무료로 제공하는 정보에 만족하고, 합리적 무지를 선택하게 됩니다. 때로는 투표장에 나가는 구두창 비용조차 아끼려고 합니다. 결국 일반국민의 정치적 무관심을 초래하고, 정치적 선택이 잘 조직된 이익단체에 과도하게 의존하게 됩니다.

사람들이 합리적으로 무지할 수도 있다는 것은 상품에서의 절충적 선택과는 다른 차원이 중요한 문제를 가져옵니다. 모든 것이 마음에 달려있다고 하듯이 세상은 우리가 어떻게 인식하는가에 따라 달라집니다. 사람이 비용과 이득을 합리적으로 선택한다고 하였지만, 어디까지나 사람이 스스로 인식하는 범위 내에서 그렇다는 것뿐입니다.

예를 들어, 2000년대 초반까지만 해도 우리 나라 신생아의 월별 출산율은 1월, 2월이 압도적으로 높고 3월이 가장 낮았습니다. 왜 그랬을까요? 한국의 초등학교 입학 연령이 2월 말을 기준으로 하였고, 부모들은 될수록 일찍 초등학교에 들어가는 것이 유리하다고 생각하였기 때문입니다. 2월 말 출생아는 3월 초 출생아보다 거의 1년 먼저 학교에 들어가게 되고, 부모들은 일찍 들어가는 것을 선호하여, 임신시기를 조절하거나 아니면 출생신고를 조작한 것입니다.

그러한 부모의 기대는 옳았던 것일까요? 여러 후속 연구에 의하면, 일찍 들어간 아동은 학업 성적에서 뒤쳐지는 경향이 있으며, 이러한 경향은 초등학교 저학년에서 두드러진 후 점차 완화되지만 중학교까지 이어집니다. 체육이나 리더십에서는 이러한 경향이 완화되지 않고 오히려 누적되고 강화되는 경향이 있습니다. 결국 부모의 기대는 옳지 않았습니다.

생각하기에 따라 학부모가 비합리적이었다고 생각할 수 있지만, 그것은 학부모가 모든 것을 알고 있었다(또는 합리적으로 알 수 있었다)는 것을 전제로 하는 것입니다. 학부모뿐만 아니라, 인류 모두가 (합리적으로) 한정된 지식만을 가지고 있습니다. 병이 어떻게 생기는지를 잘 모를 때, 병이 나면 역귀를 물리치기 위해서 굿을 벌였습니다. 그렇다고 비합리적인 것은 아닙니다. "주관적으로" 합리적인 것입니다.

오늘날 우리가 객관적 합리성이라고 생각하는 것도 나중에 보면 주관적 합리성에 불과할 수 있습니다.

사적 정보와 거짓말

때로는 인생의 중요한 선택에서 다른 사람의 마음속에 있는 감정, 신념, 지식과 같은 사적 정보(private information)를 필요로 하기도 합니다. 예컨대, 셰익스피어의 희곡 리어왕에서 왕은 자신의 여생을 맡길 사람을 세 딸의 효심 고백을 통해 선택하려고 합니다. 그렇지만 효심은 고백을 통해서 제대로 드러나는 것이 아니지요. 딸들은 효심을 과장할 수도 있고, 숨길 수도 있습니다. 이를 무시한 리어왕의 오만이 비극을 일으킨 원인입니다.

갑돌이와 갑순이라는 민요의 러브 스토리도 이러한 비극의 본질을 잘 드러냅니다. 갑돌이와 갑순이는 한 마을에 살았습니다. 둘은 서로 깊이 사랑했습니다. 그렇지만 둘은 서로 안 그런 척 했습니다. 그러다가 갑순이는 다른 마을로 시집을 갔습니다. 시집간 날 첫날밤에 갑순이는 달을 보며 울었습니다. 갑돌이도 화가 나서 장가를 갔습니다. 장가간 날 첫날밤에 갑돌이도 달을 보며 울었습니다.

왜 이런 비극이 생겨날까요? 사랑과 같은 은밀한 감정은 자신은 잘 알지만, 남은 잘 모릅니다. 더욱이 알리기도 어렵습니다. 남이 잘 모르므로, 거짓으로 말할 수도 있기 때문입니다. 듣는 사람으로서는 정직한 신호와 거짓인 소음을 구분해 내기 어렵습니다. 그 때문에 제비나 꽃뱀이 생길 수도 있습니다. 갑돌이와 갑순이의 비극이 오늘날에도 되풀이 될 수 있는 이유입니다.

옛날 얘기에서 아름다운 공주와 왕위를 함께 물려주려는 왕은 공주에게 청혼하는 왕자들에게 무서운 용이 지키고 있는 보물을 가져오라고 주문합니다. 왜 그럴까요? 왕은 진실로 공주를 사랑하는지, 왕위만을 탐내는지를 구분해야 합니다. 그 정보를 얻기 위해서 위험한 일을 주문하는 것입니다. 진실로 공주를 사랑하는 왕자에게는 사랑이라는 정보를 변질 없이 전달하는 비용이 목숨을 거는 일이 될 수도 있습니다.

비슷한 일이 직장탐색에서도 생겨납니다. 노동자는 좋은 일자리를 찾고, 기업은 좋은 일꾼을 찾습니다. 노동자는 자신이 누구보다 유능하고 성실한 것을 보이려고 합니다. 그렇지만, 기업은 그것이 진실인지 거짓인지를 구분하기 어렵습니다. 거꾸로 노동자도 기업이 제안하는 일자리가 좋은지 나쁜지 구분하기 어렵습니다. 그러면 스펙이나 월급 같은 관찰 가능한 외적 지표에 과도하게 의존하게 됩니다.

거짓을 말할 수 있다는 것은 인간의 협력을 어렵게 하는 중요한 장애가 될 수 있습니다. 그런데 자유로운 거짓말을 제약하는 현상으로 안면홍조가 있습니다. 자연스러운 안면홍조(facial blushing, 부끄러울 때 얼굴이 저절로 붉어지는 것)[1]는 찰스 다윈이 인간 특유의, 가장 인간적인 표현이라고 고민한 문제입니다. 생존경쟁에 불리하기 때문에 진화론적으로 설명하기 어렵기 때문입니다. 그렇지만 부끄러움을 진정으로 전달하는 가장 효과적인 방법이기도 합니다. 따라서 단기적으로 생존경쟁에 불리하지만, 장기적으로 긍정적인 효과가 부정적인 효과를 압도할 수 있습니다. 왜 인간만 그렇게 진화했는지는 단언하기 어렵겠지만, 특히 인간의 협력에서 다소의 비용이 들더라도 정직한 정보 전달이 중요하다는 것은 분명합니다.

원리 7 사람은 추론하고 학습한다

경제학은 어떻게 진리를 탐구할까요? 경제학자를 빗댄 우스운 얘기부터 시작합시다. 타고 있던 큰배가 좌초되어 세 친구들인 물리학자, 화학자와 경제학자가 무인도에 표류하게 되었답니다. 우연히 포도주 한 병이 발견되었는데, 코르크 마개를 따는 도구가 없었답니다. 물리학자는 지렛대 역할을 할만한 도구를 찾느라고, 화학자는 이를 녹여낼 물질이 없는지 찾느라고 바쁘게 움직이는데, 경제학자만 빙그레 웃으며 앉아 있더랍니다. "그래 자네는 벌써 어떤 방법을 찾어냈는가?"하고 물으니, 경제학자는 "여기 포도주 병 따개가 있다고 가정하세."라고 말하더랍니다. 경제학자가 흔히 비현실적인 가정을 만든다는 것을 풍자한 것입니다.

사실은 물리학도, 화학도 가정으로부터 시작합니다. 예컨대 상대성 이론은 모든 물리법칙이 상대적 운동에 대해서 동일하고, 빛의 속도는 일정하다는 가정에서 출발합니다. 그렇지만, 물리학이나 화학에서 가정은 잘 확립된 일반적인 법칙으로 확립되어 있고, 그 때마다 새롭게 가정을 재구성하지는 않습니다. 그에 비하여 경제학은 인간의 행동이나 그 상호작용을 대상으로 하므로, 일반적인 법칙을 확립하기 어렵습니다. 이떤 입자의 움직임은 옛날이나 지금이나, 동양이나 서양에서 같은 법칙을 따른다고 볼 수 있습니다. 그렇지만, 사람의 행동이나 상호작용은 역사적 배경, 문화적 배경에 따라 달라질 수 있습니다. 그러므로 그 때마다 적합한 가정으로 이론을 재구성하여야 합니다. 케인즈가 경제학이 잘 알려진 결론의 집합이 아니라, 올바른 사고방식의 집합이라고 말하는 이유가 그 때문입니다.

---

1) 병적으로 붉어지는 안면홍조(facial flushing)와 구분됩니다.

비유해서 말하자면, 호텔에 불이 나서 사람이 이층에서 뛰어내릴 때, 낙하속도가 얼마일까를 계산하는 것은 물리학의 영역입니다. 사람이 얼마나 다칠까를 분석하는 것은 의학의 영역입니다. 아무래도 물리학의 문제보다 더 복잡합니다. 화재가 호텔 숙박수요에 어떤 영향을 미칠까를 분석하는 것이 경제학의 영역입니다. 이것은 아무래도 의학의 문제보다 조금 더 복잡합니다. 한정된 지성으로 복잡한 문제를 분석하려면, 본질적인 것만 남겨두고 사소한 것을 버려야 하는데 이를 추상화(또는 단순화)라고 합니다. 이렇게 현실을 추상화하여 재구성한 것을 경제모형이라고 부릅니다.

경제학이 복잡한 것을 다룬다고 엄살을 떠는 것이 아닙니다. 경제학은 사회현상 중에서 가장 쉬운 부분을 다룹니다. 정치 현상, 사회 문화현상은 경제현상보다 분석하기가 더욱 어렵습니다. 그런 만큼 경제학은 더 정확한 예측을 요구받게 됩니다. 마치 물리학이 생물학이나 의학보다 더 정확한 예측을 요구받는 것과 같습니다. 쉬우면 쉬운만큼, 어려우면 어려운 만큼 요구사항이 조정됩니다. 따라서 어느 학문이 "쉽다, 어렵다"를 말하는 것은 무의미합니다.

우리 대학의 교훈은 진리를 나타내는 "진"(眞)입니다. 진리는 "태양은 동쪽에서 떠오른다"처럼 물리적 관찰과 부합되는 보편적 법칙을 나타내는 문장입니다. 진리는 어떻게 탐구될까요? 진리는 보통 이론과 검증의 누적적 순환 과정을 통해서 탐구됩니다.

이론과 검증

이론(theory)은 가정의 집합입니다. 가정은 미리 옳다고 전제된 진술입니다. 가정들로부터 논리적으로 유도된 결론을 정리라고 부릅니다. 가정들이 내적 모순이 없고, 모두 현실에 부합되면, 정리도 현실에 부합됩니다. 어떤 가정들은 때로는 놀라운 정리를 낳습니다. 예를 들어 상대성이론에서 $E=mc^2$을 유도하는 것은 대부분의 사람들에게 놀랍습니다. 물론 놀랍다는 것은 인간의 한정된 지성의 관점에서 그렇다는 것이고, 신의 눈에는 놀라울 것도 없을 것입니다.

이론과 모형은 한정된 인간의 지성을 확장시켜주는 중요한 수단입니다. 경제학에서 이론이나 모형은 낯선 곳을 찾게 도와주는 지도와 같은 것입니다. 지도가 항공사진과 다르듯이, 가정이 꼭 현실과 같을 필요는 없습니다. 예를 들어, 빛이 서로 다른 매질을 통과할 때, 시간을 최소화하는 경로를 선택한다고 가정합니다. 우리는 빛이 최단경로 계산에 필요한 미적분을 아느냐고 묻지 않습니다. 그렇게 예측된 경로와 실제의 빛의 경로가 일치하는가를 확인하는 것으로 충분합니다. 마찬가지로 플라타너스의 나뭇잎들이 태양 에너지를 최대한 받도록 배열된다고 가정할 때, 나무에 그럴 두뇌와 근육이 있느냐고 물을 필요는 없습니다. 그렇게 예측된 나뭇잎의 배열과 실제의 배열이 얼마나 일치하는가를 확인하는 것으로 충분합니다.

이론이 어떻게 지성을 확장시켜 주는지를 이해하기 위해서, 다음과 같은 퍼즐을 생각해 봅시다. 감옥에 세 사람의 죄수가 갇혀 있습니다. 교도소장이 세 사람의 죄수를 앉혀놓고 선언을 합니다. "이제 세 사람에게 빨간 모자나 하얀 모자를 씌워 주겠다. 그 중에 적어도 하나는 빨간 모자일 것이다. 빨간 모자를 쓰고 있다고 믿는 사람은 매일 저녁 한 차례 기회를 줄 테니 집으로 돌아가도 좋다. 그렇지만 하얀 모자를 쓴 사람이 나가다가는 그 자리에서 총살될 것이다." 각자는 자신의 머리에 씌워진 모자의 색깔을 볼 수 없습니다. 다른 사람의 머리에 씌워진 모자의 색깔을 볼 수는 있지만, 말해 줄 수는 없습니다. 첫날 저녁 아무도 나가지 않았습니다. 둘째 날 저녁 역시 아무도 나가지 않았습니다. 셋째 잘 저녁에 되자 세 사람이 모두 무사히 집으로 돌아갔습니다. 교도소장은 친절하게도 모두에게 빨간 모자를 씌워주었던 것입니다. 그런데 왜 셋째 날에야 자신이 빨간 모자를 쓰고 있다는 것을 알게 되었을까요?

여러 해법이 있겠지만, 한가지 방법만을 소개합니다. (이것은 어느 여학생의 발명입니다). 교도소장의 말에 의하면 빨간 모자는 1개, 2개 또는 3개입니다. 1개라고 "가정"합시다. 그러면 어떤 사람은 다른 두 사람이 하얀 모자를 쓰고 있다는 것을 보는 순간, 자신이 바로 빨간 모자를 쓰고 있다는 것을 알게 되어 첫째 날 저녁에 나갔을 것입니다. 첫날 아무도 나가지 않는 것을 본 세명은 모두 빨간 모자가 2개 또는 3개라는 것을 알게 됩니다. 이제 2개라고 "가정"합시다. 어떤 두 사람은 하얀 모자를 쓴 사람을 보게 될 것이고, 그 순간 자신이 빨간 모자를 쓰고 있다는 것을 알고, 둘째 날 저녁에 나갔을 것입니다. 둘째 날 저녁에도 아무도 나가지 않는 것을 본 3명은 모두 빨간 모자가 세 개라는 것을 확실히 알게 됩니다.

이 문제를 가정을 도입하지 않고 풀 수 있을까요? 가정을 도입하는 것이 왜 도움이 됩니까? 가정이 어떻게 본질적인 것과 사소한 것을 구분하게 하는지 깊이 생각해 보아야 합니다. 예를 들어 모두 다른 두 사람이 빨간 모자를 쓰고 있다는 것을 보는 것은 사소한 일입니다. 이것을 확인하기 위하여 한 사람이 소경이거나 눈을 감고 있어도, 문제를 풀 수 있다는 것을 확인하기 바랍니다. (이렇게 생각하면 됩니다. "내가 하얀 모자를 쓰고 있다고 가정하자. 그렇다면 둘째 죄수는 자신도 하얀 모자를 쓰고 있다고 가정하면, 셋째 죄수가 첫째 날 나갔을 것이라는 것을 알 것이다. 따라서 첫째 날 셋째 죄수가 나가지 않은 것을 보고 둘째 날 나갔을 것이다. 그런데 그렇지 않다는 것은 내가 하얀 모자를 쓰고 있지 않다는 것을 의미한다.") 그에 비하여 교도소장이 적어도 한 사람은 빨간 모자를 쓰고 있다는 것을 알려준 것은 필요하지 않은 것도 같지만, 대단히 중요한 정보입니다.

이론이 현실과 부합되는지 확인하여, 부합되면 수용하고, 부합되지 않으면 기각하는 것을 검증(test)이라고 부릅니다. 검증에서 기각되면 원래의 이론을 버리고 새로운 이론을 만들어야 합니다. 예를 들어서 위의 퍼즐에서 "빨간 모자가 1개다"라는 "이론"은 첫째 날 저녁 아무도 나가지 않는다는 관찰에 부합되지 않아서 기각됩니다. 검증에서 수용된(기각되지 않은) 이론이 곧 진리가 되는 것은 아닙니다. 우리의 신뢰가 좀더 깊어졌을 뿐입니다. 달리 말하면 더 좋은 이론이 나올 때까지 잠정적으로 진리라고 여겨질 뿐입니다. 이를 위해서 이론은 더욱 정확하게 세워져야 하고, 신뢰를 누적해 나가야 합니다.

진리는 이론-검증-이론-검증의 과정을 반복적으로 누적하면서 발전해 나가는 것입니다. 그런 의미에서 모든 진리는 상대적입니다. 절대적 진리가 없다는 것을 불안해 할 필요는 없습니다. 우리는 믿을 만한 진리로도 충분히 살아나갈 수 있으니까요. 사실 경제학자가 진리를 추구하는 과정은 위의 퍼즐을 푸는 것과 유사합니다. 그런 면에서는 물리학자라기 보다는 추리소설에서 사건의 범인을 좁혀 가는 탐정이나, 병의 원인을 좁혀 가는 의사와 비슷합니다.

올바른 이론의 중요한 특성은 올바른 예측에 있습니다. 우리는 중요한 것이 사후적 설명이 아니라, 사전적 예측이라는 것을 강조해 둡니다. 발전적인 이론은 다른 이론이 미쳐 만들지 못한 정확한 예측, 때로는 놀라우면서도 정확한 예측을 만들어 냅니다. 우리는 이 예측을 이용하여 바람직한 결과를 유도하는 새로운 정책을 만들거나 바람직하지 않는 예측에 대비하는 정책을 미리 마련할 수 있습니다. 그에 비해서 퇴행적인 이론은 의외의 결과에 사후적으로 변명할 뿐입니다.

이론의 검증이 중요하므로, 경제학에는 수리통계학적으로 경제이론을 검증하는 수단이 발달되어 있습니다. 이차효과를 감안하는 능력과 아울러, 올바른 검증을 디자인하는 능력은 훌륭한 경제학자를 구분하는 중요한 기준입니다.

심심풀이로 보는 띠별 운세가 있습니다. "동쪽으로 가면 목가 성을 가진 귀인을 만나리라"는 예측을 어떻게 검증하겠습니까? 이 예측은 사후적으로 변명의 여지가 많은 예측입니다. 하나의 검증 아이디어는 예측하는 당일까지 운세를 보여주지 않고 지난 후에 열 두 개의 예측을 뒤섞어 놓고, 자신에게 가장 부합되는 운세를 고르라고 하는 것입니다. 아무런 예측력이 없다면, 1/12의 확률로 자신의 운세를 골라낼 것입니다. 48명을 대상으로 실험한다면 평균 4명에게는 우연히 맞는다는 말입니다. 이항분포를 이용하면, 95%의 신뢰수준에서 95%의 확률로 8명 이내의 사람에게만 맞을 것입니다. 그것을 벗어나면, 무언가 예측력이 있다고 판단해야 합니다.

그런데 서두의 우스개 이야기에서 병따개의 존재를 가정한 경제학자의 이론은 현실에 부합되는 예측을 마련했을까요? 물론 아닙니다. 그 이론은 여전히 닫혀있는 포도주 병, 또는 갈증이 가시지 않는 목의 느낌에 의하여 곧바로 기각됩니다.

추론과 학습

사람은 지성을 가지고 있습니다. 사람은 드러난 것만으로 판단하지 않고 그렇게 드러나게 된 원인을 추론합니다. 그것이 빨간 모자 퍼즐에서 모두가 사흘 째 저녁에 나가는 행동을 선택한 배경입니다. 같은 정보라도 지성의 수준에 따라 행동이 달라질 수 있습니다. 아기나 애완견의 행동을 이해하려면 눈 높이를 맞추어 낮은 수준의 지성으로 되돌아가서 생각해야 합니다. 그렇지만 보통 사람의 행동을 이해하려면 그도 나와 같은 지성을 가졌음을 인정해야 합니다. 같은 지성을 가졌어도 학습된 지식에 따라 선택이 달라질 수도 있습니다. 지성이 정보의 해석을 돕듯이 지식도 지성의 발현을 돕기 때문입니다. 우리가 조선시대에 태어났다면, 그래서 세균이나 바이러스를 몰랐다면, 전염병이 돌 때 무당을 불러 굿을 하는 것이 최선의 합리적 선택일 수 있습니다. 지구가 둥글다는 것을 잘 모른다면 배를 타고 너무 멀리 나가지 않는 것이 합리적 선택입니다. 보편적 지식이 아니라도 사람들은 학습에 따라 지식을 넓혀가고, 그에 따라 행동이 변화할 수 있습니다. 양치기 소년이 "늑대야!"라고 소리쳤을 때, 동네 사람들의 반응이 우리가 표제로 내세운 일곱 번째 원리, "사람은 추론하고 학습한다"는 원리 1-6과 다른 표현방식을 취하고 있습니다. 원리 1-6은 "내"가 행동을 선택할 때 어떻게 선택해야 하는가를 설명하고 있습니다. 이와는 달리 원리7은 다른 사람의 행동을 어떻게 이해하고 예측할 수 있는지 설명하고 있습니다. 사실 원리1-6도 그렇게 해야 다른 사람의 행동을 이해하고 예측할 수 있다고 설명하는 것입니다. 다만 설명의 편의상 먼저 "나라면 어떻게 선택할 텐데"라는 것을 생각한 다음에 다른 사람의 행동을 입장을 바꾸어 생각하면 이해하기 쉬울 것이라고 생각해서 그렇게 설명한 것입니다. 우리는 모두 역지사지(易地思之)의 능력을 가지고 있기 때문입니다.

역지사지의 가능성은 사회과학이 가지는 이점이기도 하고, 함정이기도 합니다. 이점이라는 것은 자연과학은 "내가 입자라면"하는 역지사지의 사고가 도움이 되지 않는 데 반하여 사회과학은 "내가 소비자라면" 하는 역지사지의 사고가 중요한 단서를 마련해 준다는 것입니다. 함정이 될 수도 있다는 것은 여기에 자신의 가치관이나 주관이 들어가서 잘못된 판단을 하기도 쉽다는 것입니다.

존재(sein, ~이다)와 당위(sollen, ~이어야 한다)의 혼동도 그 중의 하나입니다. 갑돌이가 갑순이를 "모르는 척 했다"와 "모르는 척 했어야 했다"는 전혀 다른 표현이고, 아마도 하나는 맞고 하나는 틀린 말입니다. 이를 혼동해서는 안 됩니다. 내가 남을 생각할 때, 남을 생각하는 나를 경제학자가 분석할 때, 그러한 경제학자의 행동을 다시 내가 생각할 때, 어느 경우에든 이 둘을 혼동하지 않도록 주의해야 합니다.

요약

개인 행동 7원리

우리는 이 장에서 개인의 행동에 관한 일곱 가지 원리를 탐구했습니다. 경제학은 희소성의 세상에서 선택의 문제를 연구합니다. 희소성의 세상에는 공짜는 없습니다(원리1). 어떤 것을 얻기 위해서는 무언가 다른 것을 포기해야 합니다. 따라서 얻는 것과 잃은 것 사이에서 절충이 필요합니다. 사람들은 얻는 것을 될수록 늘리고, 잃는 것을 될수록 줄이려고 합니다. 얻는 것의 가치를 이득, 잃는 것의 가치를 비용이라고 부릅니다. 어떤 행동을 할지 말지를 결정하려면 그 행동으로 인하여 새로 생기는 이득과 비용을 비교해야 합니다(원리2). 이득이 비용보다 크면 그 행동을 선택하고, 비용이 이득보다 크면 선택하지 말아야 합니다(이득과 비용이 같으면 임의로 선택해도 됩니다). 두 대안 중 하나를 선택할 때는 한 대안을 기준으로 다른 대안으로 변화할 때 생기는 이득과 비용을 비교하면 됩니다. 행동의 크기를 나타내는 수량을 선택할 때는 마지막 한 단위의 추가 이득(한계이득)과 비용(한계비용)에 주목해야 합니다(원리3). 빵을 n-1개도 n+1개도 아닌 n개만큼 사기로 결정하는 것은 수량 n이 이들 대안에 비하여 우월하기 때문입니다. 다이아몬드가 물보다 비싼 것은 다마지막 한 방울의 한계효용을 비교하면 다이아몬드 쪽이 높기 때문입니다. 인센티브는 추가이득 또는 추가비용을 제도적, 의도적으로 변화시킨 것입니다. 사람들은 인센티브에 반응합니다(원리4). 추가이득을 늘리거나 추가비용을 줄이면 그 행동이 촉진됩니다. 반대로 추가이득을 줄이거나 추가비용을 늘리면 그 행동이 억제됩니다. 사람들이 이득과 비용을 비교할 때에는 드러난 이득과 비용만 고려하는 것이 아니다. 드러나지 않은 이득과 비용을 함께 고려합니다(원리5). 그러면 왜 사람들이 감기약을 먹는지, 왜 어려운 공부를 하는지를 설명할 수 있습니다. 정보를 얻는 데 비용이 들어가면, 사람들은 모든 것을 알려고 하지는 않습니다(원리6). 사람들은 합리적으로 무지를 선택할 수도 있습니다. 경제학자는 이론과 검증을 통해서 경제이론을 발전시켜 나갑니다(원리7). 개인도 자신의 행동이 복잡한 구조에서 일어날 때 과학적으로 사고하면서 행동의 결과를 예측합니다. 개인도 이론-검증의 추론과 학습의 과정을 밟아나갑니다. 경제학은 희소성의 세계에서 합리적 선택을하는 개인을 전제로 성립됩니다. 그런 전제가 옳다면 경제학은 자유의지를 가진 사람들의 행동, 그 행동의 상호작용으로 일어나는 경제 현상을 설명하고 예측할 수 있게 됩니다.

제1장 중요용어: 희소성, 희소성의 법칙, 선택의 과학, 경제학적 사고방식, 가치, 이득(편익), 비용, 효용, 기회비용, 기술, 공학적 문제 vs 경제학적 문제, 경제원칙, 합리성의 원칙, 지급용의가격, 유보가격, 물과 다이아몬드의 역설(가치의 역설), 한계이득, 한계비용, 한계효용체감의 법칙, 한계혁명, 노동가치설, 인센티브, 기대값, 이해관계의 상충, 이차효과, 사적 정보, 매몰비용, 유보가격, 가격탐색, 합리적 무지, 이론, 검증.

02 사회적 상호작용에 관한 일곱 가지 원리

경제학은 사회과학으로 사회현상을 연구합니다. 개인의 행동을 연구하는 것도 그 자체가 아니라, 개인이 사회를 이루어 상호 작용할 때, 어떤 사회현상이 나타날까를 연구하는 기초가 되기 때문입니다. 사람을 사회적 동물이라고 하듯이, 사람은 사회를 이루어 서로 협력합니다. 아프리카를 기원으로 삼는 호모 사피엔스(Homo Sapiens)가 유럽의 네안데르탈인(Homo Neanderthalensis)을 누르고 현대 인류의 조상이 된 것은 사회적 협력에서 우수하였기 때문이라고 합니다. 높은 산 호모 사피엔스가 살던 높은 산속 동굴에서 유골과 함께 생선 뼈가 발견된 것이 협력의 중요한 근거입니다. 사냥꾼과 어부 사이에 협력적인 거래가 있었던 것으로 추정됩니다.

사람은 사회적 동물이라고 합니다. 사람은 사회를 이루어 살면서 서로 협력하기도 하고, 때로는 갈등하고 싸우기도 합니다. 왜 사람은 협력할까요? 왜 사람은 갈등하고 싸울까요? 사회는 어떻게 갈등을 줄이고 협력을 촉진할까요? 우리는 이를 개인이 희소성이라는 공통문제를 해결해 나가는 과정으로 해석하고 이를 다음의 일곱 가지 원리로 나누어 살펴보려고 합니다: ① 거래는 서로에게 이득을 가져온다; ② 거래에는 비용도 든다; ③ 거래이득은 갈등을 초래할 수 있다; ④ 사회는 경제체제를 만들고 발전시킨다; ⑤ 가격은 수요와 공급에 의하여 결정된다; ⑥ 시장은 보통 좋은 경제성과를 가져온다; ⑦ 때로는 정부가 시장성과를 개선할 수 있다.

원리 8 거래는 서로에게 이득을 가져온다

거래(trade)란 둘 이상의 개인이 소유한 가치 있는 것을 서로 합의하여 맞바꾸는 행위를 말합니다. 거래는 제로섬 게임이라고 오해하기 쉽습니다. 즉 한 쪽이 이득을 보면 다른 쪽은 손해를 본다고 생각하기 쉽습니다. 아닙니다. 거래는 서로 합의해서 이루어지기 때문입니다. 그렇다면 손해를 보는 쪽에서 거래에 합의하지 않을 것입니다. 거래는 양쪽 다 이득을 볼 때에만 이루어집니다.

잠깐만, 그런데 제로섬 게임이 뭔가요? 게임(game)이란 둘 이상의 개인(경기자, players)이 각각 선택한 행동(전략, strategies)의 조합에 따라 개인의 이득(보상, payoffs)이 결정되는 상황을 말합니다. 중요한 것은 게임 상황에서는 나의 이득(보상)은 나의 행동뿐만 아니라, 상대의 행동에도 의존한다는 것입니다. 따라서 개인은 상대방의 행동을 감안하여 자신의 행동을 선택해야 합니다. 행동의 선택은 이제 전략의 선택입니다. 상대방이 최선의 전략으로 대응할 것을 감안해서 내 최선의 전략을 선택해야 합니다. "나는 '멋지게' 슛을 쏘았는데, 골 키퍼가 '비겁하게' 막아서 골이 되지 않았다"는 것은 변명이 되지 않습니다. 골 키퍼의 최선의 방어를 예상해서, 골이 되도록 슛을 쏘았어야 합니다.

홀짝 게임을 생각합니다. A와 B가 각각 100원씩을 건 후, A가 B 몰래 동전을 잡고, B는 홀수 개인지 짝수 개인지를 맞추려고 노력합니다. 맞추면 B가, 못 맞추면 A가 건 돈을 가져갑니다.

〈표 1〉 홀짝 게임

A \ B	홀	짝
홀	-100, 100	100, -100
짝	100, -100	-100, 100

각 셀에서 두 개의 숫자 중 첫 번째 숫자가 A의 보상을, 두 번째 숫자가 B의 보상을 나타냅니다. 어떤 전략의 조합이든 두 경기자의 보상의 합계는 항상 0입니다. 보상의 합계가 항상 0이 되는 게임을 제로섬 게임(zero-sum game)이라고 부릅니다.

두 목수 이야기

두 목수에 관한 간단한 퍼즐을 생각합니다. 두 목수의 이름은 에이브(Abe)와 빌(Bill)입니다. 에이브는 빌보다 유능합니다. 에이브가 한달 동안 동양가구 2개를 만들 때, 빌은 1개만 만들 수 있습니다. 손이 덜 가는 서양가구에서는 그 차이가 더 커집니다. 에이브가 한달 동안 서양가구 4개를 만들 때, 빌은 여전히 1개만 만들 수 있습니다. 일년 12개월을 어떻게 동양가구와 서양가구에 배분하는가는 가구를 직접 소비한다면 두 사람의 취향에 따라, 가구를 시장에 판다면 가격에 따라 결정됩니다. 여기서는 단순히 1년을 6개월씩 반으로 나누어 동양 가구와 서양 가구를 만든다고 생각합니다. 그러면 에이브와 빌의 연간 생산량은 다음의 표와 같게 됩니다.

〈표 2〉 두 목수의 연간 생산량

목수 \ 생산량	월별 생산성		생산 개월 수		연간 생산량	
	동양가구	서양가구	동양가구	서양가구	동양가구	서양가구
에이브	2	4	6	6	12	24
빌	1	1	6	6	6	6

어느 무더운 여름날, 잠시 쉬는 시간에 에이브가 빌에게 푸념을 했습니다. "아, 일년 내내 매일 이렇게 일해야 한다니. 아이들처럼 1년에 1개월이라도 휴가를 가지면 얼마나 좋을까?" 빌이 답합니다. "에이브형은 나보다 적어도 2배, 많게는 4배는 부자잖아요? 원한다면 한 달쯤 쉬셔도 충분할 텐데요?" 에이브가 말했습니다. "네가 그렇게 얘기할 만도 하지. 그렇지만, 소비는 습관이야. 내가 한달 동안 쉬면, 우리 집의 재정은 큰 곤란을 겪게 될 거야." 빌이 답했습니다. "휴, 나야 일주일만 쉬어도 큰 경제적 곤란을 겪게 될텐데요, 뭘." 퍼즐은 이렇습니다. 두 사람 가정의 재정상황을 조금도 악화시키지 않은 채로, 두 사람 모두 한달 동안의 휴가를 누리게 할 수는 없을까요?

여기서 자원제약은 노동시간입니다. 제약이 돈일 때, 우리는 돈으로 비용을 표시하듯이, 제약이 시간일 때 시간으로 비용을 표시합니다. 시간비용으로 보아서 에이브가 동양가구 1개를 생산하는 기회비용은 서양가구 2개입니다. 빌의 경우, 동양가구 1개를 생산하는 기회비용은 서양가구 1개입니다. 즉 서양가구로 표시한 동양가구의 기회비용은 에이브는 2개이고, 빌은 1개로 빌 쪽이 작습니다. 이것을 우리는 빌이 서양가구에 비교우위(comparative advantage)를 갖는다고 말합니다. 거꾸로 서양가구 1개를 생산하는 기회비용은 에이브가 0.5개이고, 빌은 1개이므로, 에이브가 비교우위를 갖습니다. (서양가구의 기회비용은 동양가구 기회비용의 역수이므로, 한 사람이 동양가구와 서양가구 둘 다에 비교우위를 가질 수는 없습니다. 즉 비교우위는 두 사람이 나누어 갖게 됩니다.)

그러므로 빌이 휴가 1개월을 제외한 11개월 동안 비교우위를 갖는 동양가구만 생산하도록 만듭시다. 이것을 비교우위에 따른 분업(division of labor), 또는 특화(specialization)이라고 합니다. 분업은 전체의 생산을 둘이 나누어 한다는 면을 강조한 것이고, 특화는 한 사람이 한 생산에 집중하는 면을 강조한 표현입니다. 그러면 빌은 11개의 동양가구를 생산하게 됩니다. 그것이 다음 표에서 ①과 ②로 표시되어 있습니다. 이제 총 18개의 동양가구가 필요하므로, 에이브는 7개를 더 만들어야 하고, 이를 위해서 한 달에 동양가구 2개를 만드는 에이브는 3.5개월을 동양가구 생산에 바쳐야 합니다. 그것은 표에서 ③과 ④로 표시되어 있습니다. 마지막으로 에이브가 휴가 1개월을 빼고 일할 수 있는 11개월에서 남은 기간은 7.5개월이므로, 그 동안에는 서양가구만 만들도록 합니다. 그것으로 에이브는 7.5×4=30개의 서양가구를 만들게 됩니다. 이는 표에서 ⑤와 ⑥으로 표시되어 있습니다.

〈표 3〉 분업 후 연간 생산량

생산량 / 목수	월별 생산성		생산 개월 수		연간 생산량	
	동양가구	서양가구	동양가구	서양가구	동양가구	서양가구
에이브	2	4	④3.5	⑤7.5	③7	⑥30
빌	1	1	①11	① 0	②11	② 0
합계					18	30

이제 무엇이 이루어졌는가를 살펴봅니다. 동양가구와 서양가구의 총생산량이 원래와 같으므로, 에이브와 빌에게 한달 동안 휴가를 보내더라도, 재정상황을 유지할 수 있습니다. 즉 빌은 동양가구 생산물 11개 중 5개를 에이브에게 주고, 에이브는 서양가구 생산물 30개중 6개를 빌에게 주면 됩니다. 그 결과는 다음 표에 표시되어 있습니다.

〈표 4〉 분업 후 생산물의 교환

생산량 / 목수	연간 생산량		생산물 교환		최종 소유량	
	동양가구	서양가구	동양가구	서양가구	동양가구	서양가구
에이브	7	30	+ 5	- 6	12	24
빌	11	0	- 5	+ 6	6	6
합계	18	30	0	0	18	30

놀라운 것은 개인의 기술이나 생산성이 변하지 않아도 사회 전체의 생산성을 증가시킬 수 있다는 것입니다. 거래는 제로섬 게임이 아닙니다! 같은 기술에서 생산을 재조직함으로써 사회적 생산성이 증가된 것입니다. 달리 표현하면, 개별 생산과정에 적용된 공학적 지식뿐만 아니라, 이를 사회적으로 조직하는 지식에 따라 사회 전체의 기술이 달라집니다.

주어진 기술을 재조직하여 사회적 생산성을 증가시키는 효과가 얼마나 클 수 있을까요? 위의 두 목수의 경우, 생산성의 증가는 노동시간을 12개월에서 11개월로 줄인 것, 즉 10%에 다소 미치지 못합니다. 이것은 분업과 특화에 따른 표준적인 이득에 비해서 너무 많을까요, 너무 적을까요? 아담 스미스에 의하면, 너무 작습니다.

아담 스미스의 핀 공장

아담 스미스는 『국부론』에서 핀 공장의 예를 들고 있습니다. (아담 스미스 시대에 핀은 귀부인들의 아름다운 옷을 꾸미는데 많이 사용되었다고 합니다.) 스미스에 의하면 보통 사람이 혼자서 핀을 만든다면, 최선의 노력을 다해도 하나도 만들기 어렵고, 하루에 20개를 만드는 것은 누구도 불가능할 것이라고 단언합니다. 그런데 당시에 한 사람은 철사를 뽑아내고, 다른 사람은 이를 반듯하게 펴고, 세 번 째 사람은 이를 자르고, 네 번째 사람은 끝을 뾰족하게 만들고, 다섯 번째 사람은 거친 부분을 갈아냅니다. 핀의 머리를 만들기 위해서 두 세 단계의 작업이 따르고, 이를 핀에 고정시키는 것은 별도의 작업이 따르고, 핀을 표백하는 작업이 있고, 이를 종이로 포장하는 것은 또 다른 작업입니다. 이런 방식으로 핀을 만드는 작업은 18개의 과정으로 구분되어 있습니다. 이 과정마다 다른 사람이 동원될 수도 있고, 한 사람이 두 세 개의 공정을 겸할 수도 있는데, 스미스는 열 사람이 변변찮은 도구를 가지고 하루에 중간 크기의 핀을 4만 8천개를 만드는 것을 보았다고 합니다. 1인당 생산량으로 4,800개를 만든 셈입니다. 분업 전의 생산량 1개 또는 20개에 비교하면, 분업에 의하여 생산성이 적어도 240배, 많게는 4,800배 증가한 것입니다.

사실 아담 스미스는 핀 공장의 예는 분업의 이득을 보이는 작은 예일 뿐이라고 말합니다. 그가 입고있는 모직 코트를 위해서--양떼를 기르는 호주의 목동으로부터, 양털을 호주에서 영국으로 수송하는 범선의 돛을 조정하기 위한 밧줄의 터럭을 자르기 위한 가위를 만드는 강철을 제련하기 위해 필요한 코크스를 캐는 광부에 이르기까지--얼마나 많은 사람들이 협력하는가를 생각한다면, 분업의 이득은 훨씬 더 클 수 있습니다. 그것이 200년 전 영국의 이야기입니다. 스미스에 의하면 분업은 생산성의 증가를, 따라서 국부의 원천을 이룹니다. 시장은 분업을 촉진하여 국부를 더욱 증가시킵니다. 더욱이 분업은 공정을 단순화하여 기술진보를 촉진하기도 합니다.

현대 경제에서 분업은 훨씬 더 전문화된 형태로 범 세계적으로 이루어집니다. 1997년 경제위기는 우리의 기술이 갑자기 퇴보해서 생겨난 것이 아니라, 분업과 협력의 질서가 붕괴되었기 때문에 나타난 것입니다. 거꾸로 우리들이 조선시대의 선조보다 더 잘사는 것이 우리가 더 똑똑하거나 더 열심히 일해서라고 생각하는 것은 자만입니다. 우리는 훨씬 더 상호의존적으로 긴밀하게 분업하는 세계에 살고 있어서 생산성이 크게 높아졌기 때문입니다.

시인들은 흔히 도시의 잿빛 하늘, 성냥곽 같은 아파트, 군중 속의 고독을 혐오하면서 무인도에서의 생활을 그리워합니다. 왜 그러면서도 무인도로 떠나지 못할까요? 그곳에서는 시집을 사줄 독자도, 의식주를 조달할 시장도, 자녀를 맡아줄 학교도, 병을 치료해 줄 병원도, 책을 빌릴 도서관도, 그림을 감상할 미술관도, 오케스트라를 들을 콘서트홀도, 다른 사람과 연결할 인터넷도 없기 때문입니다. 이들이 모두 분업의 측면들입니다.

여러분이 직접 무인도로 떠나는 것을 상상해 봅시다. 필요하다면 모든 지식과 CD와 식량과 비상약들(이들도 사회적 협력과 분업의 산물이겠지만)을 챙겨서 무인도로 떠난다고 합시다. 아마도 선조는커녕 로빈슨 크루소보다 잘 살기도 어려울 것입니다. 아마도 3년을 살아남는 것조차도 맥가이버처럼 다재다능한 능력, 낙타같은 인내와 노력, 덧붙여 아마도 많은 행운이 필요할 것입니다.

분업이 노동을 파편화하여 소외(alienation)라는 문제를 초래한다고 비난을 받기도 합니다. 생산품이 분업의 결과이면 자아실현이라는 보람을 느끼기 어렵고, 또 좁은 범위로 시야가 국한되어 주변세상의 전모를 파악하기 어렵게 된다는 것입니다. 그렇지만, 톨스토이는 독주가 아니라 합주에 의해서 전설의 종이 울리는 것을 아름답게 그렸습니다. 나는 "서울역 앞의 대우빌딩의 타일은 내가 붙였지!"라고 자랑스럽게 말하는 목수의 이야기를 들었습니다. 또 오케스트라의 아름다운 화음에 기여하는 기쁨을 말하던 첼리스트를 기억합니다. 여럿이서 더 큰 일을 이룰 수 있고, 거기서 보람을 느낄 수도 있다는 말입니다. 더욱이 더 큰 생산력을 바탕으로 노동에서 해방되어 여가시간에 더 다양한 삶을 누릴 수도 있습니다. 현대적인 분업 이후에 비하여, 분업 이전에 민중의 삶이 더 다양하고 풍요로웠다는 증거는 찾아보기 어렵습니다. 분업이 없었다면, 다빈치도, 모차르트도, 아인슈타인도, 김연아도 없었을 것이고, 필자가 이 글을 구상하거나 쓸 수도 없었을 것입니다.

원리 9 거래에는 비용도 든다

거래에는 이득이 있기도 하지만, 비용도 듭니다. 거래를 하기 위해서는 거래 상대방을 탐색하고, 상대방과 거래조건을 협상하고, 거래를 이행하여야 합니다. 탐색-협상-비용의 모든 과정에서 비용이 듭니다. 이를 거래비용(transaction costs)이라고 부릅니다.

거래 상대방을 탐색하는 것부터 만만치 않습니다. 내가 가지고 있는 것을 원하면서 내가 원하는 것을 가지고 있는 사람을 만나는 것은 쉽지 않은 일입니다. 그럴 듯한 거래 상대방을 만났다고 하더라도 사실은 사기꾼이 아닌지, 모조품이나 불량품은 아닌지를 확인하여야 합니다. 협상에 들어가도 거래 조건을 자신에게 유리하게 만들려고 밀고 당기는 과정은 쉽지 않습니다. (지금 이 글을 쓰는 순간에도 남북한 간에 지뢰폭발 후속조치를 다루는 고위급 회담이 벌어지고 있습니다.)

거래가 단순한 교환이 아니고, 두 목수의 경우처럼 반복되는 분업과 교환이라는 약속을 포함할 경우에는 거래의 과정이 더 복잡해집니다. 돌발 상황에 대해서 어떻게 대처할 것인지, 약속을 이행하지 못할 경우 손실을 어떻게 보상할 것인지를 일일이 정해야 합니다. 협상이 종결되면 이를 문구로 바꾸어 계약을 체결하여야 합니다. 계약 체결 이후에도 과연 계약대로 거래가 이루어지는 것인지 서로 감시하고, 그렇지 않으면 상대방에게 강제 이행이나 손해보상을 청구하는 법적 절차에 들어가야 합니다. (그것도 그러한 법적 절차와 제도가 이미 마련되어 있다는 것을 전제로 해야 합니다.)

경제원칙에 의하면, 거래이득이 있어도 거래비용이 더 크면 거래가 일어나지 않을 것입니다. 거래 비용은 거래이득과 마찬가지로 거래 당사자들이 분담하게 됩니다. 당사자는 자신에게 돌아오는 거래이득이 거래 비용보다 작으면 거래에 응하지 않을 것입니다. 거래이득이 거래비용보다 커야 거래 당사자 모두에게 거래이득이 거래비용보다 크도록 분담시킬 수 있습니다. 따라서 거래이득이 거래비용보다 큰 것이 거래가 이루어지는 필요조건이 됩니다. (충분조건은 아닙니다.)

✔ 거래비용과 거래제도: 시장과 화폐의 발명

거래비용은 거래제도에 따라 달라집니다. 탐색 비용은 여러 사람이 일정한 시간과 장소에 모이면 크게 줄어듭니다. 시장이라는 제도가 생겨나는 이유입니다. 파티와 같이 여러 사람들이 한꺼번에 모일 때, 내 맘에 드는 데이트 상대를 찾기도 쉬워집니다. 크리스마스 이브에 명동과 같은 도심으로 미혼남녀가 몰리는 이유이기도 합니다.

우리는 제도라는 말을 사용하였습니다. 제도(institutions)는 개인 행동을 규제하고 사회적 질서를 이루는 관습이나 구조를 말합니다. 제도는 보통 의도적으로 설계되는 것이 아니라, 역사적으로 형성되고 진화합니다. 제도에는 비공식적 측면과 공식적 측면이 있습니다. 현대 사회에서 제도의 공식적 측면은 성문법으로 표현되고 사법제도에 의하여 강제됩니다. 주의할 것은 제도는 법 이전부터 존재하였고, 법이 정의하는 것보다 범위가 넓다는 것입니다.

시장(market)이라는 제도는 아마도 처음에는 부정기적인 모임으로 시작했을 것입니다. 옛날 엿장사가 마을에 들어오면 마을 사람들이 자발적으로 모여서 구멍난 고무신이나 고철을 주고 엿을 바꾸어 먹듯이 말입니다. 그것이 대구 약령시처럼 연례 행사로, 또 시골에서 5일장처럼 정기시장으로 바뀌었습니다. 경제가 발전함에 따라, 주요 필수품에 대한 상설시장(상점)이 생겨나고, 나아가 언제든지 "모든" 물건을 살 수 있는 백화점이 생겨났습니다. 필요에 따라 용산의 전자제품 전문상가처럼 전문상가도 생겨납니다. 현대에는 인터넷을 통하여 국내는 물론 국외에서도 쉽게 상품을 구매할 수 있습니다. 시장의 온라인화, 세계화가 이루어 진 셈입니다.

탐색 비용은 돈(money)이라는 제도가 있으면 더욱 줄어듭니다. 사실 시장의 발전은 돈이라는 제도가 병행되지 않았다면 이루어지기 어려웠을 것입니다. 돈이 없다면 교환은 G→G'의 방식으로 이루어집니다. 이를 물물교환(barter)라고 부릅니다. 돈이 사용되는 사회에서는 G→M→G'의 방식으로 교환이 이루어집니다. G→M을 판매, M→G'를 구매라고 부릅니다. 이 때 M이 모든 교환에서 매개체로 개입되므로, 화폐를 교환의 매개(medium of exchange)라고 부릅니다. 왜 G→G'의 교환에 비하여, 교환의 매개를 사용하는 G→M→G'의 교환이 거래비용을 줄일 수 있을까요?

내가 가진 물건 G를 원하는 물건 G'로 바꾸려면, 거꾸로 G'를 가졌으면서 G를 원하는 사람을 만나야 합니다. 이를 욕망의 이중적 일치(double coincidence of wants)라고 합니다. 그렇지 않으면 거래의 연쇄(chain of transactions)를 거쳐야 합니다. 오래 전 『킹스 퀘스트 V』라는 롤 플레잉 게임이 있었습니다. 주인공은 배추를 가지고 있는데, 문을 지키는 독수리는 쇠고기를 원합니다. 정육점에 가면 배추는 필요 없고, 생선을 원한다고 합니다. 그러면 주인공은 어부에게 배추를 주고, 생선을 받아서, 생선을 정육점 주인에게 주고 쇠고기를 받아서, 독수리에게 돌아와 쇠고기를 주고, 문을 통과해야 합니다. 배추→생선→쇠고기→문 개방의 연쇄입니다. 돈이 사용되었다면 애초에 배추를 미리 팔아서 독수리에게 돈을 주었을 것입니다. (독수리가 돈으로 쇠고기를 살 수 있어야 합니다.)

돈이 사용되는 사회를 화폐경제라고 부릅니다. 화폐경제에서 거래 비용이 줄어드는 것은 모든 사람이 기꺼이 화폐를 수용하면 거래의 연쇄를 피할 수 있기 때문입니다. 모든 사람이 교환의 대가로 화폐를 수용하는 것을 일반적 수용성(general acceptance)이라고 부릅니다. 왜 사람들이 기꺼이 화폐를 교환의 대가로 받아들일까요? 다른 사람들이 역시 그럴 것이라는 것을 알기 때문입니다. 즉 다른 모든 사람들이 화폐의 가치를 인정하면 나도 인정할 수 있습니다. 일반적 수용성이 스스로 일반적 수용성을 유지하는 셈입니다. 그러므로, 일단 화폐가 도입되고 사회적으로 인정되면, 그 제도가 유지되는 경향이 있습니다. 이를 좀 어렵게 말하면 화폐제도는 진화론적으로 안정적(evolutionarily stable)이라고 말합니다. 시장제도도 진화론적으로 안정적입니다.

원래 돈은 사람들이 널리 가치를 인정하는 쌀, 옷감, 가축 등의 상품이 사용되었다고 합니다. 그러다가 금, 은 등의 귀금속이 화폐로 사용되고, 다시 금, 은을 교환해 주는 대표증권이 사용되다가, 결국 지폐, 즉 종이 위에 찍힌 숫자로 변했습니다. 왜 그랬을까요? 화폐제도를 유지하는 비용도 사회적으로 거래비용의 일부입니다. 상품이나 귀금속을 사용하는 것도 역시 자원을 묶어둔다는 점에서 비용이 듭니다. 따라서 화폐제도를 유지하는 비용(일종의 거래비용)을 줄이는 방향으로 화폐제도가 진화한 것입니다. 사실 지폐 발행에도 위조를 방지하려면 상당한 비용이 듭니다. 이를 줄이기 위하여 은행 예금계정의 잔액, 나아가 하드 드라이브에 암호로 기록된 바이트로 진화하고 있습니다.

화폐경제에서는 모든 상품이 화폐와 교환되기 때문에, 화폐단위로 상품의 가치를 표시하는 것이 편리합니다. 이를 가격(price)이라고 부릅니다. 우리는 앞서 상품의 가치를 주관적 만족을 나타내는 유틸이라는 단위로 표시했습니다. 이에 비하여 가격은 상품의 객관적인 가치를 나타냅니다. 즉 화폐가 객관적인 가치를 나타내는 단위를 마련해 주는 셈입니다. 화폐의 이러한 기능을 가치의 척도(unit of account)라고 부릅니다.

우리는 거래는 거래이득이 거래비용을 초과할 때만 일어나고, 시장과 화폐라는 제도가 거래비용을 줄여준다고 하였습니다. 따라서 시장과 화폐제도의 발전은 거래를 더 많이 일어나게 하고, 거래로부터 순이득을 증가시킵니다. 경제 내에 여러 거래 기회가 있다고 합시다. 거래의 이득이 큰 순서로 이들을 $i=1,2,\cdots,n$으로 늘어놓는다고 합시다. 그러면, 거래의 총이득은 총거래 Q가 늘어남에 따라 그림의 TB곡선처럼 체감적으로 증가합니다.

거래비용도 거래의 기회 $i=1,2,\cdots,n$에 따라 점차 증가한다고 합시다. 그러면 거래의 총비용은 총거래 Q가 늘어남에 따라 그림의 TC곡선처럼 체증적으로 증가합니다. 그러면 총거래는 총거래의 순이득=총이득-총비용(TB곡선과 TC곡선의 수직거리)이 가장 커지는 Q^*까지 이루어질 수 있을 것입니다. (“이루어 질 수 있다”고 조심스럽게 말하는 이유는 거래이득≥거래비용이라는 필요조건이 충족되어도 거래의 협상과정에서 당사자간에 이득과 비용의 분담에 실패하면 거래가 이루어지지 않기 때문입니다.)

〈그림 1〉 거래제도 발달의 효과

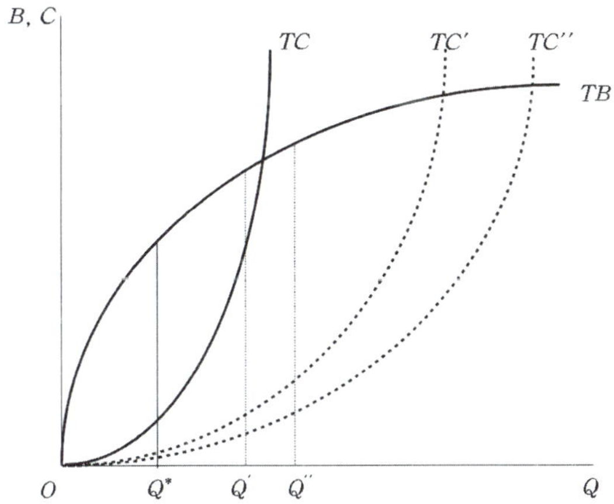

이제 거래제도의 발달에 따라 거래 총비용이 TC'으로 낮아지면, 총거래는 Q'으로 늘어날 수 있습니다. 그에 따라 사회전체의 거래순이득은 증가합니다. 거래제도가 더욱 발달하여 거래총비용이 TC''으로 낮아지면, 총거래는 Q''으로 더욱 증가하고 거래순이득은 더욱 증가합니다.

나는 단순화를 위하여 위의 그림에서 거래이득이 큰 것이 거래비용은 작다고 가정하였습니다. 사람들은 거래이득이 크면서 거래비용이 작은 것부터 거래를 이루어 갈 것입니다. 그렇지만, 이러한 가정이 없어도, 우리는 거래순이득이 큰 것부터 거래를 이루어 간다고 생각해도 무방합니다. 핵심은 거래제도로 거래비용이 줄어들면 거래가 더 많이 이루어지고, 사회는 분업과 교환의 이득을 더 크게 누릴 수 있다는 것입니다.

거래제도의 메타거래

좀더 관념적인 수준에서 거래제도 자체도 일종의 거래라고 생각할 수 있습니다. 거래는 전형적으로 쌍방간에 이루어집니다. 거래 당사자가 늘어남에 따라 거래비용은 초비례적으로 늘어나는 경향이 있고 쌍방간의 거래에서 최소화되기 때문입니다. 많은 경우, 다자간의 거래도 쌍방간의 거래의 연쇄로 환원시킬 수 있습니다. 그렇지만, 어떤 거래의 이득은 다자간의 합의와 거래를 필요로 합니다. 거래제도가 대표적인 예입니다. 거래제도의 발전이 거래 당사자 모두에게 거래비용의 절감이라는 이득을 주기 때문입니다. 그렇지만, 거래제도의 변화는 보통 사회적 합의라는 정치적 과정을 통해서 이루어집니다. 어떤 경우는 사회적 합의는 시장과 화폐처럼 자생적으로 발생하고 진화합니다. 어떤 경우에는 공식적인 정치적 과정을 통해서 이루어지고 발전합니다. 더 관념적으로 말하면, 거래 비용 절감을 위하여 거래 제도를 만들었듯이, 거래제도의 발달을 위하여 정치적 과정을 만들었다고 생각할 수도 있습니다.

우리는 지금까지 거래비용 중 탐색의 비용과 관련하여 거래제도의 발달을 설명하였습니다. 사실 시장과 화폐는 협상의 비용도 감소시키는 경향이 있습니다. 시장은 상품의 가치에 대한 객관적 정보를 공급하여 협상을 용이하게 만들기 때문입니다. 시장은 계약 이행의 질서도 만들어 냅니다. 그렇지만, 복잡한 거래를 위해서는 소유권을 확립하는 법적 제도가 생겨나야 하고, 법적 제도를 갖추고 이를 집행하기 위해서는 국가가 생겨나야 합니다. 경제학적 관점에서는 이 모든 것이 거래 비용을 줄여서 거래순이득을 늘리는 역할을 수행한다고 생각할 수 있습니다.

원리 10 거래이득은 갈등을 초래할 수 있다

분업과 교환으로부터 거래이득이 모두에게 이득이 생긴다는 것은 축복이기도 하지만, 새로운 문제를 만들기도 합니다. 거래로부터의 이득은 결합생산물이고, 누구에게 얼마만큼씩 귀속되어야 하는지 불분명합니다. 따라서 거래의 이득을 어떻게 분배하는가에 관해서 사회적 갈등이 생길 수 있습니다.

결합생산물은 무엇이고 왜 갈등의 원천이 될까요? 원인 A와 원인 B가 결합하여 결과 C가 나왔을 때, C를 결합생산물(joint product)이라고 합니다. A와 B가 함께 있을 때만 C가 나오고, 어느 한 쪽만 있어서는 C가 나오지 않는다는 의미에서 결합생산물입니다. 자녀는 부모의 결합생산물입니다. 그런데 "성공은 여러 부모들을 갖지만, 실패는 고아가 된다"고 합니다. 결합생산물이 좋은 것이면 서로 내 덕이라고 주장하고, 나쁜 것이면 서로 네 탓을 한다는 의미입니다. 일리가 있습니다. 내가 아니면 성공할 수 없었으니 내 덕이고, 또한 네가 아니면 실패가 없었을테니 네 탓입니다. 두 목수는 두 달의 휴가가 자기 덕이라고 주장하게 됩니다. 양립할 수 없지만, 전략적으로는 그렇게 믿는 것처럼 행동해야 합니다. 그래서 사회적 갈등이 생기고, 쉽게 해소되지 않습니다.

사회적 잉여

결합 생산물이 초과 생산물의 형태를 취할 때, 이를 사회적 잉여(social surplus)라고 부르기도 합니다. 거래 자체는 제로섬게임이 아니지만, 잉여의 배분을 둘러싼 갈등은 제로섬게임이 됩니다.

앞서 두 목수의 이야기를 계속합니다. 처음 얼마동안 둘 다 1개월의 휴가에 만족하였을 것입니다. 그렇지만 얼마 후에(사람은 익숙한 일은 당연하게 여겨지기 마련입니다) 빌은 불만을 느낄 수 있습니다. 결국 결합 생산물 중에서 에이브가 동양가구와 서양가구 모두 2배 또는 4배 더 많이 갖는데, 휴가는 똑 같이 1개월씩 나누어 갖습니다. 휴가만이라도 빌이 더 많이 누리는 것이 공평한 것이 아닌가요? 에이브는 달리 생각할 수 있습니다. 둘이서 두 달의 휴가를 만들어 냈다면, 에이브가 더 많이 기여한 것이니 자신이 더 많은 휴가를 갖는 것이 자연스러운 것 아닐까요? 그래서 휴가의 분배 문제가 대두되면 합의에 이르기 어렵습니다.

전략적으로 말하자면, 빌은 분업을 깨뜨리겠다고 위협하여, 에이브의 휴가를 0으로 줄여서 최대 3개월의 휴가를 누릴 수 있습니다. 이러한 과정은 다음의 표에 나타나 있습니다. 서양가구 30개를 만들어 내려면, 에이브는 7.5개월을 일해야 합니다(①과 ②). 남은 4.5개월 동안 9개의 동양가구를 만들 수 있습니다(③과 ④). 추가로 9개를 생산하기 위해서 빌은 9개월 동안은 일해야 합니다(⑤와 ⑥).

〈표 5〉 빌의 3개월 휴가를 위한 분업

목수 \ 생산량	월별 생산성		생산 개월 수		연간 생산량	
	동양가구	서양가구	동양가구	서양가구	동양가구	서양가구
에이브	2	4	③4.5	②7.5	④9	①30
빌	1	1	⑥9	①0	⑤9	①0
합계					18	30

거꾸로 에이브는 분업을 철회하겠다고 빌을 위협하여 최대 1.5개월의 휴가를 누릴 수 있습니다. 직접 계산으로 확인하여 보기 바랍니다. 사실 그렇게 극단으로 상대방을 몰아세우면 분업 자체가 무너지고 아무도 거래의 이득을 누리지 못하게 됩니다. 그렇지만, 상대방이 분업의 결과에 바탕하여 또 다른 거래를 하고 있다면, 이를 지렛대 삼아서 더 큰 이득을 누릴 수도 있습니다. 그럼으로써 사회전반의 분업체계가 위협받을 수도 있습니다.

도로 포장과 장화

여기서 갈등은 거래의 이득 또는 그로부터의 사회적 잉여의 배분을 둘러싼 것이기 때문에, 어느 경우든 사회적 잉여가 생기면 갈등이 생길 수 있습니다. 일단 생산되면 누구나 무료로 이용할 수 있는 공공재도 사회적 잉여의 대표적인 경우입니다. 큰길로부터 조금 들어간 곳에 10가구가 모여 살고 있는 작은 마을이 있습니다. 마을로 들어가는 길이 비포장 도로이고 여름이면 진흙탕길이 되기 때문에 5만원 짜리 장화가 필요하고, 가구당 4인 가족의 장화를 사려면 20만원이 든다고 합시다. 따라서 마을 전체에 장화비용이 200만원이 듭니다. 장화를 사는 대신에 도로를 포장할 수 있는데, 그 비용이 100만원이라고 합니다. 그래서 마을 회의에서 가구당 10만원씩을 내서 도로를 포장하기로 결정하였습니다. 장화비용이 200만원, 도로 포장 비용이 100만원이므로, 이 프로젝트의 사회적 잉여는 100만원입니다.

과연 10만원을 내야 하는가 망설일 때, 이런 생각이 떠올랐습니다. 내가 10만원을 내지 않아도 남은 9가구로서도 도로를 포장할 충분한 이유가 있습니다. 도로 포장비용 100만원이 남은 가구의 장화비용 180만

원보다 작기 때문입니다. 따라서 남은 가구들이 11만 여원씩 내서 도로를 포장할 수 있을 것입니다. 다소 마음이 꺼림칙하지만, 10만원이라는 가시적인 이득이 눈에 아른거립니다. 당연한 분담금을 내고 도로를 포장하는 것이 장화를 사 신는 것보다 낫지만, 분담금도 내지 않고 도로를 포장할 수 있다면 더욱더 좋습니다. 모두가 그렇게 생각하면 도로는 포장되지 않고, 다시 장화를 신고 다녀야 합니다. 이를 무임승차 문제(free-rider problem)라고 부릅니다.

이제 퍼즐입니다. 무임승차보다 더 좋은 방법이 있을까요? 있습니다! 도로포장을 적절한 정도로 반대하는 것입니다. 내 가족들은 모두 돼지띠라서 진흙탕 길을 좋아하는 척 하든지, 아니면 정서적, 환경적으로 진흙탕 길이 더 좋다고 반대하는 것입니다. 적절히 반대해야 한다는 것은 남은 아홉 가구들이 당신을 설득하기 위해서 그들의 사회적 잉여 80만원 중의 일부를 뇌물로 줄 정도로만 반대한다는 것을 말합니다. 너무 적극적으로 반대하여 도로포장 자체가 무산되지는 않도록 해야 합니다. 사실 사회적 잉여 80만원 전체를 뺏으려고 해서도 안 됩니다. 아마 40만원이나 50만원을 넘어설 수 없을 것입니다. 그들도 감정을 가진 사람들인지라 아예 포장 프로젝트 자체를 포기할는지 모릅니다. 그러면 한 푼도 못 얻고, 무임승차도 못합니다. 성공적으로 뇌물을 받고 포장도 이루어진 후에도 우리 가족들이 주민들을 위해서 고유한 가치(진흙에 대한 사랑)를 희생하였다는 것을 잘 알려야 합니다.

도덕적 해이와 역선택

정보가 편중되었을 때, 보험거래는 기회주의적 행동에 취약한 전형적인 경우를 보여 줍니다. 1만분의 일의 확률로 집에 화재가 난다고 합시다. 1억원 짜리 집을 가진 사람들 1만 가구가 모였다면, 가구당 1만원씩 보험료를 내서 불난 집에 주면 됩니다. 불났을 때의 1원은 평소의 1원보다 훨씬 소중하다는 점에서 모두에게 이익이 됩니다. 그러면 불난 사람뿐만 아니라, 모든 사람이 불안에 떨지 않고, 편안하게 지낼 수가 있습니다. "만인은 1인을 위하여, 1인은 만인을 위하여"라는 보험의 이상이 실현되는 것입니다.

그런데, 보험을 드는 순간, 남 모르게 화재 예방에 소홀하게 되는 경향이 있습니다. (심지어 일부러 몰래 불을 내는 사람도 생길 수 있습니다.) 이를 도덕적 해이(moral hazard)라고 부릅니다. 그러면 화재가 날 확률이 만분의 1에서 천분의 1로 증가할 수도 있습니다. 그러면 보험료를 일률적으로 올리지 않으면 안 됩니다. 도덕적 해이가 너무 심하면 보험이 깨질 수 있습니다.

애초부터 화재사고가 날 확률이 평균 만분의 1이지만, 모두 만분의 1이 아니라, 일부는 높고, 일부는 낮으면 다른 문제가 생깁니다. 이 경우에, 보험회사에서 1만원의 보험료를 부과하면, 사고 위험이 높은 사람만 보험에 들고, 낮은 사람은 보험을 피할 것입니다. 보험회사의 입장에서 사고 위험이 높은 사람만 선택되는 셈이므로, 역선택(adverse selection)이라고 부릅니다. 보험회사는 이에 맞추어 보험료를 올리지 않으면 안 됩니다. 그러면 상대적으로 사고위험이 낮은 사람이 다시 빠져나갑니다. 역선택이 너무 심하면 역시 보험이 깨질 수 있습니다.

문제는 이러한 역선택이나 도덕적 해이가 보험에만 국한되지 않고, 자신만이 아는 정보를 기회주의적으로 이용할 수 있는 모든 거래에서 생기는 경향이 있다는 것입니다. 중고차 시장에서 중고차가 필요하지 않게 된 사람 A가 필요한 사람 B에게 팔면 거래의 이득이 생깁니다. 그렇지만, 중고차 판매자는 자신이 파는 중고차의 품질을 잘 알지만, 구매자는 잘 모릅니다. 중고차 시장에 가치가 0원에서 1000만원까지의 가치를 가진 차가 고루 나와 있다면, 구매자는 저마다 자신의 차는 1000만원 짜리라는 판매자의 말을 믿기 어렵습니다. 그러면 평균적인 가격 500만원까지 지급할 용의가 있을 뿐입니다(위험부담을 생각하면 더 줄어듭니다). 그러면 500만원 이상의 가치의 자동차 주인은 시장을 떠납니다. 그것을 알면 소비자는 250만원 이상을 지급하지 못합니다. 이러한 과정이 반복되면 중고차 시장에는 0원 짜리 차만 남고 시장은 붕괴됩니다. 당연히 거래의 이득도 사라집니다.

금융시장에서 자금에 여유가 있지만 좋은 투자기회를 갖지 못한 사람 A는 자금은 부족하지만 좋은 투자기회를 가진 기업 B에게 자금을 빌려주고, 투자수익의 일부를 이자로 받으면 거래의 이득이 생깁니다. 기업 B에게 두 가지 프로젝트 P1, P2가 있다고 합시다. P1은 나무를 심어 10%의 이익을 남기는 것입니다. 그러면 5%의 이자를 지급하고 5%의 순이익이 생깁니다. P2는 라스베가스에서 확률 1/2의 홀짝도박을 하는 것입니다. 도박에 성공하면 5%의 이자를 지급하고 95%의 순이익이 생깁니다. 도박에 실패하면, 파산을 신청하는 것입니다. 그러면 0%의 이익을 얻습니다. P2는 평균 47.5%의 순이익이 생기는 셈입니다. 기업 B에게 이쪽이 더 매력적입니다. 물론 자기 자금이라면 P1을 선택했을 것입니다. 남의 돈은 자기 돈에 비하여 위험이 높은 쪽으로 사용하는 경향이 있다는 것입니다. 이를 아는 A는 돈을 빌려주는 것을 거부할 것입니다. 그러면 거래의 이득이 사라집니다. 도덕적 해이는 위임을 받은 사람(대리인)이 위임한 사람(주인)의 정보가 모자란 것을 이용하여 사익을 추구하는 것에 해당하기 때문에 대리인 문제(agency problem)라고 부르기도 합니다. 위의 예에서 보험회사나 대출자가 주인이고, 피보험자나 차입자는 대리인에 해당하는 셈입니다.

원리 11 사회는 경제체제를 만들고 발전시킨다

거래이득을 둘러 싼 갈등도 거래 이득을 얻기 어렵게 한다는 점에서 거래비용과 유사합니다. 사회는 거래이득을 늘이고 거래비용을 줄이려고 거래제도를 발달시킨다고 하였습니다. 거래 갈등에 대해서도 마찬가지입니다. 사회는 거래 갈등을 해소하는 방향으로 거래제도를 만들고 발달시킵니다. 이는 "최소비용으로 최대이득"을 추구하는 개인 행동의 기본원리와 상충되는 것이므로, 좀더 조심스럽게 검토할 필요가 있습니다.

죄수의 딜레마

두 죄수가 검사에게 취조를 받는 상황을 생각합니다. 이미 확보된 증거만으로 두 사람이 각각 1년의 징역을 살게 됩니다. 그렇지만 아직 여죄의 증거는 확보하지 못하여, 두 사람을 분리하여 취조합니다. 검사는 A에게 A만 자백하면 A를 바로 풀어주겠다고 회유합니다. 대신 B는 3년의 징역을 살아야 합니다. 거꾸로 B만 자백하면 A는 3년의 징역을 살게 된다고 위협합니다. A와 B가 모두 자백하면 각각 2년의 징역을 살게 됩니다. 이러한 게임상황을 죄수의 딜레마 게임(prisoner's dilemma game, 이하 PD 게임)라고 합니다.

〈표 6〉 죄수의 딜레마 게임

A \ B	홀	짝
배신	−2, −2	0, −3
협력	−3, 0	−1, −1

PD 게임에서 나는 자백을 배신으로, 침묵을 협력으로 표시했습니다. "죄수 사이의 협력"이라는 관점에서 본 것입니다. A의 입장에서 생각합니다. 내 보상은 내 선택뿐만 아니라, 상대의 선택에도 달려 있습니다. 상대가 협력을 선택한다면, 나는 배신해야 합니다. (징역 1년을 면하기 때문입니다.) 상대가 배신을 선택한다면 나는 배신해야 합니다. (징역 3년보다 2년이 작습니다.) 결국 나는 상대가 어느 쪽을 선택하든 배신해야 합니다. 상대가 협력하는 데 나는 배신하는 경우가 양심에 걸리기는 합니다. 그렇지만, 아마 상대방도 나와 똑같이 생각했을 것입니다. 그러면 내가 무엇을 선택하든 배신을 선택할 것입니다. 그렇다면 보복을 위해서라도 나는 배신해야 합니다. 상대방도 똑같이 생각합니다. 그러면 결국 검사의 의도대로 (배신, 배신)의 결과가 나오게 됩니다. 일단 (배신, 배신)을 선택하면, 상대방이 현재의 전략을 선택하는 한, 나의 전략을 바꿀 유인이 없는 상태, 즉 일종의 균형상태에 이르게 됩니다. 이를 내쉬균형(Nash equilibrium)이라고 부릅니다.

이것이 왜 문제로 될까요? 이것이 죄수 사이의 행동에만 적용되는 것이 아니기 때문입니다. 달리 말하면 우리가 검사로 상징되는 주어진 상황에서 죄수와 같은 전략적 선택을 할 수 있기 때문입니다.

예컨대, 도로포장 문제에서 분담금 10만원을 내는 것을 협력, 무임승차자가 되는 것을 배신이라고 합시다. 그러면 서로 상대방이 협력하기를 기대하면서 나는 무임승차를 선택하는 것이 내쉬균형이 됩니다. 뿐만 아니라, 납세 의무나 병역 의무를 이행하는 문제, 교통 신호나 공중 도덕을 지키는 문제, 등산할 때 쓰레기를 버리지 않는 문제에서도 같은 이유로 비협력적 균형에 이르게 됩니다. 죄수의 딜레마 게임에서 배신의 균형은 국가의 강력한 개입이 없다면, 토마스 홉스의 표현처럼 사회는 "만인은 만인의 투쟁"이라는 상황에 직면하게 된다는 것을 의미하게 됩니다.

그렇지만, 국가의 개입이 전혀 없는 악어와 악어새도 배신이 가능한 상황에서 협력적 균형을 유지합니다. 사실 우리의 몸도 세포와 조직의 유기적 협력체라고 볼 수 있습니다. 어떻게 적자생존의 경쟁 속에서도 그런 협력적 균형으로 진화되었을까요?

구전정리

오래 전부터 시골 마을과 같이 서로의 행동이 들어나고, 또 지속적으로 만나게 되는 공동체에서 배신이 발생하기 어렵다는 것이 관찰되었습니다. 사실 마을 공동체에서는 별다른 협력의 이득이 없는 전통이나 타부도 곧잘 유지되는 경향이 있습니다. 이로부터 같은 PD게임이라도 지속적으로 반복되면, 협력의 균형이 이루어질 것이라는 추정이 경제학자들 사이에서 회자되었는데 이를 구전정리(folk theorem)라고 부릅니다. 증명되지는 않았지만 아마도 그럴 것이라고 서로 믿고 입에서 입으로 전해 내려왔다는 의미입니다. 사실 일부 특수한 경우에는 증명도 되었습니다. 로버트 오만(Robert Aumann)이 노벨 경제학상을 받은 이유도 특수한 경우의 구전정리를 증명하였기 때문입니다.

PD 게임이 영원히 반복된다고 합시다. 이제는 개개의 전략이 아니라, 전략경로를 선택해야 합니다. 반복게임을 게임으로 보면, 전략경로가 전략이 되는 셈입니다. 그러면 두 사람은 현재 이후 모든 게임의 보상 합계를 극대화하는 전략(경로)을 선택할 것입니다. 그러면 서로 협력 관계를 유지하는 전략(경로)이 새로운 내쉬균형이 될 수 있습니다. 왜냐하면, 배신할 경우 향후 협력을 거부한다고 위협하여 상대의 배신을 방지할 수 있고, 그럴 경우 일시적인 배신의 이득보다 지속적인 협력의 이득이 더 커지기 때문입니다.

경제학자 액셀로드와 진화생물학자 해밀턴은 PD 게임이 충분히 오래 반복되는 상황에서의 전략을 공모하고, 전략 사이의 토너먼트에 의하여 최종 우승 전략을 선정하였습니다. 우승한 전략(경로)는 바로 팃포탯(tit-for-tat) 전략입니다. 팃포탯 전략은 일단 협력으로 출발하되, 이후에는 직전의 단계에서 상대방이 협조하였다면 계속 협조하고, 배신하였다면 배신하는 전략을 말합니다. 출발은 선의고, 보복은 신속하고, 회개하면 곧 관용을 베푸는 셈입니다. 그래서 이것을 무조건적인 선의(황금률)와 구분하여 수정된 황금률(modified golden rule)이라고 부릅니다.

사실 수정된 황금률도 상대방의 실수가 상호간 보복의 연쇄를 가져올 수 있습니다. 그런 의미에서 이론적으로 최선의 전략은 아닙니다. 잠깐, 세계의 번역가들 사이에 가장 번역하기 어려운 단어로 지목된 단어가 무엇일까요? "거시기"는 아닙니다. (영어에서도 "it"는 여러 가지 의미로 쓰입니다.) 그것은 "룽가"라는 콩고어로 "첫 번째, 두 번째 괴롭힘은 웃으며 받아들이다가, 세 번째 괴롭힘에는 용서 없이 응징하는 용사"를 뜻한다고 합니다. 게임이론이 생기기 전부터 아프리카에서 게임 이론적인 협력의 지혜가 존재하여 왔다는 증거이기도 합니다. 팃포탯이 아니라 팃포스리탯(tit-for-three-tats)이 되는 셈입니다. 노무현 대통령은 북한의 도발에 대해서 이를 주장한 바 있습니다. 과민한 반응이 돌이킬 수 없는 전쟁으로 비화되는 것을 막아야 하기 때문입니다.

로버트 오만 이후에도 많은 구전정리가 제안되고 증명되었습니다만, 일반적으로 협력의 균형은 배신에 대해서 공동으로 처벌하는 전략을 취하여 유지됩니다. 우리는 2인의 PD게임이 아니라, 다수가 참여하는 n인의 PD게임을 생각할 수 있습니다. 누구도 배신하지 않게 하려면, 1인의 배신자가 생기면, 그 후에는 누구도 배신자와의 협력을 거부하는 방식으로 처벌하면 됩니다. 물론 배신자는 마을을 떠나는 선택권이 있습니다. 그렇지만, 1회적인 배신의 이득이 마을을 떠나야 하는 손실보다 크지 않으면 배신을 선택하지 않을 것입니다. 또한 처벌을 거부하는 사람도 공동으로 처벌하면, 처벌을 배신하는 사람도 없어질 것입니다.

이것이 공동체, 나아가 국가의 성립을 설명하기도 합니다. 국가라는 제도의 발전은 이러한 PD 게임이 무한 반복되는 상황에서 협력을 유도하고 배신을 처벌하는 관습, 평판, 조직, 구조를 형성해 가는 과정으로 이해할 수 있습니다. 앞서 말한 시장, 화폐는 물론, 결혼, 종교, 교육, 연구, 의료, 사법, 군사, 경찰, 언론, 기업, 노조, 시민, 예술, 언어, 국가, 국제협력에 이르기까지 상호의존적으로 협력을 유도하고 배신을 억제하는 장치들이 생성되고 진화하여 왔습니다. 우리는 국가단위에서 이러한 거래제도의 상호의존적, 유기적 복합체를 경제체제(economic system)라고 부릅니다.

경제체제

달리 정의하면, 모든 경제는 "무엇을(What), 어떻게(How) 생산해서, 누구에게(For Whom) 줄 것인가"라는 기본 경제문제를 풀어야 합니다. 구체적으로 무슨 상품들을 얼마만큼씩 만들 것인가를 결정하고, 그 상품을 어떤 요소를 투입하여 어떤 생산방식으로 만들 것인가를 결정하고, 생산된 상품들을 누가 소비하도록 얼마만큼씩 나누어 줄 것인가를 결정해야 합니다. 이들을 자원배분(resource allocation) 문제라고도 부릅니다. 기본 경제문제를 푸는 성문, 불문의 규칙들을 경제체제라고 부릅니다.

경제체제에는 사람들의 선택에 영향을 미치는 인센티브 구조가 담겨 있습니다. 또한 특정한 방식으로 거래하도록 유도하여 거래비용을 감소시키는 장치들도 담겨 있습니다. 이러한 경제체제는 크게 전통경제, 명령경제, 시장경제로 구분할 수 있습니다. (물론 편의상의 구분입니다. 여러분은 여러 중간 형태, 또는 선착순 경제, 로또 경제같은 새로운 아이디어를 만들어 낼 수도 있을 것입니다.)

전통경제(tradition economy)는 과거의 농업경제나 제3세계에서 작동하는 방식으로, 전통적으로 생산하던 것을 전통적으로 생산하는 방식으로 만들어서, 전통적인 기준에 따라 분배하는 것을 말합니다. 전통과 관습이 생산과 거래를 지배하는 셈입니다.

명령경제(command economy)는 국가의 명령으로 생산물, 생산방식, 분배방식이 결정되는 경제체제를 말합니다. 물론 명령은 기초 협동농장이나 국영기업으로부터 군 단위, 도 단위 등 상향식 협의 과정을 통해서 결정될 수 있습니다만, 일단 중앙계획당국이 결정하여 명령으로 하달되면, 개별 단위에서 선택의 여지는 거의 없어집니다. 보통 사유재산은 인정되지 않고, 자본은 국가소유의 형태를 취하므로 공산주의라고도 부릅니다. 예전의 소련과 중국, 오늘날의 북한과 쿠바가 이에 해당합니다. 이론적으로 마르크스의 공산당 선언과 자본론에 근거하며, 정부가 경제를 통제하고 재화와 서비스를 분배해야 한다는 사회주의의 이념을 추구합니다. 생산물은 명령에 의하여 기초 생산단위의 능력에 따라 생산량 목표로 할당됩니다. 생산방식도 구체적 명령으로 하달되고, 필요한 자본과 원재료는 다른 명령에 의하여 공급됩니다. 생산물은 소비자의 필요를 감안하여 적정량을 국가가 배급합니다.

시장경제(market economy)는 시장에서 자발적으로 생산물, 생산방식, 분배방식이 결정되는 경제체제를 말합니다. 자본이 사유재산으로 인정되기 때문에, 자본주의 시장경제라고 부르기도 합니다. 이론적으로 아담 스미스의 "보이지 않는 손"에 근거하며, 국가의 제한된 개입 아래, 개인의 자유와 선택을 존중하고, 소비자 주권, 자발적 거래, 기업의 이윤동기와 경쟁, 그에 의한 기술 진보(가격하락, 품질 상승)를 강조합니다. 생산물은 이윤동기에 따라 결정됩니다. 즉 어떤 물건을 만들어 팔면 이윤을 얻을까가 생산물을 결정합니다. 생산방식도 이윤동기에 의하여 결정됩니다. 즉 현재의 기술에서 가장 싼 생산방식이 선택됩니다. 분배방식은 돈에 의하여 결정됩니다. 다른 곳에서 생산에 기여하고 벌은 돈을 내는 사람이 필요한 재화와 서비스를 가져갑니다.

사실 1979년 중국의 개혁정책, 1989년 베를린 장벽의 붕괴, 1991년의 소련과 동구권의 붕괴로 시장경제는 지구상의 거의 유일한 쇼가 되었습니다. 그렇지만, 시장경제에도 넓은 의미에서의 명령경제, 즉 사회주의적 요소가 혼합되어 있습니다. 시장경제에서 나타나는 분배문제, 특히 빈곤층을 구제하기 위한 사회 안전망이나 기본 욕구(basic needs)를 충족시키는 사회보장제도가 대표적입니다. 그 외에도 국유 기업을 경영하고, 사유재산권을 제한하거나, 기업경영을 통제하는 것도 이에 해당합니다. 이를 강조하여, 현대의 시장경제를 혼합경제(mixed economy)라고 부르기도 합니다.

우리는 이후 세 개의 경제체제 중 시장경제 또는 혼합경제를 중심으로 논의를 진행합니다. 따라서 정부가 언제 시장에 개입하여 어떻게 경제성과를 개선할 수 있는지도 밝힐 예정입니다.

인천시에서는 매일 엄청난 양의 다양한 상품(재화와 서비스)들이 팔리고 소비됩니다. 누가 모두 이를 계획하고 명령하나요? 아무도 명령하지 않습니다. 시장이, 시장에 참여하는 상점들이 판매량을 보면서 기업에 주문하고 기업은 이윤이 남으면 생산합니다. 유행이나 취향이 변하여 소비자들이 포도주 대신 마걸리를 찾으면 시장은 실시간으로 반응합니다. 통신기술이 발전하면 시장은 집 전화 대신 휴대전화로 소비자를 유인하기도 합니다. 소비자도 노동자로서 임금수준의 전망에 따라 전공이나 직업을 바꾸기도 합니다. 이 모든 것이 혼란이 아니라, 어떤 풍요로운 질서로 조화를 이룹니다. 그것이 "보이지 않는 손"으로 표현되는 시장의 힘입니다. 물론 시장이 언제나 바람직한 결과를 초래하는 것은 아닙니다. 그렇지만, 시장이 기본질서를 이루고, 여기에 보조적으로 정부가 개입하는 것이 혼합경제체제의 전략이라고 볼 수 있습니다.

원리 12 가격은 수요와 공급에 의하여 결정된다

우리는 생산물, 생산방식, 분배방식이 시장에 의해서 결정된다고 했지만, 좀더 정확히 말하면 가격에 의해서 결정됩니다. 기업은 이윤이 많이 남는 것을 생산하려고 합니다. 그런데 어떤 것이 이윤이 많이 남을까요? 생산비에 비해서 가격이 높은 것이 이윤이 많이 남습니다. 생산방식은 어떻게 결정될까요? 품질은 유지하면서 생산비가 싸게 먹히는 방식으로 결정됩니다. 그것은 생산요소의 가격에 의해서 결정됩니다. 생산물은 누구에게 팔릴까요? 그 상품에 가장 높은 가격을 지급할 용의가 있는 사람에게 팔립니다. 그러므로, 시장경제에서 자원배분은 가격에 의해서 이루어집니다. 아담 스미스의 "보이지 않는 손"의 정체는 가격입니다. 따라서 가격이 어떻게 결정되는가를 이해하는 것이 경제학의 기본과제가 됩니다.

퀴즈입니다. 앵무새를 경제학자로 만드는 방법은? 수요와 공급이라는 두 단어를 가르치면 됩니다. 이렇게 말할 정도로 수요와 공급은 경제학자들에게 중요한 낱말입니다. 시장경제에서 자원배분은 가격에 의하여 결정되고, 가격은 수요와 공급에 의해서 결정되기 때문입니다. 수요와 공급은 무엇일까요? 왜 가격은 수요와 공급에 의하여 결정될까요? 이것은 경제학의 핵심적인 문제이므로 신중하게 접근할 필요가 있습니다.

수요와 공급

우리는 물론 화폐경제를 생각합니다. 상품의 가격은 화폐단위로 표시됩니다. 에이브는 생산자로서 사과를 많이 가지고 있어서 팔려고 하고, 빌은 소비자로서 사과가 없어서 사과를 사려고 한다고 합시다. 에이브와 빌은 사과의 가격이 P로 주어져 있다고 생각합니다. 즉 자신이 사과를 한 개 더 팔거나 산다고 사과의 가격이 변하지 않는다고 생각합니다. 사과 시장이 충분히 크면, 즉 에이브와 빌 말고도 많은 생산자와 소비자가 있으면 그렇게 됩니다.

먼저 소비자인 빌의 입장에서 생각합니다. 빌이 주어진 가격 P에서 사과를 몇 개나 사려고 하는지를 수요량(quantity demanded)이라고 부릅니다. 수요량을 Q^D라고 표시하겠습니다. 가격과 수요량의 관계를 수요곡선(demand curve)이라고 부릅니다. 우리가 단순히 수요(demand)라고 할 때에도 사실은 가격과 수요량의 관계, 즉 수요곡선 $Q^D = D(P)$을 의미하는 것입니다. 그래프를 그릴 때, 우리는 보통 독립변수를 수평축에, 종속변수를 수직축에 그립니다. 그렇지만, 수요곡선을 그릴 때, 우리는 독립변수인 가격을 수직축에 그리고, 종속변수인 수요량을 수평축에 그립니다. 이것은 알프레드 마셜 이래 경제학의 전통인데, 가격의 증감을 상하 변동으로 표시하기 위해서입니다. 수요곡선은 보통 우하향이 됩니다. 즉 가격이 낮을수록 수요량이 늘어납니다. 이것을 수요의 법칙(law of demand)이라고 부릅니다.

수요량은 어떻게 결정되고 수요의 법칙은 왜 성립할까요? 빌이 사과의 수요량을 결정할 때, 사과 1

개를 더 사는 추가이득과 추가비용을 비교해야 합니다. 추가 이득은 사과의 한계효용(marginal utility), $MU(Q)$(유틸)입니다. 추가 비용은 가격 P(원)입니다. 비교를 위해서 두 단위를 일치시켜야 합니다. 돈의 한계효용을 λ(유틸/원, lambda라고 읽습니다)라고 합시다. 그러면 지급할 용의가 있는 최대의 가격, 즉 지급용의가격(willingness to pay, WTP)은 $WTP(Q) = MU(Q)/\lambda$이 됩니다. Q가 증가하면 한계효용 $MU(Q)$가 감소하므로, λ가 일정하다면, 지급용의가격도 감소하게 됩니다.

빌은 지급용의가격이 P보다 크면, 추가이득>추가비용이므로, 빌은 사과를 삽니다. 그러면 지급용의가격이 감소합니다. 그래도 지급용의가격이 P보다 크면, 추가로 사과를 삽니다. 언제까지? 지급용의가격이 P보다 클 때까지. 결국 P는 $WTP(Q) = P$가 될 때까지 사과를 사게 됩니다.

좀더 조심스러운 독자는 사과를 사는 것은 자연수여야 하므로, $WTP(Q) \geq P$이고, $WTP(Q+1) < P$인 조건으로 수요량 Q가 결정되어야 한다고 반론을 제기할 수도 있습니다. 좋은 지적입니다. 다만 수요량은 일정 기간 동안 사과를 사먹는 양이라는 점에도 유의하여야 합니다. 그것은 일종의 속도입니다. 이를 경제학에서는 유량(flow)이라고 부릅니다. 한번에 구매하는 수량은 자연수라도 수요량은 꼭 자연수일 필요는 없습니다. 사과 5개를 사서 7일 동안에 소비하면, 하루의 수요량은 5/7인 셈입니다. 따라서 우리는 사과를 임의의 양의 실수로 나누어 살 수 있다고 생각해도 무방합니다.

$WTP(Q) = P$는 P와 Q의 관계를 나타내는 식입니다. 이것이 감소함수이면 P와 Q가 일대일 대응관계를 가지므로, Q를 P의 함수로 나타낼 수 있습니다. 그것이 수요곡선입니다. 지급용의가격이 Q의 감소함수이므로, Q는 P의 감소함수가 됩니다. 그것이 수요의 법칙입니다. 우리는 대표적으로 빌의 수요곡선을 도출하였습니다만, 다른 소비자의 수요곡선도 비슷하게 도출할 수 있습니다. 그러면 가격 P에서 시장 전체의 수요량의 관계도 구할 수 있습니다. 그것이 시장수요곡선입니다. 개인 수요곡선에서 수요의 법칙이 성립하면 시장수요곡선에도 수요의 법칙이 성립합니다. 시장수요곡선은 개인수요곡선의 수평합이기 때문입니다. 시장수요곡선을 그래프로 그리면, 그림의 D와 같은 우하향의 곡선(단순한 직선으로 그렸지만, 일반적으로 곡선입니다)이 될 것입니다.

나는 한 가지 문제를 가볍게 지나쳤습니다. 한계효용체감의 법칙으로부터 지급용의가격 $WTP(Q) = MU(Q)/\lambda$도 체감한다고 말했지만 이것은 돈의 한계효용 λ가 일정하다고 전제한 것입니다. 사실 λ는 변합니다. 사과와 같이 해당 상품의 지출이 전체 소비지출 중에서 차지하는 비중이 작다면 λ의 변화는 무시할 수 있습니다. 비중이 크다면 Q의 증가로 해당상품의 지출이 늘어남에 따라, 남은 돈이 줄게 되면 일반적으로 돈의 한계효용이 올라갈 것입니다. 그러면 분자는 줄어들고, 분모는 늘어나서 WTP는 더욱 빠르게 감소합니다. 문제는 λ가 줄어들 수도 있다는 것입니다. 예를 들어서 해당상품이 감자이고, 감자를 많이 먹으면 배가 불러서 쇠고기를 먹을 수 없게 된다면, 남은 돈의 한계효용이 오히려 감소하는 일이 생길 수도 있습니다. 그 효과가 분자의 감소를 압도할 정도로 크면, Q의 증가에 의하여 WTP가 증가하는 일이 생길 수도 있습니다. 그러면 부분적으로 수요의 법칙이 성립하지 않을 수도 있습니다. 부분적이라고 말하는 것은 그런 일이 수요곡선 전체에서 나타날 수는 없다는 말입니다. 우리는 이런 특이한 경우를 무시하고 수요의 법칙이 항상 성립한다고 가정하겠습니다.

〈그림 2〉 수요와 공급의 균형

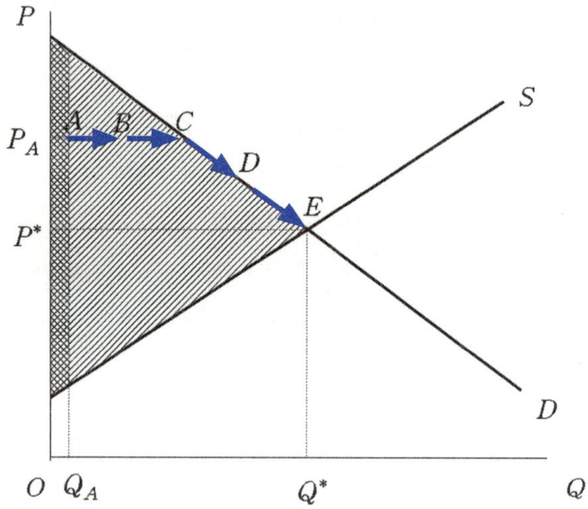

이제 생산자인 에이브 입장에서 생각합니다. 에이브 입장에서는 사과가 줄어들수록, 사과의 한계효용(기회비용)이 올라갑니다. 이것을 돈의 한계효용(받은 돈으로 다른 상품을 샀을 때의 얻는 효용)과 비교하여야 합니다. 이를 화폐가치로 표시하면 사과 1개를 포기하는 대가로 받을 최소의 가격, 즉 수취용의 가격(willingness to accept, WTA)이 됩니다. 사과 공급량이 증가할수록 한계효용이 증가하므로, 수취용의가격은 올라갑니다. 이를 그래프로 그리면 그림의 S와 같은 우상향의 곡선이 됩니다. 이것을 공급곡선(supply curve)이라고 부릅니다.

그러면 거래는 어디서 이루어질까요? 자발적 거래는 수요곡선 아래, 공급곡선 위의 빗금친 삼각형 부분의 어디에서나 이루어 질 수 있습니다. 그래서 이 부분을 거래가능영역(tradable area)이라고 부릅니다. 점 A에서 거래가 이루어진다는 것은 수량 Q_A가 가격 P_A에 거래되는 것을 의미합니다. Q_A가 결정되었다면, 가격은 Q_A에서의 에이브의 최소 수취용의가격과 빌의 최대 지급용의가격 사이에 어디에서 결정되는지 우리는 알 수 없습니다. 그것은 협상능력에 따라 결정됩니다. 에이브의 협상 능력이 더 좋다면, 에이브에게 상당히 유리한 쪽인 P_A에서 결정될 수 있습니다. 이 경우, 거래의 이득은 어긋나게 빗금친 부분(사다리꼴)이고, 그 중 P_A보다 위에 있는 면적은 빌에게, 아래에 있는 부분은 에이브에게 돌아갑니다.

다만 계약을 다시 맺을 재계약의 기회가 주어진다면, 둘은 점 A에서 만족하지 않을 것입니다. 점 A에서 점 B로 거래량을 늘려서 서로의 거래이득을 증가시킬 수 있기 때문입니다. 같은 가격에서 거래를 확대할 수 있는 것은 점 C에 이르기까지일 뿐입니다. 점 C에 이르면 거래이득을 더 높일 기회가 없을까요? 아닙니다. 에이브는 가격을 다소 낮추어 줄 테니, 더 사겠느냐고 물어볼 수 있고, 빌은 동의하게 됩니다. 그래서 점 C에서는 점 D로 움직이게 됩니다. 이러한 가격하락, 거래량 증가는 E에 이를 때까지 계속됩니다. 이에 점 E에 이르면, 거래의 이득은 가장 크게 되고, 더 이상 재계약은 없어지게 됩니다.

이 때의 가격은 P^*, 거래량은 Q^*가 됩니다. 우리는 이를 각각 균형 가격(equilibrium price), 균형 수량(equilibrium quantity)이라고 부릅니다. 균형(equilibrium)이란 변화하는 경향이 없는 상태를 말합니다. 이에 비하여 점 A, B, C, D에서의 거래는 가격과 거래량이 변화하는 경향이 있으므로 불균형(disequilibrium)입니다. 이 그림에서 빗금친 부분(거래가능영역)의 어디에서 출발하였어도 같은 균형점 E로 수렴하는 경향이 있습니다. 균형에서 벗어나도 균형으로 돌아오는 특성이 있을 때, 그 균형을 안정적 균형(stable equilibrium)이라고 부릅니다. 그렇지 않으면 불안정 균형(unstable equilibrium)이라고 부릅니다.

〈그림 3〉 균형의 안정성

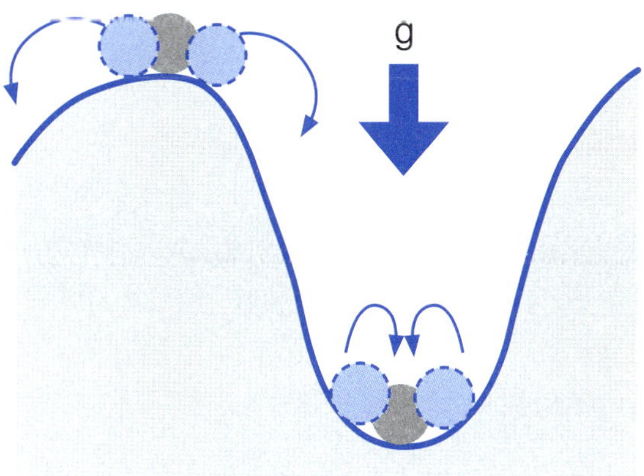

안정적 균형은 편리한 특성입니다. 우리는 거래가능영역의 어디에서 불균형거래가 이루어질지는 모릅니다. 그렇지만, 거래는 균형점으로 수렴하는 경향이 있다는 것을 압니다. 마치 골프 공이 홀 안에서 움직이는 경로는 몰라도, 균형에서는 밑바닥에 있다는 것을 아는 것처럼 말입니다. 그러면 거래가 대부분 수요곡선과 공급곡선이 만나는 점에서 이루어진다고 추측해도 무방합니다. 불균형에서 균형으로 움직이는 시간이 충분히 짧다면, 우리는 늘 가격이 곧 균형가격이라고 말할 수 있습니다. 그러면 가격은 수요곡선과 공급곡선이 만나는 점에서 결정됩니다.

우리는 수요곡선을 주어진 수요량에 대한 지급용의가격의 관계로 생각하고, 공급곡선을 주어진 공급량에 대한 수취용의가격의 관계로 보았습니다. 대신 수요곡선을 주어진 가격에 대한 수요량의 관계, 또한 공급곡선을 주어진 가격에 대한 공급량의 관계로 보아도 됩니다. 그렇다면, 가격은 수요량과 공급량이 일치하는 수준에서 결정됩니다. 그런 의미에서 가격은 수요와 공급에 의해서 결정된다고 말할 수 있습니다.

우리는 에이브도 소비자이지만, 우연히 너무 많은 사과를 가지게 된 것처럼 생각했습니다. 이제 에이브는 사실 생산자라고 합시다. 일정한 생산비를 들이면, 얼마든지 사과를 생산할 수 있습니다. 그러면 에이브는 생산비가 수취용의가격(받아야 할 최소금액)이 됩니다. 그렇다면, 공급곡선은 에이브의 한계생산비(마지막 한 단위의 생산비용)를 반영한다고 보아야 합니다.

사실 시장에서는 여러 판매자(생산자)와 구매자(소비자)가 있습니다. 그러면, 시장수요곡선은 모든 구매자의 개인 수요곡선을 (수평으로) 합한 것이 되고, 시장공급곡선은 모든 판매자의 개인 공급곡선을 (수평으로) 합한 것이 됩니다. 그러면 같은 논리에 따라 균형은 시장수요곡선과 시장공급곡선이 만나는 곳에서 결정됩니다.

위의 그림은 여러 사람이 있는 경우로 쉽게 확장될 수 있습니다. 단순하게 생각해서 사람들이 사과를 하나씩만 사고 판다고 생각해 봅시다. 그러면 〈그림 2〉에서 수요곡선 D는 각 소비자의 수요를 지급용의가격이 높은 순서로 늘어놓은 것으로 바꾸어 생각할 수 있고, 공급곡선 S는 각 생산자의 공급을 수취용의가격(공급가격)이 낮은 순서로 늘어놓은 것으로 바꾸어 생각할 수 있습니다.

첫 번째 사과 Q_A가 첫 번째 수요자와 첫 번째 공급자 사이에 거래될 때에는 공급가격과 수요가격의 차이가 가장 큽니다. 그 때 거래조건은 점 A와 같이 두 사람의 협상력에 따라 결정될 것입니다. 거래자가 늘어남에 따라 거래량이 점 B, C로 늘어납니다. 점 C에서 더 이상 추가 수요자를 발견하지 못한 추가 공급자는 가격을 낮춰서 수요자를 유도할 동기가 있습니다. 그에 따라 D로 이동합니다. E에 이르러서는 더 이상 수요가격 이하로 가격을 낮출 동기를 가진 공급자가 없습니다. 거기서 사과 시장은 균형에 이릅니다. 결국 가격은 마지막 수요자의 지급용의가격과 마지막 공급자의 수취용의가격에 의하여 결정됩니다. 충분히 많은 사람이 있다면 이 둘은 서로 일치합니다.

균형에서는 시장가격에 구매를 원하는 사람은 모두 구매하고 판매를 원하는 사람은 모두 판매합니다. 사고 팔기를 원하는 사람은 모두 주어진 가격에 사고 팔 수 있습니다. 이것이 균형의 다른 의미입니다. 사려고 하는 사람이 더 많으면 가격이 오르고, 팔려고 하는 사람이 더 많으면 가격이 내리기 때문에, 균형가격은 사고 팔기를 원하는 사람이 같아지는 수준에서 결정되어야 하기 때문입니다. 가격은 수요와 공급을 일치시켜 주는 매개변수가 됩니다. 따라서 부족한 사과 공급량을 수요자 사이에 할당하거나, 부족한 사과 수요량을 공급자 사이에 할당하는 문제는 생기지 않습니다. 그런 문제는 가격이 등락하여 그런 필요를 없애주기 때문입니다. 사과 가게 앞에서 긴 줄을 서는 것은 사회주의경제나 전시경제에서의 독특한 풍경일 뿐입니다.

마지막으로 이제 모든 소비자, 생산자들이 원하는 수량만큼 사과를 사고 팔 수 있다고 합시다. 그러면 모든 소비자는 한계효용이 가격과 일치하는 수준까지 사과를 사서 소비하고, 모든 생산자는 한계비용이 가격과 일치하는 수준까지 사과를 생산해서 팔 것입니다. 균형에서 모든 소비자의 한계효용이 가격과 일치하고, 모든 생산자의 한계비용이 역시 가격과 일치할 것입니다. 그것은 사과로부터의 총효용이 가장 크게 되도록 소비자 사이에 배분되고, 사과 생산에 들어가는 총비용이 가장 작게 되도록 사과 생산이 생산자 사이에 배분되는 것을 의미합니다.

가격의 변화

가격은 수요와 공급을 일치시킬 뿐만 아니라, 그런 상태를 계속 유지해 나갑니다. 인구가 늘어나서 더 많은 사과가 필요하게 되었다고 합시다. 그러면 수요곡선이 오른 쪽으로 이동합니다. 같은 가격에서 더 많은 사과를 사고 싶어합니다. 그러면 수요곡선과 공급곡선이 만나는 점이 우상방으로 이동합니다. 가격이 올라서 더 많은 생산자가 더 많은 사과를 공급합니다. 흉년이 들어서 사과의 생산량이 줄어들었다고 합시다. 그러면 공급곡선이 왼쪽으로 이동합니다. 같은 가격에서 공급량이 줄어듭니다. 그러면 수요곡선과 공급곡선이 만나는 점이 좌상방으로 이동합니다. 가격이 올라서 소비자는 소비량을 조금씩 줄입니다. 새로운 상태에서도 가격이 변동하여 수요와 공급은 일치하고, 할당이나 줄서기는 필요 없습니다. 새로운 상황에 맞추어 사과는 총효용이 가장 크게 되도록 소비자 사이에 소비량이 배분되고, 총비용이 가장 작아 지도록 생산자 사이에 생산량이 배분됩니다.

우리는 일대일 분업에서 거래이득을 둘러싼 갈등이 생길 수 있다고 말했습니다. 다수의 수요자, 공급자가 있는 시장에서 이러한 갈등은 해소됩니다. 그러면 거래의 이득은 어떻게 나누어질까요? 소비자는 사과로부터 지급용의가격에 해당하는 한계효용을 얻었습니다. 사과 소비로부터 얻은 효용은 한계효용을 모두 합하여 구할 수 있는데, 이는 0에서 Q^*까지 수요곡선 아래의 면적에 해당합니다. 그렇데, 실제로 지급한 돈은 P^*아래의 면적에 해당합니다. 따라서 그 위의 삼각형 부분이 소비자가 가져가는 거래의 이득에 해당합니다. 이를 소비자 잉여(consumer surplus)라고 부릅니다.

그에 비하여 사과 생산에 소요된 비용은 한계비용을 모두 합하여 구할 수 있는데 이는 0에서 Q^*까지 공급곡선 아래의 면적에 해당합니다. 그렇데, 실제로 수취한 돈은 P^*아래의 면적에 해당합니다. 따라서 공급곡선과 수평선 P^*사이의 삼각형 부분이 생산자가 가져가는 거래의 이득에 해당합니다. 이를 생산자 잉여(producer surplus)라고 부릅니다.

소비자잉여와 생산자 잉여의 합계를 사회적 잉여(social surplus)라고 부릅니다. 이는 거래이득의 다른 이름이며, 그림의 빗금친 부분에 해당합니다. 여기서 시장균형의 중요한 특성이 나옵니다. 시장균형은 사회적 잉여를 극대화시킵니다. 즉 생산량 Q^*는 사회적 잉여가 극대화되도록, 즉 거래이득을 소진하도록 결정됩니다. 이것은 대단히 바람직한 속성입니다. 시장균형은 사회적 잉여가 극대화되도록 생산량을 결정해 줍니다.

요소가격: 임금과 임대료

상품의 가격뿐만 아니라, 생산요소의 가격도 수요와 공급에 의하여 결정됩니다. 이 경우 수요자는 기업이며, 기업은 생산요소를 상품 생산에 투입하여 상품을 생산합니다. 팔아서 이윤을 남기려고 합니다. 그러면 지급용의가격은 얼마나 될까요? 노동자가 추가로 생산하는 사과의 수량에 사과가격을 곱한 만큼입니다. 추가로 생산하는 사과의 수량을 노동의 한계생산(marginal product)이라고 부릅니다. 한계효용이 체감하듯 한계생산도 체감하는 경향이 있습니다. 자본(토지 포함)이 일정하게 고정되어 있으면 노동이 많아진다고 수확량이 비례적으로 증가하지는 않기 때문입니다. 이를 수확체감의 법칙, 또는 한계생산 체감의 법칙이라고 부릅니다. 그러므로 노동의 수요곡선은 우하향의 곡선이 됩니다.

노동의 공급자는 노동자입니다. 노동자의 수취용의가격은 어떨까요? 노동시간이 길수록, 여가는 줄어듭니다. 사람은 먹고 잘 뿐만 아니라, 소비에서 효용을 누리기 위해서도 시간(여가)이 필요합니다. 노동시간이 길어질수록, 여가는 줄어들게 되므로, 여가의 한계효용은 증가합니다. 그러므로 노동공급의 수취용의가격은 증가하게 됩니다. 따라서 노동공급곡선은 우상향이 됩니다. 노동의 수요와 공급곡선이 주어지면, 두 곡선이 만나는 곳에서 노동시간과 임금이 결정됩니다. 결국 노동의 한계생산과 여가의 한계효용이 일치하는 수준에서 임금이 결정되는 셈입니다.

보통 여성 모델은 남성 모델보다 돈을 더 많이 법니다. 패션 모델 지젤은 연 3천만달러 이상을 법니다. 남성모델은 연 1백만 달러를 버는 사람이 간혹 생겨날 뿐입니다. 왜 그럴까요? 여성 모델에 대한 수요가 더 많기 때문입니다. 다시 왜 그럴까요? 여성 의류가 훨씬 더 많이 팔리고 이윤도 높습니다. 여성 의류의 패션 잡지가 훨씬 더 많이 팔립니다. 여성 패션 잡지의 대부분은 광고입니다. 그 중에서 잠시라도 눈길을 더 잡아끄는 모델에게 의류업자는 훨씬 많은 돈을 지급할 용의가 있게 됩니다.

노동이 직접 상품을 생산하는 대신, 생산에 도움이 되는 도구나 기계를 먼저 생산하고, 이를 이용하여 상품을 생산하는 것을 우회생산(round-about method)이라고 부릅니다. 우회생산에서 먼저 생산된 도구나 기계를 자본(capital)이라고 부릅니다. 예를 들어, 사냥꾼이 맨 손으로 사냥하는 대신, 먼저 활을 만들어 사냥에 나선다면, 활이 자본입니다. 상품의 생산에 투입되는 것을 생산요소라고 부른다면, 노동과 자본은 둘 다 생산요소이고, 그 중 노동은 원래부터 존재하는 생산요소라면, 자본은 "생산된 생산요소"인 셈입니다. 생산을 통해서 자본을 증가시키는 것을 투자(investment)라고 부릅니다.

우리는 임금이 노동의 가격이라고 했지만, 사실은 노동 자체의 가격이 아니라(노예제도는 없어졌습니다), 노동의 작업시간당 생산 서비스의 가격을 말합니다. 마찬가지로 자본의 기계시간당 생산 서비스의 가격을 임대료 또는 임대가격(rental price)이라고 부릅니다. 자본의 임대가격은 어떻게 결정될까요? 역시 수요와 공급입니다.

자본 서비스의 수요자도 기업이며, 기업은 이를 상품 생산에 투입하여 임대료를 지급하고, 대신 상품을 팔아서 이윤을 남기려고 합니다. 그러면 지급용의가격은 얼마나 될까요? 자본이 추가로 생산하는 사과의 수량에 사과가격을 곱한 만큼입니다. 추가로 생산하는 사과의 수량을 자본의 한계생산(marginal product)이라고 부릅니다. 자본의 한계생산도 체감하는 경향이 있습니다. 노동이 일정하게 고정되어 있으면 자본이 많아진다고 수확량이 비례적으로 증가하지는 않기 때문입니다. 즉 자본에도 수확체감의 법칙, 또는 한계생산 체감의 법칙이 적용됩니다. 그러므로 자본서비스의 수요곡선은 우하향의 곡선이 됩니다.

자본을 과거의 투자에 의해서 결정되므로, 단기에는 고정되어 있는 것으로 간주할 수 있습니다. 따라서 자본의 공급곡선은 단기에는 수직이 됩니다. 그러면 우하향하는 수요곡선과 수직인 공급곡선이 만나는 곳에서 임대가격이 결정됩니다.

임대가격은 자본 1단위를 빌려주고 1년간 얻는 수익입니다. 활이 1년 후에도 온전하게 있다면 이것이 자본의 수익률이 됩니다. 활이 낡아서 가치가 떨어진다면, 그 가치의 감소분(감가라고 부릅니다)을 빼준 순임대수익이 자본의 수익률이 됩니다. 임대가격이 올라가면, 자본의 수익률이 커지므로, 투자가 늘어나게 됩니다. 따라서 장기에는 자본의 공급곡선도 우상향이 됩니다. 그러면 우하향하는 수요곡선과 우상향하는 공급곡선이 만나는 곳에서 자본투입량과 임대가격이 결정됩니다.

사실 자본이라는 개념은 물적 자본에만 국한되는 것이 아닙니다. 사냥꾼은 활을 만들어 사냥을 나서기 전에, 활을 사용하는 지식과 기술을 익힐 수 있습니다. 이렇게 습득한 지식과 기술을 인적 자본(human capital)이라고 부릅니다. 인적 자본은 같은 노동자들 사이에 임금 차이가 나는 것을 이해하는 핵심이 됩니다. 단순한 노동의 대가에 인적 자본의 임대수익이 겹치는 셈입니다. 여러분들이 대학교육을 받는 것이 바로 인적 자본에 대한 투자인 셈입니다.

원리 13 시장은 보통 좋은 경제성과를 가져온다

시장경제에서 생산물, 생산방식(누가도 포함), 소비 배분은 시장이 결정한다고 했고, 그 중에서도 가격이 생산자와 소비자를 안내하며, 가격은 수요와 공급에 의해서 결정된다고 했습니다. 추상적으로 말하자면, 시장은 그때 그때의 상황에 맞추어 거대한 연립방정식을 풀어서, 수많은 상품들의 수요와 공급을 동시에 일치시키는 균형가격들을 발견하는 기능을 수행하는 셈입니다. 균형가격들이 결정되면, 소비자와 기업은 자신의 취향이나 기술에 맞추어 각 상품의 소비량과 생산량을 결정합니다. 가격은 조화로운 균형으로 소비자와 기업을 안내하는 유인 체계로 "보이지 않는 손"의 역할을 담당합니다.

효율

이렇게 결정되는 자원배분(생산물, 생산방식, 소비배분)은 좋을까요, 나쁠까요? 이러한 가치판단을 위해서는 좋은지 나쁜지를 결정하는 기준이 마련되어야 합니다. 궁극적인 기준은 소비자(국민)가 마련합니다. 첫 번째 기준은 효율입니다. 효율(efficiency)은 어떤 소비자의 효용도, 다른 소비자의 효용의 감소 없이는 증가시킬 수 없는 상태를 말합니다. 이중 부정이 혼동스럽다면 2단계로 나누어 생각해도 됩니다. 다른 사람들의 효용의 감소시키지 않고 어떤 사람의 효용을 증가하는 자원배분의 변화를 파레토 개선(Pareto improvement)이라고 부릅니다. 분업 전의 두 목수와 같이, 파레토 개선이 가능한 상태는 비효율적인 자원배분입니다. 모든 파레토 개선의 기회를 다 활용하여 더 이상 개선이 불가능한 자원배분 상태를 효율적이라고 합니다.

시장은 효율적인 자원배분을 이루는 경향이 있습니다. 왜 그럴까요? 앞서 모든 상품의 가격은 수요와 공급이 일치하는 수준에서 결정되고, 균형점에서 사회적 잉여(소비자 잉여+생산자 잉여)가 극대화된다고 하였습니다. 그 가격에서 생산량은 총생산비용을 가장 작게 하도록 생산자 사이에 배분되고, 소비량은 총효용을 극대화되도록 소비자 사이에 배분됩니다. 이런 자원배분이 모든 상품에 대해서 성립한다고 합시다. 그러면 어떤 자원배분의 변화도 누군가의 효용을 감소시키지 않고는 다른 사람의 효용을 증가시킬 수 없는 상태가 됩니다. 생산량을 달리 배분하면, 총비용이 올라가서 누군가의 효용이 감소합니다. 소비량을 달리 배분하면 총효용이 줄어들어서 누군가의 효용이 감소합니다. 달리 말하면, 시장은 모든 거래이득을 소진시키는 경향이 있습니다. 상호 유리한 모든 거래기회가 소진되면, 더 이상 상호이득을 주는 거래가 불가능해지게 되고, 효율이 달성됩니다.

구체적으로 상인의 역할을 생각해 봅시다. 상인은 싸게 사서 비싸게 팔면 이윤이 남습니다. 예를 들어 서울에서 회 1접시에 2만원이고 인천에서는 회 1접시에 1만원이라고 합시다. 수송비가 없다면, 인천에서 회를 사서 서울에 팔면 1만원의 이윤이 남습니다. 따라서 상인은 인천에서 회를 사서 서울에 팔기 시작합니다. 그 결과 인천에서 회의 수요는 증가하고 서울의 회의 공급은 늘어납니다. 따라서 인천에서 가격은 올라가고 서울의 가격은 내려갑니다. 언제까지? 두 지역의 가격이 같아질 때까지입니다. 그러면 일물일가의 법칙이 실현됩니다. 어디에서 같아지는가는 두 시장의 크기에 의존합니다. 서울의 시장이 더 크니까, 아마도 17,000원쯤에서 같아질 것입니다. [수송비가 2000원쯤 든다면? 그러면 수송비만큼 가격 차이가 생깁니다. 예컨대, 서울 18,000원, 인천 16,000원 쯤에서 균형이 이루어 질 것입니다.]

이 결과는 바람직할까요? 그렇습니다. 회의 생산량을 서울시민과 인천시민의 지급용의가격과 일치하도록 배분하는 것이 최선이기 때문입니다. 인천시민이 손해보는 것은 아닐까요? 아닙니다. 대신 인천시민은 회를 판 대금으로 다른 상품(쇠고기)을 싸게 사 올 수 있습니다. 모두를 고려하면 서울시민의 효용도 인천시민의 효용도 올라갑니다. 사실 그렇지 않으면 상인과의 자발적 거래가 일어나지도 않았겠지요.

이제 상인의 입장에서 생각해 봅시다. 원래 싸게 사서 비싸게 파는 이윤의 기회가 있었습니다. 그런 기회는 시장가격이 균형으로 수렴함에 따라 빠르게 없어집니다. 결국 균형에서 상인은 자원배분의 효율에 봉사할 뿐 아무런 이윤도 얻지 못합니다. 그러면 상인은 그 일을 포기할까요? 그렇지 않습니다. 언제든 수요공급이 변하여 작은 이윤의 기회가 생길 수 있습니다. 상인은 이윤 동기에 의하여 자원배분의 효율에 지속적으로 봉사할 유인이 있습니다. 시장은 인센티브를 마련할 뿐만 아니라 이를 자동으로 조절하기도 하는 셈입니다.

시장 실패

그렇지만, 시장이 효율성을 달성하는데 실패하는 경우도 종종 생깁니다. 공공재가 대표적인 경우입니다. 공공재(public goods)란 국방과 치안 또는 인터넷처럼 일단 공급되면 누구나 무료로 소비할 수 있는 재화나 서비스를 말합니다. 누구나 앞서의 도로포장의 예처럼 무임 승차를 선택하기 때문에 아무도 자발적으로 생산하지 않습니다. 즉 시장은 공공재를 공급하지 않거나 과소 공급하는 경향이 있습니다. 따라서 공공재를 공급하는 것은 오래 전부터 정부의 역할이었습니다.

공공재와 긴밀하게 관련되어 있지만, 외부효과도 시장이 효율성을 달성하지 못하게 합니다. 외부효과(external effects)란 거래당사자가 아닌 제3자에게 직접 영향을 미치는 것을 말합니다. 기업의 생산과정에서 발생하는 매연이나 폐수와 같은 공해가 대표적인 경우입니다. 생산자나 소비자가 아닌 제3자에게 나쁜 영향을 미치기 때문입니다. 거래 당사자는 이를 무시하기 때문에 시장은 공해를 과다 공급하는 경향이 있습니다. 따라서 정부는 범칙금이나 공해세를 부과하여 공해를 규제하게 됩니다. 외부효과가 긍정적인 경우도 있습니다. 예방주사를 맞는 것은 당사자뿐만 아니라, 제3자에게도 전염병을 막는 좋은 효과를 미칩니다. 거래 당사자의 이득만 생각하는 시장은 이를 과소 공급하는 경향이 있습니다. 따라서 정부는 예방주사에 보조금을 지원하여 장려하게 됩니다. 크게 보면 공공재의 문제도 긍정적 외부효과의 문제이기도 합니다.

독과점도 시장이 효율성을 달성하는데 실패하게 합니다. 예를 들어 남산 약수터의 수요곡선이 $Q=100-P$로 주어진다고 합시다. 한계생산비가 0이라면, 균형가격은 0이 되고, 소비자 잉여는 수요곡선 아래 삼각형의 면적 100×100/2=5,000원이 될 것입니다. 그런데 독점이라면, 생산량을 50으로 제한하여 가격을 50원으로 유지함으로써, 2,500원의 독점이윤을 얻을 수 있습니다. 이 이윤은 생산에 대한 기여로 얻어진 것이 아니라, 생산 제한이라는 행위에 의하여 얻어진 것입니다. 이제 소비자 잉여는 1250원으로 줄어듭니다. 독점이윤을 합해도 사회적 잉여는 3750원으로 경쟁시장의 5,000원보다 1,250원만큼 줄어듭니다. 이것은 비효율입니다. 독점업체에 2,500원을 주고 경쟁시장으로 전환하여 1,250원만큼 소비자의 효용을 증가시킬 수 있기 때문입니다. 따라서 정부는 독과점을 허용하지 않거나 독과점을 규제하여 폐해를 시정하게 됩니다.

비대칭 정보(asymmetric information)는 정보가 편중되어 있는 것을 말합니다. 정보 편중에 의한 역선택이나 도덕적 해이도 시장이 효율성을 달성하지 못하게 하는 중요한 실패 요인입니다. 앞서 중고자동차 시장에서 판매자는 품질을 알고, 구매자가 품질을 평균적으로만 추정하면 중고자동차 시장이 붕괴될 수도 있다고 하였습니다. 서로 유익한 거래를 이루지 못한 만큼 비효율입니다. 정부는 품질 보증이라는 서비스를 통해서 이를 해소하려고 합니다. 의료 보험을 강제보험으로 만든 것도 역선택을 우려해서입니다. 같은 관점에서는 역선택을 우려하여 크리스마스를 솔로로 보내는 청년들이 많은 것도 비효율이지요. 사회는 젊은이들이 건전하고 자연스럽게 모이는 기회를 더 많이 마련해 주어야 합니다.

도덕적 해이 때문에 보험료가 오르고, 일부가 보험을 들지 않는 것은 비효율입니다. 더욱이 도덕적 해이가 너무 커서 보험시장이 붕괴하는 것도 비효율입니다. 정부가 보험사기에 공권력을 지원하는 것은 이 때문입니다. 우리 나라를 비롯해서 많은 나라에서 중소기업은 주식시장이나 채권시장에서 자금을 조달하기 어렵고 보통 은행 차입에 의존합니다. 왜냐하면 자금주는 특히 소액투자자로서 기업의 경영활동을 일일이 감시하기 어려우므로, 경영자의 도덕적 해이를 우려하기 때문입니다. 그러므로, 안전한 은행에 맡기고, 대출자로서 은행이 기업 경영활동을 감시하는 역할을 맡도록 위임하는 셈입니다. 따라서 정부는 기업 경영 정보의 공시제도를 통하여 감시기능의 일부를 담당하기도 합니다.

형평

가치판단의 두 번째 기준은 형평(equity)입니다. 효율에 비하여, 그 뜻을 정확하게 정의하기 어렵습니다. 형평은 라틴어 aequitatem에서 유래된 말로 균등, 공평, 기울지 않음을 의미합니다. 그렇지만, 단순히 자원배분에서 결과의 균등을 말하지는 않습니다. 지체장애자에게만 휠체어를 준다고 해서 건강한 사람이 불공평하다고 항의하지는 않습니다. 형평은 "부러움이 없는"(envy-free) 상태에 가깝고, 지체장애와 휠체어를 동시에 부러워하지는 않기 때문입니다. (건강한 사람도 휠체어를 받으면 다른 용도로 유용하게 이용할 수 있다는 것은 논외로 합니다.) 결국 패키지로 부러움이 있는가 여부를 판단해야 하지만, 어디까지 패키지로 하여야 하는가는 문제로 남습니다. 이솝 우화에 나오는 것처럼, 여름에 열심히 일하여 식량을 비축한 개미는, 여름에 노래만 부른 베짱이가 겨울에 식량이 모자라 찾아왔을 때, 매몰차게 나무라며 거절해야 했을까요, 아니면 나누어 먹었어야 할까요? 첫 번째 해에 나누어 먹었다면, 그 뒤에 같은 상황이 반복되어도 계속 나누어 먹어야 할까요, 아닐까요? 이런 문제는 경제학만으로 답하기 어렵습니다.

그렇지만, 시장이 이런 문제를 풀지 못하는 것은 확실합니다. 시장은 주어진 초기조건 아래, 그것도 공공재 등 다른 실패 요인이 없을 때에만, 자원배분의 효율성을 보장할 뿐, 형평에 대해서는 보장하지 않습니다. 다만 형평의 개념이 무엇이든, 초기조건을 적절히 바꾸면, 효율과 형평을 동시에 달성하는 시장균형이 가능하다는 가능성만 열어두고 있을 뿐입니다. 실제로 시장에서의 소비 배분은 형평성의 관점에서 불

만족스러운 경우가 많습니다. 사회주의 이념이 비판하는 것처럼 절대적인 "부익부 빈익빈"이 진행되는 것은 아니지만, 상대적인 "부익부 빈익빈" 현상은 수시로 발견됩니다. 특히 경제 위기가 닥칠 때, 가난하고 어려운 사람들이 먼저 경제적 곤란에 빠지는 경향이 있습니다. 일단 경제적 곤란에 빠지면 이를 극복하는 데 생각보다 오랜 시간이 걸리기도 합니다. 따라서 정부는 조세 제도, 보조금 제도는 물론 금융 정책, 물가 정책, 산업 정책을 통해서 다각도로 분배에서 형평을 증진시키기 위해서 시장에 개입하게 됩니다.

원리 14 때로는 정부가 시장성과를 개선할 수 있다

정부는 "보조적으로" 경제 성과를 개선할 수 있다는 표현은 시장은 "일반적으로" 경제 문제를 푸는 좋은 방법이라는 말과 중요한 차이가 있습니다. 시장은 기본적, 일반적으로 좋은 방법이고, 정부는 보조적, 예외적으로 좋은 방법이 될 수도 있다는 뜻입니다. 시장과 정부의 역할을 보는 관점에는 다양한 스펙트럼이 있지만, 이것이 경제체제를 보는 경제학자의 일반적인 시각입니다. 그 배경에는 다양한 이론적 분석과 많은 실증적 경험이 놓여 있습니다.

정부는 시장이 효율과 형평을 이루지 못한 경우에 이를 보정하고 개선합니다. 우리는 시장실패를 설명하면서 정부가 이를 어떻게 보완할 수 있는지를 함께 설명했습니다. 시장은 독과점, 공공재나 외부효과, 비대칭 정보가 있을 때 효율적인 자원배분을 이루는데 실패합니다. 그러면, 정부는 공공재를 공급하고, 독과점을 규제하고, 환경오염을 단속하거나 규제하고, 비대칭 정보에 대해서 정보를 공급하거나 부작용을 완화하는 정책을 수행합니다. 또한 시장의 자원 배분이 형평에 어긋나면 사회보험이나 사회보장을 통해서 소득을 재분배합니다.

그러면 자연스럽게 의문이 생깁니다. 정부가 시장의 실패를 보완할 수 있다면, 또한 시장이 달성하지 못하는 공평한 분배를 보장할 수 있다면, 왜 보조적인 역할에 그치지 않고, 시장 자체를 대체하지 못할까요? 모든 자원 배분을 정부가 담당하면 보완할 필요도 없이 효율과 공평을 보장하는 자원 배분을 한 번에 달성할 수 있지 않을까요?

신이 아닌 정부

중요한 사실은 정부는 신이 아니라, 정치인과 관료 등의 사람들로 구성된 조직이라는 점입니다. 물론 유능하고, 선한 의지를 가질 수 있지만, 신처럼 전지전능하거나 지고지선한 존재가 아니라, 보통의 사람처럼 제한된 정보 아래 자신의 욕망을 합리적으로 추구하는 경제인들로 정부가 구성된다는 의미입니다. 물론 정부가 신이 될 필요는 없습니다. 아마도 유능하고 청렴한 관료로 충분합니다. 그런데 다른 모든 가치있는 것과 마찬가지로 유능하고 청렴한 관료도 공짜가 아닙니다. 희소합니다.

정부가 시장을 대신하여 효율적으로 자원을 배분할 수 있을까라는 문제는 1930년대에 이루어진 사회주의 논쟁의 핵심 주제였습니다. 분명한 것은 시장과 같은 효율성을 달성하기 위하여 엄청나게 방대한 정보의 처리가 필요하다는 사실이었습니다. 우리는 시장에서 수요와 공급이 만나서 가격이 결정되고, 가격에 따라 한계효용과 한계비용이 일치하면서 거래 이득이 모두 소진되어 최적의 자원 배분이 이루어지는 것을 알고 있습니다. 이것을 정부가 수행하려면 얼마나 많은 정보가 필요할까요? 소비자의 취향, 생산자의 비용에 관한 정직한 보고와 취합이 필요합니다. 그렇지만, 이 경우, 소비자와 생산자는 정직한 보고를 기대하기 어렵습니다. 사람들은 능력은 과소 보고하고 필요는 과대 보고하는 경향이 생깁니다. 그러므로 정확한 정보를 얻기 위해서 철저한 감시와 통재라는 추가의 노력이 필요합니다.

충분히 정확한 정보를 얻었다면, 잠재가격을 계산하여, 이에 따라 최종생산물로 무엇을 얼마나 생산해야 할지를 결정할 수 있습니다. 여기에서 끝이 아닙니다. 최종 생산물이 결정되어도 그 생산에 필요한 재료(중간재)를 어떻게 조달할지에 대해서 별도의 복잡한 분석이 필요합니다. 청바지를 만들려면 지퍼가 있어야 하고, 지퍼를 만들려면 구리가 필요하므로 이를 연쇄적으로 계산하고 할당하여야 합니다. 이러한 계산은 비교적 단순한 전통 경제에서는 가능할 수 있지만, 경제가 발전하고 소비자의 요구가 다양해질수록 매우 어려워집니다.

복잡한 정보처리라는 것은 단순히 컴퓨터에 의한 정보처리 속도의 문제만이 아닙니다. 정보처리를 통해서 의사를 결정하고 집행하는 방대한 관료 조직이 필요하다는 것을 의미합니다. 방대한 조직은 필연적으로 권력의 집중을 의미합니다. 권력은 국민의 욕망만이 아니라 자신의 욕망을 추구하는 데에도 사용되기 마련입니다. 특히 선한 개인으로 구성된 조직이라도 집단을 이루면 집단의 공동 이익을 추구하는 경향이 생깁니다. 그러므로 효율은 물론 원래 사회주의의 중요 목표이던 형평을 달성하는 데에도 실패하는 경우가 많습니다.

권력은 시간이 지남에 따라 부패하는 경향이 점점 커집니다. 『춘향전』에는 이몽룡이 암행 어사로 출도하여 탐관오리 변사또를 징벌하는 장면이 나옵니다. 나는 어릴 때 그 장면이 너무도 통쾌하여 몇 번이고 거듭 읽었습니다. 커가면서 다른 의문이 생겼습니다. 왜 왕은 시문으로 장원급제를 했을 뿐, 아무런 실무 경험도 없는 청년에게 그런 중요한 역할을 맡겼을까요? 아마도 왕이 고위 관료들을 믿지 못했기 때문일 겁니다. 왜 한 밤중에 몰래 불렀을까요? 아마도 고위 관료들이 알고 암행어사를 포섭할 것을 염려하였기 때문일 것입니다. 사실 조선 말기에는 암행어사도 믿지 못하게 되어, 이중, 삼중으로 암행어사를 감시하는 암행어사를 보내기도 했다고 합니다.

시장경제에서는 이러한 관료 문제를 어떻게 해결하고 있을까요? 수직적인 감시자를 다시 감시하는 것은 해결책이 아닙니다. 핵심은 수평적인 견제와 균형입니다. 민주국가는 정부에도 삼권분립과 선거라는 민주제도가 최소한의 견제와 균형을 마련하고 있습니다. 그럼에도 불구하고 정치, 관료의 부패와 무능은 때때로 중요한 문제로 대두되기도 합니다. 시장은 견제와 균형이 실시간으로 이루어지는 곳이라고 생각할 수 있습니다. 파는 사람은 비싸게 팔려고 하고, 사는 사람은 싸게 살려고 합니다. 비싸게 팔려는 사람은 다른 생산자가 견제하고, 싸게 사려는 사람은 다른 소비자가 견제하고, 전체로는 생산자와 소비자가 서로 견제하여 균형이 이루어지는 셈입니다. 민주주의 시장경제에서는 정부 내부, 시장 내부는 물론 정부와 시장 사이에도 견제와 균형이 이루어지게 됩니다.

왜 사회주의가 붕괴되고, 시장경제가 지구의 유일한 경제제도가 되었을까요? 사회주의의 이상은 "능력에 따라 기여하고, 필요에 따라 분배한다"(from each according to his ability, to each according to his need)에 잘 요약되어 있습니다. 사실 한계 효용 체감의 법칙을 모르더라도, 재화를 더 공평하게 분배하면 모두가 더 행복해 질 수 있다는 것을 우리는 어릴 때부터 저절로 깨닫게 됩니다. 그렇지만, 이러한 이상이 실현되는 곳은 아마도 부모와 자녀가 함께 생활하는 가정 정도로 제한되는 것 같습니다. 이를 넘어서 친한 친구나 형제자매 사이에도 "우리 나중에 커서 열심히 일해 월급을 받으면 모두 모아서 1/n로 나누자"라는 이상적인 제안은 성공하기 어렵습니다. 일차적으로 인간의 탐욕이 능력을 과소 보고하고, 필요를 과대 보고하는 경향을 만들어 내기도 하지만, 개인의 자유, 창의, 자존이 이상의 이행에 필요한 감시와 명령에 반발하기 때문이기도 할 것입니다.

시장경제가 그 안에서 공동체 또는 연합(coalition)의 설립을 자유롭게 보장한다는 사실도 중요합니다. 가족이나 교회, 소비나 생산의 협동조합, 노동조합, 시민단체 등이 그 예입니다. 시장은 자유롭게 연합을 형성하여 시장에 참여하는 것을 허용하고, 연합 내부에서 구성원이 다른 방식으로 자유롭게 계약하는 것을 허용합니다. 시장경제는 시민이 국가에 복속할 것을 강제하지 않는 것뿐입니다. 따라서 시장경제는 가능한 대안들과 끊임없이 경쟁하고, 견제와 균형을 이루며 진화하게 됩니다. 아마도 그러한 신축성이 사회주의에 비하여 시장경제가 강건하고, 진화론적으로 안정적인 이유일 것입니다.

✔ 정부 실패

시장이 실패하는 경우에 곧 정부 개입이 정당화되는 것이 아님을 유의해야 합니다. 독과점, 외부효과, 비대칭정보로 시장이 실패하면, 정부도 똑같은 문제로 실패할 수 있기 때문입니다. 우리는 이들을 정부 실패(government failure)라고 부릅니다.

기업독점 대신 정부독점이 좋은지 여부는 판단하기 어렵습니다. 정부가 공기업으로 독점하는 경우, 독점의 폐해는 사라지는 대신, 비효율의 문제가 생기기 쉽습니다. 기업독점은 잠재적인 경쟁기업이나 유사기업의 도전을 염려하지만, 국가 독점은 그런 우려가 없기 때문입니다. 뿐만 아니라, 국가독점은 위험할 수도 있습니다. 시장에서 독점기업이 갖는 최대의 위협은 거래 이득을 박탈하는 것이지만, 국가는 신체적 자유의 구속, 심지어 생명을 박탈한 권한도 가지고 있고, 그 권한의 이행능력이 군대와 경찰로 보장되어 있습니다. 이론적으로는 선의의 독재가 일사분란한 국정운영으로 효율과 형평을 동시에 달성할 수도 있습니다. 반대로 악의의 독재는 시민을 노예로 만드는 재앙을 가져 올 수도 있습니다. 민주정치는 독재의 효용보다 독재의 폐해를 더 염려하여 생겨난 것입니다. 정부의 특권은 불가피하지만, 이를 적절히 견제하여 균형을 유지해야 한다는 것이 우리가 독재정치를 버리고 민주정치를 지향하는 이유입니다.

정부는 공공재와 같이 긍정적 외부효과에 대해서 직접 생산하거나 보조금을 지급하고, 공해와 같이 부정적 외부효과에 대해서 공해세를 부과하여 시장실패를 보정할 수 있습니다. 그렇지만 결과는 정치적 선택에 의하여 왜곡되기 쉽습니다. 지방의 고속 도로나 공항은 흔히 주행 차량이나 운행 항공편에 비하여 과다 공급되는 경향이 생깁니다. 그에 비하여 거리의 휴지통은 과소 공급되는 경향이 생깁니다. 정치적 이해관계가 그렇게 작용하기 때문입니다. 정치인이나 관료의 이해관계는 새로운 외부효과를 만들기도 합니다. 관료의 권한이 걸려있는 규제는 과도하기 유지되는 경향이 있습니다. 임기의 제한을 받는 정치인은 자신의 업적을 위해 과도하게 정책을 변경하는 경향이 있습니다. 새로운 공해가 생기는 셈입니다. 우리나라의 대학은 그러한 정책 변화의 피해를 가장 많이 받는 분야에 속합니다.

비대칭적 정보에 의한 폐해가 시장보다 정부에 의하여 더 줄어드는지도 판단하기 어렵습니다. 분명히 민간의 역선택이나 도덕적 해이는 줄어들 것입니다. 역선택은 모든 사람이 가입하도록 강제함으로써 없어지고, 도덕적 해이는 철저한 감시와 형사처벌의 위협에 의하여 줄어들 것이기 때문입니다. 그렇지만 정부 내부의 역선택과 도덕적 해이가 새롭게 나타납니다. 이 경우 비대칭정보는 누가 국가와 민족을 위한 지도자인지 아니면 자신의 권력만을 추구하는 모리배인지, 또 선출된 정치인이나 관료가 정말 국가와 민족을 위해서 일하고 있는지 아니면 개인의 이익을 추구하는지를, 본인은 잘 알겠지만 국민은 알기 어렵다는 것을 의미합니다. 정부는 복잡한 위계 구조를 가지기 마련입니다. 위계마다 역선택과 도덕적 해이가 나타나게 되므로, 비대칭 정보의 문제는 더욱 중층적, 누적적으로 심각해 질 수 있습니다. 대통령은 장관을 못믿고, 장관은 국장을 못믿고, 국장은 과정을 못믿고, 과장은 직원을 못믿고, 직원은 민원인을 못믿는 일이 생길 수 있습니다.

비대칭정보와 민주주의

사실 민주주의의 성립도 비대칭정보와 밀접하게 관련되어 있습니다. 의회 민주주의는 13세기 영국의 국왕과 귀족 사이에 체결한 마그나 카르타(Magna Carta, 대헌장)에 의하여 도입되었습니다. 핵심은 국왕이 귀족과 협의해서 세율을 결정한다는 것으로 오늘날의 조세법정주의에 해당합니다. 귀족들은 12세기에는 세율이 높아지는 것을 막으려고 하는 대신, 13세기 초부터 세율이 높아져도 좋지만 사전에 협의할 것을 국왕에게 요구했습니다. 12세기와 13세기 사이에 무슨 상황의 변화가 있었을까요? 12세기에 국왕 존은 대륙의 노르망디 지방을 다스리기도 하였고, 귀족들은 그곳에 영지를 가지고 있기도 했습니다. 13세기에는 그 땅을 프랑스의 침공으로 잃게 되었습니다. 그것은 귀족으로서 현대의 레이더와 같은 조기 경보장치를 잃은 것과 같았습니다. 국왕은 프랑스 침공에 대해서 확실한 정보의 우위를 갖게 되었습니다. 그러면 국왕은, 거짓말로 "늑대야"라고 소리치는 양치기 소년처럼, 안보를 핑계로 세율을 올릴 수도 있게 되었습니다. 마그나카르타는 사실상 국왕의 거짓말을 배제하는 제도적 장치입니다. 귀족과 협의하려면 시간이 걸립니다. 정말로 침공이 임박했다면, 국왕은 자비로 (또는 영란은행에서 차입하여) 군대를 일으켜야 합니다. 그것은 귀족에게도 침공이 있다는 믿을만한 신호입니다. 이것이 영국 의회민주주의의 성립에 관한 에드워드 그린(1993)의 설명입니다.[2)]

그는 비대칭정보가 70년대 중반 이후 우리 나라를 비롯하여 세계 여러 나라들이 독재정치에서 민주정치로 이행한 이유라고 보고 있습니다. 경제 발전에 따라 통치자가 갖는 정보와 시민이 갖는 정보 사이에 확실한 정보의 차이가 생겼다는 것입니다. 이것은 독재자와 시민 사이에 힘의 균형이 무너져서 민주화가 이루어졌다는 견해와 다릅니다. 중요한 것은 정보이고, 민주화는 정보의 투명성을 보장하는 장치입니다. 민주정치가 국민의 소리를 전달한다는 장치라는 견해와도 다릅니다. 민주정치는 국민이 자신의 소리를 전달하는 경로를 확보하는 노력이라기 보다, 정부 내부의 작동에 대한 자신의 시야를 확보하려는 노력입니다.

덧붙여 말하자면, 영국의 국왕은 마그나 카르타로 손해를 보았을까요? 물론 세율을 마음대로 정할 수 있었다면(귀족들의 재산을 마음대로 처분할 수 있었다면), 손해를 본 셈입니다. 그렇지만, 귀족들이 전쟁의 위험에도 불구하고 국왕을 믿지 못하여, 세율을 낮은 수준에서 묶어두는 것보다는 이득입니다. 의회 민주주의가 비대칭정보에 대한 효율적인 해법이었다는 결론입니다.

민주제도가 안으로부터 점진적으로 발달한 것이 아니라, 바깥으로부터 갑자기 도입된 우리나라는 아직도 성군에게 모든 것을 맡기는 것이 효율적이고, 오직 세종대왕같은 성군을 뽑는 것만이 문제라는 전통적 견해가 크게 자리잡고 있습니다. 비유해서 말하면 구미에서는 남자 성직자가 여신도를 만날 때 반드시 투명한 유리창으로 된 목회실에서 만납니다. 우리 나라는 그런 장치는 성직자를 불신하는 불필요한 장치라고 생각하여 배척하고, 참다운 성직자를 뽑는 데에 온 관심을 기울입니다. 그것이 참다운 성직자에게 이로울까요? 아닙니다. 불신의 여지는 남기 마련이고, 사소한 사건이 불신을 촉발합니다. 신뢰에 바탕하여 제도를 만들면 불신이 생겨나고, 거꾸로 불신에 대비하여 제도를 만들면 신뢰가 생겨납니다. 나로서는 놀라운 역설입니다. 우리나라의 대통령이 미국의 대통령에 비하여 불신을 받는 이유도 투명성에 관한 제도의 차이에 있다고 나는 생각합니다.

시장도 실패하고 정부도 실패한다면 우리는 어떻게 해야 하나요? 현실에서 다른 선택이 그런 것처럼 우리는 불완전한 대안 중에서 보다 나은 것을 선택하고 절충해 나가야 합니다. 우리가 할 수 있는 최선은 같은 문제에 대해서 시장에 맡기는 경우와 정부에 맡기는 경우를 비교하여, 그 중 실패가 적은 쪽을 선택하는 것입니다.

---

2) Edward J. Green, "On the Emergence of Parliamentary Government: The Role of Private Information," 1993.

요약

상호작용 7원리

경제학은 사회과학으로서 희소성의 세계에서 개인의 선택이 상호작용을 통하여 일어나는 사회현상을 연구합니다. 개인간의 거래에서 비교우위에 따른 분업과 교환은 거래 쌍방에 이득을 가져옵니다(원리8). 제한된 자원을 낮은 가치의 사용에서 높은 가치의 사용으로 전환시켜 주기 때문입니다. 일반적으로 모든 거래에는 탐색, 협상, 이행의 비용이 따릅니다(원리9). 거래의 비용이 있으면 거래의 이득이 거래의 비용을 초과할 경우에만 거래가 생기게 됩니다. 더욱이 거래의 이득은 결합생산물이므로, 자연스러운 분배에 대해서 합의에 이르기 어렵습니다. 그러므로 잉여이득의 분배를 둘러싼 갈등이 생길 수 있습니다(원리10). 거래의 비용과 갈등을 줄이기 위하여 사회는 가족, 화폐, 시장, 기업, 국가 등의 제도를 고안하고 발전시킬 수 있습니다. 그렇게 발전된 제도의 유기적 복합체를 경제체제라고 부를 수 있습니다. 경제체제는 '무엇을, 어떻게 생산하여 누구에게 배분하는가'라는 자원배분 문제를 해결하여야 합니다(원리11). 경제체제는 크게 전통경제체제, 시장경제체제, 계획경제체제로 구분할 수 있습니다. 시장경제체제에서는 가격이 3대 경제문제를 해결합니다. 가격은, 상품의 가격이든, 요소의 가격이든, 수요와 공급에 의하여 결정됩니다(원리12). 수요가 늘어나면 가격이 증가하고, 거래량이 늘어납니다. 공급이 늘어나면 가격이 하락하고 거래량이 늘어납니다. 가격에 의해서 결정되는 시장의 자원배분은 일반적으로 효율성을 갖습니다(원리13). 그렇지만, 시장은 독점, 외부효과, 비대칭 정보가 있을 때는 효율을 달성하는 데에도 실패합니다. 이를 시장실패라고 부릅니다. 시장실패를 보정하기 위해서, 또한 형평을 개선하기 위해서 정부가 개입할 수 있습니다(원리14). 그렇지만, 정부가 전면적으로 개입해서 효율과 형평을 모두 이루기는 어렵습니다. 정부도 실패할 수 있을 뿐만 아니라, 많은 경우 정부의 실패가 시장의 실패보다 더 심각하기 때문입니다. 결국 경제학은 소비자와 기업이 상품의 수요와 공급, 요소의 수요와 공급을 어떻게 결정하고, 시장에서 수요와 공급이 균형 되도록 가격이 결정되면, 자원배분이 어떻게 이루어지는가를 연구하고, 시장이 실패할 경우, 정부가 어떻게 개입하여 보정할 수 있는가를 연구합니다.

제2장 중요용어: 거래, 게임, 제로섬게임, 비교우위, 분업, 특화, 거래의 이득, 분업의 이득, 소외, 거래비용, 거래제도, 시장, 돈(화폐), 교환의 매개, 화폐경제, 가격, 가치의 척도, 결합생산물, 사회적 잉여, 도덕적 해이, 대리인 문제, 역선택, 죄수의 딜레마 게임, 내쉬 균형, 수정된 황금률, 경제체제, 자원배분, 전통경제, 명령경제, 시장경제, 혼합경제, 수요곡선, 공급곡선, 거래가능영역, 균형, 불균형, 균형의 안정성, 소비자 잉여, 생산자 잉여, 사회적 잉여, 한계생산, 수확체감의 법칙, 한계생산 체감의 법칙, 효율, 파레토 개선, 공공재, 외부효과, 독과점, 비대칭 정보, 시장실패, 형평, 정부실패.

03

국가경제의 발전과 운영에 관한 일곱 가지 원리

우리는 이제 국가경제가 어떻게 작동하는가를 생각합니다. 국가경제(national economy)는 한 국가의 경제활동을 정치적 독립단위인 국가(nation-state)로 구분한 것이므로, 때로는 국민경제라고 부르기도 합니다. 국가는 독립된 정부, 재정, 화폐, 경제체제를 가지고 운영됩니다. 국민경제라고 부를 때, 국민은 그 국가에 속한 가계(개인), 기업(금융기업 포함), 정부를 함께 일컫습니다. (개인만을 의미하는 것이 아닙니다.) 국경에 따라 구분할 때는 국내경제(domestic economy)라는 표현도 사용합니다.

국가경제를 분석할 때, 중요한 것은 부분이 아니라, 국가경제 전체를 생각해야 한다는 것입니다. 제1장에서나 제2장에서는 국가경제의 구성원의 행동, 또는 국가경제의 부분적인 상호작용을 분석하였을 뿐, 전체를 생각하지는 않았습니다. 이제 한정된 지성으로 전체를 보려면, 우리는 대상을 크게 그룹(집합)으로 묶어서 생각하고 집합 내부의 차이보다 그룹의 특성, 그룹간의 상호작용에 집중해야 합니다. 예를 들어, 국가경제에는 수많은 가계와 기업이 있습니다. 우리는 이들을 가계부문(household sector)과 기업부문(business sector)으로 통합하여 생각합니다. 즉, 가계와 기업의 내적 차이를 무시한 채 평균적인 가계와 기업으로 구성되어 있다고 생각합니다. 이렇게 생각하는 것을 우리는 거시적으로 생각한다고 말합니다. 거시적으로 국가경제의 큰 흐름을 보려는 것을 거시경제학(macroeconomics)이라고 부릅니다. 이에 비하여 개인의 행동이나 개별 시장을 치밀하게 분석하는 것을 미시경제학(microeconomics)이라고 부릅니다. 거시(巨視)는 크게 보는 것, 미시(微視)는 세밀하게 보는 것을 의미합니다.

거시적으로 보는 것이 경제학에만 있는 것은 아닙니다. 우리가 “남학생들은”, “여학생들은”하고 말할 때에도 개인의 차이 대신 보편적인 특성과 상호작용을 말하고 싶은 것입니다. 우리는 나무 대신 숲을 보고 싶어합니다. 한정된 지성으로 나무에 사로잡히면 숲을 보기 어렵기 때문에, 개체로서 나무의 차이는 무시하고 나무 전체, 또는 평균적인 나무, 대표적인 나무를 생각합니다.

나무와 숲은 어떻게 다를까요? 우리는 개체인 나무에게 옳은 것은 숲 전체에도 옳다고 유추하는 경향이 있습니다. 그렇지만, 개체간의 상호작용에 의하여 그러한 유추가 틀릴 수 있습니다. 이를 구성의 오류(fallacy of composition)라고 부릅니다. 즉 개인에게 사실인 명제가 전체에게는 틀릴 경우, 구성의 오류가 생깁니다.

예를 들어, 개인에게는 전철을 타고 자리를 잡는 좋은 방법은 아마도 눈치 빠르게 행동하는 것입니다(여러 구체적인 방법을 고안할 수 있습니다). 그렇지만, 눈치 빠르게 행동한다고 해서 모두가 자리를 잡을 수는 없습니다. 모두가 자리를 잡으려면 자리, 차량수가 늘어나야 합니다. 전철의 자리 이야기가 엉뚱한 것이 아닙니다. 이것은 거시경제학의 중요한 관심사항인 고용 또는 실업과 관련이 있습니다. 개인은 인맥을 동원하거나 스펙을 쌓아서 좋은 일자리를 구할 수 있습니다. 그렇지만, 그렇게 한다고 해서 모두가 좋은 일자리를 구할 수는 없습니다. 모두가 좋은 일자리를 구하려면, 경제활동이 활발하게 일어나 좋은 일자리의 총량이 늘어나지 않으면 안 됩니다.

물론 구성의 오류도 상호작용의 한 측면이므로, 미시경제학에서 모든 시장의 상호작용을 정확히 분석할 수 있다면, 구성의 오류도 피할 수 있습니다. 그렇지만, 수많은 시장에서 수많은 개인들이 상호 작용하는 것을 우리의 한정된 지성으로 한꺼번에 분석할 수 없습니다. 그러므로 상호작용을 무시하고, 한 재화나 요소의 수요, 공급만 분석하거나, 개별 상품의 특성은 무시한 채로 모든 시장의 균형을 추상적으로 분석하여 보편적 특성을 구하게 됩니다. 그것으로는 시장경제가 달성하는 자원배분의 일반적 속성은 분석할 수 있어도, 국가경제가 어떻게 성장하고 변동하는지를 분석하기 어렵습니다. 그래서 미시경제학과 별도로 거시경제학이 필요하게 됩니다.

거시경제학이 필요한 또 하나의 이유는 화폐와 금융입니다. 화폐 경제에서 재화나 요소의 수요와 공급 이면에는 반대 방향으로 화폐(돈)의 공급과 수요가 있다고 생각할 수 있습니다. 사과를 사는 것은 소비자에게 돈보다 사과가 필요하기 때문이고, 사과를 파는 것은 생산자에게 사과보다 돈이 필요하기 때문이라는 뜻입니다. 사과시장과 같은 개별시장의 분석에서는 교환의 매개인 화폐를 무시하고 마치 물물교환이 이루어지는 것처럼 생각해도 됩니다. 즉 사과를 사는 것은 노동을 사과와 교환하는 것이고, 사과를 파는 것은 사과를 노동과 교환하는 것처럼 생각하는 것입니다. 개별 시장은 전체 시장의 일부이고, 따라서 개별 시장에서의 화폐의 수요와 공급은 전체의 화폐의 수요, 공급 중에 미미한 부분을 차지하기 때문에 그 영향은 무시해도 됩니다. 그렇지만, 경제 전체로는 이를 무시할 수 없습니다. 개별적으로는 미미해도 전체를 합산하면 중요한 크기가 되기 때문입니다. 실제로 화폐의 수요와 공급은 국가경제에 중요한 영향을 미칩니다. 같은 이유에서 자금(돈)을 꾸고 꿔주는 금융의 역할도 미시경제에서는 무시해도 좋지만, 거시경제에는 중요한 영향을 미칩니다. 우리는 미국 발 금융 위기가 한국을 포함한 세계 경제 전체에 영향을 미친 여파를 아직도 경험하고 있습니다.

우리는 왜 국가경제에서 소득(국민소득)이 증가하려면 생산이 증가해야 하는지, 국가경제 전체의 생산이 어떻게 성장(경제성장)하고 변동(경기순환)하는지를 살펴봅니다. 또 왜 인플레이션이 생겨나는지, 정부가 어떻게 경기변동을 완화시킬 수 있는지를 검토하고, 국제무역이 왜 일어나는지, 환율이 어떻게 결정되는지를 차례로 살펴봅니다. 우리가 경제학의 마지막 여행 스케듈로 탐색할 국가경제에 관한 일곱 가지 원리는 다음과 같습니다: ① 생산이 있어야 소득이 생긴다; ② 경제성장은 자본축적과 기술진보로 일어난다; ③ 인플레이션은 과도한 통화증가로 일어난다; ④ 경제는 호황과 불황을 번갈아 겪는다; ⑤ 정부는 재정정책과 통화정책으로 경기변동을 완화할 수 있다; ⑥ 국제무역은 당사국 모두에 이롭다; ⑦ 환율은 외환의 수요와 공급에 의하여 결정되는 가격이다.

원리15 생산이 있어야 소득이 생긴다

아담 스미스의 『국부론』(*Wealth of Nations*)이 만든 중요한 공헌의 하나는 국부의 원천이 화폐(금)가 아니라, 생산에 있다는 것을 분명히 밝힌 것입니다. 이를 계승하여, 한 나라의 경제력을 나타낼 때, 가장 널리 사용되는 지표는 국내총생산(GDP, Gross Domestic Product)입니다. 이것은 해당연도에 국내에서 생산된 생산물의 가치를 시장 가격으로 평가하여 합산한 것입니다. 2014년 우리 나라의 GDP는 1조 4천억 달러, 미국의 GDP는 17조 3천억 달러 정도입니다. 한 나라의 소득 수준을 나타낼 때에도 GDP를 인구수로 나누어 계산되는 일인당 GDP를 많이 사용합니다. 2014년 우리 나라의 일인당 GDP는 28,000달러, 미국의 일인당 GDP는 56,000달러 정도입니다.

혹시 소득(국민소득 수준)을 비교한다면서 왜 실제로는 생산(일인당 국내총생산)을 비교하는지 궁금한 적이 있습니까? 결론부터 말하면, 생산을 측정하는 것이 소득을 (구성의 오류를 범하지 않으면서) 측정하는 것보다 빠르고 정확하기 때문입니다. 개인의 소득을 직접 측정하여 합산한다고 생각해 봅시다. 개인이 받은 용돈, 고스톱에서 딴 돈, 부동산 투자나 주식투자로 번 돈은 거시경제의 입장에서 소득일까요? 아닙니다. 용돈을 준 사람, 고스톱에서 잃은 사람, 부동산이나 주식을 미리 판 사람의 입장에서는 정확히 같은 금액의 지출 또는 손실이 생기므로, 국가경제로는 소득이 증가한 것이 아닙니다. 다른 사람의 소득을 감소시키지 않은 채 어떤 사람의 소득이 증가하려면, 가치의 증가가 있어야 하고, 가치의 증가가 곧 생산입니다. 국가경제에서 소득과 생산이 일치한다는 것을 생산-소득의 회계적 일치라고 부릅니다.

생산과 소득

소득-생산의 회계적 일치를 이해하기 위해서 소득과 생산이 무엇인지 다시 생각해 봅시다. 화폐경제에서 교환은 물물교환 G-G'이 아니라, 화폐교환 G-M-G'로 일어난다고 말했습니다. 이제 G가 노동, G'가 빵이라고 합시다. 노동과 빵이 직접 교환되는 것이 아니라, 노동을 돈으로 교환하는 과정 G-M과 돈을 빵으로 교환하는 과정 M-G'으로 분해됩니다. G-M의 과정에서 노동과 교환한 가치(돈)를 소득(income)이라고 부릅니다(그것은 구매력의 형태로 획득한 사회적 청구권입니다). M-G'의 과정, 즉 돈을 주고 빵을 구매한 것을 소비(consumption)라고 부릅니다. (물론 빵을 사두었다가 나중에 먹을 수도 있습니다만, 우리는 구매가 빵을 먹어서 효용을 만족시키는 과정까지 포함하는 것으로 묶어서 생각합니다.) 국가경제에서

G-M-G'이 반복, 지속되려면 어디선가 M-G-G'-M'이 일어나야 합니다. 즉 돈으로 노동을 사서, 노동을 빵으로 변환시켜서, 빵을 팔아 돈을 얻는 과정이 필요합니다. 이 과정을 기업이 담당합니다. 기업이 M-G의 과정에서 노동을 구매하고 대가로 지급한 가치(돈)를 비용(costs)이라고 부르고, G'-M'의 과정에서 빵을 판매하고 대가로 수취한 가치(돈)를 수익(revenue)이라고 부릅니다. 그 중간에 G-G'로 노동을 빵으로 변환시키는 것을 생산(production)이라고 부릅니다. (우리는 밀가루, 이스트, 설탕의 재료를 노동이라는 활동을 통해서 빵으로 변환시키는 것을 마치 노동이 자연으로부터 재료를 채취하여 빵을 만드는 것처럼 생각하고 있습니다.) 생산에 투입된 G를 생산요소(production factors) 또는 단순히 요소(factors)라고 부르고, 산출된 G'를 상품(commodities)이라고 부릅니다.

생산은 가치의 증가라는 말도 되새겨 볼 필요가 있습니다. 생산은 새로운 것을 창조하는 것이 아니라(그것은 신의 영역입니다), 원래 있던 것을 물리적, 화학적, 생물학적 변화시키는 것일 뿐입니다. 물질은 변형될 뿐이고, 실제로 생산(창출)되는 것은 가치입니다. 목재를 다듬어 교탁을 만들거나(물리적 변화), 나프타를 분해하여 플라스틱을 만들거나(화학적 변화), 씨앗을 심어 쌀을 수확함으로써(생물학적 변화), 우리는 물질을 보다 유용한 형태(우리의 욕망을 더 만족시키는 형태)로 변형시킴으로써 가치를 창출합니다. 가치는 공간적, 시간적 변화에 의해서도 창출됩니다. 미국의 옥수수를 한국으로 운반하거나(공간적 변화), 여름의 수박을 겨울의 수박으로 보관함으로써(시간적 변화, 가치를 증가시킬 수 있습니다. 가치의 증가는 시장가치의 증가로 평가합니다. 원래 사용한 물질(원재료)에 비하여 생산으로 증가된 가치를 부가된(덧붙여진) 가치라는 의미에서 부가가치(value added)라고 부릅니다. 우리에게 익숙한 부가가치세(value-added tax)는 그렇게 측정된 생산(부가가치)에 일정비율(10%)로 부과되는 일종의 "생산세"입니다.

다음과 같이 그림으로 표시하면 국가경제 전체의 생산-소비 과정을 이해하기 편리합니다.

〈그림 1〉 경제 순환 모형도

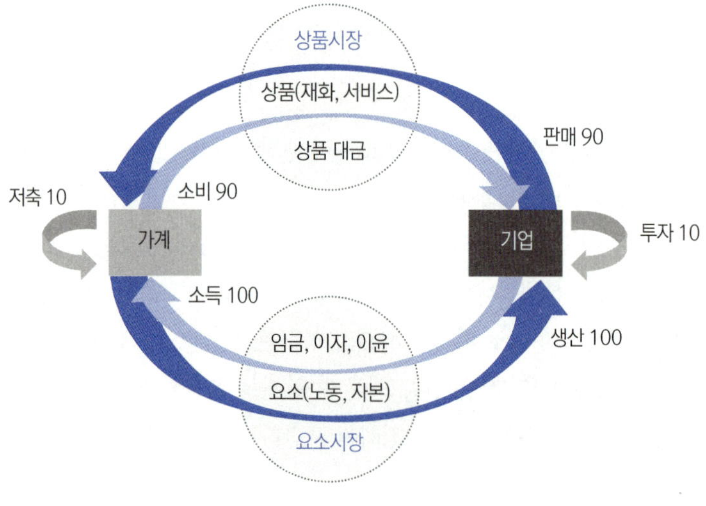

그림에서 가계(households)는 소비의 주체이자, 노동과 자본의 소유자입니다. 기업(firms)은 생산의 주체이자 노동과 자본의 사용자입니다. 가계는 노동과 자본의 생산 서비스를 팔아서 소득을 얻고, 이를 기업이 생산한 재화를 사는데 소비합니다. 기업은 노동과 자본의 생산 서비스를 사서 재화를 만들고 이를 가계에 판매합니다. 재화와 서비스는 상품시장에서 거래되고, 노동과 자본은 요소시장에서 거래됩니다. 이 생산-소비과정에서 돈은 시계 방향으로 순환하고, 실물은 시계 반대 방향으로 순환합니다. 따라서 이 과정은 무한히 반복될 수 있습니다. 이를 경제순환(economic circulation)이라고 부릅니다.

우리는 나무를 보는 대신 숲을 보기 위하여 여러 기지를 묶어서 생각하고 있다는 것을 주의하기 바랍니다. 국가 경제에는 수많은 가계와 기업이 있습니다만 이들의 내적 차이를 무시하고 함께 묶어서 가계와 기업이라고 부르고 있습니다. 국가 경제에는 또한 수많은 상품, 노동, 자본이 있습니다만, 이들의 내적 차이를 무시하고 함께 묶어서 상품, 노동, 자본이라고 부르고 있습니다.

위의 그림에는 몇 개의 수치가 예시적으로 표시되어 있습니다. 단위를 조원이라고 합시다. 가계는 요소판매의 대가로 100조원의 소득을 얻었습니다. 우리는 기업에서 그만큼 생산이 있다고 이루어진다고 하였습니다. 어떻게 확인할 수 있습니까? 기업이 생산된 상품을 가계에 소비재로 판매하여 90조원의 수익, 또 상품의 일부를 다른 기업에 투자재로 판매하여 10조원의 수익을 얻어, 총판매수익은 100조원입니다. 따라서 소득(요소 판매의 대가)을 측정하는 대신 생산(상품 판매의 대가)을 측정해도 됩니다. 현실적으로 소득을 측정할 때에도 요소판매의 대가(소득)를 가계에서 측정하는 것보다, 요소 구매의 대가(비용)를 기업에서 측정하는 편이 정확합니다. 왜냐하면 기업은 가계보다 숫자가 작고 회계 자료를 잘 갖추고 있기 때문입니다.

위의 그림에서 가계는 소득 중 90조원을 소비하고, 10조원을 저축하였습니다. 저축(saving)은 소득 중에서 소비되지 않은 부분입니다. 또한 기업은 생산 중 90조원을 소비재로 판매하지 않고 기업 내부에 투자하였습니다. 투자(investment)는 생산 중에서 소비되지 않고 남아있는 부분을 말합니다. 우리는 이를 다른 기업에 판매한 것으로 간주하였습니다만, 생산한 기업 자체에 남겨둘 수도 있습니다. 남겨진 생산물이 공장, 기계와 같이 1년 이상 생산에 사용되는 것이면 설비투자(plant equipment investment), 상품(또는 재료, 재공품, 반제품)의 재고를 증가시킨 것이면 재고투자(inventory investment)라고 구분하기도 합니다. 소득과 생산이 일치하면, 소득 중에서 소비되지 않은 부분(저축)과 생산 중에서 소비되지 않는 부분(투자)도 일치하기 마련입니다. 이를 저축-투자의 회계적 일치라고 부릅니다.

국민소득회계

국민소득을 측정하는 것을 국민소득 회계(national income accounting)라고 부릅니다. 국민소득회계는 1950년대에 사이먼 쿠즈네츠가 고안한 것으로 "20세기 최대의 발명품"의 하나로 꼽히기도 합니다. 지금은 UN의 통일된 기준에 의거하여 모든 나라들이 국민소득회계 자료를 작성하여 공표하고 있습니다. 국민소득의 측정은 방대한 자료를 수집, 분류, 정리, 집계하는 복잡한 과정입니다. 국민소득회계를 이해하는 것은 국가경제의 거시적 구조를 이해하는 데에도 많은 도움이 됩니다.

우리는 남의 소득을 감소시키지 않고 나의 소득을 증가시키려면, 가치의 증가가 있어야 하고, 가치의 증가가 곧 생산이라고 말했습니다. 그렇습니다. 국가경제에서 소득이 증가하는 유일한 방법은 생산이 증가하는 것입니다. 반대로 생산이 증가하면 반드시 소득이 증가합니다. 개인에게는 그렇지 않을 수 있지만, 국가경제 전체로는 생산과 소득은 일대일로 대응됩니다.

이를 회계적으로 명확히 이해해 둘 필요가 있습니다. 생산, 소비되는 재화가 빵뿐이라고 생각합시다. 빵 5천만명×1000개/명=500억개. 2000원/개로 100조원 어치가 생산, 판매되었고, 생산비로 인건비 60조원. 자본비용(감가상각비+임대료+이자) 35조원이 들어, 이윤 5조원이 남았다고 합시다. 정의에 의하여 입니다. 이를 이항하면 입니다. 이를 손익계산서 항등식이라고 부릅니다. 이 항등식에 따라 기업의 수익, 비용, 이윤을 정리한 보고서를 손익계산서(profit and loss statement)라고 부르기 때문입니다[미국에서는 이를 소득계산서(income statement)라고 부릅니다].

〈표 1〉 기업부문 손익계산서

(지출)		손익계산서	(수입)
노동비용(임금, 급료)	60	판매액(가계에)	90
자본비용(지대, 집세, 이자)	35	판매액(기업에)	10
이윤(당기 순이익)	5		
(비용과 이윤 합계)	100	(수익 합계)	100

위의 손익계산서에서 수입란의 수익합계(판매액 합계)는 생산물의 가치를 나타냅니다. 지출란의 노동비용, 자본비용은 물론 이윤도 누군가 국민의 소득입니다. 따라서 위의 항등식은 총소득=총생산으로 해석할 수 있습니다. 위의 예에서 국내총생산은 100조원입니다.

총소득=총생산에서 “총”(gross)이라는 접두사는 감가상각비를 포함하였다는 의미입니다. 양변에서 감가상각비를 공제하면 순소득=순생산입니다. 감가상각비란 무엇일까요? 기업은 생산과정에서 기계와 같은 자본을 사용합니다. 그런데 자본은 생산에 사용되면서 가치가 감소합니다. 자본의 가치 감소를 감가(depreciation)라고 부릅니다. 감가는 연중 꾸준히 발생하지만, 연도말에 결산을 할 때, 한꺼번에 금액을 추정하여 한꺼번에 비용으로 처리합니다. 그 비용을 감가상각비라고 부릅니다. 예를 들어 어떤 기계(자동차)가 2000만원이고 5년 후 폐기된다면, 매년 400만원씩 감가상각비로 처리할 수 있습니다. 위의 예에서 감가상각비가 10조원이라면 순소득=순생산은 90조원이 됩니다. 이 자동차의 소유주가 자동차를 빌려주고 연 500만원의 임대소득을 올린다면, 총소득이 500만원이지만, 감가상각비를 제외한 순소득은 100만원이 됩니다.

손익계산서의 양변이 같다는 것은 GDP를 상품시장에서 접근할 수도 있고, 요소시장에서 접근할 수도 있다는 것을 의미합니다. 우변에서 판매액을 집계하여 100조원이라고 할 수도 있고, 좌변에서 비용+이윤을 집계하여 100조원이라고 할 수도 있습니다.

위의 손익계산서에서 기업에 판매한 10조원은 어떻게 설명할 수 있을까요? 경제 내의 모든 기업을 통합하여 작성한 손익계산서이므로, 어느 기업엔가 생산물이 남아있는 것을 의미합니다. 여기에는 두 가지 경우가 있습니다. 하나는 기업이 생산한 재화가 원재료, 반제품, 또는 완성품의 재고를 증가시킨 경우, 즉 재고투자입니다. 다른 하나는 기업이 자본(기계)을 생산하여 자신이 보유하거나 다른 기업에 판매한 경우, 즉 설비투자입니다.

이에 대응되는 가계부문의 수지계산서를 작성하면 더 쉽게 이해될 수 있습니다. 경제 전체로 기업부문이 거래할 상대방은 가계부문밖에 없습니다. 따라서 노동비용은 모두 가계부문에 노동소득으로 지급된 것이 틀림없습니다. 자본비용 중 감가상각비를 제외한 부분과 이윤도 가계부문에 지급된 것이 틀림없습니다. 판매액 중 가계에 판매된 것은 가계로서는 소비지출이 될 것임이 틀림없습니다. 따라서 가계부문 수지계산서는 다음과 같습니다.

〈표 2〉 가계부문 수지계산서

(지출)	수지계산서		(수입)
소비지출	90	노동소득	60
총저축	10	자본소득(수입지대, 집세, 이자)	35
		이윤소득	5
(총지출)	100	(총소득)	100

우리는 모든 자본을 가계부문이 보유하고 있고, 기업은 이를 임대하여 사용한다고 가정하고 있습니다. 그러면 감가상각비를 포함한 모든 자본소득이 가계로 지급됩니다. 따라서 가계의 총소득=총생산은 100조원입니다. 가계는 그 중 90조원을 재화를 사는데 소비하고, 10조원을 저축하였습니다. 이는 가계가 보유하는 자본의 감가상각비와 일치합니다. 따라서 자본은 늘어나지 않습니다. 감가를 제외한 가계의 순소득=순생산 90조원입니다. 가계는 이를 순소득을 소비한 셈이므로, 순저축은 없습니다.

이를 통해서 소득과 생산이 같다는 것을 거듭 확인하기 바랍니다. 총생산=총소득입니다. 즉 총생산=소비지출(가계판매) 90+투자지출(기업판매) 10=100조원이고, 총소득=노동소득 60+자본소득 40=100조원으로 일치합니다. 또는 순생산=소비지출 90+순투자 0=90조원, 순소득=노동소득 60+자본순소득 30=90조원으로 일치합니다. 생산을 측정하는 것이 소득을 측정하는 것보다 더 정확하다는 것도 이해할 수 있습니다. 개인의 소득에는 국가경제 전체로서 소득이 아닌 것이 혼합되어 있습니다. 이들을 추적하여 상쇄하는 것은 어려운 일입니다. 게다가 개인은 회계자료를 잘 갖추고 있지도 않고, 또 세금을 피하기 위해서 이를 과소 보고할 유인도 가집니다. 그에 비하여 기업은 회계자료를 잘 갖추고 있고, 숫자도 개인보다 작습니다. 따라서 기업의 회계자료로부터 생산을 측정하는 것이 더 정확합니다.

기업의 회계자료로부터 총생산을 측정하는 다른 방법은 부가가치를 집계하는 것입니다. 위의 총생산(빵)이 사실은 먼저 농부가 밀을 생산하고, 빵공장이 이 밀을 원재료로 사서, 가공하여 빵을 시장에 공급한다고 생각합시다. 그러면 밀의 시장가치를 30조원, 빵의 시장가치를 100조원이라고 하면, GDP = 농업 부가가치 30 + 제빵업 부가가치 70=100조원이 됩니다. 이렇게 총생산을 측정하는 것은 국가경제의 산업구조를 파악하는 데 도움이 됩니다.

결국 우리는 GDP를 세가지 방법으로 측정할 수 있습니다. 생산액을 판매처(=구매처) 별로 집계하는 방법(소비90+투자10=100), 요소소득을 요소별로 집계하는 방법(노동소득60+자본소득40=100), 부가가치를 산업별로 집계하는 방법(농업30+제조업70=100)이 그것입니다. 어느 측면에서 측정하든 원칙적으로 GDP는 같아야 합니다. 이를 국민소득회계에서는 삼면 등가의 원칙이라고 부릅니다. 실제로는 다소의 차이가 나는 데, 그것은 통계상 오차로 간주됩니다.

한국의 실질GDP와 GNI

실제로 국가경제에는 가계부문, 기업부문 외에 정부부문과 국외부문이 있습니다. 정부는 세금(생산세, 법인세, 소득세)을 부과하고, 이를 재원으로 공공재를 만들어 공급하거나 기업과 가계에 보조금을 지급합니다. 또한 국가경제는 국외부문과 재화와 자본을 거래합니다. 그러면 GDP=소비지출(가계판매)+투자지출(기업판매)+정부구매(정부판매)+국외순수출(국외순판매)로 측정됩니다. 그렇지만, 국민경제 전체로는 생산=소득이라는 회계적 관계는 변함없이 유지됩니다.

국민소득을 파악할 때, 국민총소득(GNI, Gross National Income)도 흔히 사용됩니다. GDP는 국내 생산에서 발생한 총소득을 측정합니다. 따라서 외국인이 국내 생산에 참여하여 벌어간 요소소득(임금, 이자, 이윤)을 포함하고 있으며, 거꾸로 내국인이 외국의 생산에 참여하여 벌어온 요소소득(임금, 이자, 이윤)은 배제하고 있습니다. 따라서, 국경이 아니라, 국민(국적)을 기준으로 소득을 파악하려면, GDP에 내국인이 외국생산에서 수취한 요소소득을 더하고, 국내생산에서 외국인에게 지급한 요소소득을 빼야 합니다. 요소소득 수취-지급의 차이를 국외 순요소소득이라고 부르면, GNI=GDP+국외순요소소득이 됩니다.

생산물의 가치는 생산량에 시장가격을 곱하여 평가됩니다. 그런데 시장가치는 물가변동에 의하여 영향을 받습니다. 따라서 물가상승이 있으면, 생산량이 증가하지 않아도 생산물의 가치가 증가하게 됩니다. 이것은 소득의 실질가치(구매력)를 과대 평가하게 합니다. 따라서 물가상승의 효과를 제거하여야 다른 연도의 GDP를 일관성 있게 비교할 수 있습니다. GDP에서 물가상승의 효과를 제거하는 과정을 GDP 디플레이션(GDP deflation)이라고 합니다. 이는 물가가 변하지 않았다면 GDP가 얼마로 될까를 추정하는 것입니다. GDP 디플레이션을 거친 수치를 실질GDP라고 부릅니다. 실질GDP는 경제활동의 정도를 나타내는 중요한 수치입니다. 실질GDP의 증가율을 경제성장률이라고 부릅니다. 또 실질GDP가 장기적 추세를 따라 증가하는 것을 경제성장, 추세 주변에서 등락하는 것을 경기순환이라고 부릅니다. 실질GDP와 GNI로 본 우리 나라의 경제성장 추세는 다음과 같습니다.[3] 1970년 100조원 미만 에서 최근 거의 2000조원까지 세계사적으로 놀랄만한 성장입니다.

〈그림 2〉 한국의 실질GDP와 GNI: 1970.Q1-2021.Q3

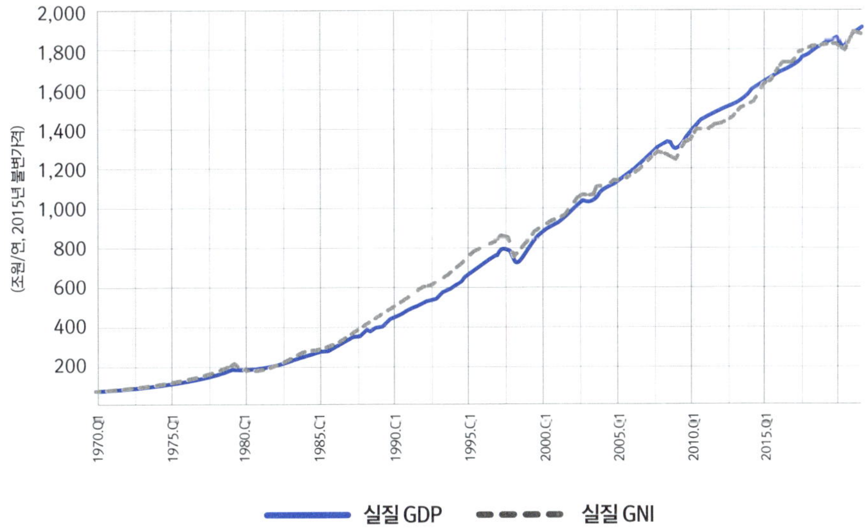

원리16 경제성장은 자본축적과 기술진보로 일어난다

경제성장은 경제학의 중요한 관심사입니다. 아담 스미스가 경제학을 "국가를 부강하게 만드는 방법"을 연구하는 것이라고 정의했을 때에도 관심은 결국 경제 성장이었습니다. 토머스 맬더스가 인구론에서 말한 것도, 칼 마르크스가 자본론에서 말한 것도 결국 노동 또는 자본 생산성의 한계로 경제성장이 한계에 부딪칠 것이라는 우울한 성장 전망이었습니다. 로버트 루카스는 일단 경제성장을 생각하기 시작하면 다른 것을 생각하기 어렵다고 논평하기도 했습니다. 일반사람들도 외국을 여행하면서 "왜 이 나라는 잘 살까, 저

3) 한국은행 통계자료, 필자 그림.

나라는 못 살까"하며 나름대로 다양한 의견을 내놓기 일쑤입니다.

세계의 빈곤문제

경제성장은 나라마다 차이가 심하기도 합니다. 경제성장은 소득수준의 변화를 나타내므로, 성장률의 차이가 한 때 제법 부유했던 나라가 가난한 나라가 되기도 하고, 가난했던 나라가 부유한 나라가 되기도 합니다. 다행히 우리 나는 후자에 속합니다. 경제성장은 하루 1달러(현재는 연 600달러)라는 절대적 빈곤을 물리치는데 가장 큰 공신이기도 합니다. 1970년대에 절대빈곤의 문제는 아시아의 문제였습니다. 다음 그림은 중국, 인도의 빈곤인구가 세계빈곤의 대부분을 차지하고 있었던 것을 보여줍니다.[4]

〈그림 3〉 세계빈곤의 분포(1970년)

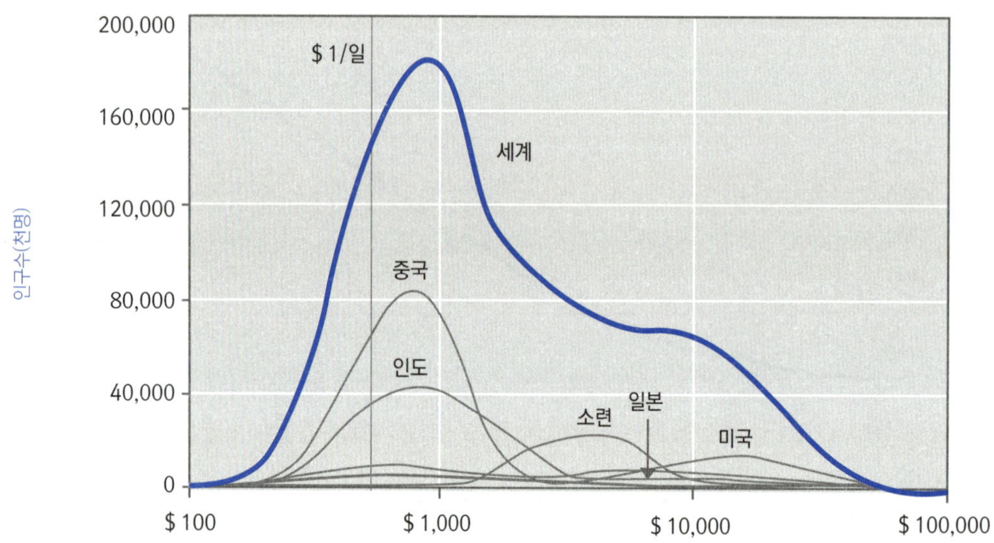

그렇지만, 70년대 이후 중국, 인도의 경제성장으로 아시아의 빈곤은 대부분 퇴치되었습니다. 이제 빈곤은 아시아의 문제에서 주로 사하라 이남의 아프리카의 문제로 변했습니다.

4) Sala-i-Martin, Xavier(2006), "The World Dtribution of Income: Falling Poverty and ... Convergence, Period." 배로의 거시경제학, p.50에서 재인용.

〈그림 4〉 세계빈곤의 분포(2000년)

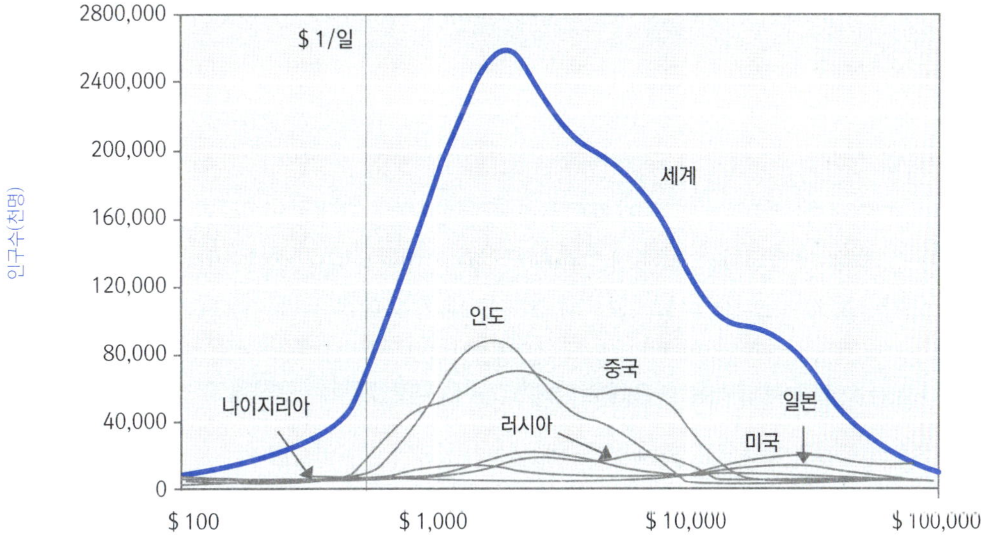

왜 어떤 나라는 성장에 성공하고, 다른 나라는 성장에 실패하는가는 세계빈곤문제의 해결에 핵심적인 질문입니다. 사실 성장은 가난한 나라만의 문제만은 아닙니다. 가난을 벗어난 나라도 더 부유한 나라가 되기 위해서, 부유한 나라도 더 높은 후생과 더 좋은 고용을 위해서 성장을 추구합니다. 따라서 경제성장의 원인을 이해하고, 정부가 어떻게 성장을 촉진할 수 있는가는 어느 나라에나 중요한 관심사가 되어 있습니다.

국부론

아담 스미스의 국부론은 경제성장에 관하여 아직도 탁월한 교과서입니다. 국부론의 원래 이름은 "국가의 부의 본질 및 원인에 관한 탐구"(An Inquiry into the Nature and Causes of the Wealth of Nations)입니다. 그가 경제학을 "국가를 부강하게 만드는 방법"을 연구하는 것이라고 말했을 때, 국부(national wealth)란 무엇이었을까요? 그의 주장은 금 또는 외환보유고가 아니라, 생산=소득이 많아야 부유한 나라라는 것입니다. 그러려면, 생산성이 높아야 합니다. 즉 생산성이 국부의 본질입니다.

스미스에 의하면, 국부는 돈이 아닙니다. 왜 돈이 아니라는 것이 중요한가요? 당시(200여년 전의 영국)에는 금 본위제라서 금화 또는 금화로 언제든지 교환할 수 있는 지폐(태환권이라고 부른다)를 화폐로 사용하였습니다. 지금도 개인이 부유한 것을 돈이 많다고 하듯이, 당시의 학자들은 무역을 해서 금을 쌓아두는 것이 국부의 원천이라고 생각했습니다. 이를 중상주의, 또는 중금주의라고 부릅니다. 스미스는 이를 정면으로 비판하고, 금이 아니라 생산이 국부의 원천이라고 주장한 것입니다.

왜 돈(금)이 아니라, 생산일까요? 현대의 화폐는 금으로 교환해 주지 않지만, 그 본질은 같습니다. 우리

나라 화폐, 즉 한국은행권 발행액은 100조원 정도입니다. 일인당 200만원씩 가지고 있는 셈입니다. 이제 100조원을 추가로 발행해서(발행비용은 무시합니다), 일인당 200만원씩 나누어주면 국민들은 그만큼 부자가 될까요? 아닙니다.

화폐가 2배로 되면 결국 물가도 2배로 뛰니다. 원래의 화폐량을 M=100조원, 증가된 화폐량을 $M'=2M$=200조원, 원래의 물가를 P, 새로운 물가를 $P'=2P$라고 하면 $M/P=M'/P'$가 됩니다. 새로 돈을 받는 것은 $\Delta M/P'$만큼 이득입니다. 그렇지만, 물가 상승(화폐가치 하락)에 의한 손실도 생깁니다. 그 손실은 $M/P-M/P'$이 됩니다. 그러면 순이득=이득-손실 $=(M'-M)/P'-(M/P-M/P')=M'/P'-M/P=0$입니다. 새로 돈을 받는 것은 200만원만큼 이득이지만, 물가상승을 고려하면 100만원의 실질이득에 해당합니다. 그런데 원래 가지고 있던 200만원의 가치가 반으로 되므로 실질손실이 100만원이 됩니다. (이를 인플레이션 세금이라고 부르기도 합니다). 따라서 이득과 손실이 정확히 상쇄되고, 화폐 발행으로 국부가 증가하지는 않습니다.

이것도 구성의 오류의 하나입니다. 개인은 위조지폐로든 절도로든 돈 200만원을 추가로 더 가지면 개인의 부는 증가합니다. 그렇지만, 국부가 증가하는 것은 아닙니다. 다른 사람들이 조금씩 물가상승으로 손해를 보는데, 그 손실이 작아서 보이지 않을 뿐입니다. 그렇지만, 경제전체로는 무시할 수 없는 금액이 됩니다. 따라서 개인은 위조 또는 절도로 부를 키울 수 있지만, 모든 사람이 그렇게 부를 키울 수는 없습니다.

따라서 국부론의 탐구는 자연스럽게 어떻게 생산성을 높일 수 있는가로 옮겨갑니다. 스미스에 의하면 분업이 생산성을 높이는 중요한 수단입니다. 2장의 원리 8에서 설명한 핀 공장의 예에서처럼 단순한 분업도 생산성을 20배 이상 높입니다. 아담 스미스는 자신의 양복이 얼마나 많은 분업으로 공급되는가를 추정하기 어렵다고 하였지만, 현대에서 더 복잡한 국제분업체계에서 분업의 이득은 더욱 추정하기 어렵습니다. 이러한 고도의 분업과 협력이 우리들이 우리의 선조보다 더 많은 여가를 가지면서도 더 풍요로운 생활을 누리는 이유일 것입니다.

사실 분업은 그 자체로 생산성을 높이기도 하지만, 공정을 단순화시킴으로써, 자동화라는 기술진보를 촉진하기도 합니다. 스미스는 증기기관의 중요한 개선이 놀기 좋아하는 소년에 의하여 발명된 예를 들고 있습니다. 증기기관은 증기 압력에 의한 피스톤의 왕복운동을 회전운동으로 바꾸어 기계를 돌립니다. 이것은 물레방아와 같이 수력에 의존하던 방직공장을 산골에서 도시로 옮길 수 있게 하여 영국의 산업혁명에 중요한 공헌을 하였습니다. 그런데 당시 증기기관에서는 피스톤의 왕복운동을 지속시키기 위해서, 피스톤의 왕복에 맞추어 증기 밸브를 열고 닫아야 하였고, 이를 소년이 맡았던 모양입니다. 꾀 많은 소년은 이것을 회전하는 플라이 휠에 실로 연결하여 자동으로 밸브를 여닫게 하고, 자신은 친구와 놀고 있었던 것입니다.

그래서 아담 스미스의 탐구는 분업은 어떻게 촉진될 수 있는가로 옮겨갑니다. 분업은 대량 생산, 대량 소비를 가능하게 하는 시장에 의하여 촉진됩니다. 그런 시각에서 스미스는 시장의 긍정적 측면을 살펴보게 된 것입니다. 시장은 거래를 통해서, 파는 사람은 될수록 비싸게 팔고, 사는 사람은 될수록 싸게 사려고 한다는 점에서, 개인의 이기심이 발현되는 곳입니다. 이러한 이기심이 “만인은 만인에 대한 투쟁”이라는 토마스 홉스의 말처럼, 군주 또는 국가의 강력한 개입이 없다면, 분쟁과 갈등만 초래하지 않을까요? 아닙니다. 시장 경제 질서를 지키는 최소한의 개입만으로도, 시장은 “보이지 않는 손”의 안내로 조화로운 자원 배분을 가져옵니다. 스미스에 의하면 우리가 일용할 양식을 얻는 것은 정치인의 자비가 아니라, 상인의 이기심의 결과입니다. 그것이 아담 스미스의 기본적인 처방이었습니다.

자본축적과 기술진보

현대의 성장이론은 분업보다 자본축적과 기술진보에 초점을 맞춥니다. 분업이 중요하지 않아서가 아니라, 세계 시장이 개방되어 있는 상황에서 시장을 통한 분업은 변수가 아니라 상수로 되었기 때문입니다. 작은 나라들도 세계시장을 이용하여 충분히 분업의 이익을 누릴 수 있게 되었다는 말입니다.

우리는 생산이 결정되는 논리를 간단한 수식으로 표현할 수 있습니다. 총산출을 Y, 자본투입량을 K, 노동투입량을 L이라고 할 때, $Y = A \cdot F(K, L)$로 표시할 수 있습니다. 이를 총생산함수라고 부릅니다. 여기서 A는 기술수준을 나타내는 규모변수입니다. Y가 증가하려면 자본 K가 증가하거나, 노동 L이 증가하거나 기술수준 A가 증가하여야 합니다. 중요한 것은 기술수준 A가 공학적인 기술만을 의미하는 것은 아니라는 점입니다. 아담 스미스의 핀 공장의 예에서처럼 같은 공학적 기술도 사회적 협력 과정에 따라 전혀 다른 생산성을 보일 수 있습니다. 심지어 같은 기술이 전쟁이라는 파괴적 활동에 사용될 수도 있지 않던가요!

지속적인 성장을 위해서는 기술수준 A의 상승이 중요합니다. 왜냐하면 L의 증가나 K의 증가에는 수확체감의 법칙이라는 한계가 작용하기 때문입니다. 수확체감이란 다른 요소를 일정하게 둔 채로 한 요소만 증가시킬 때, 평균생산량이 감소하는 것을 말한다. 예를 들어서 일정한 면적의 경작지(자본)에 농부만 증가시키면 일인당 수확량은 결국 감소하게 됩니다. 맬더스는 인구론에서 L에 수확체감의 법칙을 적용하여 인구 증가가 결국 식량 부족을 가져 올 것이라고 예언하였습니다. 마르크스는 자본론에서 K에 수확 체감의 법칙을 적용하여 자본축적이 결국 평균 이윤율의 저하를 가져 올 것이라고 예언하였습니다. 두 예언은 모두 빗나갔습니다. 녹색혁명, 자동화 등의 기술진보가 수확체감의 법칙을 압도하였기 때문입니다.

조셉 슘페터는『자본주의, 사회주의와 민주주의』에서 A의 상승이 혁신(innovation)이라는 단속적인 과정(끊어졌다 이어졌다하는 과정)에 따라 진행된다고 설명하였다. 혁신은 신 제품, 신 공정, 신 재료, 신 시장의 형태로 이루어집니다. 혁신기업은 처음 얼마 동안 초과 이윤을 누리지만, 모방 기업의 등장에 의하여 따라 잡히면서 초과이윤은 사라집니다. 혁신의 모방과 확산 과정에서 더 좋은 품질의 상품이 더 낮은 가격에 공급되어 소비자의 후생이 증가합니다. 그 즈음해서 새로운 혁신이 나타날 수 있습니다.

자본주의 시장경제의 성장은 자본의 축적을 수반합니다. 일인당 자본의 축적은 같은 기술수준에서도 일인당 생산을 늘립니다. 삽을 가지고 일하는 사람보다 포크레인을 가지고 일하면 생산성이 올라갑니다. 다만 이것만으로 경제가 지속적으로 성장할 수는 없습니다. 결국 수확체감의 법칙이 작용하기 때문입니다. 그런 의미에서 소득의 수렴이 생기게 됩니다. 즉 가난한 나라는 부유한 나라보다 빨리 성장하여 부유한 나라의 소득수준을 따라잡게 됩니다. 거꾸로 부유한 나라는 점점 더 높은 성장률을 유지하기 어렵게 됩니다.

그렇지만 기술진보는 소득의 수렴을 바꾸어 놓을 수 있습니다. 부유한 나라도 과감한 연구개발투자를 통해서 기술수준을 증가시킬 수 있습니다. 이는 다시 자본과 노동의 생산성을 높여서 자본축적을 촉진합니다. 그러므로 기술수준이 연 1%의 비율로 진보하면, 자본축적을 포함하여 일인당 소득은 1.5% 이상의 비율로 늘어납니다. 지식기술뿐만 아니라, 인적 자본, 사회적 자본도 중요합니다. 인적자본이란 개인이 가지고 있는 건강, 지식, 기능을 의미합니다. 개인과 사회의 교육 보건투자에 의하여 인적 자본이 증가합니다. 사회의 평균적인 인적 자본이 증가하면, 같은 인적 자본을 가지고 있는 사람의 생산성이 더불어 올라가게 됩니다. 최근에는 사회적 자본의 중요성도 알려지고 있습니다. 공정한 제도, 분쟁해결의 사회적 기술, 시민간의 상호신뢰와 협력의 질서가 사회적 자본을 구성합니다. 기술수준은 발명, 혁신과 투자의 융합, 인적 자본, 지식자본, 사회적 자본의 복합적인 결과로 해석되고 있습니다.

마지막 퍼즐 하나, 기술진보, 특히 자동화가 일자리를 줄일까요? 구체적으로 수렵생활을 하는 원시인들에게 올무가 발명되었다고 합시다. 이 올무는 신통하게도 짐승을 잡을 뿐만 아니라, 특이한 미끄럼틀 장치에 의하여 잡은 짐승을 집에 배달까지 하여 줍니다. 그러면 사냥꾼의 일자리를 위해서 이를 금지시켜야 할까요? 구체적인 것은 올무가 발명되기 전에 사냥꾼들이 식량 수요를 얼마나 충족시켰는가, 올무를 얼마나 쉽게 만들 수 있는가, 올무의 생산성이 얼마나 높은가에 따라 다를 것입니다. 올무를 충분히 쉽게 만들고, 생산성이 충분히 높다면, 사냥꾼의 일자리는 모두 파괴될 것입니다. 그렇지만, 생산성의 증대는 더 좋은 일자리를 새로 만듭니다. 왜냐고요? 자급자족 경제라면, 사냥꾼은 원래대로 사냥을 할 수도 있습니다. 산이 충분히 넓다면, 같은 식량을 마련할 것이기 때문입니다. 사냥꾼이 잡은 짐승을 시장에 내다 판다면, 가격이 떨어져 있는 것을 발견하게 될 것입니다. 이 경우에는 사냥꾼에게 돌아가는 분업의 이득이 줄고, 일자리가 파괴됩니다. 그렇지만, 다른 편에서 더 좋은 일자리가 마련됩니다. 생산성의 증대, 소득의 증대는 인간에게 네일 숍과 같은 새로운 수요, 새로운 일자리를 만듭니다. 그 일자리는 사냥꾼의 일자리보다 더 높은 보상을 주기 때문에 노동자를 끌어들입니다.

자동차가 처음 발명되었을 때, 마차의 말굽을 갈아주는 사람, 말이 먹는 건초를 생산하던 농부는 자동차 공장의 노동자로, 또 노동자가 먹는 밀과 콩을 생산하는 직업으로 전환하였습니다. 물론 혁신이 초래하는 창조적 파괴는 상당기간 조정이 필요합니다. 우리 나라에서도 조선 영조 시대에 호남지방을 중심으로 모내기법이 도입되었습니다. 지금은 일반화되어 있습니다만, 당시에는 국법으로 이를 금지하였습니다. 이러한 조치는 조선의 농업 생산성이 가까운 중국과 일본의 1/2 이하로 떨어지는데 한 원인이 됩니다. 동학혁명에서 농민들이 봉기한 중요한 이유에는 이러한 농업 생산성 저하라는 절박한 이유가 놓여있었습니다.

원리17 인플레이션은 과도한 통화 증가로 일어난다

인플레이션(inflation)은 물가가 지속적으로 오르는 현상을 말합니다. 물가는 보통 소비자 물가지수로 측정합니다. 소비자 물가지수(CPI, Consumer Price Index)란 표준적인 상품바구니를 구입하는 데 드는 지출액을 기준연도(100)에 대비한 비율로 표시한 것을 말합니다. 표준적인 상품바구니 q_0는 농축수산물, 공업제품, 집세, 공공서비스, 개인서비스 등의 품목별 구매수량(벡터)을 말하면, 기준연도에 소비자의 구매 패턴을 조사하여 결정합니다. 또한 기준연도의 품목별 가격(벡터) q_0을 알면, 기준연도의 지출액을 $\sum p_0 q_0$로 계산할 수 있습니다. 비교연도 t의 품목별 가격 p_t을 알면, 비교연도에 표준상품 바구니를 산다면 들어갈 지출액 $\sum p_t q_0$를 계산할 수 있습니다. 그러면 이 둘을 비교하여 소비자물가지수는 $P_t = \sum p_t q_0 / \sum p_0 q_0$으로 계산됩니다. 소비자물가지수를 알면, 물가상승률(인플레이션율)은 $\pi_t = (P_t - P_{t-1}) / P_{t-1}$으로 계산됩니다.

일단 기준연도의 품목별 수량과 품목별 가격을 알게 되면, 이후 비교연도에는 품목별 가격 p_t만 조사하면 됩니다. 더욱이 상품가격은 일물일가의 법칙으로 거의 같아지는 경향이 있으므로, 몇 군데 표준 상점에서 조사하면 됩니다. 이 과정이 비교적 용이하므로, 광역시도별로 소비자물가지수를 매월 발표합니다. 필요하다면 우리는 인하대학생 소비자 물가지수를 만들 수 있습니다. 남학생과 여학생의 소비 패턴이 다르다면, 이를 구분하여 물가지수를 만들 수도 있습니다. 단순히 소비자 물가지수라고 하면, 전국 소비자 물가지수를 의미합니다.

우리나라(1965-2021)의 소비자 물가지수 상승률은 다음 그림과 같습니다.[5] 중요한 변화는 80년대 초반에 일어났습니다. 그 전까지 두 자리수의 인플레이션 율이 한 자리수로 줄어들었습니다. 그 때부터 통화량이 규제되었기 때문입니다. 통화량의 규제는 "인플레이션은 언제 어디서나 화폐적 현상이다"라는 밀턴 프리드만의 명제를 받아들인 것이기도 합니다.

5) 한국은행 자료 이용, 필자 그림.

〈그림 5〉 한국의 인플레이션(1965-2021)

우리는 인플레이션을 물가가 지속적으로 오르는 현상이라고 정의했습니다. 인플레이션을 이해하려면 먼저 물가가 어떻게 결정되는지를 이해해야 합니다. 물가는 상품과 화폐의 평균적인 교환비율입니다. 따라서 물가 P가 표준 상품 바구니 1단위와 교환되는 화폐의 양이라면, 그 역수 $1/P$는 화폐 1단위가 살 수 있는 표준 상품 바구니의 수량으로 표시한 화폐의 가치를 의미합니다. 물가가 오르는 것은 화폐 가치(구매력)가 떨어지는 것을 말합니다. 우리는 앞서 한계 원리에서 무엇이든 많아지면 가치가 떨어진다고 말했습니다. 화폐가 너무 많아지면, 가치가 떨어지고 물가가 오릅니다. 이것은 사실 한계 혁명은 물론 아담 스미스의 국부론보다 훨씬 오래 전인, 아리스토텔레스나 삼국지 시절부터 동서양에 전해 내려온 오래된 지혜였습니다.

앵무새를 어떻게 경제학자로 만드는지 기억합니까? 그렇습니다. 수요와 공급입니다. 이 경우에도 경제학자는 수요와 공급을 말합니다. 오래된 지혜로부터 화폐와 물가의 구체적인 관계를 정립하려면, 다시 수요와 공급의 원리로 돌아가야 합니다. 다만, 그냥 수요, 공급의 원리를 적용하려면 몇 가지 어려움에 부딪칩니다.

화폐의 공급

우선 화폐는 상품처럼 한계생산비용(수취용의가격)으로 공급 곡선을 도출할 수 없습니다. 현대에서 화폐는 지폐, 즉 종이 위에 인쇄한 아라비아 숫자의 형태로 중앙은행이 발행합니다. 이 경우 1을 2로 바꾸거나 1을 10으로 바꾸어 인쇄하는 추가 비용은 무시해도 좋습니다. 우리는 거래 비용을 줄이기 위해서 화폐제도가 필요하다는 것을, 또 화폐 제도를 유지하는 총비용은 상당할 수 있다는 것도 압니다. 그렇지만, 한계비용은 0입니다. 필요하다면 추가비용 없이 무한히 화폐를 공급할 수 있습니다.

화폐는 다른 상품과 달리 중앙은행이 독점적으로 공급합니다. 중앙은행은 물가안정, 완전고용과 같은 국가경제의 목표에 맞추어 정책적으로 통화 공급량을 결정합니다. 이를 관리통화제도라고 부릅니다. 통화량이 정책적으로 결정된다는 것은 통화량이 고정된 수준 $M^s = M$으로 주어졌다고 간주할 수 있게 합니다. 즉 통화 정책의 문제는 민간이 통화량에 어떻게 반응하는가를 살펴 본 다음으로 미룰 수 있고, 그 전에는 통화량이 화폐가치와 관계없이 수직의 공급곡선을 갖는다고 생각할 수 있습니다.

정책적으로 결정된 통화량이 많은지 적은지를 판단하려면 화폐에 대한 수요와 비교해야 합니다. 그런데 화폐의 수요에 대해서도 우리는 새로운 문제에 부딪칩니다. 화폐(돈)는 그 자체가 효용을 갖는 것이 아닙니다. 구매력을 통해서 간접적으로 효용을 갖는 것이고 구매력은 화폐제도와 시장이 결합해서 생겨나는 것입니다. 더욱이 화폐는 그 과정에서 소비되는 것이 아니라, 지불되는 것이고, 국가경제 전체로는 없어지는 것이 아니라 돌고 도는 것입니다. 우리 말에서 돈은 돌고 돈다고 해서 돈이라고 불렀다고 하지 않습니까? 영어의 통화(currency)라는 표현에도 흐르는 것이라는 의미가 담겨 있습니다.

화폐가 너무 많다는 것은 사람들이 현재의 화폐 가치(물가)에서 보유하기를 원하는 수량에 비하여 너무 많다는 것을 의미합니다. 보유라는 것도 고정된 의미가 아니라, 돌고 돌면서 평균적으로 보유한다는 의미입니다. 마치 냉장고에 보유하는 음료수와 같습니다. 음료수를 평균적으로 적정량을 보유하듯이 사람들도 화폐를 적정량을 보유하고 싶어합니다. 거래에 필요하고, 비상금으로 필요하고, 또 그 자체가 안전한 저축수단이 되기도 합니다.

화폐의 수요

화폐는 편리하므로 사람들이 기꺼이 보유합니다. 언제든지 그것을 주고 필요한 물건을 살 수 있기 때문입니다. 화폐가 주는 편리한 서비스를 흔히 유동성(liquidity)이라고 부릅니다. 마음대로 모양이 변한다는 의미입니다. 물론 화폐 자체가 변하는 것은 아니지만, 화폐를 받고 필요한 물건을 공급하는 시장경제가 있으니까, 결과적으로 그렇게 생각할 수 있습니다. 냉장고의 음료수가 편리한 것은 마시고 싶을 때 편의점으로 달려가는 수고를 덜어준다는 것입니다. 이에 비유하여, 유동성이 편리한 것은 화폐가 필요할 때, 증권사나 현금자동지급기로 달려가는 구두창 비용(shoehole cost)을 절약하는 것이라고 생각할 수 있습니다.

화폐의 유동성이 편리하기도 하지만, 그 대가도 있습니다. 화폐에는 다른 자산(저축 수단)과는 달리, 원칙적으로 이자가 지급되지 않습니다. 한국 은행권에는 이자가 없습니다. 요구불 예금에는 이자가 지급되기도 하지만, 다른 자산에 비하여 미미한 수준입니다. 그러면 화폐를 보유하는 만큼 기회비용으로서 이자 손실이 발생하는 셈입니다. 결국 얼마나 화폐를 보유하는가는 구두창 절약의 이득과 기회비용으로서의 이지 손실이 결정합니다. 따라서 이자율이 올라가면 화폐수요는 줄어들게 됩니다.

물가가 2배로 올라가면 어떻게 될까요? 화폐의 서비스는 실물을 사는 구매력에 의해서 생기는 것입니다. 따라서 같은 편리함을 얻기 위해서는 화폐보유량이 2배가 되어야 합니다. 따라서 화폐수요는 물가에 비례합니다. 다른 말로 표현하면 실질화폐가치 (M/P)가 일정해야 합니다.

소득이 2배로 증가하면 어떻게 될까요? 일반적으로 실질소득이 증가하면 실질 화폐수요도 2배로 올라

간다고 생각됩니다. 사람들은 소득이 항구적으로 2배가 되면 소비도 2배로 올리고, 그에 따라 화폐보유액도 2배로 늘릴 것이기 때문입니다. 그렇지만 단기적으로 2배보다 작게 증가할 가능성도 있습니다.

이들을 취합하면 화폐 수요는 $M^d = P \cdot L\ (Y, i)$라고 표시할 수 있습니다. 즉 화폐수요 M^d는 물가에 비례하고, 실질소득 Y의 증가함수이고, 이자율 i의 감소함수입니다. $L(\ \cdot\ ,\ \cdot\ )$는 실질화폐수요가 소득과 이자율에 의존함을 나타내는 함수로 유동성(liquidity)의 L을 따온 것입니다. L의 형태는 화폐경제의 거래구조와 지급결제기술에 의존합니다.

이자율

우리는 화폐수요가 이자율에 의존한다고 하였습니다. 이자율은 무엇일까요? 화폐경제에서 평균적으로 일정량의 화폐를 보유하는 것이 편리하다고 하였습니다. 이러한 특성을 유동성 서비스(liquidity service)라고 부릅니다. 이 유동성 서비스의 가치가 사람마다 다르다면, 유동성 서비스의 가치가 낮은 사람으로부터 그 가치가 높은 사람에게 이전시키는 것이 거래의 이득을 생기게 합니다. 유동성 서비스를 이전받은 사람은 유동성 서비스 가치의 일부를 이전한 사람에게 유동성 서비스 포기의 보상으로 지급하고도 남기 때문입니다. 왜 유동성 서비스의 가치가 사람마다 다를 수 있을까요? 여유 자금이 많을수록 유동성 서비스의 가치가 떨어지기 때문입니다. 따라서 여유자금을 미리 비축하지 않은 상태에서 급하게 소비할 곳이 생기거나 좋은 투자기회를 발견한 사람은 유동성 서비스의 가치가 상대적으로 높아지게 됩니다.

유동성을 포기한 사람이 받는 그 포기의 대가로 받는 보상을 이자라고 부릅니다. 100단위의 화폐를 1년 동안 빌려주고, 1년 뒤에 105단위의 화폐를 받으면, 5단위가 이자입니다. 그것은 100단위의 화폐의 유동성 서비스를 1년 동안 포기한 대가입니다. 이자는 유동성 서비스의 가격인 셈입니다. 화폐는 동질적이므로, 이를 화폐단위당 가격으로 표시해도 됩니다. 이자를 화폐 1단위당 유동성 서비스의 가격으로 표시한 것이 이자율입니다. 화폐 m단위를 빌려주고 1년 뒤 m'단위를 받는다면, m을 원금, m'를 원리합계, $\triangle m = m' - m$을 이자, $i = \triangle m / m$을 이자율(interest rate)이라고 부릅니다.

이자율은 가격입니다. 그것도 현재와 미래, 또한 과거와 현재를 연결시켜주는 중요한 가격입니다. 이자율의 정의에 의하여 $m' = m \times (1+i)$입니다. 현재의 화폐 m단위는 1년 뒤에 $m' = m(1+i)$가 됩니다. 2년 뒤에는

$m_2' = m' \times (1+i) = [m \times (1+i)] \times (1+i) = m \times (1+i)^2$이 됩니다.

일반적으로 n년 후에는 $m_n' = m \times (1+i)^n$이 됩니다.

마지막 공식에서 보듯이 이자율은 원금을 기하급수적으로 늘리므로, 시간이 지남에 따라 작은 이자율의 차이도 큰 위력을 낳게 됩니다. 뉴욕의 중심가인 맨허튼 섬은 1626년 네덜란드인이 인디언으로부터 60길더(24달러)에 상당하는 물품을 주고 구입한 것으로 알려져 있습니다. 물가 상승만을 반영한다면 오늘날

1.000달러 남짓에 해당하는 돈이니 너무 헐값에 팔았다고 할 수 있습니다. 그렇지만, 이것을 연 5%의 이자로 불렸다면 42억달러가 됩니다. 이 기간에 이자율이 높았다는 것을 감안하여 연 7%의 이자로 불렸다면, 6조 달러를 훌쩍 뛰어넘습니다. 지금의 맨허튼을 몇 개 사고도 남는 돈입니다.

7%의 이자율이면 대체로 10년에 원리금이 2배로 됩니다. 400년이면 2^{40}배가 되는 셈입니다. 일반적으로 70을 이자율(%)로 나누면 2배가 되는데 걸리는 연수가 나옵니다. 우리나라에서도 70년대에는 은행 정기예금의 이자율이 23%에 달했습니다. 그러면 원리금이 3년만에 2배로 됩니다.

300여년 전의 1달러와 오늘의 1달러는 다르듯이, 100년 후의 1달러도 오늘의 1달러와 다릅니다. 이자율이 5%라면 100년후의 1달러는 $1/1.05^{100}$로 1센트도 채 안 됩니다. 이를 현재가치(present value)라고 부릅니다. 일반적으로 n년후의 화폐 m'달러의 현재가치 m는 $m = m'/(1+i)^n$으로 계산됩니다. 이자율이 높을수록 현재가치는 급속하게 줄어듭니다.

이자율이 높으면 미래의 현재가치가 급속하게 줄어든다는 것은 중요한 함축을 갖습니다. 사람들은 미래의 이득이나 비용을 낮게 평가하고, 근시안적으로 행동하는 경향이 생깁니다. 황순원의 소설 소나기에서 윤초시댁 증손녀가 소년을 만나던 징검다리이나, 수숫단만큼도 소나기를 피하지 못했던 원두막은 모두 단기적인 비용 절감을 위해서 안전이나 장기적 이득을 소홀히 하였던 이자율이 높고 가난했던 시대의 풍물이었습니다. 이자율이 높으면 다리를 만들 때에도 우선 당장의 공사비를 줄이는 것이 중요합니다. 나무 다리도 어려워서 징검다리를 놓습니다. 장마철마다 다시 놓더라도 우선 비용이 적게 들기 때문입니다.

이자율도 유동성 서비스의 가격이므로, 유동성 서비스에 대한 수요와 공급에 의해서 결정된다. 유동성 서비스는 자금의 형태로 거래됩니다. 즉 일정한 자금(화폐)를 1년 동안 사용할 권리를 양도하고, 1년 뒤에 원금과 이자를 상환받는 방식입니다. 따라서 이자율은 자금의 수요와 공급이 일치하는 수준에서 결정됩니다. 현대 경제에서 자금의 거래는 채권의 형태를 취하는 수가 많습니다. 채권은 만기에 상환할 금액(액면)과 그 금액에 대한 이자율을 명시한 일종의 차용증서입니다. 그러면 자금에 대한 수요는 채권의 공급으로, 자금의 공급은 채권에 대한 수요로 나타나게 됩니다. 따라서 채권의 수요와 공급이 일치하는 수준에서 이자율이 결정된다고도 할 수 있습니다. 물론 채권시장에서 결정되는 것은 채권의 가격이지만, 채권의 가격이 결정되면, 동시에 이자율이 결정되기 때문입니다. 예를 들어 1년 뒤에 액면 100단위와 5%의 이자 5단위를 지급할 것을 약속하는 채권의 가격이 100단위로 결정된다면, 이자율은 5%가 됩니다. 같은 채권의 가격이 102단위로 결정된다면 이자율은 (105-102)/102=약 3%로 줄어듭니다. 채권가격과 이자율은 반대 방향으로 움직인다는 점에 주의해야 합니다.

그렇다면, 이제 채권에 대한 수요와 공급은 어떻게 결정될까요? 채권의 수요는 궁극적으로 부의 소유자인 가계가 자신의 부(wealth)를 얼마만한 크기로 유지할 것인가, 그리고 부를 어떤 형태로 보유할 것인가에 의하여 결정됩니다. 가계는 왜 소득의 일부를 저축하여 부를 축적할까요? 그것은 부로부터 자본 소득을 얻기도 하고, 또한 소득의 경로에 지배되지 않고 바람직한 소비의 경로를 유지하기 위해서 입니다. 소비의 경로를 선택할 때, 소비자는 현재의 소비를 미래의 소비보다 높이 평가하는 경향이 있습니다. 이를 시간 선호(time preference)라고 부릅니다. 그렇지만, 이자율이 높아지면 오늘 m원을 소비하는 대신 내년에 m'원을 소비하는 것이 상대적으로 유리해 집니다. 그러므로 이자율이 높으면 소비가 줄고 저축이 늘어나는 경향이 있다. 또한 이자율이 높으면, 자본소득이 늘어나므로, 소비가 늘어나는 경향도 있습니다. 소비자는 이들을 모두 고려하여 소비와 저축의 경로를 선택하여, 부를 축적해 나갑니다. 일정한 크기로 결정된 부를 적절한 비율로 화폐, 채권, 자본 등 여러 자산의 보유형태로 나누어 보유하는 것을 포트폴리오 선택(portfoloio selection)라고 부릅니다. 포트폴리오 선택은 자산의 특성과 수익률, 위험 등을 고려하여 결정됩니다. 부의 축적과 포트폴리오 선택을 통해서 채권에 대한 수요가 결정됩니다. 일반적으로 이자율의 상승(채권가격의 하락)은 채권수요를 늘립니다. 즉 채권수요(자금공급)는 채권가격의 감소함수이고 이자율의 증가함수입니다.

채권의 공급은 궁극적으로 생산의 주체인 기업이 자본을 어떤 크기로 유지할 것인가에 따라 결정됩니다. 기업 또는 가계는 왜 자본을 가질까요? 자본으로부터 수익을 얻기 위해서 입니다. 우리는 앞서 자본의 수익률은 임대가격에 의하여 결정되고, 임대가격은 자본 서비스의 수요와 공급이 일치하는 곳, 즉 자본의 한계생산(MPK)에 의하여 결정된다고 하였습니다. 예를 들어, 나무를 심어 두면, 저절로 (목재의 부피로 측정하여) 매년 3%씩 자라난다고 합시다. 그러면 이자율 3%가 자금수요(채권공급)의 지급용의가격이 됩니다. 기업들이 여러 투자 프로젝트를 가지고 있다면, 가장 수익률이 높은 프로젝트부터 투자하게 됩니다. 이자율이 낮아짐에 따라 다음으로 수익률이 높은 투자 프로젝트도 유리하게 됩니다. 따라서 채권 공급(자금 수요)은 채권가격의 증가함수이고 이자율을 감소함수입니다.

채권의 가격은 우하향하는 수요곡선과 우상향하는 공급곡선이 만나는 곳에서 이루어집니다. 그 이면에서 우상향하는 자금의 공급곡선과 우하향하는 자금의 수요곡선이 만나는 곳에서 이자율이 결정됩니다. 자금의 공급은 시간선호가, 자금의 수요는 자본의 한계생산이 결정한다면, 결국 시간선호라는 효용, 자본의 한계생산이라는 기술이 궁극적으로 이자율을 결정하는 쌍둥이 독재자가 되는 셈입니다.

화폐의 중립성

화폐는 기본적으로 중앙은행이 공급하고, 공급량을 정책적으로 조정합니다. 일단 공급량이 $M^s = M$에서 주어졌다고 합시다. 그러면 화폐시장의 균형은 $M = P \cdot L(Y, i)$에서 이루어집니다. 이 균형조건은 실질GDP Y와 이자율 i가 주어져 있다면 화폐공급량 M과 물가 P가 비례관계에 있다는 것을 의미합니다.

따라서 Y와 i가 주어져 있다면, M이 2배로 될 때, P도 2배로 되어야 합니다. 사실 M이 2배로 될 때, Y와 i는 변하지 않습니다. 노동시장에서 노동수요와 노동공급이 영향을 받을 이유가 없습니다. 따라서 실질임금 w/P도 고용 L도 변하지 않습니다. 또 자본시장에서 자본수요와 자본공급도 영향을 받지 않습니다. 따라서 실질임대료 R/P도 자본투입량 K도 변하지 않습니다. 노동투입량, 자본투입량이 변하지 않으므로, 실질 GDP Y도 변하지 않습니다. 실질임대료가 변하지 않으므로 자본수익률이 변하지 않고 이자율 i도 변하지 않습니다. 다만 물가가 2배로 되었는데도 실질임금, 실질임대료가 변하지 않는다는 것은 명목임금, 명목임대료도 2배로 된다는 것을 의미합니다. 결국 명목변수 (P, w, R)만 2배로 되고, 실질 GDP를 포함한 모든 실질변수들은 변하지 않습니다. 이를 화폐의 중립성(the neutrality of money)이라고 부릅니다.

이제 일회적인 증가가 아니라, 화폐공급이 지속적으로 매년 일정한 비율 $\mu = 10\%$ 로 증가한다고 합시다. 그러면 화폐시장의 균형조건은 실질소득과 이자율이 일정하게 유지되면 물가 역시 매년 일정한 비율 $\pi = 10\%$ 로 증가해야 한다는 것을 의미합니다. 실질소득 Y와 이자율 i는 일정하게 유지될까요? 그렇습니다. 노동시장의 수요와 공급은 인플레이션에 거의 영향을 받지 않습니다. 따라서 실질임금도 고용량도 변하지 않습니다. 자본시장의 수요와 공급도 거의 영향을 받지 않습니다. 따라서 실질임대료도 자본투입량도 변하지 않습니다. 고용량과 자본투입량이 변하지 않으므로, 실질GDP Y도 변하지 않습니다. 인플레이션이 있는데도 실질임금과 실질임대료가 변하지 않는다는 것은 명목임금과 명목임대료도 $\pi = 10\%$ 의 비율로 상승한다는 것을 의미합니다.

채권의 이자율 i는 어떻게 될까요? 실질임대료가 불변이므로, 자본수익률 r은 변하지 않습니다. 그런데, 채권의 실질수익률은 화폐가치가 떨어지는 것을 감안하면, $i - \pi$에 해당합니다. 어느 쪽이든 더 높다면 그 쪽으로 자금이 몰리게 됩니다. 따라서 명목이자율은 자본수익률보다 인플레이션 율 $\pi = 10\%$만큼 높은 수준에서 결정될 것입니다. 즉 $i = r + \pi$가 됩니다. 예를 들어 $r = 2\%$라면 $i = 12\%$로 유지됩니다.

통화량이 지속적으로 증가하여도 명목변수만 변할 뿐 실질GDP Y를 포함한 모든 실질변수가 거의 변하지 않는다는 것을 화폐의 초중립성(the sumper neutrality of money)이라고 부릅니다. 왜 "거의"라는 단서를 달았을까요? 명목이자율이 인플레이션만큼 올랐기 때문입니다. 화폐를 보유하는 비용이 증가한 만큼(화폐가치의 하락으로 손해를 보는 만큼), 사람들은 화폐를 적게 가지려고 합니다. 그만큼 화폐보유의 편리성이 감소하고 구두창 비용이 증가합니다. 인플레이션이 정상적인 수준을 벗어나면, 그 비용은 무시하지 못할 만큼 커질 수도 있습니다.

우리는 소득의 증가 없이, 즉 경제성장이 없이 통화량이 증가하는 경우, 통화량 증가율과 인플레이션 율이 같을 것이라고 예측하였습니다. 경제성장이 있다면 어떨까요? 경제성장이 g의 비율로 일어난다고 합시다. 그러면, 같은 이자율에서 실질화폐수요 $L(Y, i)$가 약 g비율로 증가합니다. (장기에 Y와 $L(\cdot)$은 비례적입니다.) 그러면, 균형조건 $M = P \cdot L(Y, i)$를 대수 미분하면 $\triangle M/M = \triangle P/P + \triangle L/L$을 얻습니다. 따라서 $\mu = \pi + g$가 성립합니다. 즉 인플레이션은 $\pi = \mu - g$의 비율로 일어나게 됩니다. 즉 경제성장률을 넘어서는 통화증가율이 인플레이션을 초래하게 됩니다.

그런 의미에서 인플레이션은 언제 어디서나 화폐적 현상이라는 프리드만의 명제가 성립하는 것입니다.

우리는 인플레이션에 지속적인 물가상승이라는 전제를 달았습니다. 단기적인 물가상승은 다른 요인으로도 생깁니다. 단기적으로 유가상승이나, 임금 상승, 흉년, 나아가 전쟁으로도 생길 수 있습니다. 다만 화폐발행이 뒷받침되지 않으면, 그러한 물가 상승은 지속될 수 없습니다. 예컨대, 유가 상승은 장기적으로 유류 제품의 가격을 상대적으로 올릴 뿐, 모든 재화의 가격을 상승시키지는 않습니다. 물가의 지속적 상승은 유가 자체가 아니라, 통화의 지속적 증가에 의해서만 일어납니다.

통화정책

화폐의 중립성(또는 초중립성)은 곧바로 중요한 문제를 던집니다. 화폐가 중립적이라면, 왜 미국, 유럽 등 선진국은 글로벌 금융위기나 코로나19 전염으로 인한 경기 불황에 대응하여 저금리나 양적 완화정책으로 통화공급량을 증가시키려고 노력했을까요? 우리는 통화량이 마법처럼 또는 헬리콥터를 타고 돈을 뿌리는 것처럼 공급된다고 상정하였지만, 보통 기준금리를 인하하고,[6] 금융기관 사이의 초단기 자금 거래시장의 금리(콜 금리라고 부릅니다)가 기준금리에 이를 때까지 단기 국채를 매입하는 방식으로 이루어진다. 이를 공개시장조작(open market operation)이라고 부릅니다. 그런데 기준금리가 0%에 가까워 더 이상 공개시장조작의 의미가 없는데도 경기침체가 지속되면, 기준금리와 무관하게 중장기 국채나 금융기관의 여타 채권(주택저당채권 포함)을 목표 금액만큼 사들이는 것을 양적 완화(Quantitative Easing)라고 부릅니다. 결국 통화량을 증가시켜서 경기를 부양한다는 점에서는 동일합니다. 화폐의 중립성이 항상 옳다면, 선진국의 중앙은행들은 소용없는 일을 하고 있는 셈입니다.

화폐의 중립성이 논증되는 과정을 다시 살펴봅시다. 우리는 통화량이 2배로 되기 전과 후의 일반균형을 비교하였습니다. 명목변수 (P, w, R)가 2배로 되고, 실질변수는 변화하지 않을 때, 일반균형이 유지됩니다. 따라서 화폐는 중립적이라고 결론지었습니다. 통화량이 어느 순간 2배로 됩니다. 명목변수가 그 순간 2배로 됩니다. 균형은 유지됩니다. 증명 끝.

그런데 이 증명이 항상 유효하기 위해서는 명목변수 (P, w, R)가 마법처럼 2배로 조정되어야 합니다. 이것은 물가 상승률, 명목임금 상승률, 명목임대료 상승률이 순간적으로 무한대가 되어야 한다는 것을 의미합니다. 실제로 명목가격들(물가는 수많은 개별가격으로 구성되어 있다. 명목임금, 임대료도 그렇다)은 그렇게 신속하게 조정되지 않는다. 또한 소비자, 노동자, 기업들이 이를 올바르게 파악하고 있어야 합니다. 그렇지만 경제 주체들도 수많은 가격들의 변동을 무한대의 속도로 파악하지 못합니다. 명목가격이 서서히 조정되고, 경제주체의 인식도 새로운 경제환경에 서서히 적응한다면, 모든 것이 조정된 장기에는 화폐 중립성이 성립하더라도, 단기에는 화폐중립성이 성립하지 않을 수 있습니다. 즉 장기에는 실물효과가 없어지더라도, 단기에는 경기부양효과가 생길 수 있습니다.

---

6) 2015년 12월 현재 우리나라의 기준금리는 1.75%, 미국의 기준금리는 0.25-0.50%입니다.

상품과 생산요소(노동, 자본)를 잔여세계(국외)와 거래할 수 있는 개방경제에서는 또 다른 측면을 염두에 둬야 한다. 통화량의 증가에 의하여 자국통화의 가치는 상대적으로 하락하게 됩니다. 그러면 순수출이 증가하여 총수요가 증가하고, 따라서 자국의 고용, 산출이 증가하게 됩니다. 물론 상대국도 마찬가지로 통화량을 증가시키면 이러한 효과는 상쇄됩니다. 그러므로 양적 완화는 단기적으로 경기부양효과가 생기게 되고, 또 그 때문에 상대국으로 전염되는 경향마저 생깁니다. 따라서, 통화정책은 특히 개방경제에서 유력한 경기안정정책의 수단이 되고, 특히 미국의 통화정책은 전 세계적인 관심의 대상이 됩니다.

원리18 경제는 호황과 불황을 번갈아 겪는다

국민경제는 매끄럽게 추세를 따라 순탄하게 성장하는 것은 아닙니다. 앞서 GDP의 추세에서 보듯이 빨간색 선으로 나타낸 추세를 중심으로 상하로 변동을 보입니다. 성장률이 추세보다 위에 있으면 호황이라고 부르고, 아래에 있으면 침체라고 부릅니다. 침체가 심한 것을 불황이라고 구분하기도 합니다. 실질GDP가 추세주변에서 호황과 침체를 넘나드는 것을 경제변동(economic fluctuations) 또는 경기순환(business cycles)이라고 부릅니다.

그림에서 보듯이 경기순환은 경제성장에 비하여 상대적으로 작은 영향을 미칠 뿐입니다. 그렇지만, 사람들은 유지되는 것보다 변동하는 것에 더 관심을 갖기 마련입니다. 더욱이 경제성장은 현 정책당국에 책임을 묻기 어려운 반면에 경기순환은 책임을 묻기 쉽습니다. 경기순환에 주목하는 또 다른 이유는 그것이 서민생활과 직결되는 고용과 관련되어 있기 때문이기도 합니다. 따라서 경기순환은 경제성장보다 언론의 주목을 많이 받게 됩니다.

경기순환

경기순환 과정을 살펴보기 위해서 실질GDP와 추세GDP와의 차이를 추세 GDP의 백분율로 나타내는 것이 편리합니다. 다음은 한국의 1970~2021년 사이의 경기순환을 백분율로 보여줍니다.[7]

최근 두 개의 불황이 눈에 띕니다. 1997년 외환위기에 의한 불황과 2008년 글로벌 금융위기에 의한 불황의 둘입니다. 그 전의 1, 2차 오일쇼크는 상대적으로 작아 보입니다. 1970년대 후반, 1980년대의 호황을 누렸던 것도 눈에 들어옵니다.

7) 한국은행 통계자료 이용, 필자 계산, 그림.

〈그림 6〉 한국의 경기순환(1970-2021)

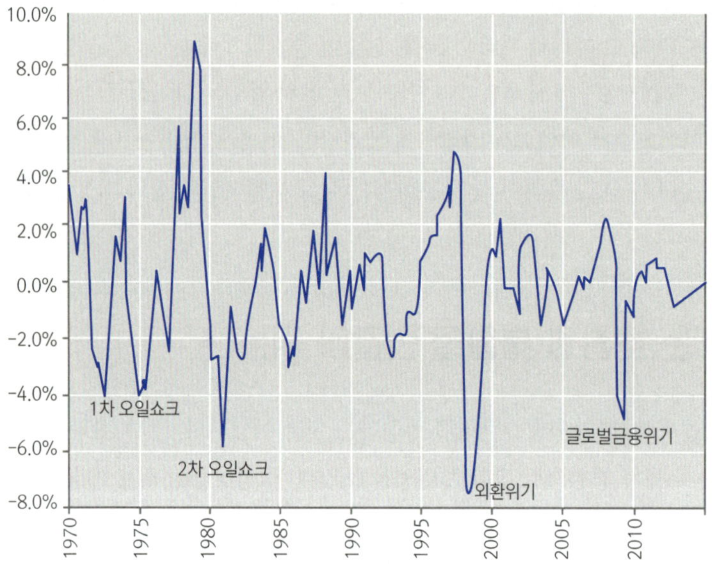

경기순환은 "순환"이라는 말과 달리 일정한 주기를 가지고 있는 것은 아닙니다. 주기를 발견하려는 노력은 꾸준히 있었습니다. 2-3년 주기의 파동(키친 파동), 10-12년 주기의 파동(쥬글러 파동), 50-60년 주기의 장기파동(콘트라티에프 파동)을 주장하기도 합니다. 그렇지만, 이러한 주기는 실증자료에 의하여 모두 부정됩니다. 주기가 있는 듯 보이는 것뿐입니다. 이러한 현상은 주식 시장이나 부동산 시장에도 심지어는 로토 번호에도 나타납니다. 따라서 순환이란 일정한 주기가 있다는 의미가 아니라, 언젠가 정상으로 되돌아오는 경향이 있다는 의미로 해석해야 합니다.

경기순환은 GDP에만 영향을 미치는 것이 아닙니다. 여러 거시 변수들이 함께 움직입니다. 호황에는 소비, 투자, 고용, 임금, 이윤, 이자율이 증가하고 불황에는 이들이 감소합니다. 거시변수가 총산출 Y와 같은 방향으로 동조해서 움직이는 것을 순순환적(procyclical)이라고 부릅니다. 주식과 부동산 등 자산가격도 순순환적입니다. 실업률은 총산출과 반대로 움직이므로 역순환적(countercyclical)이라고 부릅니다.

충격과 파급

경기순환을 이해하기 위해서 생산함수 $Y = A \cdot F(K, L)$에서 기술수준을 나타내는 A가 이제 (추세 주변에서) 상하로 변동할 수 있다고 합시다. 또한 어떤 외적인 충격(기술혁신)으로 A가 반영구적으로 증가했다고 합시다. 그러면 시장경제에서 어떤 일이 벌어질까요?

A의 증가는 Y를 직접 (비례적으로) 증가시킵니다. 거기에 그치는 것이 아닙니다. A의 증가는 노동의 생산성을 증가시킵니다. 따라서 노동에 대한 수요가 증가합니다. 그러면 노동시장에서 실질임금이 오르고, 고용량이 증가합니다. 고용량이 증가하면 Y가 다시 오릅니다.

또한 A의 증가는 자본의 생산성도 증가시킵니다. 따라서 자본에 대한 수요도 증가합니다. 같은 자본량이라도 가동시간을 늘림으로써 자본서비스는 증가할 수 있습니다. 그러면 실질임대료가 오르고, 자본투입량이 증가합니다. 그러면 Y가 더욱 증가합니다.

더욱이 노동투입량의 증가는 자본생산성을 증가시키고, 자본투입량의 증가는 노동생산성을 증가시켜서, 이러한 확장과정은 더욱 증폭됩니다. 시장이 상호의존적, 누적적으로 호황을 가속시키는 것입니다. 기술충격의 영향은 채권시장에도 미칩니다. 자본시장에서 실질임대료가 오르면 채권시장에서 자금수요가 늘어나서 이자율도 오릅니다. 화폐시장에서는 통화량이 안정적이라면, 돈에 비하여 재화가 늘어나므로, 물가가 하락하게 됩니다. 통화당국이 물가안정을 위하여 통화량을 늘리면 통화량이 증가하게 됩니다.

재화시장에서 총수요를 구성하는 소비와 투자는 어떻게 변할까요? 이것은 기술충격에 의한 소득의 증가가 영구적인가 일시적인가에 따라 다릅니다. 앞서 우리는 매주 월요일 10만원의 수입(부모로부터 받는 용돈이라고 합시다)을 받으면, 한꺼번에 쓰지 않고 주중에 고르게 쓰는 경향이 있다고 하였습니다. 이를 소비 평탄화(consumption smoothing)라고 부릅니다. 소비 평탄화는 주간에만 아니라, 기간을 월, 연, 생애로 늘려도 성립합니다. 이제 의외로 외삼촌이 나타나서 100만원을 주면 어떻게 될까요? 일시적이라면 잘 아껴서 나누어 쓰거나 사고싶던 내구소비재를 사야 합니다. 영구적이라면? (외삼촌이 앞으로도 매주 그렇게 주겠다고 약속했다고 합시다.) 금주부터 소비수준이 껑충 뛸 것입니다. 결국 소득의 증가가 영구적이면 대부분 소비의 증가로 나타나고, 나머지는 저축됩니다. 그런데 저축은 국가경제 전체로 자본의 증가, 즉 투자로 나타날 수밖에 없습니다. 이자율의 증가는 투자의 증가를 유인합니다. 결국 소득의 증가는 대부분 소비로, 일부는 투자로 나타나게 됩니다. 반대로 소득의 증가가 일시적이라면 소비는 거의 증가하지 않고, 대부분 투자의 증가로 나타나게 됩니다.

결국 우리는 좋은 기술충격이 Y의 증가와 더불어, 실질임금, 고용, 실질임대료, 자본가동률, 이자율, 소비, 투자를 모두 증가시킨다고 결론짓습니다. 반대로 코로나19의 유행과 같은 나쁜 기술충격(파업, 흉년, 전염병)은 이들을 감소시킵니다. 따라서 이들 거시변수는 모두 순순환적입니다.

우리는 앞서 경제성장에서 기술수준 A가 공학 기술뿐만 아니라, 분업과 시장, 인적 자본, 사회적 자본 등 폭넓은 요인을 포함하고 있다고 강조하였습니다. 위에서 말한 기술충격 도 비슷한 이유에서 여러 외적 충격을 포함하고 있습니다. 1970년대 이래 우리 나라는 두 차례의 석유위기, 두 차례의 금융위기를 합하여 모두 네 차례의 불황을 경험하였습니다. 이들은 모두 국외적인 요인에 의한 것이었습니다. 우리 나라는 무역의존도가 높고 또한 개방된 경제입니다. 따라서 국내경제가 국외요인에 의하여 크게 영향을 받을 수밖에 없습니다.

유가상승과 금융위기

교역조건(terms of trade)은 우리 나라의 수출품 1단위로 수입품 몇 단위를 살 수 있는가를 나타내는 지표입니다. 예컨대 휴대폰 1대를 수출해서 원유 몇 배럴을 수입하는가를 나타내는 수치입니다. 따라서 휴대폰 가격의 상승은 교역조건을 개선하고, 석유가격의 상승은 교역조건을 악화시킵니다. 교역조건의 개선은 좋은 기술충격에 해당합니다. 왜일까요? 휴대폰을 만드는데 플라스틱이 필요하고, 플라스틱을 생산하려면 원유(나프타)가 필요하다고 합시다. 구체적으로 휴대폰 10대를 만드는데, 원유 2배럴이 필요하다고 합시다. 휴대폰 가격과 원유가격이 둘 다 100달러라면, 휴대폰 10대를 만드는 자원을 들여 원유대금을 제외하고 휴대폰 8대를 만드는 셈입니다. 그런데 원유가격이 50달러로 떨어진다면, 같은 자원을 들여서 휴대폰 9대를 만들 수 있습니다. 결국 교역조건 개선에 의하여 생산성이 8대에서 9대로 12.5% 상승한 셈입니다.

이것을 달리 생각할 수도 있습니다. 휴대폰을 만들기 위해서 원유가 필요한데, 원유를 생산하는 데는 두 가지 방법이 있습니다. 하나는 중동까지 굴을 파서 원유를 채굴하는 방법이고, 둘은 휴대폰을 여분으로 생산해서 원유와 바꾸는 방법입니다. 두 번째 방법이 더 효율적입니다. 그런데 그 방법은 교역조건의 영향을 받습니다. 교역조건의 개선은 그 방법을 더욱 효율적으로 만듭니다. 즉 교역조건의 개선은 좋은 기술충격에 해당한다는 말입니다.

그러면 여러분은 두 차례의 석유위기가 왜 한국에 불황을 가져왔는가를 이해할 수 있습니다. 1차 석유위기 때, 원유 값은 배럴 당 3달러에서 12달러로 4배 정도 반영구적으로 올랐고, 다시 2차 석유위기 때 12달러에서 40달러로 3.3배 정도 반영구적으로 올랐습니다. 그것은 석유 수입국인 우리 나라에게 나쁜 실물충격에 해당합니다. 따라서 산출, 실질임금, 고용, 실질임대료, 자본가동률, 이자율, 소비, 투자가 동반 하락하였습니다.

거꾸로 1980년대 후반에는 소위 삼저(저유가, 저금리, 저달러(엔고))에 의한 수출 환경이 개선됨에 따라 호황이 나타났습니다. 이전에 제1차(1974), 2차(1980) 석유위기에 흔들리던 한국경제는 국제수지를 흑자로 반전시키고, 성장률이 10%를 넘어서게 되었습니다. 특히 88올림픽이 열리기 전의 3년간은 86년 12.9%, 87년 13%, 88년 12.4%의 성장률을 기록하였습니다.

두 차례의 금융위기는 어떻게 설명될 수 있을까요? 한국의 외환위기(1997년)는 한보, 기아 등의 부도 사태에 놀란 외국의 금융기관이 단기 외채의 만기 연장을 거부하고, 한국의 외환보유고로 이를 지원하기 어렵게 되어 발생하였습니다. 2008년의 글로벌 금융위기는 미국의 비우량 저당채권의 부도사태로 미국 자금이 급속하게 철수함에 따라 발생하였습니다.

금융위기는 실물충격과 다릅니다. 외국 자금의 철수에 따라 국내금융시장도 얼어붙게 됩니다. 기업과 은행의 자금 사정이 악화되면서, 자산가격이 하락하고 이자율이 치솟습니다. 핵심은 정상적인 시장을 통한 분업과 협력의 질서가 훼손된다는 것입니다. 그 점에서는 나쁜 실물충격과 유사합니다. 따라서 경제 전체로 산출 감소, 판매 부진, 실질임금 하락, 고용 감소, 실질임대료 하락, 자본 가동률 감소, 소비 하락, 투자 감소가 생겨납니다. 보통의 기술충격과는 달리 자금 시장이 얼어붙어 이자율은 치솟습니다. 애초부터 금융시장 불안에 의한 협업 질서의 교란이 기술충격을 가져왔기 때문입니다. 나는 백화점의 코너를 장식할 고급 옷들이 땡처리를 위해 길거리에 누워있고, 생산적 경영활동에 종사할 CEO들이 부도를 막기 위해 사방으로 뛰고, 유능한 노동자들이 실업자로 내몰리는 상황을 협업 질서의 교란이라고 부른 것입니다. 그것은 다른 실물적인 기술충격과 마찬가지로 국가경제의 생산성을 떨어뜨립니다.

우리는 경기순환에 대한 우리의 이해는 아직 모자라고, 사실 여러 이론들이 경합하고 있다는 것을 덧붙여 둡니다. 위에서 우리는 모든 시장들이 수요-공급의 균형을 이룬다고 전제하고 실물 충격이 시장 사이에 어떻게 파급되는가를 분석하였습니다. 그렇지만, 단기에는 모든 시장들이 수요-공급 균형을 이루도록 가격이 신속하게 조정되지 않을 수 있습니다. 그러면 가격이 변동하는 대신, 수량은 더욱 크게 변동할 수 있습니다. 또한 가격이 신속하게 조정된다고 하더라도 사람들이 이를 제대로 파악하지 못하여 명목가격에 반응할 수도 있습니다. 시장은 결국 균형으로 돌아오고, 사람들은 실수를 고쳐 나가겠지만, 단기에는 균형을 벗어난 현상이 관찰될 수 있다는 말입니다. 이러한 불균형이 얼마나 오래 지속되고 얼마나 중요한지는 아직도 중요한 논쟁거리로 남아 있습니다.

원리19 정부는 재정정책과 통화정책으로 경기변동을 완화할 수 있다

경기가 과도하게 변동하는 것은 바람직하지 않습니다. 특히 경기 침체는 일자리를 찾기 어렵게 하고 영세상공인의 생활을 위협합니다. 과도한 호황도 좋지 않습니다. 자산가격의 거품이나 과잉 투자를 초래하여 조만간 거품의 붕괴와 불황을 초래하는 경향이 있기 때문입니다. 따라서 정부는 불황기에는 확장정책으로 경기를 부양하고, 호황기에는 긴축정책으로 경기를 억제하려고 합니다. 이를 통틀어 경기안정화 정책이라고 부릅니다. 특히 정부의 재정운용을 통해서 경기를 안정시키려는 정책을 재정정책(fiscal policy), 중앙은행의 통화공급을 통해서 경기를 안정시키려는 정책을 통화정책(monetary policy)이라고 부릅니다. 그 중 통화정책은 인플레이션과 관련하여 설명하였으므로, 여기서는 재정정책을 살펴보겠습니다.

재정정책은 재정운용, 즉 정부의 구매, 순세금, 재정적자를 통해서 경기순환에 영향을 미칩니다. 일반적으로 불황기에는 재정지출을 늘리고 조세를 감면합니다. 이를 적자재정정책이라고 부릅니다. 거꾸로 호황기에는 재정지출을 줄이고 조세를 증액하여 흑자재정정책을 폅니다. 재정정책은 국회의 예산심의를 거쳐야 하므로, 신속하게 경기에 대응하기 어렵다는 단점이 있습니다. 다만, 불황기에는 자동으로 재정적자가 되고, 호황기에는 저절로 재정흑자가 되도록 조세의 구조나 사회보장제도를 설계하기도 하는데 이를 자동안정장치(built-in stabilizers)라고 부르기도 합니다.

우리 나라의 정부지출은 GDP의 30% 정도 됩니다. 정부지출은 가계의 노동이나 기업의 재화를 구매하는 정부구매와 이전지출, 국채이자 지출로 구성되어 있는데 정부구매는 GDP의 20% 내외입니다. 이전지출은 사회보장제도에 따른 일방적인 보조금으로 마이너스의 세금으로 간주될 수 있습니다. 정부의 수입은 세금 수입(GDP의 20%), 사회보장기여금(GDP의 5%), 세외수입으로 구성되어 있습니다. 우리 나 세금은 크게 부가가치세(생산세), 소득세, 법인세 등으로 구성되어 있습니다. 정부 지출 외에 정부는 기금과 공기업을 통한 지출과 수입(GDP의 10%)을 운용하고 있습니다.

우리는 재정정책의 거시적 효과를 생각합니다. 여기서 거시적 효과라는 것은 정부구매나 세금의 항목별 구성에 의하여 산업구조, 노동유인 등에 미치는 영향을 배제한다는 것을 의미합니다. 우리는 정부구매 총액, 세금 총액이 경기순환에 미치는 영향을 분석하려고 합니다.

세금 증가를 통한 세출 증가

우선 균형예산에서 정부구매의 영향을 생각합니다. 정부가 세금 1조원을 증액시켜서(또는 보조금을 1조원 감액시켜서) 정부구매를 1조원만큼 증가시키면, 경기에 어떤 영향을 미칠까요? 우리는 세금 1조원이 노동, 소비 등에 미치는 영향을 배제하기 위하여 균등하게 정액세로 부과되었다고 가정합니다. 다만 가처분소득이 1조원만큼 감소할 뿐입니다. 그 효과는 정액세로 조달한 정부구매가 영구적으로 증가했는가, 일시적으로 증가했는가에 따라 다릅니다. 영구적이라면 가계는 가처분소득이 영구적으로 감소했으므로, 소비를 1조원만큼 줄일 것입니다. 그러므로, 재화시장에서 총수요는 변하지 않습니다. 총수요 Y=C+I+G에서 소비가 1조원 줄고 G가 1조원 증가했을 뿐입니다. 일시적이라면, 소비 평탄화에 의하여 소비를 거의 줄이지 않고 저축 따라서 투자를 비슷한 금액만큼 줄일 것입니다. 역시 총수요는 변하지 않습니다. 투자가 1조원 줄고, 정부구매가 1조원 증가했을 뿐입니다. 따라서 경기를 부양하거나, 고용, 산출을 늘리지 못합니다.

이제 세금을 생각합니다. 위에서 우리는 정액세를 가정하였습니다. 실제의 세금은 과세대상금액의 일정한 비율로 부과하거나, 구간별로 더 높아지는 누진세율을 적용합니다. 노동소득세는 누진세의 적용을 받습니다. 소득세율의 인상은 세후실질임금을 줄여서, 노동 공급을 감소시키는 경향이 있습니다. 따라서, 정액세 대신 누진세율을 적용하여 정부구매를 조달한다면, 경기를 부양하는 효과 대신, 시장활동을 위축시킬 우려가 있습니다. 다만 가처분소득이 줄어드는 만큼 노동공급을 늘리는 효과가 있어서 대체로 상쇄되는 경향이 있습니다. 부가가치세율을 올리면 어떨까요? 세후 재화가격이 인상되면, 결과적으로 세후실질임금이 하락하는 것과 유사한 효과를 갖습니다. 이자소득, 배당소득, 임대소득에 대한 자본소득세의 세율을 인상하면 어떨까요? 이는 세후 실질수익률을 떨어뜨려서, 저축, 투자를 위축시키는 효과가 생깁니다.

국채 발행을 통한 세출 증가

이제 적자 재정정책의 효과를 생각해 봅니다. 정부는 세금을 걷는 대신, 국채를 발행하여 정부구매를 조달할 수 있습니다. 정부구매-국채발행의 조합은 정부구매-세금증가, 세금감면-국채발행으로 나누어 생각할 수 있습니다. 이미 정부구매-세금증가는 효과가 없다고 하였습니다. 이제 세금감면-국채발행만 생각하면 됩니다. 즉 세금을 걷는 대신 국채로 조달하는 효과만 생각하면 됩니다.

이 문제를 생각하는 효과적인 방법은 국채 100조원을 발행하여 국민들에게 일인당 200만원 어치씩 나누어주는 것입니다. 그러면 국민은 그만큼 부자가 될까요? 앞서 화폐를 발행하여 나누어주는 경우에 비하여 물가상승이 없으니, 받은 국채만큼 모두 부자가 되는 게 아닐까요? 아닙니다. 국채가 지급할 것을 약속하는 원금과 이자는 결국 국민의 세금에서 나오는 것입니다. 국민은 채권과 채무가 동시에 증가한 것입니다. 그 둘이 정확히 상계되어서 국민은 조금도 부자가 되지 않았습니다.

다시 국채를 발행하여 세금을 감면시키는 사고실험으로 돌아갑시다. 세금 100조원을 걷는 대신 국채 100조원을 발행하였습니다. 국채는 1년 만기라서 내년에 5%의 이자를 붙여 105조원을 갚되, 내년 세금을 증액시켜서 상환하기로 했습니다. 그러면 총수요가 증가할까요? 가계의 가처분소득은 올해 100조원 늘어나고, 내년에 105조원 줄어듭니다. 현재가치로 환산하면 +100-100=0조원입니다. 따라서 가처분소득은 변하지 않았고 소비도 변하지 않습니다.

국채상환기간을 길게 늘려 잡아도 현재가치의 합계로 계산한 소비자의 가용재원은 변하지 않습니다. 아주 길게 잡아서 다음 세대로 넘기면 어떨까요? 이 경우는 부모가 자녀에게 재산을 상속할 동기가 있는가 여부가 문제로 됩니다. 원래 부모들이 자녀에게 현재가치로 500조원을 물려주려고 했다고 합시다. 국채 100조원을 발행하여 다음 세대에게 넘기는 것은 정부가 나서서, 그 중 100조원을 다시 뺏어서 부모에게 돌려주는 것과 같습니다. 그러면 부모는 이를 소비할까요? 원래의 상속재산이 합리적으로 계산되었다면, 자녀의 세금부담을 고려하여 100조원을 덧붙여 상속할 것입니다. 따라서 역시 소비는 증가하지 않습니다.

결국 세금을 1조원 부과하는 대신 국채를 발행하여 정부구매 1조원을 조달하여도 민간은 소비를 세금으로 조달한 경우와 마찬가지로 소비를 1조원만큼 감소시킬 것입니다. 따라서 구매를 세금으로 조달하든 국채로 조달하든 총수요는 증가하지 않습니다.

다만 이 경우 두 가지의 가능성을 엿볼 수 있습니다. 일시적으로 어려움에 처한 소비자가 마침 1년 동안 자금을 차입하여 소비하려고 하는데, 정부가 올해 세금을 깎아주고 내년에 5%를 덧붙여 세금을 증액한다고 합시다. 소비자가 당면한 차입이자는 보통 정부가 차입하는 국채이자보다 높습니다. 이를 10%라고 합시다. 그러면 소비자는 100달러를 차입할 때, 5%p에 해당하는 5달러만큼 싸게 차입하는 셈입니다. 따라서 그만큼 소비가 늘어날 것입니다. 또한 정부가 충분히 긴 만기의 채권을 발행하여 상환부담을 다음 세대로 넘기면, 상속동기가 없거나 충분히 크지 않는 부모에게 소비의 증가가 생겨날 것입니다. 이 범위에서 적자 재정정책은 경기부양효과가 생겨서 고용과 산출을 증가시킬 수 있습니다. 거꾸로 흑자 재정정책은 경기긴축효과가 생겨서 고용과 산출을 감소시킬 수 있습니다. 그러므로 정부는 침체기에는 적자 재정정책을, 호황기에는 흑자 재정정책을 사용하여 제한된 범위에서 경기순환을 완화시킬 수 있다고 결론지을 수 있습니다.

화폐 발행을 통한 세출 증가

정부구매를 국채를 발행하여 적자로 조달하는 대신 화폐를 발행하여 주조이익으로 조달하면 어떻게 될까요? 주조이익은 결국 민간이 보유하고 있는 화폐 가치를 떨어뜨려서 얻는 것입니다. 그런 의미에서 인플레이션 세금(inflation tax)이라고 부릅니다. 이 세금은 다른 세금보다 나쁜 세금으로 생각됩니다. 구두창 비용을 증가시킬 뿐만 아니라, 상대적으로 가난한 사람들에게 더 높은 세금을 부과하는 경향이 있기 때문입니다.

우리는 거시적 재정정책의 고용, 산출효과가 상당히 제한되어 있다는 것을 강조한 셈입니다. 그렇지만, 재정정책의 효과가 일반적으로 작다고 말하는 것은 아닙니다. 미시적인 부분까지 고려하면 재정정책은 경제에 심대한 영향을 미칩니다. 세금을 어디에 매기고, 무엇을 감면하고, 보조금을 어디에 주는가에 따라 코끼리를 춤추게 만들 수 있습니다. 교육부는 몇 백억원의 지원금만으로도 대학교육을 개선할 수도, 뒤틀어지게도 만들 수 있습니다. 정부구매도 무엇을 사는가에 따라 산업구조를 개선할 수도, 뒤틀어지게 만들 수도 있습니다. 다른 규제 감독 기능과 병행하면 정부 정책의 영향력은 막강합니다. 거시적으로도 정부는 노동공급의 시간경로에 영향을 미칠 수 있습니다. 올해의 소득세율을 인하하고(적자로 조달), 내년에 소득세율을 인상하면(흑자로 원리금 상환), 올해의 노동 공급을 증가시켜서 올해의 고용, 산출을 늘릴 수 있습니다. 물론 내년의 고용, 산출이 더 크게 떨어질 것이므로, 위기가 아니라면 권장할 만한 것은 아닙니다.

원리20 국제무역은 당사국 모두에 이롭다

지금까지 우리는 외국과의 거래를 생각하지 않았습니다. 즉 우리는 폐쇄경제, 즉 닫힌 경제를 생각했습니다. 폐쇄경제에서는 재화도 신용도 국내에서만 거래됩니다. 즉 국내에서 생산된 모든 재화는 국내에서 소비되거나, 투자되거나, 정부가 구입합니다. 거꾸로 국내에서 지출(소비, 투자, 정부구입)되는 재화는 모두 국내에서 생산해야 합니다. 또한 국내에서 투자되는 모든 자금은 국내에서 융통되어야 하고, 국내에서 저축되는 자금은 모두 국내에서 투자되어야 합니다.

이제는 개방경제, 즉 열린 경제를 생각하려고 합니다. 경제를 개방한다는 것은 두 수준에서 이루어질 수 있습니다. 먼저 재화시장만 개방할 수 있습니다. 이제 국내에서 생산한 재화를 외국시장(한국 외의 모든 다른 나라의 시장들)에 팔 수 있습니다. 이를 수출이라고 부릅니다. 거꾸로 국내 지출(소비, 투자, 정부구입)에 필요한 재화를 외국시장에서 살 수 있습니다. 이를 수입이라고 부릅니다. 재화를 수출하고 수입하는 것을 국제무역, 또는 단순히 무역이라고 부릅니다.

다음 자금시장도 개방할 수 있습니다. 국내에 투자되는 자금이 외국에서 들어올 수도 있습니다. 이를 자금유입이라고 부릅니다. 거꾸로 국내에서 저축한 자금이 외국으로 나갈 수도 있습니다. 이를 자금유출이라고 부릅니다. 때로는 자금시장을 자본시장이라고 부르기도 합니다. 생산자본에 필요한 자금이 거래되는 곳이라는 뜻입니다. 그러면 자금시장 개방 대신, 자본시장 개발, 또 자금 유입, 자금유출 대신 자본유입, 자금유출이라고 표현하기도 합니다. 그렇지만, 우리가 국내에서 말해오던 자본(임대)시장과 혼동되므로, 여기서는 자금시장이라는 말을 사용하기루 하겠습니다

사실 경제를 개방하면 자금 외에 직접 노동이나 자본이 움직이기도 합니다. 또 외국과의 사이에 원조를 주고받기도 합니다. 더욱이 생산기술이 도입되거나 모방되고 확산되기도 합니다. 어떤 의미에서는 세계경제 전체가 하나의 경제처럼 움직이기도 합니다. 그런 점을 강조하여 세계경제를 글로벌 경제라고 부르기도 합니다. 글로벌 경제는 다시 폐쇄경제로 간주할 수 있습니다. 우주와 재화, 신용을 거래하지는 않기 때문에, 세계 전체의 시장은 다시 닫혀 있기 때문입니다.

국제분업의 이득

우리는 개방의 효과를 단계적으로 생각합니다. 여기서는 재화시장만 개방한 경우를 생각합니다. 그 다음에 자금시장도 개방한 경우를 생각합니다. 세계경제를 생각할 때, 중요한 변수가 하나 더 있습니다. 국내 경제는 하나의 통화를 사용하는 반면에 세계 경제는 보통 국가별로 다른 통화를 사용하므로, 재화나 자금의 거래에 통화의 교환이 필요하다는 것이 그것입니다. 통화의 교환비율을 환율이라고 부르며, 환율이 어떻게 결정되는가는 별도의 분석이 필요합니다. 우리는 이를 미루기 위하여 우선은 모든 나라가 세계공통의 공동통화인 골드화를 사용하고 있다고 가정합니다. 그 대신 무역이 물물교환을 통해서 이루어진다고 생각해도 됩니다.

우리는 먼저 국제 무역이 거래 양국에 모두 이득이 될 수 있다는 것을 보이려고 합니다. 이를 위하여 영국의 경제학자 데이비드 리카도의 유명한 예를 살펴봅니다. 리카도는 정치경제학과 조세의 원리(1817)에서 포르투갈과 영국으로 이루어진 세계경제를 생각합니다. 두 나라는 같은 품질의 두 재화, 직물과 포도주를 생산하고 있습니다. 두 나라가, 두 재화 1단위 생산에 들어가는 노동시간은 다음과 같습니다.

〈표 3〉 2국 2재의 노동투입시간

	직물	포도주
영국	100	120
포르투갈	90	80

포르투갈은 두 재화 생산에 모두 영국보다 생산성이 높지만, 직물 생산에 비하여 포도주 생산에서 상대적으로 더 높습니다. 영국은 포르투갈보다 생산성이 모두 낮지만, 직물 생산에서 상대적으로 더 높습니다. 상대적으로 생산성이 더 높은 재화를 비교우위(comparative advantage)가 있다고 말합니다. 따라서 포르투갈은 포도주에 비교우위가 있고, 영국은 직물에 비교우위가 있습니다. 비교우위는 재화별로 생산성이 외국에 비하여 높다는 절대우위(absolute advantage)와 구별됩니다. 절대우위는 모두 포르투갈에 있습니다. 비교우위는 재화의 절대우위를 비교한 것이므로, 반드시 하나에는 비교우위가 생깁니다. a/b가 1보다 작으면, b/a는 1보다 크기 때문입니다.

폐쇄경제에서 영국은 1단위의 직물과 1단위의 포도주를 생산하려면 220시간의 노동이 필요합니다. 포르투갈은 같은 재화바구니를 생산하는데 170시간의 노동이 필요합니다. 이제 영국과 포르투갈이 재화시장을 열고, 국제무역이 시작되었다고 합시다. 영국은 직물생산에 비교우위를 가지고 있으므로, 220시간을 직물 생산에 특화한다고 하면, 2.2 단위의 직물을 생산할 수 있습니다. 포르투갈은 포도주 생산에 비교우위를 가지고 있으므로 170시간을 포도주 생산에 특화하면, 2.125단위의 포도주를 생산할 수 있습니다. 같은 자원을 사용하면서 세계의 생산량이 직물 0.2단위, 포도주 0.125단위만큼 증가했습니다. 따라서 영국과 포르투갈이 직물 1단위와 포도주 1단위를 교환하면, 영국에는 직물 0.2단위의 여분이 남고, 포르투갈에는 직물 0.125단위의 여분이 남습니다. 두 나라는 이 여분을 소비하거나 수출함으로써 경제후생을 증가시킬 수 있습니다. 비교우위에 따른 국제분업이 거래 양국에 모두 이득을 준 것입니다. 이를 국제분업의 원리 또는 비교우위의 원리라고 부릅니다.

우리는 위에서 편리하게 직물과 포도주가 1:1로 교환된다고 가정했습니다. 무역시장 개방 전에 영국에서 직물과 포도주의 1단위의 가치는 100:120=5:6이었을 것입니다. 따라서 포도주 1단위는 직물 6/5단위와 교환되었을 것입니다. 무역시장 개방 전에 포르투갈에서 직물과 포도주 1단위의 가치는 90:80=9:8이었을 것입니다. 따라서 포도주 1단위는 직물 8/9단위와 교환되었을 것입니다. 국제무역이 생기면, 포도주 1단위의 상대가격은 직물 8/9단위에서 6/5단위 사이에서 결정될 것입니다. 따라서 교환비율은 1:0.89에서 1:1.20 사이에 있습니다. 교환비율 1:1은 그 범위 내에 있지만, 꼭 1:1로 된다는 보장은 없습니다. 영국의 시장이 더 크다면, 1:1.20에 가까운 값이 되고, 포르투갈 시장이 더 크다면 1:0.89에 가까운 값이 될 것입니다. 그래도 그 차이만큼 양국이 이득을 취한다는 사실에는 변함이 없습니다. 이 과정은 또한 국제분업이 어떻게 이루어지는지를 설명하고 있습니다. 재화시장이 개방되면 상대가격이 변합니다. 영국에서는 직물가격이 5:6에서 1:1 방향으로 상대적으로 오릅니다. 그러므로 직물 생산이 유리해 집니다. 포르투갈에서는 직물가격이 9:8에서 1:1 방향으로 상대적으로 떨어집니다. 그러므로 포도주 생산이 유리해 집니다. 국제분업은 국제가격의 변동에 따라 이익이 많은 쪽으로 자연스럽게 자원을 유인하여 이루어집니다. 이 경우에도 가격은 희소한 자원을 개방 전에는 국내 경제에서 가장 높게 평가되는 곳으로 유도하다가, 개방 후에는 세계경제에서 가장 높게 평가되는 곳으로 이동시킵니다. 국제분업의 이득은 자원을 더 높은 가치 있는 곳으로 이동시킴으로써 얻어지는 것입니다.

우리는 국제분업의 원리를 따로 논증할 필요가 없었을지 모릅니다. 이미 우리는 원리 8에서 분업과 교환의 이득을 논증하였습니다. 두 목수 에이브와 빌 사이의 분업과 교환을 두 국가로 바꿔 놓기만 하면 됩니다. 사실 두 목수의 예는 내가 창안한 것이 아니라, 리카도의 비교우위의 원리를 개인으로 바꿔 놓은 것에 불과합니다. 자발적인 거래는 여기서도 거래 쌍방에 모두 이득입니다. 시장거래와 마찬가지로 국제무역도 거래 쌍방이 자신에게 이득이 되는 경우, 그 경우에만 자발적 합의에 의한 거래가 이루어지기 때문입니다. 그 곳에서 우리는 분업이 생산성을 크게 증가시킨다고 강조하였습니다. 단순한 핀 공장의 예에서도 생산성이 수십 배 이상 증가합니다. 경제 전체로 분업의 이득은 더욱 커집니다. 국제분업을 도입하면 세계 경제 전체로 분업의 이득은 더욱더 커집니다.

국제분업의 갈등

상호작용의 원리9 거래의 이득이 갈등을 초래할 수 있다는 것을 기억합니까? 국제분업의 이득도 예외가 아닙니다. 분업의 이득이 두 나라 사이에 나뉘게 되지만, 어떻게 나뉠까요? 나라 사이의 무역이 아니라 두 목수 사이의 거래라면, 경제 전체에서 두 목수의 거래량은 작은 일부이므로, 두 목수는 시장 가격이 주어진 것으로 간주할 수 있습니다. 그러면 두 목수는 시장가격에 따라 분업의 이득을 분할하면 됩니다. 동양 가구의 상대가격이 1:2에 가까울수록 에이브가 유리하고, 1:4에 가까울수록 빌이 유리합니다. 이를 유추하여 두 나라가 세계 경제의 작은 일부분이라면, 세계 시장의 가격이 주어진 것으로 간주하면 무역의 이득이 갈등 없이 자연스럽게 분할됩니다. 위의 예에서 가격이 9:8에 가까울수록 영국이 유리하고, 5:6에 가까울수록 포르투갈이 유리합니다. 수출품 1단위를 수출하여 수입품 몇 단위를 수입할 수 있는가를 교역조건(terms of trade)이라고 부릅니다. 교역조건이 유리하면 무역의 이득을 많이 가져올 수 있습니다. 예를 들어 우리 나라가 휴대폰을 수출하여 석유를 수입한다면, 휴대폰의 가격을 올리고, 석유의 가격이 떨어지면, 교역조건이 유리해 집니다. 그렇지만 세계 시장이 국가경제에 비하여 충분히 크다면, 교역조건을 우리 나라에 유리하게 만들기 어려울 뿐입니다.

다만 개인과는 달리 국가는 중요한 전략수단을 가지고 있습니다. 수입품에 관세를 부과하는 것이 그것입니다. 다시 리카도의 예로 돌아가, 직물, 포도주의 가격이 각각 1골드라고 합시다. 양국 사이에 직물 1단위, 포도주 1단위가 교환되면, 무역이득은 영국에 직물 0.2단위=0.2골드, 포르투갈에 포도주 0.125단위=0.125골드로 분할 귀속됩니다. 그런데 포르투갈 정부가 직물 수입에 10%의 관세를 부과하면 어떻게 될까요? 포르투갈의 직물수입량이 1단위로 고정되어 있다면, 우선 포르투갈 정부는 0.1골드의 재정수입을 얻게 됩니다. 관세는 수입업자가 내지만, 일부는 영국의 수출업자, 일부는 국내의 소비자에게 전가됩니다. 영국의 수출이 고정되어 있다면(1골드 이상이면 1단위를 수출한다면), 0.1골드 전부가 영국의 수출업자에게 따라서 직물생산업체에 전가될 수 있습니다. 영국은 직물과 포도주의 교환비율이 1.2:1보다 작은 한 직물 생산이 유리하므로, 1.1:1의 불리해진 조건에도 직물 생산을 계속할 것입니다. 그러면 관세가 영국에 전가되는 만큼, 정부의 재정수입을 포함하여 포르투갈이 가져가는 무역의 이득이 0.225골드로 늘어납니다.

관세를 부과하는 대신, 제한된 수입인가를 특정한 수입업자에게 내줘도 비슷한 효과를 거둘 수 있습니다. 수입허가를 받는 수입업자는 독점적 지위를 이용하여 정부대신 독점지대를 거둘 수 있기 때문입니다. 이 경우, 포르투갈의 포도주 생산업자가 일종의 (가격담합) 카르텔을 이루는 셈입니다.

그러면 영국 정부는 가만히 있겠습니까? 영국 정부도 관세를 부과할 수 있습니다. 이를 보복관세라고 부릅니다. 아니면 수입허가제를 수행할 수도 있습니다. 관세 또는 수입허가에 의하여 수입을 억제하는 것을 무역장벽이라고 부릅니다. 이러한 관세, 비관세의 무역장벽은 국제분업의 이득을 위축시키게 됩니다.

국제분업을 위한 국제협정

우리는 국내 경제에서 거래에는 비용이 들고, 경제사회는 거래비용을 될수록 줄이는 여러 가지 제도, 나아가 일국의 경제체제를 마련한다고 추론하였습니다. 이러한 원리는 세계경제에도 적용됩니다. 다만 세계경제를 규제하는 제도는 국제협정을 통해서 이루어진다는 것이 다릅니다. 경제관련 국제협정이 형성되는 과정은 국가와 국가의 정치적 합의의 과정이고, 경제적 유인도 중요한 배경이 되지만 당장의 역사적 사건에 크게 의존합니다. 제2차 세계대전(1941-1945)은 끔찍한 전쟁이었습니다. 새로운 무기와 함께 다시 세계대전이 벌어지면 인류가 공멸할 것이라는 국제적인 공감대가 형성될 정도로 끔찍했습니다. 전승 엽합국인 미국, 영국, 프랑스, 스페인, 포르투갈, 네덜란드 등은 자신들이 아시아, 아프리카, 남미 등에 식민지를 선점하고, 원료와 시장을 독점한 것이 상대적 후진국이자 전범국인 독일, 이태리, 일본 등이 전쟁을 일으킨 원인의 일부가 되었다는 것을 인정하였습니다. 왜 식민지가 필요했을까요? 무역의 이득을 더 많이 가지려면, 관세는 보복관세에 의하여 효과를 보기 어렵습니다. 무역 자체를 위축시켜서 오히려 무역의 이득을 줄입니다. 식민지라면 무역의 이득의 대부분을 식민국이 가져갈 수 있습니다. 적어도 이론적으로는 그렇습니다. 상대적으로 뒤늦게 경제개발에 성공한 독일, 일본 등은 새롭게 "개척"할 식민지가 제한되어 있었습니다. 따라서 기존의 식민지를 쟁탈하는 전쟁을 벌일 수밖에 없었다는 것을 전승국이 인정한 것입니다.

그러므로, 모든 식민지를 독립시켜서 제국주의적 침략의 원인을 없애고, 모든 원료와 시장을 자유롭게 접근하도록 해야, 세계 평화가 유지될 수 있고, 나아가 인류가 함께 번영할 수 있다는 것이 세계대전 후 전승국의 인식이었습니다. 이런 포용적 태도의 배경에는 3차대전의 두려움 외에도 두 가지 역사적 인식의 변화가 자리잡고 있었을 것입니다. 하나는 제1차 세계대전(1914-1918) 후, 전승국이 패전국에 엄청난 배상을 요구한 것이 별로 실효성이 없었고, 오히려 히틀러의 등장과 2차세계대전의 원인이 되었다는 인식입니다. 둘은 식민지의 소유가, 이론과는 달리, 식민당국의 경제 발전에 별다른 도움이 되지 않았다는 사실입니다. 그래서 식민지를 해방시키고, 패전국에 배상금을 요구하지 않았을 뿐만 아니라, 오히려 막대한 전후 복구 자금을 지원하였습니다. 또한 UN을 창설하여 국제평화를 유지, 조정하는 역할을 맡기고, 자유무역을 기본원칙으로 하는 관세 및 무역에 관한 일반협정(GATT, General Agreement on Trade and Tariffs)을 맺고, 이를 구체적으로 추진하는 국제무역기구(ITO, International Trade Organization)를 만들기로 하였습니다. GATT는 자유무역을 위하여 모든 관세 및 비관세 장벽을 점진적으로 철폐하는 것을 목표로 하고 있습니다. 다만, 국제무역기구는 비준에 실패하여 설립되지 못하고, 대신 GATT 사무국(1947)이 자유무역을 추진하는 국제기구의 역할을 맡다가, 뒤늦게 1995년에야 세계무역기구(WTO, World Trade Organization)이라는 변형된 형태로 설립되어 자유무역을 추진하는 역할을 이어받았습니다.

GATT 사무국이나 WTO가 추진하는 자유무역은 세계적인 다자간 협정으로, 경제여건이 다른 모든 나라들이 참여하여 합의하는 방식을 취하므로, 협상의 속도가 늦을 수밖에 없습니다. GATT 사무국이 추구한 우루과이 라운드(1986-1994)도 8년이 넘게 걸렸습니다. 그에 비하여 경제여건이 비슷한 두 나라 또는 같은 지역의 여러 나라 사이에서 상호 이익이 되는 분야의 자유무역을 추구할 경우, 협상의 속도가 빨라집니다. 이를 자유무역협정(Free Trade Agreement)이라고 부릅니다. 우리 나는 칠레, 싱가포르, EFTA, ASEAN, 인도, EU, 페루, 미국, 터키, 호주, 캐나다와의 FTA가 발효되었고 곧 한-중 FTA가 발효될 예정입니다.

다자간 자유무역협정이든, 쌍방간 자유무역협정이든, 자유무역 즉 국제분업의 이득을 전제로 하고 있고, 또 국제분업의 이득이 존재한다는 것은 분명한 사실로 인정됩니다. 자유무역이 세계경제의 번영, 세계평화에 도움이 된다는 것은 분명한 사실입니다.

국제분업의 다른 고려사항

그렇다고 자유무역에 참여하는 모든 나라에게 도움이 된다고 추론할 수 있을까요? 현실은 리카도의 비교우위의 원리가 단순화한 것보다 훨씬 복잡합니다. 자유무역이 이루어져도 국제무역은 자발적 합의에 의한 것이므로, 당장 양국 상호간에 이득이 되는 것은 분명합니다. 그렇지만, 개인 대 개인의 분업이 아니라, 국가 대 국가의 분업인 경우, 두 가지 사항을 추가로 고려하여야 합니다. 첫째, (정치적 비용) 국가 전체로는 이득이어도 구성원 사이에 이해관계가 엇갈릴 수 있다는 점입니다. 리카도의 예에서 개방은 포르투갈의 포도주 생산자에게는 유리하고, 직물생산자에게는 불리한 변화를 의미합니다. 물론 직물산업의 노동이 포도주 산업으로 마찰 없이 옮길 수 있으면 무역의 이득을 공유할 수 있습니다. 그렇지만, 포도주 생산을 위해서는 노동자에게 특유한 지식과 기술이 필요하면 쉽게 옮길 수 없습니다. 사실 노동뿐만 아니라, 다른 생산자원(발전설비, 공장, 직조시설)도 쉽게 움직일 수 없습니다. 따라서 직물 생산에 종사한 자원 보유자에게 과도기적인 손실이 불가피합니다. 물론 국가 전체로는 이득이므로, 이득을 본 구성원에게 일부를 갹출하여 손실을 본 구성원에게 나누어주면 됩니다. 그렇지만, 이러한 과정이 쉬운 것은 아닙니다. 최근 한중 FTA의 발효에 의하여 제조업은 이득을 보고, 농업은 손실을 본다고 추정됩니다. 그러면 농부가 반발합니다. 그렇다고 농업을 지원하기 위하여, 제조업의 이득으로부터 기금을 갹출한다고 하면 제조업의 반발에 부딪칩니다. 요컨대 과도기적으로 사회적 비용이 들고, 구성원의 이해를 조정하는 데 정치적 비용이 든다는 것입니다. 때로는 이 비용이 국제분업의 이득을 압도할 수 있습니다.

둘째, 동태적으로 생각하면 당장은 자유무역이 이득이어도 미래에도 이득이 보장되는 것은 아니라는 점입니다. 동태적으로 생각한다는 것은 지금 당장 개방하는 것이 아니라, 나중에 시장을 개방하는 대안을 고려할 때, 미래의 후생을 포함한 경제후생을 가장 크게 만드는 최선의 정책이 무엇이냐고 묻는 것입니다. 이 점에서 비교우위의 원리는 약점을 가지고 있습니다. 하나는 현재의 생산성, 따라서 비교우위가 지속된다고 전제하고 있습니다. 그렇지만, 경제발전 단계에 따라 생산성도 변하고 비교우위도 변합니다. 포르투갈이 지금은 직물생산에 비교우위가 없지만, 나중에는 비교우위가 생길지도 모릅니다. 거꾸로 영국이 지금은 포도주 생산에 비교우위가 없지만, 나중에 비교우위가 생길지 모릅니다. 어떤 산업이 전략적으로 중요하다면, 그 산업을 관세 및 비관세 장벽으로 보호하여 생산을 계속하여, 비교우위가 생겼을 때, 무역시장을 개방하는 것이 장기적으로 더 좋을 수도 있습니다. 지금은 비교우위가 없지만, 비교우위를 가질 수 있다고 예상되는 산업을 유치산업(infant industry)이라고 부릅니다. “아기”산업이기 때문에 “성인”산업이 될 때까지 보호되어야 한다는 것입니다.

이 논리는 남용될 우려가 있는 것은 사실입니다. 어떤 산업도 유치산업이라고 주장할 수 있기 때문입니다. 유치산업이 아니라는 것을 입증하려면 오랜 시간이 걸립니다. 그 사이에는 이익을 보존할 수 있습니다. 나중에 유치산업이 아니라는 것이 밝혀지면, 그 때 물러서면 됩니다. 사실 재화시장의 개방이라고 했지만, 많은 서비스도 포함되어 있다는데 유의하여야 합니다. 영화시장을 개방하려면, 영화인들이 유치산업이라고 반대할 수 있습니다. 의료시장을 개방하려면 의사들이 유치산업이라고 반대할 수 있습니다. 법률시장을 개방하려면 변호사들이 유치산업이라고 반대할 수 있습니다. 교육시장을 개방하려면 교사, 교수들이 유치산업이라고 반대할 수도 있습니다. 일반적으로 경제학자를 제외하고는, 시장 개방은 일부 계층의 이익을 반드시 침해하고, 대부분 비교우위의 원리를 믿지도 않기 때문에 어떤 시장 개방에도 반대하는 경향이 있습니다.

그렇지만, 경제학자로서도 국익을 위하여 시장개방에 반대하는 경우가 있습니다. 유치산업보호론도 사실 독일의 경제학자가 제기한 것입니다. 리카도의 비교우위론은 생산성(또는 노동비용)이 규모의 변화나 시간의 경과에도 일정하게 유지된다고 가정하고 있습니다. 그런데 생산성은 많은 경우 규모에 의존합니다. 제조업은 보통 규모의 경제가 작용하고, 농업은 규모의 비경제가 작용합니다. 제조업인 직물 생산은 규모가 늘수록 생산성이 커지고, 농업인 포도주 생산은 토지의 제약에 따라 규모가 늘수록 생산성이 줄어든다고 합시다. 더욱이 직물 은 사치품이므로 소득 증가에 따라 비례 이상으로 수요가 늘고, 포도주 수요는 필수품이므로 소득 증가에 따라 비례보다 작게 증가한다고 합시다. 그러면 경제성장 과정에서 영국의 직물 생산은 지속적으로 비례 이상으로 성장하는 반면, 포르투갈의 포도주 생산은 상대적으로 성장률이 떨어질 수 있습니다.

결국 영국은 전략적으로 좋은 산업에, 포르투갈은 전략적으로 나쁜 산업에 특화한 셈입니다. 따라서 정부는 규모의 경제가 큰 산업, 소득 증가에 따라 수요가 크게 증가하는 산업, 나아가 기술진보가 더 크게 예상되는 산업을 전략적으로 육성하고, 그 산업이 비교우위를 가질 때까지 관세 및 비관세 장벽으로 보호할 동기를 갖게 됩니다. 전략산업을 무역장벽으로 보호하고 육성하는 것을 산업정책이라고 부릅니다. 즉 국가적 관점에서 비교우위의 원리가 산업정책의 포기를 정당화하는 것은 아닙니다.

우리는 분업이 개인에게 소외의 문제를 초래할 수 있지만, 무시할 수 있는 문제라고 판정하였습니다. 개인은 분업이 주는 풍요에 의하여 여가 시간을 더욱 다양하고 풍요로운 삶을 영위할 수 있기 때문입니다. 국가경제의 수준에서는 그렇게 단순한 문제가 아닙니다. 두 목수 사이에 갈등이 생겨서 거래가 어려워져도 개인은 다른 거래 상대를 쉽게 찾을 수 있습니다. 그렇지만 국가는 그보다 어렵습니다. 특히 전쟁이 터지면, 그 범위에 따라 자급자족의 능력이 상대적으로 중요해 집니다. 또한 국제시장에서 개별 상품가격이 크게 변동하면, 그 상품에 특화한 국가의 경제가 큰 부침을 겪게 됩니다. 예를들면, 중동처럼 석유자원이 풍부한 나라는 석유 개발에 과도하게 의존하여 원유가격의 변동에 따라 국내경제가 요동칩니다. 이를 자원의 저주(the curse of resources)라고 부르기도 합니다. 우리 나라가 자원이 거의 없다는 것이 꼭 개탄할 일이 아니라, 오히려 축복일 수도 있습니다. 적어도 중동이나 아프리카 일부 국가처럼 자원을 둘러싼 내분이나 전쟁에 휘말리지는 않으니까요.

원리21 환율은 외환의 수요와 공급에 의하여 결정되는 가격이다

우리는 지금까지 무역거래가 공동통화에 의하여 이루어지는 것으로 간주하였습니다. 실제로 유로화는 유럽지역 여러 나라의 공동통화로 사용되고 있습니다. 또한 아프리카의 몇 나라, 남미의 몇 나라들은 유로화나 달러화를 자국의 통화로 사용하고 있습니다. 그렇지만, 대부분의 다른 나라들은 우리 나라의 원화처럼 고유의 자국통화를 사용하고 있습니다. 공동통화가 있다면 교환은 영국의 직물→공동통화→포르투갈의 포도주와 같은 방식으로 이루어집니다. 그런데 각국이 다른 통화를 사용하고 있다면 영국의 직물을 포르투갈의 포도주와 교환할 때, 직물→파운드화→유로화→포도주의 경로를 밟아야 합니다. 이 때, 파운드화와 유로화를 교환하는 비율을 환율(foreign exchange rate)이라고 합니다.

환율

환율은 교환비율을 나타내지만, 가격이기도 합니다. 사실 재화의 가격도 교환비율입니다. 빵 1개의 가격이 1000원이라는 것은 빵 1단위와 돈 1000단위가 교환되는 것을 의미합니다. 우리는 화폐를 가치의 척도로 삼기 때문에, 빵의 가격은 1000원이라고 말할 수 있을 뿐입니다. 두 화폐가 교환될 경우에는 어떤 것을 가치의 척도로 삼을지 모호해 집니다. 두 화폐가 모두 가치척도가 될 수 있기 때문입니다. 미국의 달러화와 한국의 원화가 1달러:1200원으로 교환된다면, 1달러의 가격=1200원이라고 할 수도 있고, 1원의 가격=1/1200달러라고 말할 수도 있습니다. 우리는 모든 가격을 원화 기준으로 말하는데 익숙하여 있고, 또 원화 1단위의 가치가 달러화 1단위에 비하여 작기 때문에 1달러=1200원, 또는 1200원/달러라고 자국 통화단위로 말하는 것에 더 익숙해 있습니다. 엔화의 경우에도 1달러=100엔이라고 말하는 것이 더 편리합니다. 그렇지만, 미국이나 유럽에서는 자국 통화기준으로 1달러=1200원, 1유로=100엔이라고 외국통화단위로 말하는 것이 더 편리하다고 생각하고 있습니다. 그러면 환율상승이라는 말의 의미가 달라지게 됩니다. 우리 나에서는 환율상승이 외국통화가치의 상승, 자국통화 가치의 하락을 의미합니다. 미국에서는 환율 상승이 자국통화 가치의 상승, 외국통화가치의 하락을 의미합니다. 더 혼동스럽게도, 일본에서는 환율이 100엔에서 110엔으로 하락하였다고 표현합니다. 자국 통화가치가 하락하였다는 의미입니다. 자국통화의 가치를 기준으로 환율상승을 정의하는 것이 국제표준이기는 합니다. 그럼에도 불구하고, 우리는 익숙한 관습을 좇아 환율을 e=1200원/달러와 같이 표시하고, 환율상승이 달러화 가치의 상승(원화 가치의 하락)을 의미하는 것으로 정의하겠습니다.

환율은 중요한 가격입니다. 재화시장을 개방하면, 국내시장의 가격이 세계시장의 수요와 공급이 결정한 가격에 맞추어서 변합니다. 국내시장의 가격이 원화로 주어지고, 세계시장의 가격이 달러화로 주어졌다면, 환율로 환산하여 국내시장의 재화가격이 싸면 수출되고, 더 비싸면 수입됩니다. 즉 비교우위에 따른 국제분업이 환율에 의하여 결정됩니다. 따라서 통화당국은 물가(재화와 자국화폐의 교환비율)를 안정시키는 것은 물론, 환율(외국화폐와 자국화폐의 교환비율)을 안정시키는 데에도 관심을 기울이게 됩니다.

환율도 가격이므로 외국통화의 수요와 공급에 의하여 가격이 결정됩니다. 외국 통화라 거래되는 시장을 외환시장(foreign exchange market)이라고 합니다. 여기서 "외환"은 중의적인 의미를 가지고 있습니다. 외국통화가 교환된다는 의미가 하나이고, 외국통화로 교환될 수 있는 (외국통화로 표시된) 청구권(외환)이라는 의미가 둘입니다. 우리가 외환보유고라고 말할 때는 외국통화 뿐만 아니라, 이들 외화표시 청구권을 함께 일컫습니다. 이제 환율이 결정되는 원리를 알려면, 외국통화 또는 외환에 대한 수요와 공급이 어떻게 결정되는지를 생각해야 합니다.

우리는 먼저 외환의 플로우 수요와 플로우 공급만 생각합시다. 그렇습니다. 외환도 화폐이고, 무역거래를 편리하게 하려면 스톡 수요와 스톡 공급도 있습니다. 즉 무역거래를 위하여 항상 일정한 크기의 외환을 보유하게 됩니다. 우리는 이를 무시하고, 무역결제를 위하여 꼭 필요한 만큼의 외환만 일시적으로 갖는다고 가정합니다. 그러면 외환의 수요는 수입에 필요한 만큼, 외환의 공급은 수출에서 받는 만큼 생깁니다. 자유무역으로 한국이 칠레에 티셔츠 100매를 수출하고, 그 대금으로 포도주 100병을 수입했다고 합시다. 그 결과 한국에서 티셔츠의 가격이 12,000원, 포도주의 가격도 12,000원이라고 하고, 칠레에서는 티셔츠의 가격이 6,000페소, 포도주의 가격도 6,000페소라고 합시다. 그렇습니다. 한국에서 티셔츠와 포도주의 가격이 같다면, 칠레에서도 같아집니다. 환율과 상관없이 두 재화의 상대가격이 다르다면, 차익거래가 일어나서 상대가격을 일치시킵니다. 상대가격이 싼 곳에서 사서, 비싼 곳에 팔면 차익이 생기기 때문입니다. (우리는 수송비나 관세가 없다고 가정하고 있습니다. 수송비나 관세가 있다면 그 차이만큼 한국에서는 포도주가 비싸지고, 칠레에서는 티셔츠 가격이 비싸집니다.) 그러면 페소의 수요는 600,000페소, 페소의 공급도 600,000페소로 같게 됩니다. 즉 수요, 공급의 균형이 이루어지게 됩니다.

환율과 구매력

그러면 환율은 어떻게 결정될까요? 수송비나 관세가 없으므로, 세계경제에서도 일물일가의 법칙이 성립해야 합니다. 즉 티셔츠의 가격(=포도주의 가격)은 12000원=6000페소가 됩니다. 따라서 환율은 e=2원/페소가 됩니다. 한국에서 포도주의 유행이 생겨서 포도주의 수입이 늘어나면 어떻게 될까요? 그러면 페소의 수요가 늘어나서 페소에 대한 초과수요가 생깁니다. 그러면 페소의 가격이 오릅니다. 페소의 가격이 오르면 티셔츠를 수출하는 것은 더 유리해지고, 포도주를 수입하는 것은 불리해 집니다. 그 결과 페소의 수요량은 줄어들고, 공급량은 늘어나서 초과수요가 줄어듭니다. 페소의 가격은 초과수요가 0이 될 때까지 상승합니다.

나는 특정 외국화폐(칠레 페소)와의 환율이 그 나라(칠레)에 대한 수입업자의 외환수요와 수출업자의 외환공급이 일치하도록, 따라서 그 나라(칠레)에 대한 수출액과 수입액이 일치하도록 결정되는 경향이 있다고 설명하였습니다. 사실 우리 나 칠레뿐만 아니라, 여러 나라와 재화를 거래합니다. 페소화가 필요하더라도 꼭 칠레의 수출에서 얻을 필요는 없습니다. 또 페소화가 남더라도 꼭 칠레 포도주의 수입에 쓸 필요는 없습니다. 다른 나라의 외환시장에서 페소화를 사거나 팔 수 있기 때문입니다. 따라서 외환 전체의 수요와 공급이 일치하는 것이 더 중요합니다. 그렇게 생각하면 우리 나 모든 수출업자가 외환을 공급하고, 모든 수입업자가 외환을 수요하는 셈입니다. 결국 환율은 우리 나 수출총액과 수입총액이 일치하도록 결정되는 경향이 있습니다.

수출이 수입을 초과하는 부분을 순수출 또는 무역수지라고 부릅니다. 수출이 더 많으면 무역수지 흑자, 수입이 더 많으면 무역수지 적자, 같으면 무역수지 균형이라고 말합니다. 무역수지 흑자만큼 외환이 초과 공급되는 셈입니다. 사실 무역수지만 외환을 공급하는 것은 아닙니다. 외환을 버는 방법은 두 번째 방법도 있습니다. 우리 나가 외국에 생산요소인 노동, 자본을 제공하고, 노동소득(임금소득), 자본소득(이자소득, 임대소득, 배당소득)을 벌어오는 방법입니다. 물론 외국인도 우리 나에서 국내생산에 참여하여 노동소득, 자본소득을 벌어갈 수 있습니다. 그 차액을 소득수지라고 부릅니다. 세 번째 방법은 원조를 받아오는 방법입니다. 물론 외국인이 우리 나에서 원조를 받아가기도 합니다. 그 차액을 이전수지라고 부릅니다. 우리 나 세계최초로 원조를 받는 나라에서 원조를 주는 나라로 되었다고 하는 이전수지가 마이너스(적자)로 되었다는 것을 의미합니다. 그러면 벌어온 돈의 총액은 무역수지, 소득수지, 이전수지를 합한 금액이 됩니다. 이를 경상수지라고 부릅니다. 결국 경상수지만큼 외환이 초과 공급되는 셈입니다. 이를 고려하면 환율은 결국 경상수지가 0이 되도록 결정되는 경향이 있습니다.

왜 결정되는 경향이 있다고 한발 물러서는 것일까요? 외환의 수요와 공급에는 자국통화에 대한 수요와 마찬가지로 당장의 무역결제를 위한 플로우 수요 외에 다른 스톡 수요, 스톡공급이 있기 때문입니다. 그래도 환율이 결정되는 중요한 단서가 있습니다. 수송비와 관세가 없다면, 환율은 일물일가의 법칙이 성립하도록 결정되어야 합니다. 환율로 환산하면 모든 재화의 가격이 세계가격과 일치하여야 합니다. 아니면 차익거래가 생기고 균형에서는 차익이 없어져야 하기 때문입니다. 예컨대, 빅맥의 가격이 한국에서 2,400원이고 미국에서 2달러라면, 한국과 미국의 빅맥이 1:1로 교환되어야 하므로, 환율이 2달러:2,400원=1달러:1,200원이 되어야 합니다. 결국 화폐가치(구매력)의 비율이 환율이 되어야 합니다. 이와 같이 환율이 구매력(화폐가치)에 의하여 결정된다는 것을 구매력 평가설(PPP, Purchasing Power Parity)이라고 부릅니다.

구매력 평가설은 얼마나 맞을까요? 사실 정확하게 맞지는 않습니다. 우리는 일물일가의 법칙을 적용하기 위하여 수송비와 관세를 무시하였고, 또한 품질의 차이도 무시하였습니다. 무엇보다 중요한 것은 구매력은 보통 소비자 물가지수로 파악되며, 소비자의 표준적인 상품 바구니에는 무역으로 거래되는 재화뿐만 아니라, 무역으로 거래되지 않는 재화도 포함하고 있기 때문입니다. 부동산은 물론 대부분의 서비스는 무역으로 거래되지 않습니다. 이를 비교역재(non-tradable goods)라고 부릅니다. 이에 대응하여 무역거래의 대상이 되는 재화를 교역재(tradable goods)라고 부릅니다. 무역은 교역재의 가격을 일치시키지만, 비교역재의 가격은 일치시키지 않습니다. 외환시장의 수요와 공급은 이들 비교역재의 가격차이를 반영하지 않습니다. 그런데 비교역재의 가격은 서비스가 대부분이므로, 노동집약적인 재화이고, 국가별 임금의 차이에 따라 가격차이가 생깁니다. 일반적으로 경제성장과정에서 임금은 성장률과 같은 비율로 증가합니다. 따라서 저개발국가에서 비교역재의 가격이 싸게 되고, 소비자 물가가 싸지게 됩니다. 즉 환율로 평가하면,

저개발국가에서 화폐의 구매력이 커집니다. 바꿔 말하면 저개발국가의 화폐가 외환시장에서 저평가되는 경향이 생깁니다. 우리가 저개발국가를 여행할 때, 시장환율로 환전하면 물가가 싸다고 느끼고 선진국을 여행할 때 물가가 비싸다고 느끼게 되는 이유입니다.

구매력 평가는 화폐로 측정한 국민소득을 평가하는 중요한 수단이 됩니다. 비교역재를 포함하여 세계 표준의 소비자 상품바구니를 구입할 때, 각국 화폐의 구매력을 비교하는 것입니다. 우리 나 작년도 일인당 GDP는 시장환율로 28,000달러입니다. 그렇지만 구매력으로 평가하면 34,500달러 정도로 올라갑니다. 이는 일본의 일인당 GDP 36,500달러에 상당히 근접한 금액입니다. 중국의 작년도 일인당 GDP는 7,600달러입니다. 이를 구매력으로 평가하면 13,200달러에 해당합니다. 구매력으로 평가한 GDP로는 중국이 미국을 넘어섰다는 것은 이렇게 평가한 GDP를 의미합니다.

비교역재의 존재에도 불구하고, 장기적으로 화폐의 구매력의 변화는 장기에 환율을 변화시키는 것은 사실입니다. 비교역재의 비중이 일정하다면, 구매력의 변화는 교역재의 구매력의 변화도 반영하기 때문입니다. 일반적으로 국내물가의 상승은 환율을 상승시킵니다. 수송비와 관세의 감소도 환율을 상승시킵니다. 수출의 증가는 환율을 하락시킵니다. 수입의 증가는 환율을 상승시킵니다. 생산성의 증가하는 환율을 하락시킵니다. 여기서 환율상승은 원화가치의 하락을 의미하도록 정의되었다는 것을 유의하기 바랍니다.

지금까지 우리는 경상수지가 결정하는 외환의 플로우 수요와 플로우 공급만을 생각했습니다. 자국화폐와 마찬가지로 외국화폐도 국제거래를 위하여 일정액을 항상 보유하는 것이 편리합니다. 한국이 페소화를 보유하듯, 칠레도 원화를 보유하게 됩니다. 보유액을 변경하면 새로운 플로우 수요와 플로우 공급이 생깁니다. 더욱이 자금시장이 개방되면, 세계의 자금은 조금이라도 높은 수익률을 좇아 국경을 넘나들게 됩니다. 수익성이 높은 외국의 기업을 인수하거나, 공장을 짓기 위하여 자금이 움직이고, 외국의 증권(주식, 채권, 파생상품)을 구입하기 위하여 움직입니다. 이에 따라 외환의 수요와 공급이 크게 변합니다. 외환시장은 대단히 역동적인 시장입니다. 사실 외환거래의 대부분(99% 이상)은 경상수지(무역수지, 소득수지, 이전수지)의 결제를 위해서가 아니라, 국제적인 자금 유출입에 의하여 이루어집니다. 환율변동에서 자본이득을 얻기 위한 투기적 자금도 여기에 가세합니다.

환율과 수익률

따라서 경상수지의 균형이 장기적인 환율의 방향을 결정한다면, 단기적인 환율의 변동은 투기적 자금의 유출입이 결정한다고 보아야 합니다. 여기서도 차익거래는 중요한 단서를 마련해 줍니다. 우리 나에서의 이자율이 라고 합시다. 외국에서의 이자율이 i^h라고 합시다. 우리 나에서 자금 1원을 1년간 투자하면 1년 후 $1+i^h$원이 됩니다. 대신 1원을 외국에 투자한다고 합시다. 이를 환율 e로 바꾸면 $1/e$달러가 됩니다. 이를 외국에 1년간 투자하면 $(1/e)(1+i^f)$달러가 됩니다. 이를 1년 후 환율인 e'에 원화로 환전하면 $(1/e)(1+i^f)e'$원이 됩니다. 따라서 차익거래가 없으려면, 외환시장의 균형에서 $1+i^h=(e'/e)(1+i^f)$이 성립해야 합니다. 환율상승률을 $(e'-e)/e=\triangle e/e$로 표시하면, $e'/e=1+\triangle e/e$입니다. 이를 위의 균형조건에 대입하여 정리하면 $1+e^h=1+\triangle e/e+i^f+(\triangle e/e)\cdot i^f$.미지막 항인 $(\triangle e/e)\cdot i^f$는 작은 수의 곱이므로 무시하면 $i^h\approx\triangle e/e+i^f$. 즉, 국내이자율($i^h$)=외국이자율($i^f$)+환율상승률($\triangle e/e$)입니다. 예컨대 국내 이자율이 3%고, 외국 이자율이 2%, 환율상승률이 1%이면 균형이 이루어집니다. 이것을 이자율 평가설(interest rate parity)이라고 부릅니다.

모든 사람이 이 조건을 지킨다는 의미는 아닙니다. 외국인 또는 외국화폐를 가진 일부의 투자자(금융기관)가 국내채권과 국외채권을 동시에 가지면서 이러한 조건에 따라 자금을 배분하는 것으로 충분합니다. 수요공급균형은 모든 투자자의 수요, 공급의 합계를 일치시켜야 하고, 수요, 공급의 합계에는 이런 투자자를 포함하고 있기 때문입니다.

많은 경우 환율상승률은 투자시점에서 예상할 뿐이지 관찰되는 것은 아닙니다. 따라서 이 식의 좌변에서 환율상승률은 예상치(기대값)라고 해석해야 합니다. 기대값을 $E(\cdot)$로 표시하면 균형조건은 $i^h=i^f+E(\triangle e/e)$이 됩니다. $i^h>i^f+E(\triangle e/e)$이면 국내자산이 매력적이므로, 외화자금이 유입되고, 환율이 하락합니다. 거꾸로 $i^h<i^f+E(\triangle e/e)$이면 외국자산이 매력적이므로, 자금이 유출되고, 환율이 상승합니다.

수요-공급의 관점에서 말하면, 국제자금의 유출입은 국내자산에 대한 수요와 공급에 의해서 결정되고, 이를 일치시키는 수준에서 환율이 결정됩니다. 국제자금이 구입하는 국내자산을 국내 채권뿐이라고 생각합시다. 세계의 자금주들이 한국 채권시장에 투자한다고 합시다. 물론 국내투자자도 있겠지만, 외국투자자(또는 외화를 가진 국내 금융기관)가 포함되어 있습니다. 국내 채권의 공급은 고정되어 있다고 보아도 좋습니다. 채권수요는 어떻게 결정될까요? 국내 채권은 일정한 이자 지급과 원금 상환이 보장되어 있습니다. 채권 가격이 결정되면, 수익의 흐름에서 수익률(이자율)이 계산됩니다. 그 수익률이 외국채권에 비하여 매력적이면 국내 채권을 살 것입니다. 일반적으로 채권 가격이 낮으면 채권의 수요량이 증가할 것입니다. 즉 수요의 법칙이 성립합니다. 그런데 채권가격이 원화로 표시되어 있다면, 달러화로 표시한 가격은 환율에 반비례합니다. 즉 환율이 높으면 달러화로 환산한 채권 가격이 낮아져서 채권의 수요량이 증가합니다. 환율은 외국 통화로 표시한 국내 자산의 가격이라고 할 수 있고, 국내 자산의 수요와 공급에 의하여 결정된다고 볼 수 있습니다. 국내 자산의 수요는 국내 이자율이 외국 이자율에 비하여 높을수록, 환율 상승(원화 가치 하락)의 전망이 낮을수록 증가합니다.

국내 통화당국이 기준 금리를 인상하면, 국내 금리가 올라서 자금이 유입되고 환율이 하락합니다. 외국의 통화당국이 기준 금리를 인상하면 외국 금리가 올라서 자금이 유출되고 환율이 상승합니다. 한국의 경상 수지 전망이 밝아지든지 다른 이유로 원화 가치가 상승이 전망되면, 현재의 환율이 미리 하락하고 원화

가치가 상승합니다.

마지막 가능성은 투기적 거품이 생길 가능성을 포함하고 있습니다. 환율 하락의 예상이 환율을 하락시키고, 환율 하락이 다시 환율상승의 예상을 강화하여 환율을 더욱 하락시킬 수도 있습니다. 거꾸로 환율상승 예상→환율 상승→환율상승예상 강화→환율 상승의 악순환이 일어날 수도 있습니다. 1997년 외환위기에서 당시의 낮은 확률(900원)과 경상수지 적자, 그리고 한보, 기아 등 대기업의 부도로 환율상승이 예상되었습니다. 통화당국의 환율안정 노력은 예상을 오히려 강화하고, 자금유출, 환율상승, 예상강화, 환율상승의 과정을 겪으며, 환율은 1900원대로 치솟았습니다.

2007년 글로벌 위기가 미국에서 시작될 때, 미국 통화당국은 기준금리를 인하했습니다. 그 결과 유로화에 대한 달러화의 가치는 하락했습니다. 이듬해 유럽으로 위기가 전파되어 유럽도 기준금리를 인하했습니다. 그 결과 유로화에 대한 달러화의 가치는 상승했습니다. 소위 안전 자산(미 재무성증권)으로의 도피가 이루어진 것입니다.

국제통화체제

국내에서 거래의 이득을 가급적 이해충돌과 거래비용을 줄이면서 충분히 누리기 위해서 경제체제가 필요하듯이 국제거래(무역)의 이득을 각국이 공유하기 위해서 적절한 제도적 체제가 필요합니다. 세계정부가 없는 상황에서 국제협정과 국제기구가 그 역할을 대행하게 됩니다. 우리는 이차 대전 후 세계평화와 인류의 공동번영을 위하여 식민지를 해방하고, 자유무역을 추진하기 위하여 GATT와 WTO가 창설되었다는 것을 설명하였습니다. 국내거래에서 교환의 매개로 화폐가 필요하듯, 국제거래에도 국제통화가 필요합니다 자유무역을 원활히 보완하기 위하여, 연합국은 세계중앙은행을 만들어 국제통화를 발행하는 대신, 각국이 발행하는 통화를 고정 환율로 연결하는 국제통화체제를 만들었습니다. 여러 통화가 일정한 비율(고정환율)로 교환된다면, 결국 세계공동통화와 유사한 역할을 할 수 있기 때문입니다. 즉 미국은 달러화를 금의 가치에 고정하여, 미 35달러=금 1온스의 교환비율을 유지할 것을 약속하고, 다른 나라들은 영 1파운드=미 4달러와 같이 달러화와의 교환비율(고정 환율)을 유지할 것을 약속하는 것입니다. 이를 브레튼우즈체제(Bretton Woods system)라고 부릅니다. 그러한 협정(브레튼 우즈 협정)을 체결한 장소가 미국의 뉴햄프셔주의 브레튼우즈였기 때문입니다. 이러한 국제통화체제를 만든 것은 인류역사 초유의 일이었고, 지금도 그 영향이 남아 있습니다. 미국 달러가 금에 연결되고, 다른 통화는 달러에 연결되기 때문에 결국 모든 통화가 금의 가치에 비례적으로 연결되어 있는 셈입니다. 미국 달러화가 금에 연결되는 핵심적 위치에 있기 때문에 달러화를 기축통화(axle currency)라고 불렀습니다. 자전거 바퀴의 축(axle)처럼 바퀴를 본체에 연결시키는 통화라는 뜻입니다.

왜 고정환율제도를 선택했을까요? 환율전쟁을 우려하였기 때문입니다. 각국 정부는 관세, 비관세 장벽,

또는 식민지를 통해서 자국의 수출은 촉진하고 수입은 억제하듯이, 자국통화의 가치를 낮게 유지함으로써 수출을 촉진하고 수입을 억제할 수 있습니다. 그것은 자유무역을 위축시킵니다. 그렇지 않아도 환율변동의 위험은 무역을 위축시킬 수 있습니다. 따라서 환율 변동을 고정환율 ±1%내에서 유지하도록 한 것입니다. 어떻게 다른 나라들은 약속대로 고정환율을 유지할 수 있을까요? 각국의 중앙은행이 고정환율로 자국화폐와 달러화의 교환을 보장하면 됩니다. 예컨대, 영국의 중앙은행은 1달러=1/4파운드에 누구든지 달러화를 사거나 팔 수 있도록 하면 됩니다. 미국 정보는 어떻게 약속대로 달러화를 금의 교환비율을 유지할 수 있을까요? 다른 나라의 중앙은행이 언제든지 35달러를 금 1온스와 교환할 수 있도록 보장하면 됩니다.

그러려면 중요한 전제가 있어야 합니다. 파운드화의 가치가 시장에서 4달러보다 높으면, 사람들은 달러를 영국 중앙은행에 팔려고 하므로, 그것을 사들이고 쌓아두면 됩니다. 그렇지만, 파운드화의 가치가 시장에서 4달러보다 낮아지면, 중앙은행은 보유하던 달러화를 팔아야 합니다. 따라서 달러화를 충분히 갖추고 있어야 합니다. 모자라면 파운드화의 가치 하락을 막을 수 없습니다. (미국도 같은 문제가 있습니다. 달러화의 가치가 금 1/35온스보다 높으면, 달러화로 금을 사들이면 됩니다. 그런데 반대의 경우라면 금을 팔고 달러화를 사 들여야 합니다. 다행히 미국은 세계 금의 40% 이상을 보유할 정도로 충분한 금을 가지고 있어서 그럴 염려가 없다고 생각했습니다.)

이를 보완하기 위해서 브레튼우즈 체제는 두 가지 장치를 두었습니다. 첫째, 파운드화의 가치하락이 일시적이라고 생각되면, 국제금융에 의하여 모자란 달러화를 공급하는 것입니다. 이를 위하여 국제통화기금(IMF, International Fund)을 만들었습니다. 즉 IMF는 일시적 수지적자에 의한 환율 변동을 안정화시키기 위하여 단기금융자금을 제공하는 국제금융기관입니다. 이와 더불어 전후 복구와 개발의 지원을 위하여 장기자금을 제공하는 국제부흥개발은행(IBRD, International Bank for Reconstruction and Development, World Bank)을 만들었습니다.

둘째, 파운드화의 가치 하락이 근본적이라고 생각되면, 파운드화의 고정환율을 조정하는 것입니다. 이를 파운드화의 평가 절하라고 부릅니다. 거꾸로 자국통화의 가치 상승이 근본적이라고 생각하면 자국통화의 가치를 평가 절상할 수 있습니다. 이런 의미에서 브레튼우즈 체제의 고정환율제도는 "변동 가능한 고정환율제도"(adjustable peg system)입니다. 통화의 가치는 장기에 각 나라의 생산성의 발전정도에 따라 변할 수 있기 때문에 이에 맞추어 고정환율을 조정하는 것은 불가피한 일입니다.

브레튼우즈 체제는 치명적인 약점을 가지고 있었습니다. 그 하나는 미국 달러화의 평가를 하향 조정하는 수단이 없었다는 것입니다. 세계적인 금 수요의 증가와 금 생산의 정체로 금의 가격이 60달러 이상으로 치솟자, 1971년 닉슨 행정부는 달러화와 금의 교환(태환이라고 부릅니다)을 정지하였습니다. 그것으로 브레튼우즈 체제는 붕괴되었습니다. 이제 달러화는 더 이상 기축통화(axle currency)가 아닙니다. 달러화는 주요통화(key currency)의 하나일 뿐입니다.

다른 문제도 있었습니다. 조정 가능한 고정환율제도는 평가절하가 임박한 통화에 대해서 투기를 촉진하는 경향이 있습니다. 앞서 한국의 외환위기에서처럼, 파운드화의 평가절하가 예상되면 파운드화 표시 자산의 투매가 일어납니다. 이것이 파운드화의 평가절하 압력을 더욱 강화시킵니다. 그러므로 파운드화를 방어하기 위하여 더욱 많은 외환(달러화)이 투입되어야 합니다. 그런 의미에서 파운드화의 투매를 투기적 공격이라고 부릅니다. 투기적 공격은 중앙은행이 환율을 무리하게 방어할수록 더욱 거세어 집니다. 어느 날 환율이 10% 평가 절하되면 하루 밤에 수익률이 10%가 나오는 셈입니다. 연율로 무한대에 가깝습니다. 환투기가 이루어지는 것이 당연합니다.

그렇다고 환율을 방어하는 것을 포기하기도 어렵습니다. 대신 경상수지 흑자를 보이는 국가(독일, 일본)가 환율을 평가 절상해 주면 문제가 해결됩니다. 그렇지만, 적자를 보이는 국가는 환율조정(평가절하)의 문제가 절실하지만, 흑자를 보이는 국가는 환율조정(평가절상)의 압력을 느끼지는 않습니다. 결국 브레튼우즈 체제의 고정환율(평가)의 조정제도는 국제협력을 이루는데 실패했습니다. 그러므로 브레튼우즈 체제가 무너진 후, 세계경제는 고정환율제도를 복구하는 대신 변동환율제도로 이행하였습니다. 다만, 유럽 지역은 중요한 예외입니다. 유럽 지역내 무역을 활성화하기 위하여 브레튼우즈 체제 이후에도 지역 외에서는 변동환율제도를 허용하되, 지역 내에서 고정환율을 유지하려고 노력하였습니다. 유럽의 다수 국가는 2002년부터 유로화라는 공동통화를 사용하게 되었습니다. 공동통화는 고정환율제도의 극단적인 형태로 간주할 수 있습니다.

요약

국가경제 7원리

국가경제를 연구할 때에는 구성의 오류를 조심하여야 합니다. 국가경제에서 개인의 소득이 오르는 유일한 방법은 생산이 증가하는 것입니다(원리15). 그것이 국민소득을 국민생산, 또는 그 중간단계에서 국내총생산으로 측정하는 이유입니다. 국내총생산은 생산물의 가치를 해당연도의 시장가격으로 평가한 것이므로, 다른 기간의 GDP와 비교하려면 물가 상승에 의하여 부풀려진 부분을 상쇄하여 실질GDP로 환산하여야 합니다. 실질GDP의 증가율을 경제성장률이라고 부르고, 실질GDP가 장기적으로 증가하는 추세를 경제성장이라고 부릅니다. 일인당 GDP의 증가(소득수준의 향상)는 노동생산성의 증가에 의하여 생깁니다. 생산성의 증가는 자본의 축적과 기술의 발전에 의하여 이루어집니다(원리16). 기술발전은 공학기술의 발전뿐만 아니라, 협력기술의 발전을 포함합니다. 경제성장률을 넘는 통화량의 증가는 장기적으로 인플레이션을 초래합니다(원리17). 그렇지만, 예상을 넘는 통화량의 증가는 단기에 고용과 산출을 증가시키는 효과를 가질 수 있습니다. 경제는 추세 주변에서 호황과 침체로 변동하는 경향이 있는데 이를 경기순환이라고 부릅니다(원리18). 경기순환은 일정한 주기나 법칙이 있는 것이 아닙니다. 경기순환은 여러 충격이 경제의 여러 시장 사이에 파급되면서 일어납니다. 따라서 여러 거시 변수들이 긴밀한 관련을 가지고 함께 움직이는 경향이 생깁니다. 정부는 세금과 정부지출, 사회보장제도를 통해서 경기순환에 영향을 미칠 수 있습니다(원리19). 일반적으로 지출을 늘리고 세금을 줄이는 것이 일시적으로 고용과 산출을 증가시키는 효과를 갖습니다. 국제간의 무역거래는 국내의 분업과 교환처럼 양국 모두에게 이득을 가져옵니다(원리20). 그것이 무역을 자유화하고, 관세 비관세 장벽을 철폐하려는 다자간 협정, 또는 쌍방간 자유무역협정을 하는 이유입니다. 환율도 수요와 공급으로 결정되는 가격입니다(원리21). 장기적으로 통화의 구매력을 일치시키는 수준에서 결정되는 경향이 있습니다. 그렇지만, 단기에는 국제자본이동이 더 기민하게 반응하므로, 양국간 국내투자 수익률과 환율변동을 포함한 외국투자의 기대수익률을 일치시키는 수준에서 결정됩니다. 결국 거시경제학은 경제 전체의 생산, 고용, 물가가 어떻게 성장하고 변동하는가를 연구합니다. 또한 경기순환 과정에서 경제를 안정화시키고, 경제성장을 촉진하는 정책을 연구합니다.

제3장 중요용어: 국가경제, 거시경제학, 미시경제학, 구성의 오류, 국내총생산, 소득, 소비, 생산, 생산-소득의 회계적 일치, 저축-투자의 회계적 일치, 국민소득회계, 손익계산서, 감가상각비, 국민총소득, 경제성장, 국부론, 인구론, 자본론, 기술혁신, 빈곤, 호황, 침체, 경기순환, 기술충격, 교역조건, 금융위기,

소비자 물가지수, 인플레이션, 화폐의 중립성, 재정정책, 통화정책, 정부구매, 세금, 국채, 적자재정정책, 국제거래, 비교우위, 국제분업, 관세, 관세 및 무역에 관한 일반 협정(GATT), 세계무역기구(WTO), 자유무역협정(FTA), 유치산업, 환율, 무역수지, 소득수지, 이전수지, 경상수지, 구매력 평가설, 비교역재, 이자율 평가설, 브레튼우즈 체제, 고정환율제도, 기축통화, 국제통화기금, 변동환율제도, 주요통화.

경제학은 희소성의 세계에서 개인이 어떻게 행동을 선택하는지를 연구합니다. 또한 개인의 행동의 선택이 시장에서 만나 어떻게 상호의존적으로 가격을 결정하고, 시장 사이의 상호의존에 의하여 자원배분이 어떻게 이루어지는지를 연구합니다. 또한 경제전체에서 경제가 어떻게 순환하면서 성장하는지를 연구합니다. 그 과정에서 자원배분의 효율과 형평을 개선하고, 경제를 안정시키고, 성장을 촉진시킬 수 있는지를 연구합니다. 경제 문제에서 우리는 정해진 법칙을 선택하여 결론을 내릴 수 있는 것이 아니라, 상황에 맞추어 기본원리들을 조립하여 결과를 예측하는 경우가 많습니다. 많은 경우, 경제학자는 유사한 결론을 내리지만, 현안 문제에 따라 상황의 인식이나, 가치판단에 따라 서로 다른 의견이 존재할 수 있습니다. 이러한 이견은 현실자료의 관찰에 의하여 검증되면서 발전합니다. 이견이 많다는 것은 다소 과장되는 경향이 있습니다. 대부분의 경제문제는 이들 원리를 적용하여 합의된 결론에 이를 수 있습니다. 그러면 별다른 주목을 받지 않습니다. 이견이 있는 부분만이 언론의 주목을 받습니다. 논쟁이 진행되는 중요한 경제학 현안 문제에서는 창의적 문제 해결능력과 비판적 사고능력이 필요한 이유이기도 합니다. 여러분들의 경제학 탐구 여행이 즐거웠기를 바랍니다.

제2편
경영

유정민
인하대학교 학부대학 교수

경영학은 조직의 경영을 연구대상으로 하는 사회과학 분야입니다. 조직의 종류에는 기업과 같이 이익을 추구하는 영리조직과 사회 공헌, 공공의 이익 등을 목적으로 하는 비영리조직 등 다양한 형태의 조직이 있습니다. 우리가 대학에서 학습하는 경영학은 이 중 주로 기업을 주요 대상으로 하여 기업 경영의 이론과 기법에 대해 연구하는 응용 학문 분야입니다. 경영학은 기업 경영의 실무를 대상으로 학습하며, 경제학, 행정학, 심리학, 통계학, 수학 등 다양한 인접 학문 분야의 지식을 결합하여 경영관리 과정에 응용하는 과학적 학문입니다. 경영학의 학습을 통해 기업 경영 또는 기업 실무와 관련된 다양한 실천적 이론과 사례에 접근할 수 있으며, 이를 통해 경영 환경의 분석 기법과 자원의 효율적인 관리 기법을 배우고, 조직 속에서 인간의 행동을 이해하고 합리적으로 조정할 수 있는 방법을 학습하며, 더 나은 의사결정의 기술을 개발할 수 있습니다.

01 변화하는 경영 환경의 이해

경영이란 무엇인가?

경영이란 흔히 조직의 인적, 물적자원을 계획, 조직, 지휘 통제하여 조직의 목적을 효과적, 효율적으로 달성하는 과정으로 정의합니다. 우리는 단순히 복수의 사람이 모인 군중을 조직이라고 부르지 않습니다. 조직이란 공통의 목표를 위하여 모인 구성원들의 집합체이며, 목표를 실현하기 위하여 업무를 체계적으로 분담하고 이를 효율적으로 실행하기 위한 조직 체계 또는 권한 체계를 가지고 있습니다. 이러한 조직에서 구성원들이 공통으로 추구하는 명시된 목표를 달성하기 위하여 구성원들의 노력을 체계적으로 계획(planning), 조직(organizing), 지휘(leading) 및 통제(controlling)하는 일련의 과정을 경영 또는 경영관리라고 정의합니다.

경영관리의 과정은 구체적으로 다음과 같습니다.

① 경영 계획(planning)의 과정에서는 조직의 사명(vision & mission)과 목표를 설정하고, 목표를 이루기 위한 최선의 전략을 수립하며, 이를 위해 필요한 자원을 결정하고, 핵심적인 과업의 우선순위를 정하는 활동을 진행합니다. 경영 계획은 조직이 무엇을 어떻게 해야 하는가의 방향성을 정하는 중요한 단계이며, 불확실한 미래의 조직 활동에 있어 선택 가능한 여러 대안을 고려하여 조직의 목표 달성에 있어 최선의 대안을 선택하는 과정입니다. 명확하고 구체적인 경영 계획을 통해 조직 구성원들을 동기 부여할 수 있으며, 효율적이고 효과적인 경영관리 목표를 설정할 수 있고, 불확실한 경영 환경의 변화에 대해 대처할 수 있는 준비를 할 수 있습니다.

② 조직화(organizing)의 과정에서는 조직이 가지고 있는 인적자원과 물적자원을 체계적으로 배분합니다. 자원의 체계적 배분이란 목표를 달성하기 위한 과업과 조직을 구성하는 구성원의 특성을 파악하고 각 과업 수행의 성과를 최적화할 수 있도록 인적자원을 배치하는 것입니다. 이를 위해 권한과 책임을 표시하는 조직의 구조를 설정하고 업무 수행을 최적화하기 위한 구성원의 선발과 훈련, 교육 등을 진행합니다.

③ 지휘(leading)는 조직의 비전에 따라 구성원들이 각자 부여받은 업무를 자발적으로 수행하도록 동기를 부여하고 영향력을 행사하는 과정을 의미합니다. 경영 성과는 경영자들이 발휘하는 지휘의 역량에 큰 영향을 받습니다. 경영 지휘의 과정은 구성원에 대한 동기부여, 리더십, 의사소통 등에 관한 내용을 포함합니다. 이에 따라 구성원의 성취 동기에 대한 연구, 다양한 상황 변수와 경영자의 지휘 방식에 따른 다양한 리더십의 이론과 리더십 스타일에 대한 학습, 조직 내에서의 리더와 구성원간 의사소통 방식의 진단 및 효과적인 의사소통 개선 방법 연구 등이 필요합니다.

④ 통제(controlling)는 경영 계획 과정에서 계획된 목표와 절차가 계획된 대로 진행될 수 있도록 구성원들의 활동 내역에 대해 정보를 수집하고 조직의 목표에 비추어 성과를 평가하며, 필요한 경우 적절한 피드백과 시정 방향을 제시하는 과정입니다. 경영 활동의 예산통제, 재무통제, 생산통제, 품질통제, 재고통제 시스템 등은 경영의 전 과정에서 조직 전체와 각 부문별로 표준을 실제 성과와 비교하여 목표 달성을 확인하고 성과를 개선하고자 운영되는 통제 과정입니다. 이와 같은 통제의 과정에서는 성과와 보상시스템을 연계하여 구성원들의 성공적인 직무 수행에 대해 보상하며, 목표 달성을 실패한 경우에는 그 원인을 분석하고 개선안을 마련합니다.

경영관리는 이러한 기능들의 상호작용과 순환적 과정을 통해 이루어집니다. 조직은 경영관리를 통해 구성원들간 상승효과(synergy)를 창출하여 보다 효율적, 능률적으로 조직의 목표를 성취합니다. 유능한 경영자는 조직의 목표 달성을 목적으로, 불확실한 경영 환경을 분석하여 미래와 앞으로의 추세에 대해 보다 명확하게 전망하고, 경영관리 과정을 통해 조직을 효과적이고 능률적으로 이끌어 나가는 사람입니다.

경영학에서는 무엇을 배울까요?

서로 다른 목표를 가진 조직의 종류가 다양한 만큼 각 조직을 효율적, 효과적으로 운영하기 위한 경영 이론과 연구도 매우 다양합니다. 경영학은 조직의 경영을 연구대상으로 하는 사회과학 분야이며, 기업을 주요 대상으로 하여 기업 경영의 실천적 이론과 기법을 연구하는 학문입니다. 경영학은 사회과학 내에서도 인간 사회의 여러 현상을 과학적, 체계적으로 연구하는 대표적인 경험과학의 한 분야입니다. 우리가 기업 경영의 원리를 배운다고 누구나 기업 또는 조직을 성공적으로 경영하는 것은 아닙니다. 그러나 불확실한 미래에 대한 의사결정을 수반하는 경영자의 경영 관리 활동에 있어 경영 이론을 학습하고 과거 경영 활동의 경험을 통해 실천적으로 집대성한 경영 사례를 학습하는 것은 불확실한 미래에 대한 의사결정의 상황에서 시행착오의 가능성을 낮추고 성공의 확률을 높이는 데 중요한 역할을 합니다.

경영학은 이론과 실천을 동시에 추구하며, 역사적, 시대적 상황을 반영하며, 정치학, 경제학, 사회학, 심리학, 통계학, 수학 등과 같은 다양한 인접 학문과 밀접한 관계를 맺고 있고 이러한 학문 분야에 대한 이해와 응용을 추구하는 응용과학의 한 분야입니다. 경영학을 학습함으로써 여러분들은 다양한 사회, 경제적 사건과 배경을 바탕으로 하는 경영의 이론과 사례를 배우고 이를 바탕으로 미래 전문 경영인으로써 또는 경제 활동에 종사하며 조직을 그리고 우리 자신을 경력 개발을 성공적으로 이끌어 갈 수 있는 능력과 지식을 함양할 수 있습니다.

경영학에서는 조직을 구성하는 인적자원과 물적자원의 관리에 대한 통찰력을 키우고 그 방법을 체계적으로 학습하며, 기업의 조직 구조와 관리 문제에 대한 이해를 증진시켜 조직의 상황에 맞는 더 나은 의사결정 기술을 배웁니다. 또한 조직 속에서 인간의 행동을 이해하고 합리적으로 조정하여 효율적이고 효과적으로 기업 또는 조직이 추구하는 가치를 극대화하기 위한 여러 분야와 기법을 학습하고 연구합니다.

구체적으로 경영학의 조직행위론과 인적자원관리 분야에서는 조직의 인적자원관리와 연관된 내용을 학습합니다. 조직행위론에서는 개인과 집단, 조직 차원에서의 욕구와 동기부여, 리더십과 의사소통 등을 연구하며, 인적자원관리에서는 직무에 대한 분석 및 평가, 교육과 훈련 등의 인적자원 개발 및 성과와 보상 등을 통한 전략적 인적자원 관리 등을 학습합니다. 기업의 생산 및 운영관리시스템과 경영전략 및 마케팅 분야는 기업의 생산시스템의 효율적 설계와 운영 및 통제 시스템에 대하여 연구하며, 재고와 품질 관리 등에 관한 문제를 다루며, 기업의 환경을 분석하고 시장 기회를 파악하여 시장에 대응하는 기업의 전략적 의사결정 방법과 사례를 배울 수 있습니다. 재무관리와 회계는 주로 조직의 자금의 흐름과 기록에 관련하여 학습하는데, 재무관리는 조직의 자금 조달 및 자금 운용과 관련한 투자의사결정 및 자본조달 의사결정에 중점을 두고 있으며, 회계는 기업 내 자금의 흐름을 기록하고 회계정보를 이용한 의사결정을 지원하는 회계정보 생산 및 관리시스템으로써의 역할에 중점을 두어 학습합니다.

경영 환경의 변화에 대한 이해

기업의 경영 환경은 기업 경영에 영향을 미치는 기업 내, 외부의 모든 요소와 상황을 포함합니다. 기업에는 주주와 투자자, 고객, 공급자 및 지역 사회와 같은 다양한 이해관계자가 존재하며 기업의 내부 환경은 이들과의 상호 관계를 포함하여 기업의 비전(vision), 전략, 조직목표, 기업문화와 조직 구조 등 기업 내부에 존재하는 다양한 요소를 의미합니다. 기업의 외부 환경은 기업의 경쟁자와 시장 환경 등, 기업 내부 환경 외에 기업의 경영에 영향을 미치는 모든 외부적인 요소를 포괄한다고 할 수 있으며 기업을 둘러싼 경제적 환경, 정치·법률적 환경, 사회적 환경, 기술적 환경, 국제 경영 환경 등을 예로 들 수 있습니다. 기업의 경영 환경은 기업의 생존과 성장에 있어 기회를 만들거나 위협이 되기도 하며, 기업은 주어진 환경 내에서 끊임없는 상호작용을 통해 변화하고 발전합니다. 따라서 기업의 경영 환경에 대한 분석과 이해는 기업이 유연하게 새로운 사업 기회와 위협에 대처하고 장기적인 성장과 발전을 도모하기 위하여 매우 중요합니다.

기업은 경영 환경의 분석을 통해 기업 내부 역량을 진단하고 외부 환경 요인을 분석하여 기업 활동의 구체적인 목표와 전략을 수립하며, 미래를 전망하는 경영 환경의 변화 추세를 미리 예측하여 기업의 생존과 발전에 대처합니다. 누가, 어떻게 미래에 대한 변화를 더 빨리, 더 정확하게 읽을 수 있는가에 따라 기업의 사활이 결정됩니다. 따라서 경영 환경 변화의 핵심 요소에 대해 민감하게 파악하고, 특히 4차 산업 혁명의 대두와 함께 발전한 신기술과 첨단 기술의 비약적 발전이 가져오게 될 미래 산업의 변화와 시장의 재편을 이해하고 예측하여 불확실한 경영 환경의 변화에 대비하는 유연한 전략과 유기적 조직 구성에 대한 요구에 발빠르게 대응해야 합니다.

지속가능경영과 기업의 사회적 책임

기업의 사회적 영향력과 책임이 커지면서 지속가능경영(sustainable management)과 기업의 사회적 책임(corporate social responsibility)에 대한 요구와 관심이 매우 높습니다. 지속가능경영이란 기업이 지속적으로 경쟁력을 확보하고 지속가능한 사회 발전에 공헌하기 위해 기업의 경제적, 사회적 및 환경적 개선의 책임을 바탕으로 하는 기업 경영의 방향성을 제시하는 것을 의미합니다. 기업의 이해관계자는 주주 등 투자자를 비롯하여 기업 내·외부의 직접적인 이해관계자와, 잠재적인 투자자 및 사회 공동체를 의미하는 간접적인 이해관계자를 모두 포괄합니다. 이 중 기업의 경제적 책임은 기업의 직접적인 이해당사자인 주주와 투자자의 이익에 부합하는 기업 경영의 방향성을 의미하며, 사회적 책임은 기업 구성원의 고용과 인권, 소비자에 대한 제품과 서비스의 품질 및 사회공동체에 대한 투명 경영과 지역사회를 위한 공익적인 발전 문제 등에 대한 기여를 의미합니다. 나아가 기업의 환경적 책임은 미래 세대에 대한 지속가능한 발전 가능성을 제고하기 위한 책임으로 기업이 환경에 대한 오염 또는 환경 부하 활동을 최소화하고, 환경 친화적인 생산 활동에 종사할 책임을 포함합니다.

기업의 사회적 책임 활동은 기업이 이러한 지속가능경영을 실현하는 경쟁력의 원천이 되는 활동입니다. 기업의 사회적 책임 활동은 지속가능경영과 맥락을 같이 하며 우리나라의 경우 구체적으로 기업지배구조 공시 제도와 함께 가이드라인을 정하여[1] 기업의 혁신적인 ESG (environmental, social and governance) 활동을 평가하고, 기업이 지배구조 개선 및 사회적 책임을 실천하여 지속가능 경영을 실현할 수 있도록 제도 개선과 정책 연구를 통해 노력하고 있습니다.

기업이 이러한 사회적 책임 활동을 적극적으로 추진하는 이유는 이를 통해 투자자, 종업원, 고객, 사회공동체와 정부 등의 다양한 이해관계자로부터 신뢰를 얻을 수 있으며, 이러한 이미지 개선이 중장기적으로 기업과 사회의 이익에 연결되기 때문입니다. 사회로부터의 신뢰와 기업에 대한 긍정적인 이미지는 기업에게 매우 가치 있는 무형자산입니다. 따라서 기업은 다양한 사회공헌 활동을 통해 좋은 기업의 이미지를 구축하고, 이를 기업 성장의 원동력으로 삼아 기업의 중장기적 경제 가치를 높일 수 있습니다.

글로벌과 디지털 시대의 새로운 경영 환경

경영 환경의 변화를 이해하기 위해서는 변화의 핵심 요소와 주요 동향을 잘 파악하는 것이 중요합니다. 특히, 현재 우리가 경험하고 있는 4차 산업혁명의 물결은 데이터, 네트워크, 인공지능 등의 지능정보기술을 기반으로 다양한 분야와 산업에서 혁신적인 변화를 일으키고 있습니다. 기업은 이러한 변화를 선도하며, 가장 먼저 이를 받아들이고 변화하도록 요구됩니다.

우리나라 대통령 직속의 4차 산업혁명위원회[2]에서는 대정부 권고안을 토대로 4차 산업혁명을 변동성(volatility), 불확실성(uncertainty), 복잡성(complexity), 모호함(ambiguity)을 표방하는 불확실성의 시대로 정의하고 있으며, 미래 일자리 변화에 대한 불안감, 글로벌 산업 경쟁력에 대한 요구, 토지, 노동, 자본에서 인재, 데이터, 스마트 자본이라는 생산요소의 변화 등을 전망하고 있습니다. 또한 최근에는 인공지능(AI, artificial intelligence)을 새로운 국가 경쟁력으로 인식하고 다양한 인공지능 관련 정책 및 전략 추진

1) 금융감독원은 2017년 3월 유가증권시장 상장법인을 대상으로 자율공시 형태의 기업지배구조 공시제도를 도입하였으며, 경영투명성 강화 및 중장기 기업가치 제고를 기대하며 2019년부터 기업지배구조 공시를 단계적으로 의무화하였습니다. 기업지배구조보고서의 공시 대상은 현재 자산총액 2조원 이상의 유가증권시장 주권상장법인에서 2022년에는 자산규모 1조원 이상, 2024년에는 5,000억원 이상, 2026년에는 전체 유가증권시장 상장사로 확대될 예정이라고 밝히고 있습니다.

2) 대통령직속 4차산업혁명위원회 (https://www.4th-ir.go.kr/)

을 기획하고 있습니다. 다가오는 미래에는 이러한 새로운 기술적 환경 변화의 요소를 잘 파악하고 추세의 변화에 요소별로 발빠르게 대응하는 장단기적 전략을 수립할 수 있는 기업만이 생존할 수 있으리라 예상됩니다. 특히 가속화된 기술 변화와 더불어 예상되는 시장의 변화와 고객의 변화, 나아가 기존 산업의 재편과 새로운 산업의 등장을 누구보다 먼저 예측하고 대응하기 위한 노력이 필요합니다.

어떻게 하면 이러한 미래 변화의 핵심 동인을 먼저 이해하고 그 흐름을 빨리 읽을 수 있을까요? 4차 산업 혁명의 기반에서는 기술 변화와 더불어 인간 욕구의 다양화를 예상합니다. 역사적으로 산업혁명은 생산력의 폭발적 증대와 함께 인간 생활의 질을 향상시키고 인간의 가치 체계의 고도화를 수반하고 있습니다. 앞으로의 변화에서도 보다 다양화된 인간의 욕구를 만족하기 위하여 보다 개인화된 제품과 서비스에 대한 수요가 증대하며, 개인의 가치 추구 활동과 여가 활동을 위한 생산과 수요가 증가할 것으로 예상됩니다. 이러한 변화의 지속성과 방향을 빠르고 정확하게 해석해내기 위해서는 변화에 대한 지속적 관심과 변화의 역사에 대한 이해, 그리고 데이터에 기반한 분석적 판단력이 필요할 것이며, 이를 기르기 위한 지속적 학습과 훈련만이 미래 사회에서의 생존의 가능성을 높일 수 있습니다.

생각해보기

- 본인의 전공 분야와 관련하여 4차 산업 혁명으로 인하여 예상되는 경영 또는 기업 환경의 변화에는 어떤 것이 있을까요?
- 본인의 전공과 관련하여 경영 또는 기업의 환경 변화에 적응하기 위해서는 어떠한 개인 역량 또는 전공 역량 개발이 필요할까요?

02
인적자원의 관리와 경영의사결정

기업의 경쟁력은 경영자원의 관리와 경영의사결정에서 비롯됩니다. 기업의 자원에 대한 관리는 크게 인적자원관리와 물적자원관리로 나눌 수 있습니다. 능력있는 경영자의 역할은 동일한 인적자원과 물적자원을 어떻게 관리하여 조직 운영에 더 나은 효율성과 효과성을 만들어 내는가에 달려 있습니다. 인적자원관리란 조직에 필요한 인재를 확보하고 이들의 능력을 개발하며 인적자원을 지속적으로 유지하기 위한 여러 활동을 진행하는 것을 의미합니다. 물적자원관리란 제품의 생산관리와 운영관리, 품질관리와 재고관리, 물류관리 등 조직의 목표를 달성하기 위해 마련한 물적자원에 대한 효율적인 관리 활동을 의미합니다.

이러한 경영 자원을 관리하는 경영의사결정에는 경영자의 리더십과 경영 전략이 큰 영향을 미칩니다. 경영 환경의 변화에 따라 조직의 구조 및 운영방식과 경영자의 리더십에도 많은 변화가 있으며 기술의 발전은 보다 효율적이고 효과적인 물적자원관리의 방식을 개발하고 있습니다. 이러한 변화의 추세를 알고 새로운 시대의 경영 환경에 대한 이해를 통해 경영자로서의 안목과 능력을 개발할 수 있습니다.

경영 조직의 설계

기업은 효율적으로 목표를 달성하기 위하여 조직 구조를 마련합니다. 그러나 모든 조직의 경영 목적에 맞는 최선의 경영 조직은 존재하지 않습니다. 기업의 목적, 업무, 구성원의 특성과 업무 방식의 선택에 따라 다양한 형태의 조직 구성이 가능하고, 전통적인 조직 형태와 현대적인 조직 형태에 대한 다양한 연구가 존재하지만, 시대나 환경의 변화에 따라서 조직의 구조는 변화하게 됩니다.

조직 형태를 구성하는 조직 설계는 업무의 분할, 통합 및 배분의 과정을 통해 이루어지게 됩니다. 업무의 분할 단계에서는 목표 달성을 위한 업무나 과업을 구체적인 업무 목록으로 분업화합니다. 업무의 수평적인 분업은 생산 공정 등을 여러 단위로 구성하는 기능적인 분업화를 의미하며, 수직적인 분업은 동일 업무에 대해 계획과 실행 단계를 분리하는 단계적인 분업화를 의미합니다.

분업화된 업무는 기업의 경영 전략과 방침에 따라 업무를 서로 연결하는 통합화의 과정을 통해 다시 조직화되며, 이 과정에서 부서와 직위, 권한 관계 등을 통해 공식적인 업무의 연결 관계와 권한 체계를 정의하고 업무의 효율적 진행방식과 공식적 의사결정 체계 등을 구성합니다.

업무의 분권화 단계에서는 분업화한 업무를 통합하여 구성한 조직의 각 직위에 적절한 인력을 배치합니다. 각 직위에 배치된 인적자원에게는 각 직위 또는 지위에 적합한 책임과 권한이 부여됩니다. 이러한 과정을 통해 조직의 목표를 가장 효율적으로 달성할 수 있는 업무의 분화와 적절한 인력 배치가 완성되며 공식적인 조직의 구조가 마련됩니다.

업무의 분권화 방식에는 기능적 분권화, 제품에 기반을 둔 분권화, 프로세스 분권화, 고객 중심의 분권화, 지리적 분권화 및 둘 이상의 분권화 방식을 통합한 분권화 방식 등이 있습니다. 기능적 분권화는 조직을 기능 또는 활동에 따라 조직하는 전통적인 조직 구성의 방법으로 생산 및 운영 관리부서, 마케팅 및 영업부서, 인사관리 부서, 재무관리 및 회계 부서, 연구개발 부서 등으로 조직 구조를 구성하는 것을 의미합니다. 제품에 기반을 둔 분권화는 기업의 주요 제품을 중심으로 기업 내 사업부 및 의사결정 체계를 조직하는 것을 의미합니다. 기업이 생산하는 주요 제품의 종류에 따라 A제품 사업부, B제품 사업부, C제품 사업부 등과 같이 사업부 체계를 마련하고 각각의 의사결정 체계를 독립적으로 구성합니다. 프로세스 분권화는 제품의 구매, 생산, 검수, 포장, 유통 등의 기업 경영의 프로세스를 단계별로 나누어 업무 분장과 권한 체계를 마련하는 것을 의미합니다. 고객 중심의 분권화는 기업이 주요 목표(target)로 하는 고객의 집단을 나누는 것으로 예를 들어 산업 제품 사업부, 가정용 제품 사업부, 특수 사업부 등으로 사업 부문을 나누어 고객의 종류에 따라 사업부를 관리하고 권한 및 책임을 부여하여 성과를 관리할 수 있습니다. 그리고 지리적 분권화는 국내와 국외 사업부를 나누거나 지역적으로 국내 대도시 또는 국외의 대륙별 사업부 등을 구분하여 조직화하고 이를 바탕으로 한 의사결정체계를 형성합니다.

업무의 분권화 방식에 따라 기업은 전통적이고 기능적인 분권화를 기반으로 한 통합적인 조직 형태 또는 사업부 단위별로 독립적인 권한과 성과 평가 체계를 구성하는 자율적인 조직 운영 방식을 선택할 수 있습니다. 많은 다국적 기업에서, 또는 기업의 규모가 성장할수록 기능적 또는 한가지 방식의 분권화가 아닌 두 가지 이상의 분권화 방식을 조합한 방식으로 조직을 구성하고 있으며, 특히 기업의 기능별 조직과 프로젝트 조직을 결합한 매트릭스 조직은 각 프로젝트 팀에 자율성이 보장되나 전사적인 정보 공유가 가능하여 빠른 의사결정과 전사적인 자원 공유가 가능한 장점이 있습니다.

- 조직도(organizational chart)

조직도는 경영 활동에 필요한 업무에 따라 부서와 직위 및 권한 관계 등을 배치하여 한 눈에 볼 수 있도록 표시한 도표로써 조직의 수직적 또는 수평적 분화의 구조를 잘 나타내고 업무를 담당하는 기구와 기능 및 지휘 계통도를 한 눈에 볼 수 있도록 표시되어 있습니다.

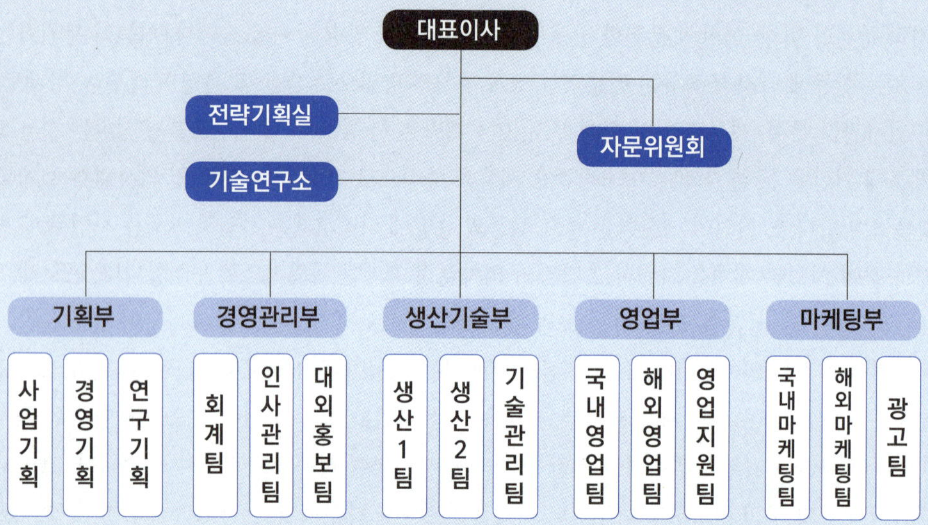

인적자원의 개발과 관리

능력있는 인재의 선발과 관리는 기업 성장에 있어 필수적인 요건입니다. 기업이 능력있는 인재를 선발하고 교육, 훈련하며, 적절한 보상과 관리를 통해 조직의 기능을 효과적으로 수행하고 경쟁력을 확보하는 것이 인적자원에 대한 관리 활동에 해당합니다. 인적자원 관리의 출발은 조직의 목표 달성에 적합한 자질과 능력을 갖춘 인재를 모집하고 선발하며 배치하는 과정에서부터 시작합니다. 조직에 필요한 인재를 선발하기 위해서는 우선 조직의 직무를 분석하고 각 직무의 수행에 필요한 지식, 기술, 능력, 숙련도 등을 명확히 하여 조직이 필요로 하는 인적자원의 필요 요소를 확인해야 합니다. 업무에 필요한 인적자원의 요소가 확인되면 선발의 과정을 통해 지원자의 특성과 직무 능력을 고려하여 조직의 구성원을 선발하며 이들을 적절한 직무에 배치한 후 관리하게 됩니다.

선발 과정을 통해 확보한 인적자원에 대해서는 교육과 훈련 과정을 통해 업무 능력 향상 및 자기 개발을 지원하고 이들의 조직과 업무 만족도를 향상시켜 인적자원 개발 및 유지 활동을 도모합니다. 즉, 직무 평가를 통해 이들의 업무 수행 과정과 결과를 평가하여 적절한 직무의 재배치 및 재설계, 승진 관리, 처우 개선, 다양한 성과에 대한 보상 시스템 등을 마련하여 능력있는 인적자원을 유지, 관리하며, 직원들의 업무 능력과 경력 관리 등에 관한 종합적인 데이터베이스를 구축하고 정보를 이용한 전략적인 인적자원관리 시스템을 마련하여 인적자원을 관리합니다.

조직 내 인적자원의 창의와 혁신을 위한 조직 및 업무 환경의 개발 및 유지도 중요한 문제입니다. 특히 4차 산업 혁명 기술의 발전과 함께 조직의 형태가 다양화되면서, 조직의 규모는 작아지고, 조직의 운영 방식은 점점 더 유연해지면서, 개개인의 개성을 중시하는 기업 문화가 형성됨에 따라 조직의 인적자원관리도 많은 새로운 이슈들에 직면하고 있다고 할 수 있습니다. 기술의 발전에 따른 물적자원 또는 생산관리의 진화에 비해 인적자원관리의 관리 방식은 하루아침에 변화되기 힘들다는 어려움이 있는 점은 사실입니다. 그러나 1인 기업의 등장, 자유로운 기업 문화를 바탕으로 하는 소규모 벤처 기업의 폭발적 증가, 플랫폼에 기반한 긱 이코노미(gig economy) 등의 등장이 기업의 인적자원관리 방식과 조직 문화에 변화와 혁신을 가져올 것으로 기대되며, 이에 대응하는 조직의 구조화와 인적자원 개발 및 관리에 대해서도 새로운 패러다임이 등장할 것으로 기대됩니다.

• 긱 이코노미(gig economy)의 등장

온디맨드(on-demand) 경제의 활성화와 함께 기업이 필요에 따라 단기 계약직이나 임시직으로 인력을 고용하는 긱 이코노미(gig economy)가 새로운 노동 형태로 부상하고 있습니다. '긱(gig)'은 1920년대 미국 재즈클럽에서 단기 계약으로 섭외한 연주자를 일컫는 말에서 유래하였으며, '일시적인 일'이라는 뜻을 가지고 있습니다. 온디맨드 경제와 함께 활성화된 긱 이코노미형 노동은 온라인 플랫폼 업체와 단기 계약 형태로 서비스를 제공하는 각종 프리랜서와 1인 자영업자 등을 의미합니다. 이들은 플랫폼 업체와는 상황에 따라 발생하는 단기적인 수요에 따라 독립적인 계약을 맺고 노동을 제공하게 되며, 시간당 계약이 아닌 건당 계약의 형태로 보상이 이루어지는 특성이 있습니다. 현재 미국, 유럽 뿐 아니라 우리나라에서도 긱 이코노미에 종사하는 노동자들의 수는 빠르게 증가하고 있으며, 차량, 숙박 등에서 시작하여 배달, 청소 등 여러 단순 노동 서비스뿐만 아니라 변호사, 컨설팅 등 전문 인력이 참여하는 서비스 시장으로 그 영역이 확대되고 있습니다.

긱 이코노미는 노동자의 입장에서는 원하는 시간에 원하는 만큼 일할 수 있는 근로시간의 유연성을 제공하고, 비자발적 실업자들이 노동시장에 재진입할 수 있는 기회를 확대할 것으로 예상되며, 기존의 노동자들도 실제 노동시간을 늘려 소득을 증대하는 효과를 창출하고 있다는 장점이 부각됩니다. 그러나 긱 이코노미의 확대는 주로 비정규직 또는 임시직의 증가로 연결되어 고용의 질을 떨어뜨리고, 임금 상승 둔화의 원인이 되며, 노동법에 의한 노동 조건을 보장받지 못하기 때문에 결국 고용자의 지위를 하락시킨다는 우려도 간과할 수 없습니다.

앞으로 4차 산업 혁명을 기반으로 하는 IT와 디지털 플랫폼 기술의 발전과 함께 산업 및 노동 인력의 재편이 예상되며, 워라밸과 유연한 근무 환경 등을 선호하는 노동 시장의 변화 요구에 따라 유연한 노동 인력의 수요와 공급을 표방하는 긱 이코노미는 그 영역이 더욱 확대될 것으로 예상됩니다. 그러나 긱 이코노미 내에서 등장하는 노동자간의 경쟁과 고용의 질에 대한 우려, 그리고 정규직 위주의 노동자 보호 시스템의 개편 문제 등은 반드시 풀어나가야 할 과제이기도 합니다.

경영자의 역할과 경영의사결정의 중요성

기업의 경영자는 기업의 목표를 수행함에 있어 전략적 의사결정자로서의 역할을 합니다. 특히 소유와 경영이 분리된 주식회사와 같은 기업 조직의 형태에서는 주식을 소유하지 않은 전문 경영자가 경영을 지배하고 주주의 이익을 위해 모든 의사결정을 하도록 위임합니다. 이와 같은 관계에서 주주와 경영자간의 이해관계 충돌로 인한 대리인 문제(agency problem)[3)]가 발생하기도 하지만, 결국 기업 경영의 사활은 주주의 이익을 위해 기업이 이용 가능한 자원을 가장 합리적이며 효과적으로 배분하고 이를 통해 최선의 경영 성과를 만들어내고자 하는 경영자의 의사결정에 의존합니다. 경영자는 기업 또는 조직의 목표를 가장 효율적으로 달성하기 위한 조직 구조에 대한 의사결정부터 인적자원과 물적자원의 개발 및 배치에 관한 모든 의사결정에 관여하고, 신시장과 신제품 개발 뿐 아니라, 기업 외부 환경에 대응하여 기업을 대표하고 불확실하고 변화하는 경영 환경의 변화에 대해 신속하게 대응하는 모든 전략적 경영의사 결정을 담당하며 이에 대한 책임을 지는 역할을 합니다.

경영자는 경영관리의 범위, 의사결정권한과 책임의 범위에 따라 계층이 나누어지기도 합니다. 최고경영자의 직책은 기업 조직 내에서 기업 목표의 달성을 위해 핵심적 역할을 수행하도록 최고의사결정의 권한과 책임을 부여받은 직책이라고 할 수 있습니다. 기업의 구조와 업무가 복잡해지면서 최고경영자도 그 업무가 세분화되어 경영층이 세분화되고 있으며, 업무에 따라 기업 경영을 총괄하는 최고경영자(CEO, chief executive officer)와 분야별 최고경영층으로 최고재무책임경영자(CFO, chief financial officer), 최고운영책임경영자(COO, chief operating officer), 최고정보책임경영자(CIO, chief information officer), 최고마케팅책임경영자(CMO, chief marketing officer) 및 최고기술책임경영자(CTO, chief technology officer)와 같은 직위들이 등장하기도 하였습니다.

경영자의 의사결정 범위에 따라 경영층을 최고경영층과 중간관리자층 및 현장관리자층으로 나눌 수

---

3) 주주-경영자간의 대리인문제(agency problem)는 주식을 통해 기업을 소유하는 주주와 기업의 경영활동에 관한 모든 의사결정의 권한과 책임을 가지는 경영자 사이에서 발생하는 이해관계의 충돌을 의미합니다. 경영자는 주주의 대리인으로써 기업의 모든 활동에 있어 주주의 이익을 최우선으로 해야 하는 책임과 의무를 가지고 있지만, 주주와 경영자의 이해관계가 충돌할 때 경영자가 주주의 이익보다 자신의 이익을 우선하는 문제가 발생할 수 있는 데 이것이 대리인 문제(agency problem)에 해당합니다. 경영자의 실질적 경영의사결정 내용이나 투명한 경영 정보의 공개 등에 있어 경영자는 본인에게 불리한 경영 정보를 비공개하거나 주주의 이익보다는 본인의 이익을 우선시한 의사결정을 할 가능성이 있으나, 주주가 경영자의 모든 경영의사결정 및 활동을 감시할 수 없기 때문에 결국 주주의 이익이 침해당하는 현상을 의미합니다.

도 있습니다. 최고경영자 또는 최고경영층(top management)은 기업의 전반적 경영활동을 지휘하면서 보다 미래지향적이며 통합적 문제를 해결하는 전략적 의사결정자의 역할을 하며, 기업의 기본적 정책 방향을 결정하고 조직의 생존과 성장에 관련된 비구조적인 의사결정을 하는 것이 특징입니다. 이와 비교하여 중간관리자층(middle management)은 최고경영층(top management)과 현장관리자층(first-line management)을 연결하는 역할을 합니다. 중간관리자층은 최고경영층의 정책에 따라 현장관리자층의 업무를 지휘하고 감독하는 역할을 수행하며, 기업 내 구조화 또는 공식화된 핵심 활동의 수행을 주로 관리하고 감독하는 역할을 하는 관리적 의사결정자로서의 역할을 수행합니다. 현장관리자층은 업무 현장의 일선에서 종업원들의 실무를 직접 관리하고 감독하는 역할을 담당합니다. 이들은 주로 현장의 팀 또는 부서 내 업무에 대한 구체적 지시와 의사결정에 대해 권한이 있으며 생산 또는 업무 현장의 생산성과 품질 관리에 직접적인 영향력을 끼치는 의사결정자입니다.

경영자의 경영의사결정이란 경영 활동에 직면하는 끊임없는 문제에 대해 다양한 의사결정의 대안 중 조직의 목표 달성을 위한 최적의 선택을 계속해 나가는 과정입니다. 경영자는 기업 내부에서 조직 구성원들에게 비전을 제시하고 동기를 부여하며 업무 활동을 지휘하고, 기업 외부에 대해서는 경영 환경의 변화와 시장을 분석하여 기업 활동에 대해 전략적 의사결정으로 하고, 대외 관계를 관리하며, 창의적이고 새로운 과제에 도전하는 의사결정을 합니다. 경영 관리의 정의가 기업의 인적자원과 물적자원에 대한 효율적 관리라고 할 때, 경영자가 각 의사결정의 상황에서 어떠한 결정을 하느냐는 해당 조직 또는 기업의 미래를 결정합니다. 우리가 세계적으로 성공한 기업에 대해 이야기할 때 해당 기업의 경영자를 떠올리는 것은 이러한 경영자의 역할 및 경영의사결정의 사례에 대해 이야기하는 것입니다. 동일한 자원에 대해 어떻게 관리하고 매순간 직면하는 경영의사결정의 문제에 대해 경영자가 어떠한 방향으로 어떻게 의사결정 하는지에 따라 기업 또는 조직의 성과가 결정되며, 이는 조직의 미래와 기업이 사회적으로 미치는 영향까지 연결됩니다. 따라서 업무에 대한 기술과 전문성 뿐 아니라 인간관계의 기술과 조직과 구성원의 상황과 특성에 맞는 리더십을 갖춘 경영자의 존재는 성공적인 경영 관리의 핵심 요소가 될 수 있습니다.

• 하향의사결정방식(top-down decision-making process)과 상향의사결정방식(bottom-up decision-making process)

의사결정방식은 경영자와 종업원 중 목표 설정에 대한 의사결정의 주체와 방향성에 따라 하향의사결정방식 또는 집권화 방식(top-down decision-making process or centralization), 상향의사결정방식 또는 분권화 방식(decentralization or bottom-up decision-making process)으로 나눌 수 있습니다. 하향의사결정방식(top-down decision-making process)은 경영자가 의사결정으로 주도하고 중간관리자와 종업원에게 의사결정 내용을 전달하는 방식으로 조직 전체의 목표를 일원화하여 전사적 목표 관리에 유리하고 조직 내 모든 자원과 정보에 대한 접근이 가능한 경영자의 통찰력 있는 의사결정이 더욱 효율적이며, 의사결정의 속도가 빠르다는 점을 강조하는 의사결정 방식입니다. 반면 하위 조직 구성원들의 구체적인 업무와 역량 파악 등이 미흡할 수 있으며, 따라서 이들의 자발적 참여 동기 부여에 불리할 수 있다는 단점이 있습니다.

하향의사결정방식(bottom-up decision-making process)에 의한 의사결정은 일선의 업무를 실제 담당하고 있는 하위 팀에서부터 업무에 대한 팀별 또는 부서별 목표와 관리 계획을 설정하고 이를 중간관리자를 통해 경영자에게 전달하여 승인받는 방식입니다. 실무에 종사하는 종업원들이 직접 목표 설정에 참여하였다는 점에서 실질적인 실무 자원과 역량을 목표에 반영하고 종업원들의 참여를 유도하는 동기부여에 효과적이라는 장점이 있는 방식입니다. 그러나 부서별 또는 팀별 의사결정의 방향성이 일치하지 않는 경우 상위 관리자의 승인 과정에서 이를 통합하고 조정하는 데 어려움이 있을 수 있어 의사결정에 시간이 오래 걸리며, 개별 부문의 의사결정과 전사적으로 효율적인 의사결정의 방향성에 차이가 있을 수 있다는 단점이 있습니다. 또한 의사결정의 과정에서 실무에 종사하는 종업원들이 역량에 비해 낮은 목표치를 설정하는 도덕적 해이(moral hazard)가 발생할 가능성도 있습니다.

조직의 목표와 업무의 특성, 그리고 경영자의 리더십에 따라 기업마다 의사결정의 방식은 다를 수 있습니다. 여러분이 경영자라면 혹은 종업원이라면 어떤 의사결정 방식을 선호하나요?

리더십의 변화와 발전

우리는 흔히 보스(boss)와 리더(leader)를 구분합니다. 보스(boss)가 조직의 목표를 수행하기 위해 직위에 따른 권한을 가지고 구성원들을 지휘하는 역할을 하는 '직책'을 의미한다면, 리더(leader)는 조직의 목표 수행 과정에 있어 구성원에게 영향력을 미치는 '사람'입니다. 따라서 보스(boss)는 리더십을 갖춘 보스(boss)와 그렇지 않은 보스(boss)로 구분할 수 있으며, 조직 구성원들의 잠재적 능력을 극대화하고 동기를 부여하여 조직의 성과를 극대화할 수 있는 보스(boss)는 결국 리더십을 갖춘 보스(boss)이자 리더(leader)입니다. 경영자는 경영관리 또는 경영 활동에 있어 최종적인 의사결정을 하는 역할이자 직책입니다. 경영 능력은 경영 자원을 효율적으로 배치하고 운용하는 능력입니다. 그 속에서 조직을 구성하는 구성원들을 이끌어가는 능력 또는 영향력으로써의 리더십은 경영 능력과 동일한 의미는 아닙니다. 경영자와 리더의 의미가 동일하게 이해되며 경영자의 경영 능력과 리더십이 같은 것으로 오해하는 경우도 있으나 사실 리더십과 경영 능력을 동시에 갖춘 경영자가 성공적인 경영 성과를 만들어낼 수 있습니다.

리더십이란 조직의 목표 달성을 위해 개인 또는 집단의 행동에 영향력을 행사하는 과정을 의미하며, 경영관리에 있어서 리더십은 경영 성과와 연관하여 경영학의 태동 시기부터 오랜 기간 동안 매우 중요한 요소로 연구되어 왔습니다. 1950년대 이전의 전통적인 리더십의 연구에서는 리더가 갖추어야 할 자질과 특성을 정의하고 리더십의 역량은 리더가 타고난 개인적 자질과 특성에 의해 결정된다고 주장하였으며, 성공적이라고 평가받은 리더들의 보편적 특성을 추출하여 리더십의 역량에 대해 설명하였습니다. 이후 1950년대~1970년대에는 주로 리더의 행동적 특성을 분석하는 행태 이론에 따라 리더의 행위와 성과의 상관관계를 연관하여 효과적인 리더를 구분하였습니다. 1970년대 이후 제시된 상황이론에서는 리더십의 효과가 과업의 유형, 구성원의 특성, 상호작용 등과 관련한 상황에 따라 달라질 수 있으며 어떤 상황에서나 적용될 수 있는 최고의 리더십은 단정할 수 없으나 상황에 따라 유효성 있는 리더십에 대한 교육과 훈련을 통해 리더십 효과를 제고할 수 있다고 주장하였습니다.

이와 비교하여 1970년대 이후의 현대 리더십 연구에서는 리더가 봉사와 섬김의 정신으로 구성원과 목표를 공유하고 성장을 도모하며 신뢰관계를 통해 조직성과를 향상하는 서번트 리더십, 감성적 이해를 바탕으로 공감을 통해 구성원이 조직에 몰입하게 하는 감성리더십, 자기 개발을 위한 적극적인 동기와 실천 등을 의미하는 셀프리더십에 관한 이론 등이 개발되었습니다. 이러한 리더십은 리더가 과업을 표준화하고 노력에 대한 보상 요건을 명확히 하여 구성원들이 목표 달성을 할 수 있도록 동기를 부여하는 이전 시대의 거래적 리더십과 비교하여 조직 구성원들에게 비전과 미션을 부여하고 격려와 코칭 등을 통해 자발적 성취동기를 부여하는 변혁적 리더십으로 구분되고 있습니다.

이러한 리더십의 개념은 결국 조직의 목표로서 과정보다는 성과를 중시하는 개념에서 조직구성원의 만족도 또는 동기부여를 통해 조직의 목표를 달성하는 리더의 영향력으로 발전하고 있습니다. 여러 연구의 결과를 종합하면, 경영 환경에서 활용되는 리더십의 유형으로는 지시형 리더십, 비전형 리더십, 민주형 리더십, 코칭형 리더십들이 있으며 훌륭한 리더 또는 경영자는 결국 상황에 따라 조직 구성원들에게 동기를 부여하기에 알맞은 다양한 리더십의 스타일을 적정하게 구사할 수 있는 능력을 갖추고 있으며 이것이 조직의 성과로 연결된다고 평가하고 있습니다.

경영 전략의 의미와 개발

경영자의 의사결정의 결과는 기업의 성패를 좌우합니다. 이러한 경영자의 의사결정의 방향성과 구체적인 실행 계획은 기업의 경영 전략으로 표현됩니다. 경영 전략이란 기업경쟁력의 강화를 위한 핵심 과제입니다. 조직의 목표를 실현하기 위해 기업의 핵심 역량을 강화하고 새로운 경영 기술을 적용하며, 신시장을 개발하고 개척하기 위한 방향성과 일련의 계획을 포함합니다. 경영 전략은 기업이 비전과 미션(vision & mission)을 실현하기 위해 불확실한 경영 환경에 대응하고 효율적으로 사업을 운영하며, 기업의 존속과 유지를 위해 자원을 효율적이며 효과적으로 운영하여 기업의 경쟁력을 제고하기 위한 계획입니다. 기업의 경영 전략 추진 단계는 명확한 비전(vision)의 설정, 기업 내·외부의 환경 분석, 선택 가능한 전략적 대안의 수립, 전략의 선택과 실행, 전략 실행 과정의 통제와 결과의 평가 및 피드백의 과정으로 이루어지며 각각의 내용은 아래와 같습니다.

① 명확한 비전(vision)의 설정

경영 전략을 수립하고 추진하기 위해서는 경영 전략의 방향성과 선택의 기준이 되는 명확한 비전(vision)의 설정이 중요합니다. 기업은 목표를 달성하기 위하여 경영 전략을 수립하고 실행합니다. 따라서 목표가 명확할 때 전략의 방향성이 결정되고 기업의 환경 분석을 통해 여러 가지 선택 가능한 전략이 개발된 후 기업의 비전(vision)을 실현할 수 있는 전략을 선택할 수 있습니다.

② 기업 내·외부 환경 분석

경영 전략을 수립하기 위한 두 번째 단계는 기업이 처한 상황을 전략적으로 분석하는 것입니다. 기업의 내부 환경 요인은 기업의 조직 구조, 구성원, 경쟁 우위 등을 바탕으로 하는 기업 내부의 강점과 약점에 관련된 환경 분석을 의미합니다. 기업의 외부 환경 요인은 경쟁자 등과 같은 국내 및 해외 시장 환경, 원재료 가격 동향, 관련 산업의 동향, 기타 경제적 사건 및 정치·법률적 규제 등을 의미합니다.

③ 선택 가능한 전략적 대안의 수립

기업의 내·외부 환경 분석을 통해 기업의 내부 강점과 약점을 파악하고 외부 환경의 변화 등을 인식한 후 이를 이용한 전략적 대응 방안을 수립할 수 있습니다. 기업 내부의 강점과 외부의 기회요인 등을 조합하고 약점과 위기를 극복할 수 있는 실행가능한 전략적 대안을 수립하여 이들을 비교하고 평가할 수 있도록 합니다.

④ 전략의 선택과 실행

경영 전략의 수준은 전략의 포괄적 범위에 따라 단계별로 기업 전략(corporate strategy), 사업 전략(business or competitive strategy) 및 기능적 전략(functional strategy)으로 나눌 수 있습니다. 기업 전략은 기업의 성장과 경영 전반 및 제품 개발 방향성 등을 전반적으로 이끌어갈 수 있는 기업의 총괄 전략을 의미합니다. 사업 전략은 사업부 단위 또는 제품 단위의 경쟁적 위치 향상을 목적으로 하는 전략의 수준입니다. 기능적 전략은 각 부문의 관리자가 특정 분야에서 생산성 향상을 통해 기업의 목표를 달성할 수 있는 최적의 방법을 구상하는 수준의 전략입니다. 각 전략의 수준별로 선택가능한 전략적 대안을 마련하고 기업의 비전에 비추어 최적의 대안을 선택하여 실행합니다. 경영 전략을 효율적으로 실행하기 위해서는 전략 실행의 주체와 책임을 명확히 하고, 구체적인 전략 실행 방법을 결정하며, 이를 지원하는 표준화된 절차나 제도가 마련되어야 합니다.

⑤ 전략 실행 과정의 통제와 결과의 평가 및 피드백

경영 전략 실행에 대한 평가와 통제는 경영 전략 실행의 사전단계, 실행단계 및 결과의 평가 과정에서 이루어집니다. 경영 전략 실행의 사전 단계에서는 투입과 산출에 대한 계획을 검토하며, 실행 단계에서는 전략이 진행되는 과정에 대한 활동 통제와 평가 과정을 통제합니다. 경영 전략의 실행 결과에 대한 사후 평가는 전략의 목표와 결과를 비교하여 이루어지며, 평가 결과에 대한 적절한 피드백을 통해 현재 전략의 문제점을 파악하고 미래 전략 수립시 이를 개선할 수 있습니다.

경영 환경의 분석과 전략 수립 기법: SWOT 분석

SWOT(strength, weakness, opportunity and threat) 분석은 경영 환경을 분석하고 전략을 수립하기 위하여 보편적으로 사용하는 기법입니다. SWOT 분석에서는 기업의 내부 환경 요인과 관련하여 기업의 내부 강점과 약점 요인을 분석하고, 기업의 외부 환경 요인으로써 기회 요인과 위협 요인을 분석합니다. 기업의 강점 요인과 약점 요인은 기업 경영 과정에서 내부적으로 통제가능한 요소에 해당합니다. 경영 환경의 기회 요인과 위협 요인은 시장 환경과 법·규제 환경, 경쟁자, 경제적 사건, 소비자의 동향 등 기업의 경영에 영향을 미칠 수 있는 기업 외부의 모든 환경적 요인들을 의미하며, 기업 경영을 통해 통제할 수 없는 요인에 해당합니다.

SWOT 분석을 통한 전략 수립의 방법은 SWOT 매트릭스(matrix)를 이용하여 기업의 내·외부 환경 요인을 조합하여 기업의 상황에 최적화된 전략적 선택의 대안을 발견하고 선택하는 것입니다. SWOT 분석의 요인을 조합하여 전략을 수립하는 방법은 다음과 같습니다.

① 강점 요인 (strength) X 기회 요인 (opportunity)

기업 외부 환경의 기회 요인을 활용하여 기업 내부 강점 요인의 효과를 극대화하는 전략적 대안을 수립합니다.

② 약점 요인 (weakness) X 기회 요인 (opportunity)

기업 외부의 기회 요인을 활용하여 기업 내부의 약점 요인을 제거하거나 극복할 수 있는 전략적 대안을 수립합니다.

③ 강점 요인 (strength) X 위협 요인 (threat)

기업 내부의 강점 요인을 활용하여 기업 외부의 위협 요인을 제거하거나 극소화 시킬 수 있는 전략적 대안을 수립합니다.

④ 약점 요인(weakness) X 위협 요인(threat)

기업 내부의 약점 요인과 기업 외부의 위협 요인이 만나게 되면 기업은 위기에 직면할 수 있습니다. 따라서 단기적으로는 기업 내부의 약점 요인과 기업 외부의 위협 요인이 교차하지 않도록 최대한 회피하는 방향으로 전략적 대안을 수립하며, 장기적으로는 회피할 수 없는 외부 환경에 대응하기 위해 약점을 보완하기 위한 전략적 방안을 강구합니다.

SWOT 전략의 수립 방법

외부요인 / 내부요인	강점 요인(strength)	약점 요인(weakness)
기회 요인 (opportunity)	① 강점 요인 X 기회 요인 (strength) (opportunity)	② 약점 요인 X 기회 요인 (weakness) (opportunity)
위협 요인 (threat)	③ 강점 요인 X 위협 요인 (strength) (threat)	④ 약점 요인 X 위협 요인 (weakness) (threat)

• 경쟁력 제고를 위한 우선 순위와 경영 전략

기업이 경쟁력 제고를 위한 우선 순위를 정하는 전략에는 원가에 대한 경쟁 우위 전략, 품질 우위 전략, 유연성에 의한 경쟁 우위 전략, 시간에 의한 경쟁 우위 전략 등이 있습니다. 기업 경영의 목적과 이용 가능한 자원을 고려하여 경쟁력 제고를 위한 우선 순위를 결정하고, 이를 실현하는 전략을 계획하여 실행합니다.

① 원가 우위 전략

원가 우위 전략은 제품이나 서비스의 차별성이 높지 않고 가격에 대한 소비자의 민감도가 높은 제품이나 서비스에 대해 낭비 요소를 제거하거나, 규모의 경제를 이용하여 원가를 절감하는 방법으로 비용을 줄여 가격을 낮추고 경쟁 우위를 달성하는 방법입니다.

② 품질 우위 전략

품질 우위 전략은 차별화되고 가격에 대해 탄력성이 떨어지는 제품에 대해 품질의 차별화뿐만 아니라 서비스의 차별화 등을 통해 소비자의 관점에서 고객의 니즈(needs)를 만족시키고자 하는 경쟁 우위 전략입니다.

③ 유연성 우위 전략

유연성에 의한 경쟁 우위 전략은 소비자에게 다양한 제품과 서비스를 제공하는 전략입니다. 소비자의 개성이 점차 뚜렷해지고 개별화된 제품에 대한 수요가 높아지는 시장 환경에서 급격한 수요 변화와 소비자의 구매 패턴 변화 등에 빠르게 대응할 수 있는 생산 시스템을 갖춤으로서 유연성에 의한 경쟁력 제고가 가능합니다.

④ 시간 우위 전략

시간에 의한 경쟁 우위는 제품 또는 서비스를 보다 빠르게 제공하는 경쟁력입니다. 특히 서비스 비즈니스의 경우 고객이 원하는 시간 또는 보다 빠른 시간에 원하는 제품 또는 서비스를 제공할 수 있는 역량을 갖춤으로서 시간에 의한 경쟁 우위를 확보할 수 있습니다.

기업은 가지고 있는 자원과 자원의 활용 능력 및 수익성 등을 다차원적으로 검토하여 전략적으로 적합한 경쟁 우위 전략을 선택할 수 있습니다. 서비스의 편의성과 가격 중 가격 우위를 선택한 저비용 서비스 또는 저가 항공사 등은 원가 우위 전략을 선택한 예라고 할 수 있으며, 빠른 제품 배송 또는 온-오프라인 주문에 의한 실시간 제품 및 서비스 제공 등은 시간의 차별화에 의한 경쟁 우위 전략을 선택한 사례라고 생각할 수 있습니다.

빅데이터 리더십과 알고리즘 리더 개념의 등장

시대 변화에 따라 리더십의 개념이 변화하고, 조직과 상황의 변화에 따라 적합한 리더십의 유형이 달라지듯이 4차 산업혁명시대를 맞이하여 변화하는 경영 환경에 대해서도 새로운 리더십에 대한 요구와 변화가 일어나고 있습니다. 4차 산업혁명은 인공지능, 빅데이터, 초연결 기술 등을 바탕으로 하여 빠르게 전개되고 있으며 이에 따른 산업 구조의 재편, 경영 환경 및 노동 환경의 변화가 예상되고, 조직의 구성 및 운영에 필요한 역량과 기술에도 많은 변화가 예측되고 있습니다. 그 중에서도 조직의 경계가 허물어지고 비즈니스의 영역이 융합되거나 확장되며, 조직을 구성하는 조직 구성원들의 특성도 변화할 것으로 예상되면서 경영자의 리더십에 대한 변화 또한 예측되고 있습니다.

4차 산업혁명과 더불어 요구되는 리더십 역량에는 이전보다 더 불확실한 미래에 대한 예측 능력과 더욱 복잡하게 얽혀있는 이슈에 대한 해결 능력, 원격 근무 환경을 극복하고 워라밸에 대한 니즈(needs)가 높고 개성이 뚜렷한 조직 구성원들과의 소통이 가능한 의사소통능력, 그리고 새로운 시대의 변화와 도전을 이끌어가는 창의적이고 가치지향적인 사고방식 등이 요구됩니다. 이러한 리더십의 역량 중에서도 불확실한 미래와 시장 변화에 대해 보다 정확하게 예측하고 경영의사결정에 대한 실패 확률을 낮추기 위한 방법으로 빅데이터 리더십 또는 알고리즘 리더의 개념이 등장하였습니다.

인터넷과 다양한 소셜 네트워크(social network)의 활용이 일상화되면서 우리는 데이터에 둘러쌓인 환경에서 살고 있으며 이를 축적한 빅데이터와 알고리즘의 개념은 이미 우리의 일상에 깊이 관여하고 있습니다. 뉴스 또는 상품의 검색과 선택의 과정에서 또는 소셜 미디어(social media)의 활용 과정에서 우리가 생산하는 다양한 개인 정보는 빅데이터의 형태로 축적되어 정보화되고 있고, 기업은 상품 개발과 마케팅 활동에 이를 매우 적극적으로 활용하고 있습니다. 빅데이터의 특성은 다양한 소스에서 발생하는 여러 형태의 정보를 모두 포함한다는 것이며 기업이 조사를 통해 수집하는 것이 아니라 사용자가 정보 통신 기술의 활용 과정에서 자발적으로 생성하고 있다는 것입니다. 기존의 경영의사결정에서 데이터의 역할은 경영의사결정을 보조하는 자료로써의 역할을 의미했다면 빅데이터 리더십은 경영자 개인의 경험과 직관에 의존하는 것이 아니라 빅데이터가 제공하는 사실(fact)에 기반한 통찰력(insight)을 이용한 경영의사결정의 효과성에 대하여 이야기 합니다.

빅데이터에 기반한 의사결정은 컴퓨터의 알고리즘을 바탕으로 공식에 따라 답을 생성하는 방식을 따르는 이성적, 논리적 방식의 의사결정을 의미하는 것이 아니며, 축적한 데이터를 바탕으로 인간의 직관적이고 감성적인 의사결정의 방식을 모방하여 의사결정을 하는 것입니다. 빅데이터 리더십은 빅데이터 시대의 핵심 기술을 이용하여 비즈니스 전반을 디지털로 혁신하는 전략과 그에 대한 리더십을 의미하며, 빅데이터의 축적 뿐 아니라 머신 러닝(machine learning) 또는 딥 러닝(deep learning)의 기술을 통해 축적된 데이터를 응용하여 새로운 지식과 가치를 창출하는 것을 목적으로 합니다.

알고리즘 리더는 비즈니스의 운영에 있어 고객의 니즈(needs)와 기업의 운영이 모두 알고리즘화되고 이에 대한 빅데이터가 축적됨에 따라 가장 효율적이고 효과적인 운영방식과 의사결정체계가 모두 알고리즘화된다는 것을 전제로 이러한 시대의 리더로서의 역할에 대해 이야기하고 있습니다. 알고리즘 리더는 일상적인 의사결정에 대한 과정을 알고리즘으로 대체하는 대신 사고의 전환을 도모하여 예상가능한 미래에 대해 한 발자국 먼저 사고하고 미래에 대해 먼저 기획하는 리더의 역량을 의미합니다. 알고리즘 리더의 개념에서는 사고를 전환하고, 원칙 중심으로 일을 재해석하여 비즈니스의 새로운 방식을 개발하고 세상의 변화를 리드하도록 요구하고 있습니다. 이에 대비하기 위해서는 경계가 사라지는 글로벌 시대와 디지털 시대의 특성에 맞춘 새로운 리더십의 개념에 주목하고 이에 발맞춘 리더의 역량을 개발해야 할 필요가 있습니다.

생각해보기

- 4차 산업혁명과 함께 조직의 구조가 재편되면서 플랫폼 경제에 기반한 긱 이코노미(gig economy) 현상이 더욱 확대될 것으로 예상됩니다. 긱 이코노미 (gig economy)란 무엇이며 기업 경영과 노동시장에 있어 어떠한 장·단점이 있을까요?
- 긱 이코노미(gig economy) 현상은 본인의 전공 분야와 관련하여 어떻게 나타날 것으로 예상할 수 있을까요?
- 빅데이터 또는 알고리즘에 기반하여 경영의사결정을 한다면 경영자 또는 조직의 리더의 역할은 어떻게 변화할까요?

03 소비자의 선택에 대한 이해

소비자의 선택에 대한 이해는 직접 소비자를 탐구하고 소비자의 욕구(needs)를 파악하여 소비자를 만족시키는 제품과 서비스를 제공하는 기업의 마케팅 영역과 가장 많은 관련이 있습니다. 오늘날 시장 환경은 생산 및 기술력의 증대와 함께 개념적, 물리적인 시장의 경계가 없어지면서 동시에 범위가 확대되고 제품과 서비스의 공급도 증가하였으며, 고객의 욕구도 점점 복잡해지고 다양해지고 있습니다. 이에 따라 시장내 경쟁은 더욱 심화되고 있으며, 복잡하고 다양한 고객의 요구를 빨리 파악하고 이를 빠르게 기업의 제품이나 서비스에 반영하여 시장에 제공하는 것이 기업의 생존에 있어 중요한 요소가 되었습니다. 이러한 기업의 활동의 중심이 되는 것이 마케팅 영역입니다. 마케팅은 기업중심적 관점에서 소비자중심 또는 고객지향적 관점으로 발전해 왔습니다.

산업혁명 초기, 기술력의 발전과 생산력의 증가를 통해 다량의 소비재를 처음 생산하던 시대에는 수요가 생산을 초과하였기 때문에 기업은 제품의 대량생산에 초점을 맞춘 생산지향적 기업 경영을 지향하였습니다. 이후 제품의 품질에 중점을 둔 제품 개념에 따른 마케팅 철학은 소비자들이 좋은 품질과 성능의 제품을 선호할 것이라고 가정하고 제품의 품질 개선과 기술 혁신에 초점을 두어 기업 자원을 운용하였습니다. 이와 함께 판매 개념의 마케팅에서는 생산한 제품을 판매하기 위한 다양한 판매 촉진 활동에 기업의 자원을 집중하는 마케팅 활동을 진행하였으며, 이러한 생산중심, 제품중심 및 판매중심 마케팅의 개념은 모두 기업을 중심으로 하는 기업중심적 마케팅의 관점에 해당합니다.

한편 생산력의 증가와 더불어 공급이 수요를 초과하고 고객의 욕구가 다양해진 현대의 경영 환경이 마련되면서 이러한 기업중심적인 마케팅 관점이 더 이상 고객에게 효과적이지 않게 되고, 기업은 기업의 모든 사고 방식의 중심에 고객을 두는 고객중심 또는 시장지향적인 경영 철학을 개발하게 되었으며 마케팅의 개념은 고객의 필요와 욕구를 만족시켜 기업의 목표를 달성하는 과정이 되었습니다. 따라서 고객중심 또는 시장지향적 경영 철학이 무엇인지를 이해하고 소비자의 필요와 요구를 충족시킬 수 있는 전략을 개발하고 실행하는 것이 현재 기업 경영관리의 핵심 활동이라고 할 수 있습니다.

시장지향적인 기업 경영과 마케팅

포괄적 의미로 마케팅은 기업이 제품과 서비스의 판매를 촉진하여 이익을 극대화하기 위한 일련의 활동을 의미한다고 할 수 있습니다. 기업은 시장개발, 상품개발, 고객관리, 유통관리 등의 영업관리를 수행하며 마케팅은 이러한 일련의 활동의 직접적인 과정과 지원 활동을 포함합니다. 기업의 목표가 이익의 창출이라고 할 때 마케팅 활동은 생산 활동과 더불어 기업의 가장 핵심적인 활동 영역에 해당하며, 특히 이익 창출의 근원이 되는 고객과의 직접적인 접촉이 이루어지고 고객의 욕구 충족을 통해 그 목표를 달성하는 데 직접적으로 기여합니다.

초기 마케팅의 개념은 기술주도 또는 생산지향적 마케팅의 개념이 중심을 이루었으나 점차 고객 만족을 최우선으로 하는 고객지향적 경영 방침 또는 경영 철학의 대두와 함께 고객 만족을 최우선으로 하는 시장지향적(market-oriented) 마케팅 또는 시장주도적(market-driven) 경영의 개념이 기업의 마케팅 활동을 주도하고 있습니다. 생산중심적인 경영의 개념에서는 제품과 기술의 개발과 제품의 품질 향상에 초점을 두어 좋은 제품을 생산하기만 하면 판매할 수 있다는 공급 위주의 마케팅 개념을 가지고 우수한 기술력을 확보하고 생산 수준을 향상하기 위한 노력에 주력합니다. 반면 시장지향적 경영은 제품의 개발 단계에서부터 고객의 요구(needs)를 파악하고 전사적으로 고객이 원하는 제품을 생산하여 분배하는 일에 마케팅 뿐만 아니라 모든 경영 활동의 초점을 두고 있으며, 기업의 가치 체계와 경영 전략 등을 모두 시장과 고객의 관점에서 사고하는 것을 의미합니다.

시장지향적 경영을 위해서 기업은 고객과 경쟁사 등 시장 환경에 대하여 지속적으로 분석하고 이해하며, 시장의 정보를 조직적으로 수집한 후 수집된 시장의 정보에 대해 전사적, 통합적으로 반응하는 경영 활동을 계획하고 실행합니다. 시장지향적 경영은 현대 사회에서 기업을 장기적으로 존속시키고 발전시키기 위한 중요한 특징이며 시장지향적인 경영을 위해서는 조직이 추구하는 궁극적인 목표를 고객의 만족에 두고 이를 실현합니다.

마케팅의 목표와 새로운 동향

마케팅은 소비자 또는 고객의 욕구를 충족시키기 위한 다양한 판매 촉진 활동을 수행한다는 점에서 가장 소비자 지향적인 기업의 기능입니다. 마케팅 활동은 고객과 시장에 대한 조사와 시장 세분화 등의 과정을 포함하며, 구체적으로 제품의 판매를 위하여 제품(product)과 가격(price), 유통 경로(place), 판매 촉진(promotion)의 마케팅 요소별 활동을 기획하고 수행합니다.

마케팅은 고객 만족이라는 기업의 목표를 실현하기 위한 활동입니다. 기업의 궁극적 존재 목적은 이윤 창출이지만 시장지향적 경영에서는 시장 내 고객의 만족을 최우선으로 하며, 고객의 만족이 결국 기업의 이익과 직접적으로 연결된다는 개념을 가지고 고객 만족에 최선을 다하고자 합니다. 마케팅의 일차적인 목표는 고객의 소비를 극대화 하는 것입니다. 이는 고객의 소비를 자극하여 생산과 고용을 극대화하고 이에 따라 기업의 이익을 극대화하는 과정입니다. 이렇게 고객의 소비를 극대화하기 위해서 기업은 고객의 욕구에 맞는 상품과 서비스를 제공하고자 노력하며, 이를 통해 소비자의 만족이 극대화 됩니다. 또한 다양한 소비자의 기호를 만족시키기 위해서 제품과 서비스의 선택을 극대화하는 것을 목표로 두고 있으며 결국 소비자의 욕구와 다양한 기호를 만족시키는 것은 고객의 삶의 질을 향상하고 생활의 만족도를 극대화 하는 것으로 연결됩니다.

- 마케팅의 목표

▸ 소비의 극대화: 소비를 자극하여 생산, 고용, 부를 극대화
▸ 소비자 만족의 극대화: 고객의 욕구에 맞는 상품과 서비스를 제공
▸ 선택의 극대화: 제품의 다양화를 통해 소비자의 기호를 만족
▸ 생활의 만족도 극대화: 고객 만족을 통해 삶의 질 향상

마케팅의 목표를 실현하기 위한 최근 마케팅 활동의 패러다임은 인터넷과 소셜 네트워크 및 인공 지능 등의 4차 산업 혁명 기술 발전과 더불어 부상한 디지털 마케팅으로의 패러다임 전환과, 빅데이터와 알고리즘 등의 정보 기술을 활용한 마케팅의 기법에 대한 논의로 이어지며 그 변화와 발전의 계기를 마련하고 있습니다. 온-오프라인의 통합 마켓을 통해 글로벌화, 디지털화된 무한 경쟁의 시장에서 살아남기 위하여 기업은 시장의 변화에 보다 빠르게 대응하고 보다 개인화된 고객의 욕구를 만족시키고자 새롭고 다양한 방식으로 마케팅 활동의 영역을 확장하고 있습니다. 인터넷 또는 소셜 네트워크를 활용하는 새로운 소비층의 등장과 증가로 디지털 마케팅의 비중은 점차 높아지고 있으며 빅데이터와 알고리즘 기술을 활용하여 개인화된 소비자의 욕구를 분석하고 개별 소비자의 요구에 대한 맞춤형 서비스와 제품의 제공이 가능해졌습니다. 또한 온-오프라인의 통합 마케팅 과정을 통하여 고객과의 상호 의사소통에 집중하며 이를 통해 고객에게 개별적 제품의 판매가 아니라 고객과의 연결과 경험의 공유를 통하여 고객의 충성도(royalty)를 높이는 마케팅 활동의 방향성이 제시되고 있습니다. 누군가는 인간 중심의 디지털화를 추구하고자 하는 것이 새로운 마케팅의 동향이라고 이야기하고 있습니다. 고객을 중심에 두고 시장의 추세를 보다 빠르게 예측하고 변화와 발전에 시의적절하게 대응하는 것이 무한 경쟁의 시대에 살아남기 위한 시장중심 경영의 핵심이 될 것입니다.

소비자의 선택에 대한 이해

고객은 어떻게 제품과 서비스를 구매하게 될까요? 우리는 매일 제품과 서비스를 구매하고 이를 위해 다양한 선택 대안을 비교한 후 자신의 니즈(needs)에 맞는 합리적 의사결정을 합니다. 소비자 행동이란 소비자가 스스로 필요한 제품이나 서비스를 선택하고 구매할 때 발견할 수 있는 구매의사결정 과정의 태도나 행동양식이며, 소비자 행동 분석이란 소비자가 어떤 동기와 태도로 제품이나 서비스의 구매를 결정하는가를 규명하는 것을 의미합니다. 소비자의 구매의사결정에 영향을 미치는 요인에는 소비자의 내적, 심리적 요인과 외적, 환경적 요인이 있으며 소비자의 행동은 크게 소비 행동과 구매 행동으로 나눌 수 있습니다.

우리가 무의식적으로 구매를 결정하는 구매의사결정의 과정은 크게 아래 5단계로 나눌 수 있으며 소비자의 구매의사결정 과정에 대응하는 마케팅 관리자의 행위를 연관지을 수 있습니다.

① 욕구의 인식

1단계는 소비자가 필요 또는 욕구를 인식하는 단계로 자신이 원하는 상태와 자신의 현재 상태를 비교하여 그 차이를 욕구로 인식합니다. 마케팅 관리자는 소비자의 이러한 욕구 발생의 환경에 대해 분석하여 욕구 발생의 원인을 파악하고, 소비자가 어떠한 욕구로 인하여 특정 제품이나 서비스에 관심을 갖게 되는지에 대한 유인을 연구합니다.

② 정보의 탐색

2단계인 정보의 탐색 단계는 인식한 욕구를 충족하기 위한 여러 대안을 탐색하는 단계입니다. 소비자는 이를 위하여 필요한 기능을 갖춘 제품 또는 서비스에 관한 각종 정보를 탐색하며, 마케팅 관리자는 소비자가 정보를 탐색하는 정보의 원천과 종류를 분석하고 그 특성을 파악하여 각 정보 원천이 소비자에게 미치는 영향을 분석합니다. 또한, 마케팅 관리자는 이 단계에서 소비자의 정보 탐색 과정에 영향을 미치기 위해 기업의 상품이 쉽게 노출되고 손쉽게 제품에 대한 정보를 탐색할 수 있는 여러 마케팅 활동을 수행할 수 있습니다.

③ 대안의 평가

3단계인 대안의 평가 단계에서 소비자는 탐색한 대안들의 속성과 중요도를 비교하여 평가하고 이러한 정보를 이용하여 최종적으로 브랜드 또는 제품을 선택하게 됩니다. 소비자는 대안을 평가할 때, 제품의 특성, 구입가격, 중요성, 브랜드에 대한 선호도, 환경 요소, 개인적 신념과 같은 요소들을 고려합니다. 마케팅 관리자는 소비자의 탐색 대안에 대한 평가 기준을 연구하고 최종 선택된 제품 또는 서비스의 중요한 선택 유인이 무엇인지를 알고자 합니다.

④ 구매 결정

4단계인 구매 결정은 대안의 평가 후 구매를 결정하는 과정으로 구매 결정 단계에서 소비자는 가장 높은 가치와 낮은 기회비용을 제공하는 제품을 선택합니다. 그러나 합리적인 의사결정의 과정을 통한 제품의 최종 선택에 있어서는 대안의 평가 결과를 반영하지만, 가족 또는 친구와 같은 타인의 영향력, 상황에 따른 동반자의 영향력 또는 다양한 상황적 변수가 중요 영향 요인으로 작용하는 경우도 있습니다.

⑤ 구매 후 행동

마지막 단계인 구매 후 행동은 구매한 제품 또는 서비스에 대한 소비자의 만족도를 의미하며, 이에 따라 소비자는 브랜드에 대한 선호도 또는 제품의 재구매 여부를 결정하게 되고, 브랜드 또는 제품에 대한 고객 충성도(royalty)가 형성됩니다. 따라서 마케팅 관리자는 소비자의 구매 후 행동 관리를 위하여 고객 만족도 등을 조사하고 사후 관리 서비스를 제공하는 등 고객의 구매와 고객 충성도를 지속시키기 위한 마케팅 활동을 수행하게 됩니다.

마케팅 전략의 수립을 위한 환경 분석

마케팅 전략의 수립 과정은 거시적 및 미시적 마케팅 환경의 분석, 시장 세분화와 표적시장 선택 및 포지셔닝(STP 전략)의 과정 및 마케팅 믹스(4P)의 단계를 거치게 됩니다. 이 중 마케팅 전략 수립을 위한 환경 분석은 시장과 소비자 및 산업의 거시적 동향을 조사하는 마케팅 조사 단계와 기업과 고객 및 경쟁자에 대한 미시적 환경 분석에 초점을 맞춘 미시적 시장 환경 분석의 단계로 나눌 수 있습니다.

마케팅 조사는 불확실한 시장 환경과 고객을 이해하기 위해 마케팅 분야에 있어서의 문제를 확인하고 이를 해결하기 위한 정보를 수집하고 분석하는 체계적인 과정입니다. 마케팅 조사에서는 거시적인 마케팅 환경에 대한 추세와 개략적 변화에 대한 정보를 수집하며, 주로 고객과 자사 및 경쟁사에 초점을 맞춘 직접적이고 미시적인 환경 분석에 해당하는 마케팅의 3C 분석(customer, company and competitor analyses)을 실시하여 고객의 니즈를 분석함과 동시에 자사의 기업 목표와 이용 가능한 자원을 바탕으로 하는 시장 및 제품 개발의 필요성 등을 분석하고, 시장 내 경쟁자와 잠재 경쟁자 등을 고려한 경쟁 우위와 시장 진입 가능성을 평가합니다. 3C 분석의 결과는 어떤 제품 또는 서비스를 언제, 어디에 출시하면 좋을지에 대한 마케팅 전략의 개략적인 의사결정으로 연결되고, 마케팅 전략의 다음 단계인 STP 전략 수립의 바탕이 됩니다.

전통적인 마케팅 조사가 시장 환경 분석과 함께 고객에 대한 정량적, 정성적 방법에 의한 설문 조사 또는 고객 만족도 조사나 소비자의 행동 분석 등을 통해 이루어졌다면 빅데이터 기반의 기술 혁명은 고객에 대한 마케팅 조사의 질과 양을 폭발적으로 개선했다고 할 수 있습니다. 우리가 인터넷을 통한 거래나 정보 탐색, 소셜 미디어 등을 활용함으로써 다양한 소스에서 발생한 적극적 소비자 행동 데이터가 빅데이터로 축적되면서 빅데이터의 트렌드 분석을 통해 소비자 욕구의 분류와 예측이 가능해졌으며 소셜 네트워트 서비스(SNS, social network service) 등을 통해 수집된 개인의 취향은 세분화되어 새로운 비즈니스 기회로 확대되고 있습니다.

> "온라인 서비스가 무료로 제공된다면 당신은 고객이 아니라 상품으로 취급당하는 것입니다"
>
> - 팀 쿡(Tim Cook, Apple CEO) -

시장세분화, 표적 시장의 선택 및 포지셔닝 전략 (STP 전략)

마케팅 전략에 있어 STP 전략은 시장세분화(segmentation), 표적 시장의 선택(targeting) 및 제품이나 브랜드의 포지셔닝(positioning)을 의미합니다. 일반적으로 제품 또는 시장 개발에 있어 모든 고객을 만족시키는 제품 또는 서비스의 개발은 쉽지 않습니다. STP 전략은 복잡하고 다양화된 소비자의 욕구에 따라 시장을 하위 개념으로 세분화하여 정의하고, 제품의 특성과 이미지 등을 고려하여 시장의 욕구를 가장 만족시키는 하위 시장을 목표시장으로 정의한 후 해당 목표시장에 제품과 브랜드를 포지셔닝하기 위한 전략을 개발하는 기법입니다.

시장세분화의 기준은 고객의 연령과 소득 등의 인구통계학적 특성 뿐 아니라 사회적 지위와 라이프 스타일 등을 고려한 심리적 변수, 고객의 소비 행태와 성향 등을 반영하는 행동적 변수 등을 다양하게 고려할 수 있습니다. 이러한 세분화의 기준을 바탕으로 동질적인 제품 또는 서비스 선택의 기준을 공유하는 소비자의 그룹을 분화할 수 있으며, 이 중 기업이 개발하고자 하는 신제품 또는 서비스에 대한 선호와 수요가 큰 시장을 목표 시장(target market)으로 선정하고 보다 세부적인 마케팅 믹스 전략을 활용하여 제품이나 브랜드가 목표 시장에 자리잡을 수 있도록 포지셔닝(positioning)하는 마케팅 활동을 진행합니다.

마케팅 믹스(marketing mix)의 관리 전략

마케팅 믹스(marketing mix)는 기업이 마케팅 목표를 가장 효과적으로 달성하기 위해 마케팅 관리에 활용하는 네가지 대표적인 마케팅 관리 수단의 조합을 의미합니다. 마케팅 믹스의 관리 전략에 포함되는 네가지 마케팅 관리 요소는 제품(product) 관리, 가격(price) 관리, 촉진(promotion) 관리 및 유통(place) 관리에 해당하며 마케팅의 4P 요소로 정의되기도 합니다. 각 마케팅 관리 요소의 특성은 다음과 같습니다.

① 제품(product) 관리

제품 관리는 고객이 필요로 하는 욕구를 파악하고 해당 욕구를 충족시키기 위한 제품이나 서비스를 개발하는 것을 의미합니다. 고객의 잠재적 욕구를 파악하고 실현하기 위해서는 시장 조사를 통하여 고객이 요구하는 신제품 또는 서비스를 개발하며, 이 과정에서 제품의 차별화 수준을 정의하고 제품의 디자인 또는 기능의 선택을 다양화하여 핵심 제품과 확장 제품 등을 결정하여 개발하고 제품 라인의 구성 등을 관리합니다. 또한 제품의 수명 주기에 따라 제품의 변경 및 폐기와 신제품의 출시 계획 정책 등을 관리하는 것도 제품 관리에 해당합니다.

② 가격(price) 관리

가격 관리는 신제품의 가격 결정과 유지 제품의 가격 조정 관리 등을 의미합니다. 신제품의 출시에는 상층흡수가격정책과 침투가격정책 등을 위시한 가격 전략이 시장 진입에 중요한 역할을 하게 됩니다. 가격 관리 전략은 제품의 원가, 목표 이익, 물류 비용, 수요와 공급, 시장의 경쟁 상황, 고객의 가격 대비 제품의 효용 가치에 대한 평가 등을 종합적으로 고려하여 수립하며, 상황에 따라 마케팅의 성과를 극대화 할 수 있는 가격 차별화 또는 가격 맞춤화 정책 등을 통해 가격을 관리합니다.

③ 유통(place) 관리

유통 관리는 제품이 생산자로부터 소비자에게 전달되는 경로에 대한 관리를 의미합니다. 유통 관리는 도매상, 소매상 등과 같이 유통 과정에 개입하는 중간 상인들과의 거래, 기업간 상거래(B2B, business to business), 기업과 소비자간 거래(B2C, business to customer), 소비자간 상거래(C2C, customer to customer) 등의 모든 유통 경로를 의미하며, 최근에는 온라인과 오프라인 유통 채널의 관리까지 모두 유통 경로의 관리에 포함합니다. 유통 경로의 관리 정책으로는 제품의 생산을 우선시 하는 푸쉬(push) 정책과 수요를 우선시 하는 풀(pull) 정책이 있습니다.

④ 촉진(promotion) 관리

촉진 관리는 제품의 광고와 판매 촉진을 위한 모든 활동을 포괄적으로 의미합니다. 우리는 흔히 마케팅의 촉진 활동을 좁은 의미의 마케팅 활동으로 인식하기도 합니다. 판매 촉진을 위한 전통적인 제품의 홍보 방법은 TV나 신문, 라디오 등을 이용한 직접 광고이며, 직접 광고를 제외한 공간 광고, 구매시점 광고, 이벤트, 전시, 할인판매, PR(public relations), PPL(product placement)과 같은 간접 광고 정책을 이용한 촉진 전략도 관리합니다. 촉진 관리 전략의 추세는 직접 광고와 간접 광고의 방식을 통합하는 통합 마케팅 관리의 방향성을 띄고 있으며, 인터넷과 소셜 네트워크의 영향력이 증가함에 따라 온라인 마케팅을 활용한 촉진 관리의 중요성과 비중이 확대되고 있습니다.

초연결 사회와 마케팅

우리는 현재 인터넷과 소셜 미디어 등 디지털을 기반으로 연결된 초연결 사회에 살고 있습니다. 디지털로 연결된 초연결 사회와 시장의 특징은 지역적, 물리적 경계가 사라지며, 변화 속도가 빠르고 기업과 고객 또는 고객 상호간이 디지털 기술로 연결되어 이들의 일상과 관심의 공유에서 파생되는 소비자의 기호와 정보 탐색, 구매 행동의 패턴을 실시간으로 파악하고 분석하여 데이터로 축적하는 것이 가능하다는 것입니다. 이러한 초연결 시대의 마케팅 또한 그 대상과 기법이 크게 변화하고 확장되고 있습니다.

소셜 네트워크를 통해 연결된 고객 집단은 다양한 정보 탐색 활동을 통해 적극적으로 개인에 관한 정보와 의견을 생성합니다. 기업을 이러한 정보를 수집하여 개별 고객의 욕구에 맞는 맞춤화된 마케팅 활동을 개발하고 있습니다. 알고리즘에 의한 광고 및 제품의 추천, 소셜 네트워크와 인플루언서를 활용한 직, 간접적 광고와 판매 촉진 활동, 각종 인터넷 사이트에 게재되는 배너 광고 등은 모두 온라인 마케팅 활동의 일환입니다. 바이럴 마케팅 또한 제품이나 서비스를 이용하거나 광고를 시청한 소비자가 자기의 경험을 다른 사람과 공유하며 이루어지는 자연스러운 구전 마케팅 방식이며, 각종 온라인 커뮤니티와 인플루언서의 활동이 활성화되며 인터넷을 통한 상품의 후기나 서비스 이용평을 위시한 바이럴 마케팅의 효과가 크게 확대되고 이를 주요 마케팅 기법의 하나로 이용하고 있는 추세입니다.

이렇게 물리적 경계가 허물어지고 온라인 세상의 영역이 넓어지는만큼 온라인 마케팅의 수단과 기법도 더욱 발전하고 그 비중도 더 높아질 것으로 예상됩니다. 그러나 온라인 마케팅의 기법과 효과를 활용함에 있어 아직 고려해야 할 점이 있습니다. 온라인 마케팅이 비용 절감과 파급력 면에서 그 효과가 매우 크지만, 도덕적, 윤리적인 기준에서 온라인 마케팅의 컨텐츠에 대한 규제가 부재한 점과 익명성, 물리적 사실 관계의 확인 등이 불가능한 인터넷 상에서 생성된 모든 정보에 대해 신뢰성을 확보하기는 어려운 점 등은 온라인 마케팅의 영향력과 비견하여 빠르게 해결되어야 할 문제임에 틀림없습니다. 또한 인터넷을 통한 부정적 또는 허위 정보의 확산이 기업 또는 소비자에게 미치는 부정적 영향력이 매우 크다는 사실에도 불구하고, 이에 대한 영향력을 통제할 수 없다는 점도 문제가 아닐 수 없습니다. 분명 온라인을 활용한 디지털 마케팅은 앞으로의 추세이며 중요한 수단이지만, 이에 대한 신뢰성을 높이고 부정적 파급력을 통제하기 위한 규제 마련도 중요한 과제일 것입니다.

생각해보기

- 소셜 미디어(social media)를 활용한 마케팅 기법은 모든 기업 또는 모든 제품과 서비스군에 적용이 가능할까요?
- 소셜 미디어를 이용한 마케팅의 장점은 무엇일까요?
- 소셜 미디어를 이용한 마케팅의 문제점은 무엇일까요? 문제점이 있다면 어떻게 해결할 수 있을까요?

04

재무적 관점에서의 경영 활동

기업이 경영 활동에 필요한 자금을 조달하고, 조달된 자금을 어떻게 운용할 것인가를 결정하는 것은 기업의 경영 활동에 있어 매우 중요한 의사결정의 문제입니다. 기업이 다양한 투자안의 수익성과 위험을 평가하고, 투자 활동에 필요한 자금을 마련하며, 투자에서 발생한 이익을 기업의 주주에게 배당하는 활동이 재무적 관점에서의 경영 활동에 해당하며 재무관리라고 부릅니다. 재무적 관점에서의 경영 활동은 기업이 기업 가치를 극대화할 목적으로 자금의 조달과 운용에 관한 의사결정을 하는 활동입니다. 기업은 생산 및 판매 활동을 통한 가치 창출 뿐 아니라 효율적인 자본의 조달 계획, 투자 활동을 통한 자금 집행과 통제의 운용 과정에서 자금 운용을 통한 기업 가치 극대화 목표를 실현하고자 합니다.

기업의 재무의사결정이란?

기업의 재무관리 담당자는 기업의 자금 계획을 결정하고 자금의 집행 과정을 수행하고 통제하는 재무계획을 담당합니다. 재무 계획은 장기 계획과 단기 계획으로 나뉘며, 장기 계획은 장기 자금의 조달과 장기 운용의 계획을 포함하고, 자금 운용 또는 투자의 수익 또는 결과가 장기적으로 발생하는 투자안을 선택하여 집행하는 것이므로 장기적 관점에서 추세를 예측하고 의사결정을 하는 것이 중요합니다. 단기 계획은 기업이 일시적으로 가지고 있는 여유 현금 등을 통해 단기적인 투자의사결정을 하는 것입니다. 회수 기간이 빠르고 단기간에 수익을 내기 위한 단기 투자는 경영 환경의 변화에 민감하고 투자안의 위험과 수익률의 대비가 심할 가능성이 있기 때문에 이에 대한 예측 능력과 관리 능력을 필요로 합니다. 이러한 장단기 자금 계획을 포함하여 기업의 주요 재무의사결정에는 투자의사결정, 자본조달 의사결정, 배당 결정 및 재무 분석 등이 있습니다.

① 투자의사결정(investment decision)

재무관리자의 투자의사결정은 기업의 최적 자산 구성을 찾는 노력이라고 할 수 있습니다. 기업이 어떤 자산을 얼마나 보유해야 할 지에 대한 의사결정으로 투자의사결정의 결과는 기업의 재무상태표의 차변에 기록되는 자산 구성으로 알 수 있습니다. 기업은 미래 현금 흐름 창출을 목적으로 장기적으로 보유하는 유형자산과 무형자산에 대한 투자의사결정을 하게 되며, 이에 대한 결과는 재무제표상 자산 항목으로 기록됩니다. 기업의 현금 흐름과 함께 유형자산 및 무형자산과 같은 비유동자산의 보유 비중 및 금액 등은 기업의 미래 현금흐름과 영업 위험을 결정하는 요소가 됩니다.

② 자본조달 의사결정(financing)

기업의 자본조달 의사결정은 기업의 최적 자본 구조를 찾는 노력이라고 할 수 있습니다. 기업의 자본 구조는 자금의 조달 원천에 의해 결정됩니다. 기업은 주주를 통해 투자 자금을 조달할 수 있으며, 부채 또는 사채의 발행을 통해 채권자의 자금을 조달할 수 있습니다. 주식과 채권은 기업의 주요 자금 조달 방식이며, 주식과 채권 발행시 주주 및 채권자에 대해 상호 부담하는 위험과 수익률 및 자본 조달의 효과가 다르기 때문에 자본조달 의사결정은 기업 가치의 극대화와 연관됩니다. 부채를 통한 자금 조달은 만기 후 채권자에게 원금을 상환하고 자금의 사용기간 동안 이자를 지급할 의무가 있습니다. 주식을 통한 자본조달은 주주에게 자금을 조달하고 기업의 소유권에 해당하는 주식을 발행하는 방법이며, 기업에 이익이 발생하면 주주의 지분 비율에 따라 이익을 배당하는 방법으로 투자 자금에 대한 댓가를 지불합니다. 기업의 자금 구성에 있어 부채와 자본의 비율을 자본 구조라고 부르며, 이러한 기업의 자본조달 의사결정의 결과는 재무상태표의 대변에 나타납니다. 재무상태표의 대변에는 기업의 부채와 자본이 기록되는데, 채권자를 통한 자본조달은 부채로, 주주에게 발행한 주식을 통하여 조달한 자금은 자본으로 기록됩니다.

③ 배당 결정(dividend)

배당 결정은 기업이 경영 활동을 통해 창출한 기업의 순이익 중 주주에게 배당할 금액과 기업 내에 유보할 금액을 결정하는 의사결정입니다. 기업은 주식 또는 채권을 발행하여 자금을 조달하며, 채권 발행을 통해 발생하는 부채에 대한 원금은 만기 후 채권자에게 상환하여야 하고, 이에 따른 이자비용은 기업의 비용으로 계상됩니다. 반면 주식 발행을 통해 주주에게 투자받은 자금에 대해서는 주주에게 원금을 돌려주는 상환 대신 기업이 경영 활동을 통해 벌어들이는 순이익을 배당이라는 형태로 지급하게 됩니다. 기업이 투자자의 자본을 이용하여 획득하는 순이익은 기업의 소유자인 주주의 몫으로 계상되나 경영 활동의 유지와 기업의 성장을 위하여 일부를 기업 내에 남겨 놓게 되는데 이를 유보라고 부르고, 주주에게 나누어주는 순이익을 배당이라고 부릅니다.

④ 재무 분석 (financial analysis)

기업의 재무 분석 활동은 기업의 제반 의사결정에 필요한 정보를 얻기 위하여 기업의 재무자료를 분석하는 재무의사결정 활동입니다. 기업은 선택 가능한 여러 투자 대안을 비교하여 투자의사결정을 하게 되며, 이 때 필요한 투자 자금을 조달할 수 있는 자금 원천에 대한 자본조달비용을 계산하고 투자에 대한 효율성을 판단하여 자금조달에 대한 의사결정을 하게 됩니다. 이러한 과정 뿐 아니라 경영 활동 중 다양한 의사결정 문제에 대해 기업의 재무 정보를 분석할 필요가 있으며, 회계 정보가 기업의 각 부문별 활동에서 파생되는 수익과 비용, 자산, 부채, 자본의 거래 자료를 회계 시스템을 통해 정리하고 재무제표를 생산하여 회계정보시스템으로 구축하여 유지하는 역할을 한다면 재무 분석은 이러한 자료를 이용하여 현금 흐름과 관련된 기업의 유동성을 관리하거나 다양한 재무 위험을 관리하는 등 기업의 경영 활동 목적에 맞는 재무 분석을 수행하고 재무적 판단 또는 의사결정을 하는 역할을 합니다.

화폐의 시간가치

화폐의 시간가치란 서로 다른 시점에 투자 수익이 발생하는 여러 투자 대안을 비교하여 수익성이 높은 투자안을 선택하는 재무의사결정을 위해서 서로 다른 시점에 발생하는 현금의 흐름을 동일 시점의 가치로 환산하는 것을 의미합니다. 우리가 현재의 100원과 십년 전의 100원의 가치를 다르게 생각하는 개념이라고 생각하면 이해할 수 있으리라고 생각합니다. 현재의 일정한 금액을 미래의 특정 시점으로 환산한 가치를 미래가치(future value)라고 하며, 미래에 발생할 현금흐름 또는 화폐의 가치를 지금 시점의 가치로 환산하는 것이 현재가치(present value)라고 부릅니다.

① 미래가치(future value)

오늘 예금하거나 투자한 현금의 가치가 미래 일정 시점에 얼마가 될지에 대해 환산하는 개념입니다. 우리가 가진 현금을 은행에 예금하면 발생하는 이자율 또는 자금을 투자했을 때 발생할 기대 수익률을 고려하여 미래가치를 구할 수 있으며, 이는 우리가 일정 이자율을 약정받고 은행에 예금할 때 기대할 수 있는 기대 수익과 동일한 개념입니다. 미래가치는 현재 금액에 이자율 또는 미래 기대수익률을 투자기간만큼 제곱하는 미래가치 요소를 곱하여 계산하며 이와 같은 가치 계산 방법을 복리 계산과정(compounding process)이라고 부릅니다.

- **미래가치(future value)의 계산**

  FV = PV X $(1+ r)^n$
  FV: 미래가치 (future value)
  PV: 현재가치 (present value)
  r: 이자율 또는 기대수익률
  n: 투자기간

② 현재가치(present value)

현재가치는 미래가치와는 반대 시점으로 현금의 흐름을 환산합니다. 미래에 발생할 것으로 기대하는 현금 흐름을 현재 시점의 가치로 환산하는 개념입니다. 이는 미래에 발생할 것으로 기대되는 현금 흐름을 현재와 미래 시점 사이에 발생할 것으로 예상되는 이자율 또는 기대수익률로 할인하는 방법으로 계산할 수 있으며 할인 계산과정(discount process)이라고 부르고, 복리 계산과정의 미래가치요소의 역수인 현재가치요소로 나누어 계산할 수 있습니다.

- **현재가치(present value)의 계산**

$PV = FV / (1+ r)^n$

PV: 현재가치 (present value)

FV: 미래가치 (future value)

r: 이자율 또는 기대수익률(할인율)

n: 투자기간

③ 순현재가치법(NPV, net present value)

순현재가치법 또는 순현가법은 투자안을 평가하는 방법으로 투자안을 통해 미래에 기대되는 현금 흐름의 현재 가치를 계산하여 투자 비용을 제외한 후 기대할 수 있는 투자의 순현금흐름을 계산하여 투자의사결정을 하는 투자 원리입니다. 투자안이 실현하는 현금의 흐름은 미래에 발생하며, 투자에 발생하는 비용은 현재에 발생하는 데서 비롯되는 현금 흐름의 시차와 이에 의한 명목 금액의 가치의 차이를 비교하기 위해, 두 현금 흐름을 동일한 현재 시점으로 조정하여 투자안의 가치를 평가하는 개념입니다.

기업의 여러 투자안을 비교할 때 투자 비용은 현재 시점에 발생하나, 투자안의 성과 또는 미래 현금 흐름은 1년 후, 3년 후, 5년 후 등 각각 발생시점이 다를 수 있습니다. 이 경우 서로 다른 시점에 발생하는 기대 현금의 가치를 동일한 조건에 놓고 투자안의 수익성을 분석할 수 있는 방법입니다.

- **순현가(NPV, net present value)의 계산**

NPV(투자안) = PV(투자안) - 투자비용

$= \{E(CF_1)/(1+r)^1 + E(CF_2)/(1+r)^2 + ...E(CF_n)/(1+r)^n\}$-투자비용

PV: 현재가치 (present value)

$E(CF_n)$: n년도에 발생하는 미래의 기대 현금 흐름 (expected cash flow)

r: 이자율 또는 기대수익률(할인율)

n: 투자 기간

순현가법에 따른 투자안의 선택 원리

NPV	투자의사결정
NPV 〉 0(+)	투자안 수용
NPV 〈 0(-)	투자안 기각
NPV(A) 〉 NPV(B) (NPV(A) 〉0)	투자안 A 수용, B 기각
NPV(A) 〉 NPV(B)〉 NPV(C) 〉 0	투자자금 여력에 따라 순차적으로 수용

위험과 수익(risk & return)

기업의 투자의사결정은 미래의 현금 흐름 창출을 기대하고 이루어집니다. 그러나 현재 이루어지는 투자와 미래에 발생하는 투자 수익 간에는 시차가 발생하며 두 시점 차이에 발생하는 모든 불확실성을 위험으로 평가합니다. 기업의 재무의사결정은 선택 가능한 여러 투자 대안 중 이러한 불확실한 미래에 대한 위험과 투자의 수익률을 평가하여 확률적으로 위험은 낮고 투자 수익의 실현 가능성과 수익성이 보다 높은 쪽의 투자안을 선택하는 원리를 따르고 있습니다. 따라서 기업의 재무관리에서 투자 수익률의 예측과 불확실한 위험의 평가는 매우 중요하며 위험을 회피하고 수익률을 높이기 위한 다양한 재무관리 기법이 연구됩니다.

① 투자의 위험과 수익의 상충 관계 (risk-return trade-off)

"투자자들은 불확실한 1원보다 확실한 1원을 선호한다"는 재무관리의 원리는 불확실한 미래에 발생할 수 있는 미래의 위험을 회피하고자 하는 위험 회피형 투자자에 대한 가정을 의미합니다. 위험이 높을수록 투자자들은 해당 투자안을 회피하고자 하는 유인이 강해지고, 따라서 이러한 투자자들이 해당 투자안에

투자하도록 하는 유인은 위험이 높은 투자안에 대한 더 높은 댓가입니다. 이것이 위험이 높을수록 더 높은 수익이 발생하는 위험과 수익의 상충 관계에 해당합니다. 동일한 투자 금액에 대해 위험이 없는 경우와 위험이 있는 경우를 비교하여 발생하는 투자 수익의 차이를 우리는 위험 프리미엄(risk premium)이라고 부릅니다. 우리가 금융자산에 투자할 때 기대하게 되는 기대수익률은 화폐의 시간가치를 내포하는 시장의 명목이자율만큼의 수익과 미래의 수익에 대한 불확실성을 보상하는 위험프리미엄으로 결정됩니다.

② 수익과 수익률

수익(return 또는 pay-off)은 투자에서 얻는 성과를 의미하며 이자, 배당, 주가의 상승 등을 통해 얻을 수 있는 이득입니다. 수익은 이득(gain)과 손실(loss)을 모두 의미하며 금액으로 표시하여 확인합니다. 수익률(rate of return)은 1원의 투자에 대해 어느 정도의 성과를 얻었는지를 비율로 나타내는 상대적인 개념이며 투자에서 얻은 수익과 투자비용의 비율로 나타낼 수 있습니다.

- **수익률의 계산**

  조수익률(gross rate of return) = 총수익/투자비용
  순수익률(net rate of return) = (총수익−투자비용)/투자비용

③ 위험

위험은 투자의 댓가로 미래에 얻을 것으로 기대하는 수익에 대한 불확실성을 의미합니다. 투자의 결과에 대해 확실하게 알지 못하는 상황을 불확실성(uncertainty) 또는 위험(risk) 으로 정의하고 재무관리에서 '불확실성'과 '위험' 및 '미래 수익의 변동성'은 같은 의미로 사용할 수 있습니다. 불확실한 미래에 대한 기대수익률을 계산할 때에는 미래에 발생할 수 있는 불확실한 상황을 상태에 따라 가정하여 각 상태가 발생할 확률과 확률변수를 수익률의 확률 분포로 표시하며 각 상태가 발생할 확률에 따라 확률 변수를 곱한 결과의 합을 계산하여 기댓값(expectation) 또는 기대수익률을 계산하여 위험에 대한 가치를 평가하게 됩니다.

④ 위험에 대한 태도

위험에 대한 인간의 태도는 위험회피형(risk aversion), 위험선호형(risk loving), 위험중립형(risk neutrality)으로 나눌 수 있으며, 투자에 대한 의사결정을 다루는 재무관리에서는 위험에 대한 인간의 태도를 위험회피형으로 가정합니다. 위험중립형 투자자는 위험의 증감이 투자의사결정에 영향을 미치지 않습니다. 위험중립형의 경우 수익의 증가가 투자자의 효용의 증가와 정(+)의 관계를 이루기 때문에 위험중립

형 투자자는 위험에 대해 고려하지 않고 기대 수익이 많이 발생하는 투자안에 투자하는 의사결정을 하게 됩니다(그림 c). 위험선호형 투자자는 위험이 높은 투자안에 대해 기대 효용이 점증적으로 높아지는 효용 곡선을 갖는 경우입니다. 이 경우 투자수익 대비 위험이 높은 투자안에 더 큰 기대 효용이 발생하고 수익 대비 위험이 높은 투자안을 선택하여 투자하게 됩니다(그림 b).

그러나 재무관리에서 가정하는 합리적인 사고의 인간은 위험에 대해 위험회피형 태도를 가지게 되고, 따라서 수익의 증가해도 위험이 높아지면 이에 대한 한계 효용이 체감하는 효용 곡선을 갖게 됩니다(그림 a). 따라서 위험회피형 투자자가 요구하는 기대수익률은 위험이 높을수록 점증적으로 증가하며 이는 위험 프리미엄(risk premium)으로 정의됩니다(high risk, high return).

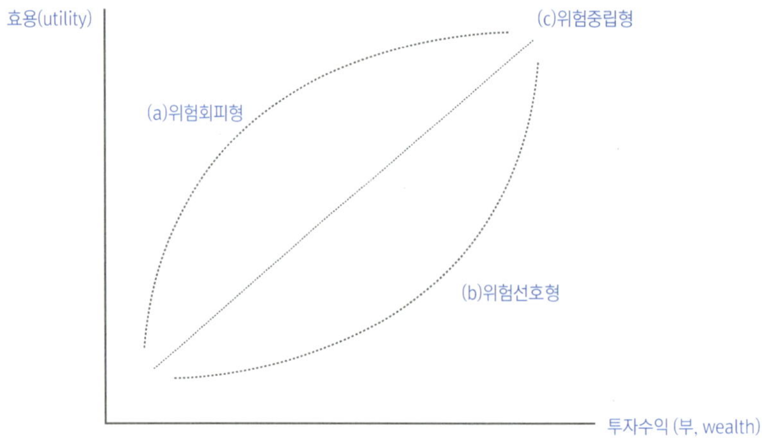

투자자의 위험에 대한 태도

포트폴리오 이론(portfolio theory)의 발전

재무관리에서 이야기하는 포트폴리오(portfolio)는 투자자가 자신의 선호에 따라 투자 목적에 맞게 구성한 다양한 투자 자산의 집합을 의미합니다. 투자자는 위험을 낮추고 기대 효용을 높이기 위하여 둘 이상의 투자 자산에 자산을 나누어 투자하는 분산 투자를 하는데 이를 포트폴리오라고 부릅니다. 재무관리에서는 투자자의 위험은 낮추고 기대 효용을 극대화하는 최적 포트폴리오를 구성하기 위한 모형을 이용하여 포트폴리오를 구성합니다.

포트폴리오 이론은 자산을 분산 투자하여 포트폴리오를 구성하게 되면 투자의 위험을 감소할 수 있다는 이론입니다. 포트폴리오 투자의 분산 효과는 포트폴리오를 구성하는 두 자산의 위험에 대한 상관계수가

-1에 가까울수록 크게 나타납니다. 이는 동일한 위험에 대해 반응하는 방향이 다르다는 의미이며, 이러한 분산 투자를 통해 제거 가능한 위험은 개별 기업의 고유 위험으로 '분산가능한 위험' 또는 '비체계적 위험'이라고 하며, 분산 투자를 통해서도 제거할 수 없는 위험은 '시장 위험' 또는 '체계적 위험'이라고 부릅니다.

① 마코위츠(Markowitz)의 평균-분산 포트폴리오 이론

1952년 마코위츠(Markowitz)가 발표한 평균-분산 포트폴리오 이론은 불확실성하의 문제를 평균과 분산으로 계량화하고 자산 간의 상관관계를 제시하여 분산 투자의 장점을 제시한 모형입니다. 효율적 포트폴리오와 효율적 투자선의 도출을 통해 최적포트폴리오의 선택 과정을 설명하는 마코위츠의 포트폴리오 이론은 자본자산가격결정모형(CAPM, capital asset pricing model)으로 이어지는 재무 이론의 비약적 발전 계기를 마련하였으며 이를 공로로 1990년 경제학 분야 노벨상을 공동 수상하였습니다.

마코위츠의 평균-분산 포트폴리오 이론은 다음을 가정하여 전개합니다.

- 모든 투자자의 투자 기간은 1기간(단일 기간)으로 가정합니다.
- 합리적인 투자자에 대한 가정: 투자자의 위험에 대한 태도는 위험회피형이며 기대 효용 극대화를 목표로 하여 투자한다고 가정합니다.
- 모든 투자자는 미래 투자 수익률의 확률분포에 대해 동질적 기대를 가지고 있다고 가정합니다.
- 평균-분산 모형에 따른 투자 대상 선택의 가정: 기대 수익과 위험은 기댓값의 평균과 분산으로 측정하고 투자자는 평균-분산 모형에 따라 투자의사결정을 한다고 가정합니다. 평균-분산 기준은 두 투자안의 기대수익률(평균)이 동일하면 분산(위험)이 작은 투자안을, 두 투자안의 분산(위험)이 동일하면 기대수익률(평균)이 큰 투자안을 선택하는 지배원리를 의미합니다.
- 자본 시장 내 거래비용과 세금이 존재하지 않으며, 모든 투자자가 무위험 이자율로 대출과 차입이 가능하다고 가정합니다.

② 자본자산가격결정모형 (CAPM, capital asset pricing model)

자본자산가격결정모형은 자산의 위험에 따라 기대수익률이 어떻게 결정되는지를 보여주는 균형 이론입니다. 포트폴리오 이론을 근거로 도출한 개별 투자자의 최적 포트폴리오가 어떻게 시장 내에서 취합되고 균형을 이루어 시장포트폴리오의 구성에 도달하는지에 대한 원리를 설명하고 있습니다. 자본자산가격결정모형에 의해 시장에서 균형을 이루는 위험과 수익의 균형관계를 설명하는 증권시장선의 도출이 가능하며, 이를 이용하여 위험과 수익률이 균형을 이루는 자산의 균형 시장 가격을 계산할 수 있습니다. 모형

을 통해 개별 주식에 대한 적절한 기대수익률 도출이 가능하기 때문에 증권시장선을 이용하면 주식의 평가를 위한 적정할인율 계산이 가능하고 과대평가 또는 과소평가된 주식을 식별할 수 있으며 이를 이용한 차익거래, 투자 성과 분석 등이 가능합니다.

디지털 기술과 인공지능 재무전문가의 출현

기업의 재무관리자 또는 증권회사의 재무분석사(analyst)와 같은 재무전문가는 기업의 재무 자료와 회계 자료 등을 분석하고 기업 또는 투자자의 투자의사결정을 지원하는 역할을 합니다. 그러나 최근 빅데이터, 인공지능, 머신러닝, 딥러닝 등 4차 산업혁명 기술의 출현 및 발전과 함께 재무분석과 투자 자문 등 재무관리자의 역할을 대신하는 인공지능 로봇의 활용이 활성화되고 있습니다.

투자자들에게 투자 의사결정에 대한 자문을 제공하는 대부분의 자산 운용사들은 인공지능 알고리즘과 딥러닝 기술을 바탕으로 한 자산가격예측모델을 도입하여 투자자들에게 투자 자문을 제공하고 있습니다. 전문가들은 기업의 투자의사결정을 주도하는 기업 재무관리 영역에서도 인간보다 인공지능 재무관리 프로그램을 더 신뢰하며 몇 년 내에 인공지능을 활용한 재무관리가 재무전문가의 역할을 대체할 것이라는 전망을 내 놓기도 합니다. 인간과 로봇의 투자수익률을 경쟁하는 대회가 열리기도 하고 인간과 로봇 재무관리자의 장단점을 비교하는 의견도 많이 제시됩니다.

로봇(robot)과 투자전문가(advisor)의 합성어로 로보어드바이저(robo-advisor)라고 불리는 인공지능 자산관리 알고리즘은 빅데이터를 활용해 투자 대상을 선별하고 투자 포트폴리오를 운용하는 자산관리서비스입니다. 로보어드바이저에 의한 투자 자문은 빅데이터와 알고리즘을 바탕으로 한 객관적인 정보를 바탕으로 하며, 컴퓨터 프로그램을 이용하기 때문에 시간과 장소에 대한 제약 없이 저렴한 비용으로 이용 가능하고 사용이 편리하다는 장점이 있습니다. 인간 재무전문가와 비교하여 대면서비스를 선호하거나 예상하지 못할 위기에 대한 관리 능력 등을 들어 기술력에 있어서는 아직 보완할 점이 많이 있다고 평가되기도 하지만 로보어드바이저 등의 인공지능 재무전문가의 영역과 역할은 늘어날 것으로 예상되는 것이 현실입니다.

그렇다면 인간 재무전문가의 역할은 사라지게 될까요? 데이터의 활용과 처리 및 분석 기술 측면에서 비교한다면 인간 재무전문가와 인공지능의 능력은 비교하기 어려울 것입니다. 그럼에도 불구하고 인공지능 재무전문가가 인간 재무전문가의 역할을 대체할 것인가 공생할 것인가에 대한 의문이 남아있는 것은 재무전문가의 의사결정 영역의 특성 때문일 것입니다. 경영의사결정, 특히 투자 및 재무관리에 대한 경영의사결정은 미래에 대한 불확실성이라는 위험을 안고 있습니다. 과거의 데이터에 대한 분석이 미래의 추세에 대한 예측을 가능하게 하고 이를 통해 위험이 발생할 확률을 낮추고 미래의 안정적인 수익을 예측하는 측면에서는 분명 인공지능을 활용한 로보어드바이저의 능력이 인간 재무전문가에 비해 뛰어날 것으로 예상됩니다. 그러나 갑작스러운 경제 위기나 팬데믹과 같은 사회적 위기 상황에 대한 대응 능력에 있어 아직은 인간 재무관리자의 경험과 직관에 따른 과감한 의사결정이 더 나은 투자 수익을 달성할 가능성도 있는 것이지요. 인공지능의 머신 러닝과 딥러닝의 수준이 어디까지 발전할지 모르겠지만 아직은 이러한 측면에서 대체 대신 인공지능 재무전문가와 인간 재무전문가의 영역을 나누거나 공생할 것이라는 전망을 하는 전문가도 있습니다.

경영의 여러 다른 영역에서와 마찬가지로 4차 산업혁명 기술의 발전은 재무관리 분야에서도 많은 변화를 가져오고 있습니다. 산업혁명과 기술의 발전과 같은 경영 환경의 물적자원의 변화는 경영 활동의 주체와 대상이 되는 인적자원 및 소비자의 변화를 리드하고 이에 따른 경영의 조직 및 운영 관리의 방식을 눈에 띄게 새로운 방식으로 전환하고 있습니다. 전통적인 경영학의 실천과 사례에 대한 이론 학습 뿐 아니라 경영 환경의 변화에 대한 관심과 이해, 발빠른 적응이 기업의 중심에서 활약할 인적자원으로서 또 새로운 세대의 소비자로서 기업과 밀접하게 연관되어 살아갈 여러분들에게 꼭 필요하리라고 생각합니다.

• 핀테크(fin tech)와 산업의 경계를 허문 빅블러(big blur)

핀테크(fin tech 또는 financial technology)는 금융(finance)과 기술(technology)의 합성어로써 4차 산업혁명의 첨단 정보 기술을 기반으로 한 금융서비스의 변화와 산업의 변화를 통칭합니다. 빅데이터, 소셜 네트워크의 활성화, 스마트폰과 같은 모바일 기술의 발전 등 새로운 정보 통신 기술을 활용하여 기존 금융 서비스의 혁신 뿐 아니라 산업의 경계를 넘어 비대면 서비스를 기반으로 하는 새로운 서비스가 등장하였습니다. 각종 페이를 표방하는 모바일 간편결제서비스, 소셜 네트워크를 기반으로 하는 금융 플랫폼, 개인간 거래를 지원하는 온라인 결제 서비스, 개인 자산 관리 및 보안 인증과 금융데이터 분석 등이 모두 이러한 영역에 해당합니다.

빅블러(big blur)는 핀테크 혁명과 O2O(online to offline) 현상 등을 바탕으로 관찰되는 경계의 융화이자 개방형 혁신을 의미합니다. 소비자와 생산자의 구분이 없어지고, 소기업과 대기업의 경계가 사라지며 온라인과 오프라인, 제품과 서비스간 구분없이 산업 또는 업종간 경계가 급속하게 사라지는 현상을 볼 수 있습니다. 온라인을 기반으로 한 거래에서는 소비자가 쉽게 생산자가 되고 생산자가 소비자가 됩니다. 온라인 거래에서 소비자는 기업의 규모를 구분하지 않으며, 제품을 판매하는 기업이 모바일 간편결제서비스를 제공하기 시작하면서 금융서비스 영역과의 경계가 사라지게 되었습니다.

카카오페이와 같은 모바일 간편결제서비스의 활성화와 함께 아예 업종의 벽을 허물고 비대면 금융서비스 산업으로 진출하는 사례로 뉴스에서는 선불카드와 현금없는 매장 정책 등을 활용하는 스타벅스가 수조원의 고객 예치금을 기반으로 금융 산업을 위협하는 주요 경쟁자로 꼽힌다고 보도하고 있습니다. 온라인 동영상 서비스업체인 넷플릭스는 그 영역을 게임 산업으로 확장했고, 애플은 자율주행 전기차 사업으로 진출, 구글은 자율주행 택시 사업으로, 아마존은 헬스케어와 금융 및 운송 산업으로, 페이스북은 메타로 사명을 새롭게 바꾸어 가상현실 개발 사업 부문의 신규 사업 분야로 진출하였습니다. 이러한 현상이 빅블러의 확산을 의미하며 앞으로 이러한 추세는 계속될 것으로 전망됩니다.

초(超)연결 시대를 바탕으로 초(超)경쟁 시대가 열렸다고 이야기하고 있습니다. 4차 산업혁명은 전 산업 영역을 디지털 기술로 연결하였고 전통적인 경영학에서 지양하는 전혀 새로운 산업 분야로의 진출로 사업 확장의 패러다임이 변화되고 전 산업 영역의 경계가 허물어지고 있습니다. 빅블러의 생존 전략은 원천 기술을 새로운 분야에 활용하여 융합하는 것입니다. 핵심 기술을 보유한 기업에게 산업의 경계는 의미가 없으며 기업의 전략적 의사결정은 새로운 패러다임을 고민하고 있습니다.

생각해보기

- 인공지능을 활용한 재무관리의 장점과 단점은 무엇이 있을까요?
- 4차 산업혁명시대에는 인공지능이 재무관리 전문가를 완전히 대체할 수 있을까요?

제3편 회계

고재민
인하대학교 경영학과 교수

01

왜 회계를 공부해야 할까?

재무부장: "전공이 뭐였지?"

안영이: "정치외교학과입니다."

재무부장: "어울려. 회계 공부는 따로 했나?"

안영이: "하고 있습니다."

재무부장: "그래, 빨리 배워 둬. 회계는 경영의 언어니까."

몇 해 전 웹툰과 TV 드라마로 큰 인기를 끌었던 『미생』의 한 대목입니다. 드라마에서 신입 인턴사원 안영이는 동기들 중에서도 가장 뛰어난 능력을 보여 에이스라는 칭찬을 듣습니다. 그런데 인턴 과정 중 과제로 부여 받은 기획안 작성에서 재무팀의 심사 과정 중 그만 탈락하고 맙니다. 그 뒤 재무팀장으로부터 자신의 기획안이 탈락한 이유를 재무팀 입장에서 보고서를 작성하여 제출하라는 지시를 받습니다. 그러나 결국 재무팀장을 찾아가 그 이유를 전혀 모르겠다고 실토합니다. 안영이가 보고서를 가져가지는 못했지만, 그 자리에서 재무부장에게 자신이 느낀 점을 다음과 같이 말합니다.

"제 머리 속에 있는 피상적인 매출 예상액이 재무팀에서 보다 더 타당한 근거를 가지고 다시 설정되는 과정에서, 그럼에도 불구하고 할 수 있는 사업과 그래도 할 수 없는 사업이 있다는 것, 그리고 그것의 판단이 모두 등급화된다는 것입니다. 앞으로 제 기획안이 보류되고 거부된다면 뭐가 잘못됐는지를 고민하지 않고 무엇을 만족시키지 못했는지를 고민할 것 같습니다."

우리가 어디에 갔다가 돈이 될 만한 어떤 사업 아이템이 눈에 들어왔다고 칩시다. 꽤 괜찮은 사업인 것처럼 보여 투자자만 잘 설득하면 대박이 날 것처럼 들떠 있는 상황입니다. 투자자를 어떤 방식으로 설득해야만 할까요? 돈이 될 것 같다는 보고서에는 시장의 상황이나 경쟁사의 동향, 그리고 비즈니스 모델에 대한 내용이 포함되지만, 결국 마지막에는 '얼마를 투자해야 하고 그 뒤에 벌 수 있는 돈은 얼마나 되는지'가 담겨야만 합니다. 그리고 그렇게 얼마나 돈이 되는지는 반드시 회계 상의 방식으로 표현되어야 합니다. 그래야만 상대를 설득할 수 있습니다.

일반적인 투자에서는 외부 투자자를 설득해야 하지만, 드라마 『미생』에서 안영이가 설득해야 할 투자자는 바로 회사 내부에서 자금을 배분하는 역할을 수행하는 재무팀입니다. 그리고 재무팀장은 이와 같은 관점에서 회계를 경영의 언어라고 말한 것입니다. 실제로 꽤 괜찮아 보였던 사업 아이템도 막상 계산기를 두들겨 보면 벌어들일 수 있는 돈이 신통치 않기도 하고, 돈이 될 것 같기는 하지만 회사의 자금 상황이 여의치 않을 수도 있고, 리스크가 너무 커서 회사가 이를 부담하기는 어려운 경우도 있습니다. 그래서 반드시 '추상적인' 감에 의존한 아이디어는 '구체적인' 회계상의 수치를 통해 확인해야만 합니다.

이번에는 드라마 『미생』의 또 다른 장면을 보겠습니다. 주인공인 신입 인턴사원 장그래와 그가 속해 있는 영업3팀의 팀장인 오차장이 새로운 사업 기획안을 논의하고 있습니다.

> 오차장: "요르단 쪽으로는 이 업체가 제일 낫네. 재무제표 양호하고 실적 좋고."
> 장그래: (오차장이 뒤적이는 문서들을 한 번 보려고 고개를 기웃거린다.)
> 오차장: "보면 알아?"
> 장그래: "저도 대강 아는데요. 재무제표만 빼구요."
> 오차장: "아니, 그게 단데… 그걸 빼면 어떡합니까?"

드라마에서 장그래와 오차장이 근무하고 있는 회사는 원 인터내셔널이라는 무역 회사입니다. 수출이나 수입과 같은 무역에서는 항상 거래 파트너를 잘 잡아야 하는데, 오차장은 재무제표를 보면서 여러 파트너 후보 중 누가 제일 건실한지 파악하고 있는 중입니다. 왜냐하면 이 회사가 요르단에 물건을 수출했을 때, 현지에서 영업을 제대로 해주어야만 이번 프로젝트가 성공할 수 있기 때문입니다.

오차장도 장그래도 결코 회계팀 직원이 아닙니다. 새로운 사업 아이디어로 외국에 물건을 파는 영업 업무를 하고 있습니다. 영업팀 직원이라고 하면 어떤 이미지가 떠오르나요? 세련된 차림에 설득력 있는 말솜씨, 그리고 때로는 고객과 허물 없는 관계를 만들기 위해 갖는 식사나 술자리 등이 흔히 떠오르는 영업사원의 이미지 아닌가요? 물론 그런 것이 밖으로 보이는 현실인 것은 맞습니다. 그러나 오차장의 예에서 볼 수 있는 것처럼, 회계 부서가 아닌 무역 아이디어를 기획하는 상황에서도 회계 지식은 필수입니다. 회계 지식은 회계팀에서만 필요할 것이라는 생각은 완전히 오해인 것입니다.

인문학이나 이공계 학과처럼 전공이 경영학이나 경제학이 아닌 이들은 왜 자신이 회계를 배워야 하는지 의아해하는 경우가 대부분입니다. 심지어는 경영학을 전공하면서도 회계와는 별 상관 없어 보이는 마케팅이나 인사관리 분야로 나가려는 이들 역시, 회계는 회계 직종에 취업하려는 사람들에게나 필요할 뿐 자신들에게는 불필요하다고 생각하는 경향이 있습니다. 과연 그럴까요?

우리가 자동차를 사는 상황을 한 번 생각해 봅시다. 자동차는 한 번 산 뒤에는 보통 10년 가까이 사용하는 내구재입니다. 따라서 품질이나 디자인과 같은 요소도 구매 의사결정에 중요한 영향을 미치지만, 오랜 기간 동안 안정적으로 A/S를 받을 수 있을지도 중요하게 따져 봐야만 합니다. 그 자동차 회사가 향후 얼마나 더 정상적으로 운영될 것인지 따져보고 맘에 드는 자동차가 있더라도 경영 상황이 위태롭다면 구매를 다시 생각해 볼 수도 있습니다.

설령 구매한 자동차를 중고차로 판매할 계획이더라도, 해당 자동차 회사의 존립이 위태로워지면 중고차 가격이 폭락하여 손해를 볼 수 있습니다. 이와 같은 이유로 자동차를 오래 타지 않고 1~2년 정도만 타다가 처분하려는 경우에도, 자동차 회사의 장기 생존 가능성에 대한 재무적 분석은 중요합니다.

물론 자동차를 생산하는 큰 기업들이야 일부러 소비자가 알아보려고 하지 않더라도 언론 등에 그 회사의 재무적 상황이 보도되어 자연스레 알 수 있습니다. 하지만 이와 같은 회사에 대한 정보도 누군가 그 회사의 회계 수치를 활용해 분석한 결과입니다. 만약 해당 회사를 분석해 놓은 정보가 없다면, 각각의 구매자가 스스로 여러 가지 경로를 통해 회사에 대한 정보를 수집하여 직접 분석해야 할 수도 있습니다. 그리고 이와 같은 분석을 위해 사용되는 가장 중요한 정보가 바로 회계 수치입니다.

보험에 가입하는 경우에도 상황은 비슷합니다. 모든 보험이 그런 것은 아니지만, 20~30년 정도 오랜 기간 동안 보험료를 납입한 뒤에야 보험금을 찾을 수 있는 경우가 많습니다. 따라서 보험금을 찾아야 하는 시점이 되었을 때 해당 보험회사가 보험금을 지급할 능력이 없다면, 보험 가입자는 낭패를 볼 수밖에 없습니다. 마치 돈을 빌려주고 받지 못하는 경우와 비슷한 상황이 되는 것입니다.

은행 예금도 마찬가지입니다. 몇 해 전 사회적으로 큰 문제가 되었던 저축은행 사태는 이를 잘 보여주는 예입니다. 많은 저축은행들이 프로젝트 파이낸싱에 무분별하게 투자했다가 큰 손해를 입거나 망했습니다. 또 시중은행보다 이자를 조금 더 받을 수 있다는 이유로, 많은 고객들이 제대로 따져보지도 않은 채 저축은행에 돈을 예치했다가 큰 피해를 봤습니다. 만일 한두 저축은행들만 손해를 봤다면, 해당 담당자에게 문제가 있겠거니 하고 넘어갈 수 있겠지요. 그러나 당시 저축은행 대다수가 유사한 일을 겪었다는 사실은 저축은행의 구조적인 시스템이나 인간의 본성에 대해 다시 한 번 생각해 볼 여지를 남깁니다.

세상에 공짜가 어디 있나요? 더 높은 수익에는 항상 더 높은 리스크가 따른다는 것은 자본주의 사회의 상식이지만, 무지와 탐욕이 눈을 가리고 귀를 막은 것입니다. 이와 같은 소비자들의 피해를 막기 위해 보험이나 은행과 같은 금융기관들은 경영의 건전성과 안정성을 확인할 수 있는 다양한 지표들을 공시하도록 되어 있습니다. 따라서 회계적 지식을 가지고 있지 못하면 해당 지표들이 무엇을 의미하는지, 또 어느 정도 되어야만 해당 금융기관이 안전한지 제대로 파악하고 판단하기 어렵습니다.

물론 이와 같은 지표들을 이용한다고 해서 모든 의사결정이 제대로 된다고 보장하기는 어렵습니다. 현재의 지표가 안정적이더라도 이 지표가 수십 년 뒤까지 이어진다는 보장도 없습니다. 그러나 경영 환경의 변화와 함께 이 지표들이 장기간 어떻게 변동되는지 그 추세를 살펴본다면, 의사결정을 위한 길잡이가 될 수 있을 것입니다.

위와 같은 상황을 회사에서 벌어지는 경우로 한 번 바꿔서 생각해 봅시다. 공학을 전공하고 구매 부서에서 일하고 있는 경우에도 회계 지식은 필요합니다. 생산라인에서 쓸 기계를 구입할 때 단순히 품질과 가격만으로 납품 업체를 결정하지는 않습니다. 해당 업체가 얼마나 재무적으로 안정되어 있는지를 평가하는 것은 필수적입니다. 왜냐하면 기계는 장기간 사용해야 하기 때문에 구매 뒤에 충실히 사후 관리를 받을 수 있느냐가 중요한 평가 요인이기 때문입니다.

이는 기계와 같은 내구재 뿐 아니라 부품 구매를 결정할 때도 중요합니다. 부품을 구매한 다음에는 해당 부품에 맞춰 생산 라인을 최적화하는데, 온도, 습도, 먼지 등과 같은 미세한 환경에도 민감하게 반응하는 전자 부품의 경우에는 공정 최적화에 수개월 이상의 시간이 걸리기도 합니다. 이때 납품 업체가 도산하거나 자금 조달에 문제가 생겨 납품이 지연되는 경우, 해당 부품에 맞춰 개발된 제품을 생산하는 데 큰 혼란이 발생하게 됩니다. 새로운 부품 업체를 선정하더라도 설계를 변경해야 할 수도 있으며, 동일한 부품이라도 생산라인을 다시 최적화하는 데 시간과 비용을 치러야만 합니다.

이는 구매부서에만 한정된 이야기도 아닙니다. 신제품을 출시해서 영업하는 부서를 생각해 봅시다. 품질도 우수하고 마케팅을 효과적으로 한 덕분에 대량의 첫 주문을 받고 모든 팀원들이 기쁜 마음에 축하 파티를 열었습니다. 마냥 행복해하며 생산해서 제 때에 납품만 하면 되는 걸까요? 어쩌면 이 글을 읽는 여러분들은 도대체 무엇이 문제냐고 반문할 수도 있을 것입니다.

문제는 기업 간의 거래는 대부분 외상 거래라는 점입니다. 미리 현금을 받고 제품을 생산하여 납품한다면 거절할 이유가 없습니다. 그러나 외상 거래의 경우에는 언제나 고객이 대금을 갚지 않을 위험이 도사리고 있습니다. 따라서 해당 기업의 결제 능력을 고려해서 주문 수락 여부를 결정해야 합니다. 이를 위해 대기업들은 고객의 신용도를 평가하는 팀을 따로 운영하여, 외상 매출 때마다 반드시 승인을 받도록 합니다. 그러나 작은 기업들이나 혹은 소규모 창업을 한 경우라면 신용도를 전문적으로 평가하는 팀을 따로 두기 어렵기 때문에, 마케팅 혹은 영업 부서나 사장이 직접 고객의 신용도를 평가하여 납품 여부를 결정해야 합니다. 그리고 이와 같은 의사결정의 가장 중요한 자료가 바로 회계정보입니다. 앞의 예에서 오차장이 살펴보는 재무제표가 바로 회계정보를 모아놓은 표입니다.

연구개발(R&D) 업무를 담당하는 직군이라고 해도 예외는 아닙니다. 연구개발 업무 역시 모두 회계 수치를 이용해 그 성과를 평가 받기 때문입니다. 단순히 기술만 뛰어나면 되지 않느냐고 반문할 수도 있지만, 회사 입장에서는 자원 배분의 우선순위를 평가해서 우선순위가 높은 연구개발 프로젝트부터 진행하게 됩니다. 따라서 자신의 업무가 회사의 경영 관점에서 어떻게 숫자로 기록되고 평가받는지를 파악하는 능력은 중요합니다. 이를 위해 대부분의 기업에서는 연구개발 직군 또한 연구소장 등 관리자로 승진하는 인력에 대해서는 반드시 회계 교육 프로그램을 이수하도록 하고 있습니다.

이처럼 회계는 우리가 소비자이든 기업의 구성원이든, 경제 활동을 하는 사회인으로서 반드시 알아야만 하는 지식입니다. 어떤 기업에 투자할지를 결정해야 하는 투자자 입장에서는 더 말할 나위도 없습니다. 어떤 경우에는 우리가 굳이 해당 기업의 회계 정보를 일일이 분석하지 않더라도 누군가 회계 정보를 분석해 주기도 합니다. 재무분석가라고 불리기도 하는 증권사의 애널리스트(analyst)가 바로 그들입니다. 회계정보를 포함해 기업 내의 다양한 정보를 분석해서 투자자들에게 적정 주가나 투자의견과 같은 형태로 새로운 정보를 제공해줍니다.

하지만 또 다른 경우에는 우리가 해당 기업의 회계정보를 직접 수집하고 분석해서 그 내용을 파악해야 할 때도 있습니다. 따라서 우리가 현대 사회에서 경제 활동을 제대로 하기 위해서는 기본적인 회계정보를 이해하고 해석할 수 있는 능력은 더 이상 선택이 아닌 필수가 되었다고 할 수 있습니다. 자본주의 사회에서 기본적인 회계 지식은 특정 전문가들만의 점유물이 아니라 사회의 구성원 누구에게나 필요한 상식이고 교양입니다.

02 회계를 어려워하는 이유

많은 이들이 회계를 어려워합니다. 사람들은 회계를 쉽게 이해하기 어렵고 오랜 기간 동안 전문적인 학습을 거쳐야 하는 것으로 생각하는 경향이 있습니다. 이는 절반은 맞고 절반은 잘못된 생각입니다. 우리가 의사나 변호사가 되기 위해서는 오랜 기간 전문적인 훈련을 받아야 합니다. 마찬가지로 회계 부서에서 회계정보를 산출하거나 공인회계사로서 회계정보의 신뢰성 여부를 판단하는 업무를 수행하려면 오랜 기간 동안 전문적인 학습 과정을 거쳐야 합니다. 그러나 이미 만들어진 회계정보를 읽고 해석하기 위해서는 약간의 기초적인 회계 지식만 갖추면 됩니다. 마치 의사가 아니더라도 누구나 약간의 의학적 상식을 가지고 응급 상황에서 간단한 처치를 할 수 있는 것과 같은 이치입니다.

보통 사람들이 회계에 대해 거부감을 가지게 하는 몇 가지 오해를 살펴봅시다. 이 오해들을 확인하는 과정에서 회계에 대한 편견에서 벗어나 회계를 보다 친숙하게 받아들일 수 있을 것입니다.

회계는 '수학'이 아니라 '언어'다

흔히 학생들에게 회계를 어려워하는 이유를 물어보면 회계가 수학이기 때문이라는 답을 제일 많이 듣게 됩니다. 요즘과 같이 '수포자'가 많은 현실에서 일단 숫자가 나오면 겁을 집어 먹거나 머리가 아파오기 때문인 것입니다. 회계가 수치를 통해 결과를 보여준다는 점에서는 마치 수학처럼 보일 수 있지만, 엄연히 회계는 수학과 다릅니다. 회계 수치를 계산하기 위해서 덧셈, 뺄셈, 곱셈, 나눗셈의 사칙연산이 필요하다는 점에서는 수학과 유사하지만, 대수(algebra), 미적분(calculus), 확률(probability) 등을 다루는 수학과는 다릅니다. 이제 그 오해를 같이 풀어봅시다.

우리가 누군가를 보고 돈을 많이 벌었다고 하는 상황을 생각해 보겠습니다. 100만 원이면 돈을 많이 번 것인가요? 1억 원 쯤 벌어야 돈이 된다고 할 수 있나요? 아니면 100억 원 쯤은 벌어야 투자 가치가 있다고 생각할까요? 돈을 많이 벌었다는 것은 매우 주관적인 판단입니다. 어린 아이에게는 용돈으로 5만 원만 줘도 좋아하지만, 대기업은 몇억 원 정도 번다고 해서 큰 돈이라 생각하지 않을 수 있습니다. 시간에도 차이가 있습니다. 같은 1억 원이라도 1960년대와 현재의 가치에는 큰 차이가 납니다. 또 그 전 해에 얼마를 벌었는지, 경쟁사가 얼마를 벌었는지, 시중의 경기가 어떤지, 투자자들의 기대가 어떤지에 따라서도 동일한 금액에 대한 판단에는 차이가 날 수 있습니다.

이처럼 누군가가 "돈을 많이 벌었다"라고 주관적으로 표현하는 것은 다른 상황에 있는 다른 사람에게는 달리 해석될 가능성이 높습니다. 따라서 회계는 이와 같은 주관적인 판단을 배제하기 위해, 객관적인 수치를 활용해서 "○○회사는 2020년에 132억 원을 벌었다"와 같은 방식으로 표현하는 것입니다. 그리고 이 132억 원이 큰지 작은지에 대해서는 각자 자신의 관점에서 해석하게 됩니다. 결국 회계는 수학이 아니라 숫자로 표현된 언어이고, 이와 같은 의미에서 회계를 기업의 언어 혹은 경영의 언어라고 하는 것입니다.

물론 회계에도 수학과 같이 기초적인 약속이 필요한 것은 맞습니다. 마치 산수를 처음 배우는 학생이 + 부호를 보면 이 부호의 앞과 뒤에 있는 값을 더해야 한다는 규칙을 익혀야 하는 것과 마찬가지입니다. "1에 1을 더하면 2"라는 이야기를 수식으로 만들면 "1 + 1 = 2"가 됩니다. 그리고 이 수식이 의미하는 바를 이해한 뒤에는 "1 + 1 = 2"를 보고 "1에 1을 더하면 2"라는 사실을 떠올립니다. 단순한 수식이라고 너무나 당연하게 생각할지 모르지만, 조금 더 복잡한 수식이 나올 때면 누구나 새로 학습해야만 합니다. $\sum_{k=1}^{10} k$는 수열에서 나오는 표기법으로 "1 + 2 + 3 + … + 10"을 단순화시켜 표현한 것입니다. Σ 오른쪽에 있는 변수에 Σ 아래에 있는 숫자부터 Σ 위에 있는 숫자까지 순차적으로 대입한 다음, 그것들을 더하라는 의미입니다.

회계에서도 이 정도의 규칙은 알아야 합니다. 그건 비단 회계에서만이 아니라 모든 학문에 적용되는 것입니다. 국어에서도 단어나 문법을 배워야 하고, 사회나 과학에서도 기본적인 개념이나 용어를 학습해야만 더 높은 수준의 이해에 도달할 수 있습니다. 이처럼 회계에서도 기초적인 규칙을 배우는 것은 필수적인 과정의 하나입니다.

회계에서의 예를 한 번 살펴봅시다. 어떤 사람이 마음에 드는 건물을 발견하고 자기가 가지고 있던 6억 원에다가 은행에서 빌린 4억 원을 더해 10억 원짜리 건물을 매입했다고 합시다. 이 건물을 다시 팔면 10억 원을 받을 수 있을 것이고, 이 매각 대금 중에서 은행에서 빌린 돈 4억 원을 갚고 나면 자기 수중에는 6억 원이 들어오게 됩니다. 우리는 어떤 사람이 보유하고 있는 재산의 현황을 평가할 때 앞에서 언급한 것과 같은 정보를 이용하게 됩니다. 그러나 여기 어디에 복잡한 수식이 있나요? 고작 "6 + 4 = 10"이라는 "1 + 1 = 2" 정도의 간단한 덧셈만 있을 뿐입니다.

회계에서는 이처럼 말로 풀어놓은 정보를 한 눈에 알아보기 쉽도록 체계적으로 정리하고 배열하는 규칙을 가지고 있습니다. 아래에 나와 있는 표는 그 규칙에 따라 작성된 것으로 회계에서는 이를 '재무상태표'라 부릅니다.

재무상태표

20X1년 12월 31일 현재 (단위: 원)

건물	10억 원	은행에서 빌린 돈 내 돈	4억 원 6억 원
합계	10억 원	합계	10억 원

재무상태표는 특정 시점에서 어떤 경제주체의 재무적 자원이 어떻게 구성되어 있는지를 한눈에 보여주는 표입니다. 마치 사람 몸에 X-ray를 쪼이면 사진에 몸 안의 뼈가 나타나는 것처럼, 해당 경제주체의 상황을 재무상태표로 표현하면 재무적 골격이 한 눈에 드러나게 됩니다. 이 표에서 왼쪽에는 건물이 10억 원으로 되어 있고 오른쪽에는 은행에서 빌린 돈 4억 원과 내 돈 6억 원이 있습니다.[1)]

"내가 가진 돈 6억 원에 은행에서 4억 원을 빌려 10억 원짜리 건물을 매입해서 보유하고 있다"와 같이 장황하게 설명한 경제적 정보를 이처럼 재무상태표에 담아서 보여주는 것은, 마치 "1에 1을 더하면 2"의 표현을 수학 기호를 활용하여 "1 + 1 = 2"이라고 표현하는 것과 같습니다. 즉, 수학에서 좌변에 있는 + 부호의 앞과 뒤의 숫자를 더한 값이 우변에 나와 있는 값과 같다고 약속하는 것처럼, 회계에서도 우변의 내역대로 자금을 조달하여 좌변의 내역과 같이 자금을 사용하는 방식으로 기록하자고 약속한 것입니다. 그리고 반대로 수식을 보며 그 속에 담긴 의미를 해석해내듯 회계에서도 수치를 통해 그 기업에서 발생한 거래나 그 거래의 결과로 인한 현재 상황을 파악할 수 있는 것입니다.

이처럼 수학은 몇 가지 기호를 사용하여 장황하게 설명할 수도 있는 계산 구조를 하나의 수식에 압축해서 표현하는 것이고, 회계 역시 복잡한 기업의 상황을 하나의 표로 단순화시켜 보여주는 것입니다. 그런 의미에서 보면 사실상 수학도 하나의 언어이고 회계 역시 언어의 일종이라고 볼 수 있습니다.

언어에는 단어, 회계에는 계정과목

우리가 언어를 배울 때는 제일 먼저 단어를 익혀야 합니다. 이와 같은 이치로 회계에서도 계정과목을 익혀야만 회계에 친숙해질 수 있습니다. 회계를 멀게 느끼는 첫 번째 이유가 회계를 수학이라고 오해하는 것이라면, 회계를 어려워하는 두 번째 이유는 익숙치 않은 용어인 계정과목이라고 할 수 있습니다. 중고등학교 때 사회나 과학 과목을 어려워하는 학생들이 각 과목에서 나오는 생소한 용어의 정의를 명확히 알고 난 뒤에 흥미가 생기는 경우가 종종 있는데, 회계 역시 이와 마찬가지입니다.

1) 실제 회계에서는 '은행에서 빌린 돈'이나 '내 돈'이라는 표현 대신 '차입금'과 '자본금' 등 보다 체계적인 용어를 사용한다. 그러나 크로스오버 교과는 회계의 기초 지식이 충분하지 않은 이들을 대상으로 하기 때문에, '은행에서 빌린 돈'이나 '내 돈'과 같은 일상 용어를 그대로 사용하기로 한다.

계정과목에는 어떤 것이 있을까요? 이미 다들 잘 알고 있는 '매출'과 같은 것이 그 예입니다. 물건을 파는 것이 무엇인지 알고 있는 초등학생도 처음 교과서에서 매출이라는 단어를 접하면 당혹스러울 수 있습니다. 그러다가 매출이 물건을 판다는 뜻이라는 것을 배운 뒤에 매출이 들어간 문장의 의미를 파악할 수 있습니다. 자산이나 부채와 같은 용어도 모두 계정과목의 예입니다.

계정과목은 회계에서 제공하는 정보를 구성하는 단위로서 계정과목 단위별로 금액이 집계됩니다. 예를 들어, 회사가 물건을 1억 원어치 팔았다면 '매출'이라는 계정과목이 1억 원이 되는 것입니다. 우리는 이미 앞에서 계정과목과 비슷한 것들을 살펴본 적이 있습니다. 재무상태표를 구성하는 '건물', '은행에서 빌린 돈', '내 돈'과 같은 항목이 바로 그것입니다. 여기서 계정과목 대신 계정과목과 비슷한 것이라는 표현을 쓴 것은, 회계에서는 '은행에서 빌린 돈'이나 '내 돈'과 같은 장황하거나 모호한 표현을 축약하고 명확하게 다듬어 '차입금', '자본금'이라는 계정과목을 사용하기 때문입니다. 하지만 건물과 같은 용어는 일상생활에서도 사용하고, 동시에 회계에서도 그대로 계정과목으로 쓰고 있습니다.

계정과목에는 여러 가지가 있습니다. 첫째, 우리가 일상생활에서 자주 쓰는 용어를 그대로 계정과목에서 쓰는 경우인데 토지, 건물, 특허권 등과 같은 것들을 예로 들 수 있습니다. 둘째, 우리가 일상생활에서 흔히 쓰지는 않지만 그다지 어렵지 않게 의미를 유추할 수 있는 경우로 차입금, 매출채권, 미지급비용, 자본금과 같은 것들이 있습니다. 차입금은 은행 등에서 차입한 돈이고, 매출채권은 물건을 매출하고 받아야 할 외상 금액이고, 미지급비용은 비용이 발생했지만 아직 지급하지 않은 돈이고, 자본금은 회사에 출자한 금액입니다. 셋째, 일상에서는 전혀 사용하지 않는 용어들로 회계에서 사용하는 의미를 따로 학습해야만 하는 경우로 대손충당금, 주식발행초과금 등을 들 수 있습니다. 대손충당금은 외상대금이나 돈을 빌려주었지만 회수하기 어려울 것으로 예상되는 금액이고, 주식발행초과금은 주식을 액면가액보다 높게 발행할 때 액면가액을 초과한 금액을 말합니다.

계정과목 중에는 그 경제적 맥락을 이해해야만 의미를 파악할 수 있는 것들도 있습니다. 계정과목의 문자적 의미만을 가지고는 그 계정과목을 어떻게 사용해야 하는지 온전히 이해할 수 없는 것들이 있다는 뜻입니다. 다음의 예를 통해 그 의미를 살펴봅시다.

우리가 일상 생활에서 흔히 쓰는 단어 중에 '휴대폰'과 '무선전화기'가 있습니다. 우리는 관용적으로 밖에 나가거나 멀리 여행할 때 가지고 가는 전화기를 휴대폰이라 부르고, 보통 집 안에서 방이나 거실을 돌아다니며 쓰는 전화기는 무선전화기라고 합니다. 그리고 영어로는 휴대폰을 'wireless', 무선전화기를 'cordless'라고 부릅니다.

그러면 여기서 한 가지 질문! 휴대폰을 무선전화기라고 부르지 않는 이유는 휴대폰이 유선이기 때문인가요? 반대로 무선전화기를 휴대폰이라 하지 않는 이유는 무선전화기는 휴대할 수 없기 때문인가요? 아닙니다. 휴대폰과 무선전화기 둘 다 휴대할 수 있고 또 선도 없지만, 우리는 관용적으로 선이 없는 전화기 중 집 바깥에서도 쓸 수 있는 것을 휴대폰이라 부르고 집 안에서만 쓸 수 있는 전화기를 무선전화기라고 부를 뿐입니다. 영어에서도 두 개의 전화기 모두 wire도 cord도 없지만, 외부에서도 사용할 수 있는 전화기를 wireless라 하고 실내에서만 쓸 수 있는 전화기는 cordless라고 부르는 것입니다.

회계의 계정과목 역시 이와 마찬가지로 맥락을 통해 익혀야 하는 것들이 꽤 있습니다. 예를 들어 계정과목 중 하나인 매출채권(賣出債權)과 미수금(未收金)을 비교해 봅시다. 매출채권의 뜻을 글자 그대로 풀어보면, 매출(賣出) 뒤에 채권자가 채무자에게 돈을 달라고 청구할 수 있는 권리(債權)를 말합니다. 즉, 외상으로 물건을 판 다음에 나중에 돈을 받을 수 있는 권리를 뜻하는 것입니다. 그러면 미수금은 무엇일까요? 한자로 풀어보면 아직 받지 못한(未收) 돈(金)입니다. 그러면 매출채권은 이미 받은 돈이어서 미수금이라 부르지 않는 것인가요? 반대로 미수금은 물건을 팔고 난 뒤 돈을 받을 수 있는 권리가 아니어서 매출채권이 아닌가요?

그렇지 않습니다. 매출채권도 미수금도 둘 다 물건을 팔고 난 뒤 받아야 할 돈을 말합니다. 그럼에도 불구하고 이를 구분하는 이유는 각 계정과목이 영업활동에서 발생한 것인지, 영업외활동에서 발생한 것인지를 구분하기 위해서입니다. 매출채권은 영업용 상품이나 제품의 판매로 인한 외상대금을 말하고, 미수금은 영업용 상품이나 제품 이외의 물건을 판매한 뒤의 외상대금을 뜻합니다. 예를 들어 전자제품을 제조하여 판매하는 회사가 냉장고나 세탁기를 외상으로 판매한 뒤에 받아야 할 대금은 매출채권이지만, 공장을 짓기 위해 보유하고 있던 토지를 매각한 뒤 받지 못한 대금은 미수금이 되는 것입니다. 반면 부동산 회사는 토지나 건물을 매각하고 아직 못 받은 대금은 매출채권이 되고, 직원들이 쓰던 컴퓨터를 중고상에게 판매한 뒤 못 받은 금액은 미수금입니다.

이처럼 계정과목은 언어를 배울 때 가장 기초가 되는 단어와 같은 성격을 지니고 있습니다. 계정과목은 회계정보를 이용하는 사람들 사이에 약속된 회계상의 통일된 용어입니다. 처음에는 익숙하지 않더라도 이 계정과목을 이해해야만, 기업을 파악하고 분석할 수 있는 개념이 정립될 것입니다.

거래의 내용에 대한 이해가 우선

앞에서 회계정보를 잘 이해하기 위해서는 계정과목을 알아야 한다고 했습니다. 그러면 이 계정과목은 어떻게 하면 쉽게 파악할 수 있을까요?

회계를 배우는 학생들 중에는 보통 낯선 계정과목이 나올 때마다 그 계정과목이 어떤 범주에 포함되는지, 어떤 방식의 회계 처리를 거쳐 그 값이 계산되는지에 대해서만 공부하는 경우가 종종 있습니다. 그러나 그에 앞서 더 필요하고 중요한 것은 그 계정과목의 회계 처리를 할 때 경제적 활동을 파악하는 것입니다.

이자비용의 예를 들어봅시다. 해가 바뀌면 기업별로 전년도 이익이 얼마였다고 발표하는 기사를 본 적이 있을 것입니다. 이처럼 이익은 기업이 한 해 동안 얼마나 장사를 잘 했는지를 보여주는 수치인데, 그 이익이 어떻게 계산되었는지 보여주는 회계 상의 표가 바로 손익계산서입니다. 그리고 그 이익을 계산하는 과정에 이자비용이라는 계정과목이 포함됩니다. 여기서 이자비용은 크게 보면 비용의 범주에 들어가는 계정과목으로 이익을 감소시킵니다.

여기서 한 가지 가정을 해보겠습니다. 아마존 밀림 안에 외부 세계와 접촉이 차단된 거대한 왕국이 있고 이 나라에는 돈을 빌려주는 제도가 없다고 합시다. 누군가 돈이 필요하다면 돈이 남아도는 사람이 그냥 주고, 또 돈을 받은 이는 시간이 지나서 여유가 생기면 다시 돈이 필요한 다른 사람에게 주거나 돈을 준 이에게 되돌려줄 수도 있는 그런 지상 낙원과 같은 평화로운 나라입니다. 이곳에 살던 원주민이 어느 날 외부 세계에 나와서 회계를 배운다면 이자비용이라는 계정과목에 대해서 쉽게 이해할 수 있을까요? 이는 마치 카메라를 한 번도 본 적 없는 아프리카 원주민에게 우리가 눈으로 보는 장면을 카메라로 찍으면 그 장면이 기계 안에 저장된다는 것을 설명하기 쉽지 않은 것과 유사하다 할 수 있습니다. 돈을 한 번도 빌려 본 적이 없는 이 원주민은 돈을 빌린 다음에 정기적으로 이자를 지급해야 하거나 만기가 되면 다시 원금을 갚아야 한다는 것을 쉽게 이해하기 어려울 것이고, 이자비용이라는 계정과목은 더욱 이해할 수 없을 것입니다.

그렇다면 이 원주민이 이자비용 계정과목을 제대로 이해하지 못하는 것은 회계 지식이 부족해서인가요? 아니면 돈을 빌려본 적도, 이자를 지급해 본 적도 없는 사회에서 지낸 탓에 그런 식의 경제 활동을 해보지 못한 탓인가요?

이는 본질적으로 후자의 탓이 크다고 할 것입니다. 실제로 강의를 하다보면 학생들이 건물이나 토지를 사고파는 회계 처리에 대해서는 쉽게 이해하면서도 주식이나 채권을 발행하는 회계 처리에 대해서는 어려워하는 경향이 있습니다. 이는 학생들이 건물이나 토지를 매매하는 거래는 주위에서 이미 본 적이 있거나 보지 못했더라도 시장에서 물건을 사고파는 것처럼 쉽게 유추할 수 있지만, 주식이나 채권은 기업에서만 발생하는 일이라 한 번도 겪어본 적이 없고 머릿속에서 쉽게 그려지지도 않기 때문입니다. 자신이 직접 겪어보고 그 거래의 내용을 속속들이 파악하고 있어야만 그 거래를 담고 있는 계정과목도 쉽게 이해할 수 있습니다. 따라서 회계 역시 그 거래가 담고 있는 경제적 의미를 확실히 이해하는 것이 우선이라 할 수 있습니다.

03 회계 맛보기

1장과 2장에서는 우리가 이 사회 속에서 살아가는 생활인 혹은 경제인으로서 회계를 공부해야 하는 이유를 살펴보고, 또 많은 이들이 회계를 왜 어렵게 느끼는지 생각해 보았습니다. 앞에서 설명한 것들은 회계를 공부하기 위한 일종의 배경 지식이라 할 수 있습니다. 이제 3장부터는 본격적으로 회계란 무엇인지를 공부하게 될 것입니다. 이제는 많은 이들을 회계가 수학이라 오해하게 만들었던 숫자가 등장하게 되고, 어쩌면 약간 당황할 수도 있습니다. 하지만 앞에서 지적했던 바와 같이 기껏해야 간단한 덧셈과 뺄셈일 뿐이니, 지레 겁을 먹을 필요는 없습니다.

특히 3장에서는 회계의 핵심적인 기본 개념이라 할 수 있는 '발생주의'와 '복식부기'를 다루게 됩니다. 그리고 이 발생주의와 복식부기의 개념을 활용하여 간단한 재무상태표와 손익계산서를 작성해 볼 것입니다. 이를 통해 일정 시점에서 기업의 재무상태와 일정 기간의 경영 성과를 어떻게 파악하는지 감을 잡게 될 것입니다.

회계와 부기는 어떻게 다른가?

회계가 현대 자본주의를 살아가는 데 반드시 배워야 하는 지식이라는 사실에 대해 이제 어느 정도 공감하였을 것입니다. 그럼에도 불구하고 회계 대신 부기(bookkeeping)라는 용어에 더 익숙한 사람들도 있고, 부기만으로도 충분한데 굳이 왜 회계를 배워야 하는지 의문을 품을 수도 있을 것입니다.

부기(簿記)를 한자로 살펴보면 장부를 나타내는 簿와 기록하다는 뜻의 記로 구성되어 있습니다. 즉, 장부에 기록하는 규칙을 말합니다. 동네 가게에서 외상으로 물건을 사올 때 가게 주인이 장부에 외상 대금을 적는 것도 부기이고, 술집에서 주문한 술을 납품 받아 창고에 쌓아두면서 장부에 입고 내역을 적는 것도 부기이고, 가끔 언론에 보도되는 것처럼 비자금을 뇌물로 상납한 이력을 적어놓는 것도 부기입니다. 따라서 부기란 기업의 거래 내역을 쉽게 알아볼 수 있도록 장부에 잘 정리하고 요약하는 기술을 말합니다.

이에 반해 회계의 목적은 특정 기업에 대해서 관심을 가지고 있는 여러 이해관계자들이 경제적 의사결정을 하는 데 유용한 정보를 제공하는 것입니다. 따라서 회계는 일반적으로 “특정 기업과 관련하여 발생한 경제적 사건을 식별(identify)하고 기록(record)하여 해당 기업의 이해관계자들에게 보고(report)하는 과정”이라고 정의합니다. 이를 보다 쉽게 풀어 말하면 “기업의 경제 활동과 관련된 정보를 수집하고 정리하여 필요한 이들에게 전달하는 활동”이라고 할 수 있습니다. 회계는 단순히 장부를 정리하는 부기에서 한 걸음 더 나아가, 회사를 둘러싼 이해관계자들의 의사결정에 도움이 되는 정보를 생산하고 해석하여 제공하는 것이 목적입니다. 이와 같은 관점에서 회계는 장부를 정리하는 부기를 포괄하는, 보다 큰 차원의 정보 시스템이라고 할 수 있습니다.

이처럼 회계가 부기를 포괄하는 개념이라면, 누군가가 회계를 잘 하기 위해서는 반드시 부기를 알아야만 될까요? 이는 반은 맞고 반은 틀린 말입니다. 부기를 잘 한다면 회계를 잘 할 가능성이 높은 건 사실이지만, 부기를 잘 하지 못한다고 해서 회계를 못할 것이라는 생각은 잘못입니다. 부기를 제대로 하기 위해서는, 수많은 종류의 거래를 어떻게 장부에 기록하는지 그 규칙을 일일이 학습해야 하기 때문에 매우 많은 시간이 필요합니다. 물론 회계팀에서 근무하거나 장부를 기록하고 요약하여 재무보고서인 재무제표를 만들어야 한다면 부기 지식은 필수입니다. 그러나 이렇게 직접 재무보고서를 작성하는 업무를 수행하는 경우가 아니라면, 이미 만들어진 재무제표를 읽고 해석하여 회사에 대해 분석하는 것만으로도 충분합니다. 부기의 자세하고 복잡한 규칙을 모두 알지 못하더라도 그 기본적인 원리와 내용만 알면 암호처럼 보이는 재무보고서의 의미도 어느 정도는 파악할 수 있습니다. 실제로 이 교재의 내용 또한 그와 같은 목적 하에 최소한의 회계 지식을 습득하는 데 목표를 두고 있습니다.

수익과 비용은 무엇을 기준으로 계산하나?: 현금주의 vs. 발생주의

앞에서 회계는 정보를 필요로 하는 사람들을 위해 정보를 생산하여 전달하는 시스템이라고 정의하였습니다. 따라서 기업에 대한 정보를 제공해달라고 요구할 수 있는 권리를 가진 사람들이 누구인지 따져봐야 합니다. 그리고 여러 정보이용자 중에서 가장 정보를 필요로 하는 사람들이 누구인지도 생각해 봐야만 합니다. 정보이용자에 따라 필요한 정보도 달라지고, 어떤 방식으로 정보를 전달 받기를 원하는지도 달라지기 때문입니다.

아마 기업에 대한 정보가 가장 필요한 사람들은 자신의 돈을 기업에 투자하고 이를 경영자에게 맡겨 그 돈을 잘 관리해서 불려 달라고 부탁한 투자자들일 것입니다. 따라서 투자자들의 돈을 맡아 기업을 경영하는 경영자는 일정 기간 동안의 경영 성과가 어땠는지 투자자들에게 보고할 의무를 지닙니다. 그러면 이와 같은 경영 성과를 어떤 기준으로 계산하는지 살펴보겠습니다.

집에서 가계부를 기록하거나 동아리에서 총무가 회비를 관리하는 방식을 생각해 봅시다. 보통 가계부를 정리할 때는 월급이 들어오면 수입으로 잡고 물건을 사거나 학원비가 나가면 지출로 잡아, 한 달 동안 돈이 얼마나 남았는지 혹은 얼마나 부족했는지를 계산합니다. 모임의 총무는 회비가 들어오면 수입으로 잡고, 회식을 하거나 현수막을 제작하기 위한 돈이 나가면 지출로 잡아 한 달 동안의 운영 내역을 정리합니다. 회계에서는 이와 같은 방식의 장부 정리를 현금주의(現金主義)라고 부릅니다. 왜냐하면 현금이 들어오고 나간 것을 기준으로 해서 '수입'과 '지출'을 계산하기 때문입니다.

그런데 기업 경영에서도 이와 같이 현금을 기준으로 해서 경영 성과를 계산하면 어떨까요? 새로 나온 제품의 홍보를 위해 마케팅 캠페인을 하면서 광고를 찍어 신문이나 TV에 나가기는 했지만, 아직 광고비를 지불하지 않았다면 지출로 잡지 않습니다. 그리고 광고를 만든 올해가 아닌 실제 현금을 지급하는 시점인 다음 해에 지출을 인식하게 됩니다. 반대로 인기 있는 제품을 예약 받아 대금의 일부를 선금으로 받았다면, 아직 제품을 생산하지도 않았지만 수입으로 잡습니다. 그리고 실제로 제품을 생산하여 납품하는 시점에서는 아무런 수입을 잡지 않은 채 오히려 제품을 생산하고 출고하는 데 쓴 돈만 지출로 인식하게 됩니다.

경영자가 경영 성과에 따라 보너스를 받기로 투자자와 계약을 체결한 경우, 앞에서 설명한 현금주의를 적용하면 이 경영자는 공정한 평가를 받는 것일까요? 만약 올해를 끝으로 경영자가 다른 사람으로 교체된다면, 후임 경영자에 대한 평가는 공정할까요? 이와 같은 상황이라면 현재의 경영자는 모든 지출에 대한 대금 결제를 현금이 아닌 외상으로 하도록 지시할 것입니다. 대신 지출에 대한 효과를 따져보지도 않은 채 방만한 경영을 하게 될 가능성이 높습니다. 광고비를 예로 들면, 광고 효과를 제대로 분석하지도 않고 일단 대대적인 광고를 집행하게 될 것입니다. 설령 비용 지출보다 매출액 증가 폭이 작아 광고비의 전체적인 효과는 마이너스(-)더라도 최소한 올해의 매출을 올리는 데 조금이라도 기여할 수 있기 때문입니다. 어차피 올해에는 광고에 들어간 돈을 지급하지 않을 것이고 비용은 후임 경영자가 떠안을 것이므로 자신은 신경 쓸 이유가 없습니다.

비용 뿐 아니라 매출에서도 문제가 생기게 됩니다. 현금 수입을 조금이라도 더 늘리기 위하여 정당한 가격이 아닌 비정상적으로 낮은 수준의 선금을 받고 예약을 해줄 수도 있습니다. 이 경영자는 심지어 원가보다도 낮은 금액으로 예약을 받아 궁극적으로 회사에 손실을 입히더라도 선금을 받아 자신의 경영 성과를 높일 수 있습니다. 이 모든 것이 다 자신의 수입으로 집계되고 차기 이후에 생기는 지출은 후임 경영자가 책임을 지게 되기 때문입니다. 또한 이와 같은 현금주의에서는 외상으로 물건을 구매하려는 고객과는 거래할 이유가 없습니다. 당장 현금으로 들어오지 않는 매출로는 자신의 성과를 평가받을 수 없기 때문입니다.

이처럼 현금이 들어오고 나간 것을 기준으로 수입과 지출을 계산하는 현금주의에는 심각한 문제점이 있습니다. 따라서 회계에서는 현금주의 대신 현금이 들어오고 나간 것과는 관계 없이 경제적 사건의 발생 여부에 따라 수익과 비용을 집계하여 경영 성과를 계산하는데, 이를 발생주의(發生主義)라 부릅니다. 발생주의에서는 현금주의에서 사용하는 수입과 지출 대신, '수익'과 '비용'의 개념을 사용하여 경영 성과를 기록합니다.

발생주의를 기준으로 앞에서 예로 든 광고비를 지급하는 경우와 제품을 판매하는 경우를 살펴보면 다음과 같습니다. 우선 광고비는 미래에 수익으로 이어진다는 보장도 없고, 설령 수익 창출에 어느 정도 기여할 수는 있지만 이를 객관적으로 측정할 수 없습니다. 따라서 현금을 지출했든 지출하지 않았든 상관하지 않고 광고 서비스를 받는 시점에 비용으로 잡습니다. 광고 서비스를 받는 시점이 경제적 사건이 발생한 때이기 때문입니다. 여기서 언제 광고 서비스를 받았는지에 대해서는 좀 더 생각해 봐야만 합니다. 왜냐하면 광고 계획안을 받는 시점, 광고를 찍는 시점, TV에 광고가 방영되는 시점 등 구체적으로 언제가 서비스를 받는 시점인지에 대해서는 사람마다 생각이 다를 수 있기 때문입니다. 그러나 이에 대해서는 〈사회의 탐색〉을 끝낸 뒤 본격적으로 회계 공부를 할 때 이야기하기로 하고, 여기서 분명히 알아둬야 할 점은 현금을 지불하는 시점과는 무관하게 광고 서비스를 받는 시점에 비용을 인식해야 한다는 것입니다.

그런데 광고 대금을 아직 현금으로 지급하지 않은 경우에는, 회사가 해당 금액 만큼 빚을 진 것이니 부채로 인식하고 차기 이후 현금을 지급하는 시점에 부채는 소멸합니다. 이 때 부채의 계정과목은 미지급비용(未支給費用)이 됩니다. 아직 지급하지 않은 비용이라는 뜻입니다. 반대로 대금을 미리 지급하더라도 광고 서비스는 아직 받지 않았으므로 광고비는 0입니다. 그리고 회사는 미래에 광고 서비스를 받을 권리가 생기므로 자산으로 인식하고, 차기 이후 광고 서비스를 받은 뒤 이 자산은 소멸합니다. 이 자산은 선급비용(先給費用)이라는 계정과목으로 회계 처리하는데, 이는 미리 지급한 비용이라는 뜻을 담고 있습니다.

다음으로 제품을 판매하는 경우입니다. 제품은 돈을 언제 받든 상관하지 않고 판매하는 시점에 수익으로 인식합니다. 왜냐하면 판매 시점에 경제적 사건이 발생하기 때문입니다. 제품 판매도 광고 서비스와 마찬가지로 어느 시점에 제품을 판매한 것으로 봐야할지에 대해서는 서로 다른 의견이 있을 수 있습니다. 제품 판매 시점이 판매자가 택배로 제품을 발송한 때인지, 택배회사가 배송을 완료한 때인지, 고객이 제품을 손에 넣은 때인지 논란이 있을 수 있기 때문입니다. 하지만 여기에서도 분명한 것은 회사가 돈을 받았든 받지 않았든 상관 없이 제품을 판매할 때 수익을 인식한다는 점입니다.

그러면 선금으로 현금을 받은 경우에는 어떻게 회계 처리할까요? 선금에 해당하는 금액만큼 회사에 현금은 들어왔지만 아직 해당 제품을 생산하여 판매하지는 않았기 때문에, 회사에 들어온 현금은 부채로 잡고 수익은 전혀 인식하지 않습니다. 이 때 부채의 계정과목은 미리 받은 돈이라는 뜻에서 선수금(先受金)이 됩니다. 왜냐하면 비록 선금을 받았지만 판매라는 경제적 사건이 발생하기 전이라서 고객은 구매 의사를 취소할 수 있고 따라서 수익으로 확정할 수 없기 때문입니다. 또한 선금을 받았기 때문에 회사는 나중에 고객에게 제품을 전달해야 하는 의무, 즉 빚이 생겼기 때문입니다. 만약 제품을 제때 생산하여 전달하지 못하면 받았던 돈을 다시 되돌려줘야 할 수도 있습니다. 그리고 고객에게 제품을 전달하는 시점에 해당하는 금액만큼 돈을 벌었다고 보아 수익을 잡고, 동시에 선금을 받을 때 인식했던 부채인 선수금도 사라지게 됩니다.

반대로 제품을 외상으로 판매한 경우는 어떻게 될까요? 우선 고객에게 제품을 판매한 시점에 매출이라는 수익을 인식합니다. 그러나 제품을 판매한 뒤에는 현금 대신 미래에 현금을 받을 수 있는 권리가 생기는데, 이는 자산이 되고 매출채권(賣出債權)이라는 계정과목을 사용합니다. 제품을 매출한 뒤에 생긴 채권이라는 뜻입니다. 그리고 미래에 현금을 받은 뒤에 이 매출채권은 소멸하게 됩니다.

이와 같은 방식으로 경영자를 평가하면 현금주의에서 발생할 수 있는 잠재적 문제를 해결할 수 있습니다. 광고비를 아직 지급하지 않더라도 광고 서비스를 받는 시점에 비용을 인식하고, 선금을 받더라도 수익으로 인식하지 않게 됩니다. 효과가 없는 광고를 찍으면 수익도 발생하지 않은 채 비용만 부담하게 되고, 원가에도 미치지 못하는 선금을 받으면 수익은 없이 부채만 기록됩니다. 따라서 경영자 입장에서는 오히려 불리한 평가를 받을 수 있기 때문에, 경영자에 대한 평가도 공정해지고 부도덕한 행위를 방지하여 합리적인 경영을 유도할 수 있습니다.

이와 같은 발생주의는 가계부나 동아리의 회비 관리에도 적용할 수 있습니다. 4월 21일부터 다음 달 5월 20일까지 학원비로 30만 원을 지출하는 경우, 이를 발생주의로 어떻게 계산하는지 살펴 보겠습니다. 설명의 편의를 위해 학원 강의는 주말을 포함하여 매일 이루어진다고 가정하겠습니다. 즉, 한 달은 30일이므로 학원 수강료는 1회 강의마다 1만 원으로 계산됩니다. 그리고 매달 말일이 결산일이라고 하고, 학원비를 언제 내는지에 따라 다음의 두 가지 상황별로 각 달의 비용을 계산해 보겠습니다.

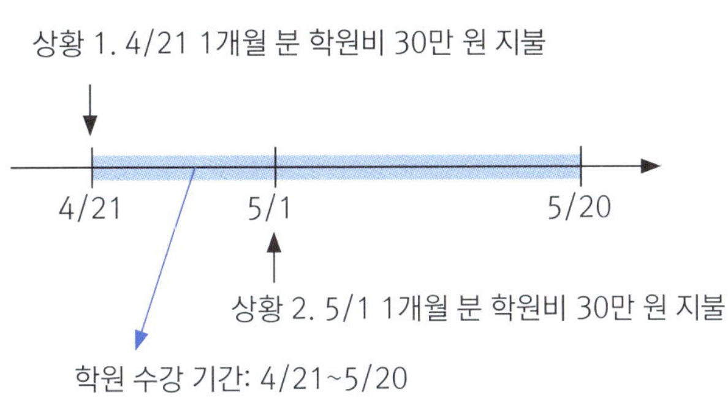

회계 처리	월	상황 1: 4/21 30만 원 지불		상황 2: 5/1 30만 원 지불	
		학원비	4/30 자산·부채	학원비	4/30 자산·부채
현금주의	4월	30만 원	-	0 원	-
	5월	0 원		30만 원	
발생주의	4월	10만 원	선금 20만 원(자산)	10만 원	빚 10만 원(부채)
	5월	20만 원		20만 원	

첫 번째 상황은 학원 수강이 시작되는 시점인 4월 21일에 4월 21일~5월 20일의 학원비 30만 원을 미

리 지불하는 경우입니다. 현금주의 관점에서는 이를 바로 지출로 봅니다. 따라서 4월의 지출은 30만 원이고, 5월에는 지출이 없으므로 0원입니다. 그러나 발생주의에서는 실제로 학원 수강이라는 서비스를 받는 시점에서 비용을 인식하므로 학원 강의가 1회 이루어질 때마다 비용을 1만 원씩 인식합니다. 따라서 4월의 비용은 30만 원의 1/3인 10만 원, 5월의 비용은 2/3인 20만 원이 됩니다. 비록 4월 21일에 학원비 30만 원을 모두 지불하더라도, 비용은 실제 발생된 것을 기준으로 인식하는 것입니다. 대신 발생주의에서는 4월의 결산일인 4월 30일에 한 가지를 더 인식해야 합니다. 4월 30일 시점을 기준으로 생각해 보면, 5월 1일부터 5월 20일까지의 학원비 10만 원을 선불한 것이므로 선금 20만 원을 추가로 인식하게 됩니다. 이 선금 20만 원은 수강생 입장에서는 자산이 됩니다. 만약 4월 30일 시점에서 불가피하게 학원을 다닐 수 없게 된다면, 20일 치에 해당하는 학원비를 환불 받을 권리가 있는 것으로 이해하면 될 것입니다.

두 번째 상황은 4월 21일에는 학원비를 내지 못한 채 학원 수강을 시작한 뒤, 5월 1일에 4월 21일~5월 20일의 학원비를 내는 경우입니다. 현금주의 관점에서는 학원비를 내는 시점에서 지출로 보기 때문에, 4월의 지출은 0원, 5월의 지출은 30만 원입니다. 반면 발생주의에서는 현금 지출 시점과 무관하게 비용을 인식하기 때문에, 첫 번째 상황과 동일하게 4월의 비용은 10만 원, 5월의 비용은 20만 원이 됩니다. 설령 학원비를 종강 시점인 5월 20일 이후에 내는 경우가 생기더라도, 학원 수강이라는 서비스를 받은 것은 변하지 않으므로 비용은 동일하게 인식합니다. 또한 발생주의에서는 4월의 결산일인 4월 30일 시점에는 4월 21일부터 4월 30일까지 열흘 동안 학원비 10만 원을 내지 않고 수강하였으므로, 추가로 빚 10만 원을 인식해야 합니다. 이 빚 10만 원은 수강생의 부채입니다. 이처럼 발생주의는 현금주의와 달리, 현금 지불 시점에 관계 없이 학원 수강이라는 경제적 사건의 '발생'을 기준으로 비용을 인식합니다.

동아리 회비를 관리할 때도 이와 같은 원리는 동일하게 적용됩니다. 현금주의에서는 4월 회비를 3월에 미리 내면 3월의 수입으로 잡고, 한 달 늦게 5월에 내면 5월의 수입으로 기록합니다. 그러나 발생주의에서는 4월 회비를 4월에 내든 2월이나 3월에 미리 내든 5월이나 6월에 늦게 내든, 실제 회비를 받은 달에 상관 없이 모두 4월의 수입으로 잡습니다. 더 정확하게는 4월의 수입이 아니라 4월의 수익이라고 해야 합니다. 왜냐하면 발생주의에서는 '수입'이나 '지출' 대신 '수익'과 '비용'이라는 표현을 쓰기 때문입니다. 이것이 발생주의 관점에서 기록한 장부입니다.

그렇다고 해서 발생주의를 도입하는 것이 만능은 아닙니다. 발생주의는 경영 성과를 정확히 계산할 수 있다는 장점이 있지만, 계산이 복잡하고 쉽게 이해하기 어렵다는 단점이 있습니다. 따라서 이해관계자가 다양하지 않고 경영 성과를 정확히 계산할 필요가 없는 상황에서는 굳이 발생주의 회계를 사용할 필요가 없고 현금주의를 이용하는 것도 좋습니다. 용돈을 받아서 관리할 때 현금출납장만으로도 충분한 것처럼, 가계부나 동아리의 회비 관리에는 현금주의 방식으로 장부를 기록하는 것이 오히려 목적에 맞다고 할 수도 있습니다.

현금주의는 단식부기, 발생주의는 복식부기 활용

앞에서는 현금주의와 발생주의를 구분하여 설명하였습니다. 그리고 집에서 쓰는 가계부나 동아리 모임 등에서 사용하는 현금출납장은 현금주의로 기록하는 것이 적합한 반면, 기업에서 쓰는 회계에서는 발생주의를 사용할 필요가 있다는 점도 설명하였습니다. 일반적으로 가계부나 현금출납장 등의 현금주의를 활용한 회계 처리를 '단식부기(單式簿記, single-entry bookkeeping)'라 부르고, 발생주의를 활용한 회계 처리를 '복식부기(複式簿記, double-entry bookkeeping)'라 부릅니다.

단식부기란 거래에 대하여 한 개의 계정이 어떻게 변동되었는지만 기록한다는 점에서 single이라는 표현을 쓰고, 복식부기란 두 개 이상의 계정 변동을 동시에 기록하기 때문에 double이라는 표현이 사용됩니다. 그런데 단식부기에서 사용하는 그 한 개의 계정이 바로 현금이고 현금의 상대 계정만을 기록하기 때문에, 단식부기는 현금주의를 활용한다고 하는 것입니다. 예를 들어, 학원비를 현금으로 지급한 경우에는 현금과 상대 계정인 학원비를 기록하지만, 외상으로 학원 강의를 수강하게 되면 현금 지급이 없으므로 아예 학원비를 기록하지 않게 됩니다. 즉, 단식부기에서는 현금이 들어오거나 나가야지만 장부에 기록을 하므로 현금주의를 활용한 회계 처리라 할 수 있습니다. 그러나 복식부기에서는 학원비를 현금으로 지급한 경우에도 학원비를 기록하지만, 학원비를 아직 지급하지 않더라도 학원 강의를 수강하기만 하면 학원비를 기록하므로 현금과는 무관하게 비용을 인식하게 됩니다. 복식부기는 학원 강의 수강이라는 경제적 사건이 발생할 때 비용을 인식하므로, 발생주의를 활용한 회계 처리라고 부르는 것입니다.

거래가 단순하여 경제 활동을 쉽게 파악할 수 있는 소규모 기업을 제외한 보통의 기업들은 발생주의에 기반한 복식부기를 사용합니다. 현금주의를 활용한 단식부기는 기업 경영 활동을 제대로 파악하고 평가하기 어렵기 때문입니다. 아래의 예를 이용하여 왜 간편하고 이해하기 쉬운 단식부기 대신 복잡한 복식부기를 사용해야만 하는지 생각해 봅시다.

현금 출납장

(단위: 원)

일자	수입	지출	내역
전기 이월	230,000		
11/1	1,000,000		11월 회비(10인)
11/1		150,000	연습실 임차료
11/3	200,000		기부금(홍길동 선배)
11/4	300,000		학교 보조금
11/4		20,000	문구류
11/5		120,000	회의비
11/6		100,000	컴퓨터 구입
11/7		50,000	등산대회
11/8		50,000	회장, 총무 통신비 지원
11/10	300,000		10월 회비(3인)
11/10		30,000	홍보 포스터 제작
11/10	1,000		이자수입
합계	1,801,000	520,000	
잔액	1,511,000		

위의 예는 흔히 사용하는 현금출납장으로, 가상의 클래식 기타 동아리 활동을 기초로 작성하였습니다. 현금출납장에는 11월 중 현금이 들어오고 나간 내역이 기록되어 있습니다. 그리고 해당 항목이 어떤 이유로 발생되었는지 그 내역도 나와 있습니다. 현금 수입은 주로 회비와 기부금 등이고, 현금 지출은 연습실 임차료와 같은 운영비와 컴퓨터 등 자산 구입으로 구성되어 있습니다. 우리는 이 현금출납장을 통해 두 가지 사실을 알 수 있습니다.

첫째, 11월 중 이 동아리의 현금 수입과 지출 중 어느 것이 더 많은지입니다. 11월 중 1,801,000원의 현금 수입과 520,000원의 현금 지출이 발생하여 현금 수입이 1,281,000원 더 많았습니다. 둘째, 현재의 현금 잔액을 파악할 수 있습니다. 이 동아리는 10월 말 잔액이 230,000원이었는데 11월 중 현금 수입이 1,281,000원 더 많아 11월 10일 현재 1,511,000원의 잔액이 남아 있습니다.

그러나 이 현금출납장만으로는 이 동아리의 현재 재정적 상황이 어떤지 정확히 파악하기는 어렵습니다. 첫째, 이 동아리가 매달 연습실을 임차하기 위해 15만 원을 지출하고 있다는 사실을 알 수는 있지만, 이 동아리가 연습실을 임차하기 위해 과거에 임대 보증금으로 얼마나 지불하였는지는 파악할 수 없습니다. 둘째, 연습실 임차료로 지급한 15만 원으로 앞으로 얼마나 더 연습실을 사용할 수 있는지도 알 수 없습니다. 11월 1일에 지출한 임차료가 11월 1일부터 11월 30일까지에 해당한다면, 11월 10일 시점에서는 15만 원

중 1/3인 5만 원을 사용하고 10만 원에 해당하는 연습실 사용권이 남아 있습니다. 하지만 만약 이 임차료가 10월 21일부터 11월 20일까지에 해당한다면 연습실 사용권은 2/3를 사용하고 5만 원만 남아 있을 것입니다. 혹은 11월 11일부터 12월 10일의 사용에 대한 대가를 미리 지급한 것이라면 15만 원 전부의 사용권이 남아 있는 셈입니다. 따라서 현금출납장으로는 11월 1일에 임차료를 현금으로 지불했다는 사실만 알 수 있을 뿐, 임차 보증금은 물론이고 임차료에 대해 남아 있는 연습실 사용권의 가치가 얼마나 되는지를 파악하기 어렵습니다.

셋째, 이 동아리는 11월 중 컴퓨터 구입을 위해 10만 원을 지출했는데 현금 출납장만 가지고는 현재 컴퓨터가 몇 대나 있는지 또 현재 남아 있는 컴퓨터의 가치는 얼마나 되는지도 파악하기 어렵습니다. 현금출납장으로는 11월 중에 컴퓨터 구입을 위해 지출한 금액이 10만 원이라는 사실만 알 수 있을 뿐입니다. 이처럼 현금출납장만으로는 회사의 재무적 상황을 빠른 시간에 정확히 파악하는 데 한계가 있습니다.

그러나 동아리 정도라면 이와 같은 단식부기로도 큰 문제가 없습니다. 연습실 임차료의 사용권이 얼마나 남았는지, 컴퓨터가 몇 대 있고 얼마나 가치가 있는지는 회장이나 총무의 기억만으로도 충분히 파악하고 관리할 수 있기 때문입니다. 그러나 본사, 공장, 전국 각지의 지점, 해외 지사 등으로 구성된 기업의 복잡한 경영 활동을 사장이나 회계팀장의 머리에만 의존하여 파악하기는 어려울 것입니다. 또한 경영 활동의 과정에 대해서 사장이나 회계팀장 외에 다른 구성원이나 투자자들도 알고 싶어합니다. 따라서 이와 같은 단식부기의 한계를 극복하고자 등장한 것이 바로 복식부기입니다.

복식부기는 거래가 발생하면 이를 두 가지 관점에서 바라보고 기록하게 됩니다. 현금주의는 현금 한 가지 관점에서만 장부를 기록한다고 해서 '단식'부기라고 부르는데, 발생주의는 두 가지 관점에서 장부를 기록하기 때문에 '복식'부기라고 합니다. 이 두 가지 관점이 무엇인지 예를 통해 살펴보겠습니다. 예를 들어 11월 회비로 100만 원이 들어온 경우, ①현금 100만 원의 증가와 함께 ②수입 100만 원의 증가라는 두 가지 관점에서 장부에 기록하는 것입니다. 또한 컴퓨터를 구입하는 데 10만 원을 지출한 거래에 대해서는 ①현금 10만 원의 감소와 동시에 ②10만 원 짜리 컴퓨터의 증가라는 두 가지 관점에서 장부를 기록합니다. 현금주의는 현금이 반드시 들어오거나 나가는 거래만 기록하지만, 복식부기는 현금이 수반되지 않는 거래도 기록됩니다. 만약 두 번째 예에서 외상으로 컴퓨터를 구입하면, ①외상대금 10만 원의 증가와 ②10만 원 짜리 컴퓨터의 증가라는 두 가지 관점이 되는 것입니다.

복식부기에서는 이와 같은 관점을 총 5개로 정해 두었습니다. ①자산 ②부채 ③자본 ④수익 ⑤비용의 5가지 항목이 그것입니다. 이 5가지 항목을 이해하기 쉽게 풀어서 단순하게 설명하면 다음과 같습니다. ①자산은 자신의 것, ②부채는 빚, ③자본은 자기 몫, ④수익은 번 돈, ⑤비용은 쓴 돈입니다.

회계를 처음 접하는 이들은 여기서 ①자산과 ③자본의 개념이 명확히 구분되지 않을 수 있습니다. 앞에서 자기 돈 6억 원과 은행에서 빌린 4억 원을 합하여 10억 원짜리 건물을 매입한 사례를 들은 바 있습니다.

여기서 10억 원짜리 건물은 ①자산, 은행에서 빌린 돈 4억 원은 ②부채이고, 자기 돈 6억 원은 ③자본입니다. ③자본은 최초에 사업을 시작하기 위해 투자한 밑천이 되고, 여기에 ②부채를 더해 ①자산을 구매하면 자신의 것이 됩니다. 따라서 자산은 최초 투자액이 커질 때도 증가하지만, 외부에서 끌어온 빚을 통해서도 늘어날 수 있습니다. 따라서 자산이 크더라도 거의 대부분이 빚으로 생긴 것이라면, 속빈 강정이 될 수 있습니다. 마치 빚을 얻어 사치를 부리고 허세를 부리는 것과 유사합니다. 이처럼 자산이 많다고 해서 무조건 좋은 것만은 아닐 수 있기 때문에, 자산이 어떻게 구성되어 있는지를 자세히 살펴봐야 합니다. 그리고 이렇게 보유하고 있는 ①자산을 팔아 자금을 회수한 뒤 ②부채를 갚고 난 뒤의 금액이 ③자본이 됩니다. 이처럼 자산을 처분하여 빚까지 모두 갚고 난 뒤 자기 몫으로 남는 것이 자본이 됩니다. 이와 같은 점에서 ①자산은 자신의 것이고 ③자본은 자기 몫이라 할 수 있습니다. 이제 자산과 자본을 구분할 수 있겠지요?

회계 거래와 회계 등식

그러면 회계에서 말하는 이 5가지 항목이 어떻게 연결되어 있는지 살펴 보겠습니다. 5가지 항목으로 한번에 들어가면 어려울 수 있으므로, 우선 ①자산 ②부채 ③자본의 3가지 항목만으로 그 관계를 살펴본 뒤, 이를 ①자산 ②부채 ③자본 ④수익 ⑤비용의 5가지 항목으로 확장해 보겠습니다. 앞에서 든 예처럼 6억 원의 자본과 4억 원의 부채를 합해 10억 원짜리 건물을 구매하였으므로, 다음과 같이 자산은 부채와 자본의 합이 됩니다.

자산 = 부채 + 자본

다음과 같이 2가지 거래가 발생하는 상황을 예로 들겠습니다. 그리고 이 거래들이 각 항목에 어떤 영향을 미치는지 살펴 보겠습니다.

(1) 자신이 가진 돈 100만 원을 회사에 출자하다.
(2) 은행에서 50만 원을 빌리다.

먼저 위의 거래가 각 항목에 어떤 영향을 미치는지 따져보기 전에, 이와 같은 거래를 기록하는 주체가 누구인지 생각해 봐야 합니다. (1)의 거래에서는 자신이 가진 돈을 회사에 출자했는데, 이를 자신과 회사 중 누구의 입장에서 기록해야 할까요? 지금 우리는 투자자가 아니라 회사 장부의 복식부기에 대하여 살펴보고 있습니다. 따라서 각 거래가 회사의 재무 상태를 어떻게 변화시키는지가 우리의 관심사이고, 회계 처리의 주체는 투자자가 아니라 회사가 됩니다.

(1)과 같이 자신이 가진 돈 100만 원을 회사에 출자하면 회사에는 어떤 일이 생길까요? 첫째, 회사는 현금이라는 자산이 100만 원 증가합니다. 둘째, 그와 동시에 자본도 100만 원 증가합니다. 이 100만 원은 회사 영업의 밑천이기도 하지만, 회사가 청산할 때 투자자는 100만 원을 돌려 받을 수 있기 때문입니다. 그 결과 자산 총액은 100만 원이 되고, 자본 총액도 100만 원이 됩니다. 부채는 없습니다.

거래 내역	좌변	우변	
	자산 (+)	부채 (+)	자본 (+)
(1) 현금 출자	+100만 원		+100만 원
잔액	100만 원		100만 원

(2)에서 보는 것처럼 자금이 부족하여 은행에서 50만 원을 빌리면 또 어떤 일이 발생하나요? 첫째, 회사는 현금이라는 자산이 50만 원 증가합니다. 둘째, 이와 함께 부채도 50만 원 증가합니다. 이와 같은 2개의 거래 뒤에 회사의 자산은 150만 원이고, 부채는 50만 원, 자본은 100만 원이 됩니다. 따라서 회사를 청산하게 되면, 주주가 자신의 몫으로 가져갈 수 있는 금액은 총 자산 150만 원 중 은행에 50만 원을 상환하고 남는 돈 100만 원이라는 사실을 알 수 있습니다.

거래 내역	좌변	우변	
	자산 (+)	부채 (+)	자본 (+)
(1) 현금 출자	+100만 원		+100만 원
(2) 은행 차입	+50만 원	+50만 원	
잔액	150만 원	50만 원	100만 원

→ 알 수 있는 정보

- ① 자산으로는 현금 150만 원이 있다.
- ② 부채로는 은행 차입금 50만 원이 존재한다.
- ③ 자본으로는 출자금 100만 원이 남아 있다.

이제 ①자산 ②부채 ③자본의 3가지 항목에 번 돈과 쓴 돈을 뜻하는 수익과 비용을 더해, ①자산 ②부채 ③자본 ④수익 ⑤비용의 5가지 항목으로 확장해 보겠습니다. 앞에서 든 예로 돌아가겠습니다. 자본 6억 원에 부채 4억 원을 더해 10억 원의 자산을 가지고 있는 상황에서, 이 10억 원짜리 건물을 임대하기 위해 0.3억 원을 들여 대대적인 청소를 하였고 건물을 임대하여 임대료로 0.5억 원을 받았다고 합시다. 이렇게 청소비로 0.3억 원의 비용과 임대료로 0.5억 원의 수익이 발생하면, 현금이 0.2억 원 증가하여 자산은 10.2억 원이 됩니다. 그리고 부채는 4억 원으로 변동이 없으므로, 자본은 6.2억 원으로 증가합니다. 회사의 자본은 최초 투자한 금액 6억 원에 임대 사업을 통해 0.2억 원의 순이익이 더해져 6.2억 원이 되는 것입니다. 반대로 0.3억 원을 들여 청소를 하였는데 임대료로 0.2억 원밖에 벌지 못했다면, 회사는 적자를 0.1억 원 보게 되고 자산은 감소하여 9.9억 원이 됩니다. 그리고 자본 또한 5.9억 원으로 감소합니다.

이를 정리하면, 회사의 자산은 수익이 발생하면 증가하고 비용으로 인해 감소합니다. 그리고 자본은 수익과 비용까지 반영된 자산에서 부채를 차감한 값이므로, 최초 투자액에 영업의 결과인 수익과 비용을 가감한 금액이 됩니다. 이는 다음과 같은 산식으로 표현할 수 있습니다.

자산 = 부채 + 자본 + 수익 - 비용

앞에서 든 예를 이어가 봅시다. 앞에서는 (1)과 (2)의 2가지 거래만 들었는데, 여기에 (3)과 (4)의 거래가 추가되는 상황입니다.

(3) 판매 목적으로 현금 10만 원을 주고 컴퓨터 2대를 구매하다.
(4) 이 컴퓨터 중 1대를 현금 8만 원에 판매하다.

(3)의 거래처럼 판매 목적으로 컴퓨터 2대를 10만 원에 구매하면, 역시 복식부기는 두 가지 관점에서 거래를 파악합니다. 첫째, 현금이라는 자산이 10만 원 감소합니다. 둘째, 동시에 컴퓨터라는 자산도 10만 원 증가합니다. 현금이라는 자산이 컴퓨터라는 자산으로 바뀌게 되는 것입니다. 그 결과 자산 총액은 150만 원으로 변화가 없고 부채와 자본 역시 50만 원과 100만 원으로 동일합니다. 아래 표에서는 ①자산 ②부채 ③자본의 3가지 항목이 ①자산 ②부채 ③자본 ④수익 ⑤비용의 5개 항목으로 확장된 것을 볼 수 있습니다.

거래 내역	좌변	우변			
	자산 (+)	부채 (+)	자본 (+)	수익 (+)	비용 (-)
(1) 현금 출자	+100만 원		+100만 원		
(2) 은행 차입	+50만 원	+50만 원			
(3) 컴퓨터 구입	+10만 원 -10만 원	-			
잔액	150만 원	50만 원	100만 원	8만 원	5만 원

(4)와 같이 이 컴퓨터 중 1대를 8만 원에 판매하면, 회사는 무엇을 인식해야 할까요? 여기에는 앞의 (1)~(3)까지의 거래와는 달리 수익의 증가와 비용의 증가라는 2가지 거래가 담겨 있습니다. 그리고 이 2가지 거

래에 대하여 각각 복식부기로 2가지씩 인식하면 4가지 관점으로 분석할 수 있습니다. 첫째, 현금이라는 자산이 8만 원 증가합니다. 둘째, 이 8만 원은 회사에 매출이라는 수익을 발생시킨 것으로 인식합니다. 셋째, 5만 원짜리 컴퓨터가 고객에게 인도되었으므로 컴퓨터라는 자산이 5만 원 감소합니다. 넷째, 5만 원짜리 컴퓨터는 8만 원의 매출을 발생시키는 데 필요한 원가이기 때문에 동시에 비용도 5만 원을 기록합니다.

거래 내역	좌변	우변			
	자산 (+)	부채 (+)	자본 (+)	수익 (+)	비용 (-)
(1) 현금 출자	+100만 원		+100만 원		
(2) 은행 차입	+50만 원	+50만 원			
(3) 컴퓨터 구입	+10만 원 -10만 원	-			
(4) 컴퓨터 판매	+8만 원			+8만 원	
	-5만 원				+5만 원
잔액	153만 원	50만 원	100만 원	8만 원	5만 원

→ 알 수 있는 정보

① 자산으로는 현금 150만 원이 있다.
② 부채로는 은행 차입금 50만 원이 존재한다.
③ 자본으로는 출자금 100만 원이 남아 있다.
④ 수익으로는 컴퓨터 판매 대금 8만 원이 기록된다.
⑤ 비용으로는 컴퓨터의 판매원가 5만 원을 인식한다.

이 4개의 거래 뒤에 회사의 자산은 153만 원이고, 부채는 50만 원, 자본은 100만 원, 수익은 8만 원, 비용은 5만 원이 됩니다. 따라서 이 시점에서 회사를 청산하면, 주주가 자신의 몫으로 가져갈 수 있는 금액은 총 자산 153만 원 중 은행에 50만 원을 갚고, 남은 돈 103만 원이라는 사실을 알 수 있습니다. 여기서 회사에 출자한 주주가 자신의 몫으로 가져갈 수 있는 금액인 자본은 최초 출자금 100만 원에 컴퓨터 매매를 통해 얻은 이익을 합하면 됩니다. 이익은 컴퓨터를 팔아서 벌어들인 금액 8만 원에서 컴퓨터 판매 시의 원가 5만 원을 차감한 3만 원이므로, 최초 출자금 100만 원에 이를 더하면 자본 103만 원과 동일합니다.

회계를 처음 공부할 때는 자산과 자본의 개념에 대해서도 혼동하는 경우가 많지만, 이익(profit)과 수익(revenue)의 개념 또한 헷갈리기 때문에 이를 명확히 정리할 필요가 있습니다. 수익은 기업이 매출이나 기타 활동 등을 통해 벌어들인 돈이고, 이 수익에서 비용을 차감한 금액이 이익입니다. 이익이 마이너스(-) 값을 가지면 손실이 되기도 합니다. 따라서 수익이 많이 나더라도 비용이 그보다 더 많으면 이익이 아니라 손실을 볼 수도 있습니다. 앞의 예에서 수익은 컴퓨터를 판매한 금액 8만 원이고, 이익은 여기서 컴퓨터 판매에 든 원가 5만 원을 차감한 3만 원이 됩니다.

이제 복식부기의 기본 원리에 대해서는 감을 잡았을 것입니다. 복식부기는 여기서 한 걸음 더 나아갑니다. 수익에서 비용을 차감한 금액 만큼 당기의 자본이 변동됩니다. 즉, 당기에 추가 출자나 배당이 없다면, 당기 말과 전기 말의 자본 금액 차이는 수익에서 비용을 차감한 금액과 동일합니다(당기 말 자본 - 전기 말 자본 = 수익 - 비용). 즉, 수익은 자본을 증가시키고 반대로 비용은 자본을 감소시키는 것입니다. 따라서 자본을 감소시키는 요인인 비용은 위의 표와 같이 자본과 같은 오른쪽에 (-)으로 표시할 수 있지만, 아래와 같이 이를 왼쪽으로 옮겨 (+)으로 표시할 수도 있습니다. 마치 수학에서 (-)인 값을 이항하면 (+)이 되는 것과 같은 이치입니다. 이처럼 비용은 부호를 (-)에서 (+)으로 바꿔 왼쪽으로 옮기게 됩니다. 그리고 왼쪽은 차변(借邊)이라 부르고 오른쪽은 대변(貸邊)이라 부릅니다. 회계에서는 이를 회계등식이라 부르는데 다음과 같이 표현됩니다.

자산 + 비용 = 부채 + 자본 + 수익

앞의 표를 회계등식에 따라 다시 정리하면 다음과 같습니다. 우선 좌변과 우변은 차변과 대변으로 바뀌고 대변에 있던 (-)의 비용 항목을 (+)으로 만들어 차변으로 넘깁니다. 이와 같은 과정을 마치고 나면 차변 잔액은 자산 153만 원과 비용 5만 원이며 대변 잔액은 부채 50만 원, 자본 100만 원, 수익 8만 원입니다. 하지만 수익 8만 원에서 비용 5만 원을 차감한 3만 원은 결국 자본에 포함되어, 최종적으로 자본은 103만 원이 됩니다.

거래 내역	차변		대변		
	자산 (+)	비용 (+)	부채 (+)	자본 (+)	수익 (+)
(1) 현금 출자	+100만 원			+100만 원	
(2) 은행 차입	+50만 원		+50만 원		
(3) 컴퓨터 구입	+10만 원 -10만 원				
(4) 컴퓨터 판매	+8만 원				+8만 원
	-5만 원	+5만 원			
잔액	153만 원	5만 원	50만 원	100만 원	8만 원

이와 같은 복식부기 방식으로 장부를 기록하면 단식부기에 비해 여러 가지 장점이 있습니다. 첫째, 자산

이나 부채, 그리고 자본의 현재 잔액을 바로 파악할 수 있습니다. 단식부기의 예에서는 기타 동아리에서 임대 보증금이 얼마나 되는지 컴퓨터의 자산 가치가 얼마나 되는지 바로 파악할 수 없었습니다. 반면 복식부기에서는 현재 현금이라는 자산이 148만 원, 컴퓨터가 5만 원이라는 사실을 쉽게 파악할 수 있으며, 컴퓨터 판매 전이라면 현금 140만 원과 컴퓨터 10만 원이라는 자산이 있다는 사실을 금방 알 수 있습니다. 또한 은행에 갚아야 할 빚이 50만 원이라는 사실도 쉽게 파악됩니다. 자본 역시 103만 원인데, 이는 최초 출자금 100만 원과 사업을 통해 벌어들인 이익 3만 원으로 구성된다는 사실도 금방 알 수 있습니다.

둘째, 회사의 진정한 수익과 비용도 쉽게 알 수 있습니다. 예를 들어 위 (4)의 거래에서 컴퓨터를 외상으로 판매했고 내년에 현금이 회수된다고 합시다. 실제로 회사끼리의 거래는 대부분 외상으로 이루어지기 때문에 이와 같은 상황은 일상적으로 발생합니다. 현금주의에 기반한 단식부기의 경우에는 아직 현금이 들어오지 않았으므로 이를 올해의 수입으로 인식하지 않고 내년의 수입으로 기록합니다. 하지만 발생주의를 이용한 복식부기에서는 컴퓨터를 판매하는 시점에서 매출채권이라는 자산의 증가와 동시에 매출이라는 수익을 인식합니다. 즉, 수익 창출은 대금을 회수하는 시점인 내년이 아니라 컴퓨터를 판매한 올해에 이루어지므로 올해의 수익으로 인식하는 것이 타당하고, 이로 인해 진정한 경영 성과인 수익과 비용이 제대로 파악되는 것입니다.

셋째, 복식부기를 활용하면 회사에 대한 분석도 쉽게 할 수 있습니다. 예를 들어 주주 입장에서 회사에 투자한 뒤 가장 궁금한 정보는 투자액 대비 수익이 얼마나 되는지일 것입니다. 위의 예에서 주주가 출자한 금액은 100만 원이고 자산은 주주의 출자액과 은행에서 빌린 돈 50만 원을 합쳐서 150만 원입니다. 그리고 당기에 벌어들인 이익은 3만 원입니다. 따라서 이익률은 주주의 출자액 대비 3%(＝3만 원÷100만 원), 자산 대비 2%(＝3만 원÷150만 원)입니다. 반면 단식부기 하에서는 특정 시점의 출자액이나 자산을 파악하기 어렵고 또한 진정한 수익과 비용도 알기 어려우므로, 회사의 수익성을 계산하는 것 역시 쉽지 않습니다.

복식부기의 결과물은 재무상태표와 손익계산서

앞에서 복식부기를 사용하면 회사가 처해 있는 현재 시점의 재무상태와 당기의 경영 성과를 손쉽게 파악할 수 있는 장점이 있다고 했습니다. 이 정보가 담긴 두 개의 표가 있는데, 바로 재무상태표와 손익계산서입니다. 앞의 예를 활용하여 복식부기의 결과물인 재무상태표와 손익계산서를 작성해 봅시다.

이를 위해서는 우선 유량(流量, flow)과 저량(貯量, stock)의 개념을 이해해야 합니다. 경제학에서는 특정 '기간'과 관련된 정보를 유량이라 하고, 특정 '시점'과 관련된 정보는 저량이라고 합니다. 즉, 특정 기간 동안 흘러 나온다는 점에서 유량이라 부르고, 특정 시점에 쌓여 있기 때문에 저량이라고 하는 것입니다. 이 유량과 저량에 대한 예는 주위에서 흔히 찾아볼 수 있습니다. 인구 수는 특정 시점에 인구가 얼마나 되는지 계산하므로 저량 개념인 반면, 출생아 수는 언제부터 언제까지의 기간에 신생아가 얼마나 많이 태어났는지를 계산하므로 유량 개념입니다. 재산이 얼마나 되는지는 특정 시점이 전제되어야 하기 때문에 저량 개념을 사용합니다. 1년 전과 1년 후, 심지어 어제와 오늘의 재산마저 달라질 수 있기 때문입니다. 반면 소득이 얼마나 되느냐고 할 때는 일정 기간을 기준으로 묻고 답해야 합니다. 시급, 일당, 주급, 월급, 연봉이 다 다르고, 같은 연봉이라 하더라도 작년과 올해의 연봉은 또 다를 수 있기 때문입니다.

그런 점에서 재무상태표는 특정 시점의 재무 상태를 나타내는 것이고, 손익계산서는 특정 기간의 경영 성과를 반영하는 것입니다. 따라서 재무상태표에서는 해당 시점에서 자산은 얼마나 되는지, 갚아야 할 부채는 얼마나 되는지, 같은 부채라도 단기간에 갚아야 할 빚과 장기에 걸쳐 천천히 갚아도 되는 빚을 구분해서 파악할 수 있습니다. 반면 손익계산서에서는 일정 기간 동안 매출은 얼마나 했는지, 이자로 내야 할 돈은 얼마나 되는지, 이익은 얼마인지를 알아볼 수 있습니다.

복식부기의 5가지 항목으로는 자산, 비용, 부채, 자본, 수익이 있습니다. 여기서 현재 시점의 재무상태와 관련된 즉, 저량 개념의 항목은 자산, 부채, 자본이고, 당기의 경영 성과 즉, 유량 개념의 항목은 수익, 비용입니다. 따라서 이 5가지 항목을 두 가지 범주로 구분해서 자산, 부채, 자본을 이용해 저량 개념의 재무상태표를 작성하고, 수익, 비용으로는 유량 개념의 손익계산서를 만듭니다. 그런데 올해 말의 재무상태를 계산하기 위해서는 전기 말과 당기 말 사이의 경영 성과를 알아야 하므로, 먼저 손익계산서를 작성하는 것이 바람직합니다.

먼저 수익과 비용을 이용해 손익계산서를 작성해 보겠습니다. 당기에 발생한 수익은 컴퓨터 매출로 생긴 8만 원이고 이 매출을 위해 5만 원짜리 컴퓨터를 판매하였습니다. 따라서 컴퓨터 판매에 대한 원가로 5만 원을 인식합니다.[2] 그리고 둘 사이의 차액 3만 원을 당기순이익으로 인식하게 됩니다.

손익계산서

비용		수익	
컴퓨터 판매 시 원가	5만 원	컴퓨터 매출	8만 원
		당기순이익	3만 원

다음으로 자산, 부채, 자본을 이용한 재무상태표를 살펴 보겠습니다. 우선 자산으로는 현금 148만 원이 있는데 은행에서 빌린 50만 원과 주주가 출자한 100만 원, 그리고 컴퓨터 2대를 구매하면서 10만 원이 빠져 나갔다가 이 중 5만 원짜리 컴퓨터 1대를 8만 원에 팔아서 148만 원이 된 것입니다. 또 컴퓨터는 5만 원

2) 현재의 손익계산서에서는 정식 계정과목 명칭을 사용하지 않았지만, 실제 회계에서는 컴퓨터 판매액 8만 원을 매출액이라 하고 판매한 제품에 들어간 원가 5만 원을 매출원가라고 부른다.

짜리 2대를 샀다가 1대를 팔았으므로 5만 원의 잔액을 기록하고 있습니다. 부채는 은행에서 빌린 50만 원이 있습니다. 그리고 자본에는 최초에 출자한 금액 100만 원과 당기에 컴퓨터 매출을 통해 벌어들인 당기순이익의 누적액 3만 원이 포함됩니다. 즉, 회사가 사업을 통해 벌어들인 이익은 모두 주주에게 귀속되므로 이를 자본에 포함시키는 것입니다. 이 3만 원을 손익계산서에는 당기순이익이라고 부르지만, 재무상태표에는 당기순이익의 누적액으로 표현한다는 차이만 있습니다.[3]

여기서 한 가지 주의할 점이 있습니다. 현재의 예에서는 사업을 시작한 첫 해이므로 당기순이익과 이익 누직액이 동일하지만, 이익이 계속 누직되면 딩기순이익과 이익 누직액은 달라지게 될 깃입니다. 왜냐하면 당기순이익은 유량 개념이라 그 해의 이익만을 의미하지만, 이익 누적액은 저량 개념이어서 그 전 해까지 누적되어 있는 이익에 당기의 이익을 합쳐 놓은 금액이기 때문입니다. 예를 들어 차기에 남은 5만 원짜리 컴퓨터 한 대를 7만 원에 처분하는 거래만 존재한다고 가정해 봅시다. 이때 당기순이익은 2만 원이 되지만, 이익 누적액은 당기 말 3만 원에 차기의 순이익 2만 원을 더해 5만 원이 될 것입니다.

재무상태표

자산		부채 및 자본		
현금	148만 원	부채	은행에서 빌린 돈	50만 원
컴퓨터	5만 원	자본	출자금	100만 원
			이익 누적액	3만 원
합계	153만 원	합계		153만 원

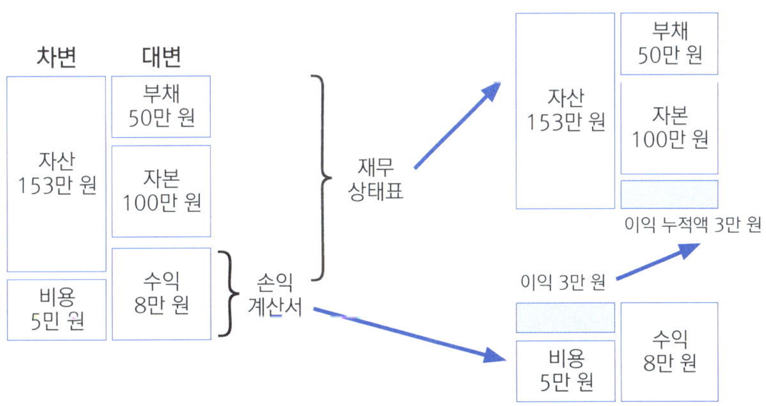

3) 현재의 재무상태표에서는 정식 계정과목 명칭을 사용하지 않았지만, 회계에서는 판매를 위해 보유중인 컴퓨터는 재고자산이라 부르고 은행에서 빌린 돈은 차입금이라고 한다. 또 주주가 출자한 금액은 자본금이라 하며, 영업을 통해 벌어들인 이익이 누적되어 회사에 쌓여 있는 금액은 이익잉여금이라 부른다. 회사가 보유하고 있는 현금은 정식 계정과목 역시 현금으로 동일하다.

회계 부정이란 무엇인가?

1+1은 얼마인가요? 대부분 2라고 대답하겠지만, 기업 사이의 전략적 제휴나 시너지(synergy)를 강조하는 사람은 1과 1을 합하면 2 이상의 가치를 낸다고 볼 수도 있고 또 이성과 뜨거운 사랑에 빠진 이는 둘이 만나 하나가 된다는 뜻에서 1이라고 할 수도 있을 것입니다. 그런데 회계에 대해 냉소적이고 부정적인 시각을 담은 농담이 있습니다. 회계사에게 1+1이 얼마인지 물어 보면 회계사는 얼른 창문 커튼을 닫고 질문한 사람의 귀에 대고 "얼마를 만들어 드릴까요?"라고 물어 본다는 것입니다. 이는 회계 수치가 얼마든지 조작될 수 있다는 점을 비아냥대는 농담입니다.

이처럼 재무제표는 얼마든지 조작될 수 있는데, 이를 회계부정 혹은 분식회계라고 합니다. 2000년대 초반 회계 스캔들로 불리며 세상을 떠들썩하게 만들었던 엔론(Enron) 사태나 SK글로벌 사건도 모두 다 이 분식회계에서 비롯되었습니다. 엔론의 2000년 매출액은 약 1,008억 달러(131조 원)로 Fortune 선정 글로벌 500대 기업 16위, 세계에서 가장 존경받는 기업 25위, 5년 연속 가장 혁신적인 기업 중 하나로 선정되었고, 최고경영자이자 설립자인 레이(Lay) 회장은 미국에서 가장 우수한 CEO 25인에 포함될 정도로 잘 나가는 기업이었습니다. 엔론은 회계 조작으로 1996년 132억 달러에 불과했던 매출액을 2000년 1,008억 달러로 만들었지만, 2001년 3/4분기 저조한 실적을 발표하며 분식회계 소문이 난지 2개월도 못 되어 파산하고 말았습니다. 당시 엔론의 외부감사를 맡고 있던 미국의 5대 회계법인 중 하나였던 아더 앤더슨(Arthur Anderson) 또한 그 충격을 견디지 못한 채 파산하였습니다. 분식회계가 얼마나 엄청난 결과를 가져올 수 있는지 적나라하게 보여주는 충격적인 사건입니다.[4)]

'분식'을 한자로 살펴보면 그 의미가 실감 나게 다가옵니다. 분식은 한자로 粉飾이라 쓰는데 앞의 粉은 가루라는 뜻으로 분말, 분칠 등의 단어에 사용되고, 뒤의 飾은 꾸민다는 뜻으로 장식과 같은 표현에 쓰입니다. 즉 분식회계란 가루로 장식했다는 의미로 허위로 꾸민 회계 처리라고 보면 됩니다.

그러면 어떻게 허위로 꾸민 회계 처리가 가능할까요? 앞의 예에서 이 회사의 당기순이익은 3만 원이지만, 경영자가 7만 원의 이익을 보고하고자 하는 상황을 가정해 봅시다. 이 회사는 자신이 알고 있는 이와 짜고 창고에 있는 원가 5만 원짜리 컴퓨터를 고객에게 9만 원에 판 것으로 영수증을 조작하면, 가상의 이익 4만 원을 만들어낼 수 있습니다. 이 거래에서 물론 대금은 받지 않았으므로 외상으로 회계 처리하고, 아는 이가 구매한 것으로 조작한 컴퓨터는 내년에 다시 반품 받기로 약속합니다. 이와 같이 매출을 조작하게 되면 재무제표가 어떻게 바뀌는지 한 번 살펴봅시다.

---

4) 「엔론사 파산이 던져 준 교훈」(LG경제연구원, 박상수, 2002. 1. 30.)에서 요약 발췌함.

손익계산서

비용		수익	
컴퓨터 판매 시 원가	10만 원	컴퓨터 매출	17만 원
		당기순이익	7만 원

재무상태표

자산		부채 및 자본		
현금	148만 원	부채	은행에서 빌린 돈	50만 원
외상대금	9만 원	자본	출자금	100만 원
			이익 누적액	7만 원
합계	157만 원	합계		157만 원

손익계산서의 컴퓨터 매출은 실제 매출 8만 원과 가공의 매출 9만 원을 합하여 17만 원, 컴퓨터 판매 시 원가는 실제 금액 5만 원에 가공의 원가 5만 원이 더해져 10만 원이 되었습니다. 그리고 당기순이익은 가공의 이익 4만 원이 늘어난 7만 원입니다. 매출로 들어온 현금이 없으므로 외상으로 판매한 것으로 회계 처리하여 재무상태표에는 외상대금 9만 원이 발생하고, 원래 창고에 있던 5만 원짜리 컴퓨터는 매출한 것으로 회계 처리하여 사라졌습니다.[5] 그리고 자본 중 이익 누적액은 진정한 당기순이익 3만 원에서 가공의 이익 4만 원이 증가하여 7만 원이 됩니다.

방금 설명한 예는 수많은 분식회계 방법 중 하나를 매우 단순하게 만들었을 뿐입니다. 현실에서 사용하는 분식회계 방법은 이와 같은 가공 매출 말고도 여러 가지가 있으며 훨씬 복잡한 방법이 동원됩니다. 이와 같이 회계 수치는 얼마든지 조작될 수도 있다는 사실에 유념해야만 합니다

회계감사를 통해 재무제표의 신뢰성 판단

이처럼 회계정보는 잠재적으로 언제든지 허위로 작성될 가능성이 있습니다. 그러면 우리는 어떻게 기업이 발표한 재무제표를 믿고 투자하며 또 어떻게 부품을 납품할 것인지와 같은 의사결정을 할 수 있을까요? 재무제표가 얼마나 믿을 만한지 모든 투자자나 공급업자들이 일일이 그 신뢰성에 대해 평가해야만 한다면, 아마 하나의 거래가 성사되기까지에는 매우 긴 시간이 걸릴 것입니다.

따라서 재무제표를 발표할 때 외부의 전문가가 이 재무제표가 얼마나 믿을 만한지 그 신뢰성을 판단하는 과정을 거치도록 법에서 규정하고 있는데, 이를 회계감사라 부릅니다. 이를 규정한 법은 '주식회사 등의 외부감사에 관한 법률'인데, 모든 회사가 다 외부감사를 받는 것은 아니고 일정 기준을 충족하는 경우

5) 외상대금의 회계상 정식 계정과목 명칭은 매출채권이다.

대상이 됩니다. 회사 내에도 경영자를 감시하는 감사가 있지만, 회사 내부의 감사는 경영자와 같은 회사에서 근무하면서 해당 회사에서 급여를 받기 때문에 회계감사를 제대로 수행하기에는 독립성 측면에서 한계가 있습니다. 따라서 회계감사는 반드시 외부에서 받도록 규정하고 있으며, 내부감사와 구별하기 위해 회계감사를 외부감사라고도 부릅니다.

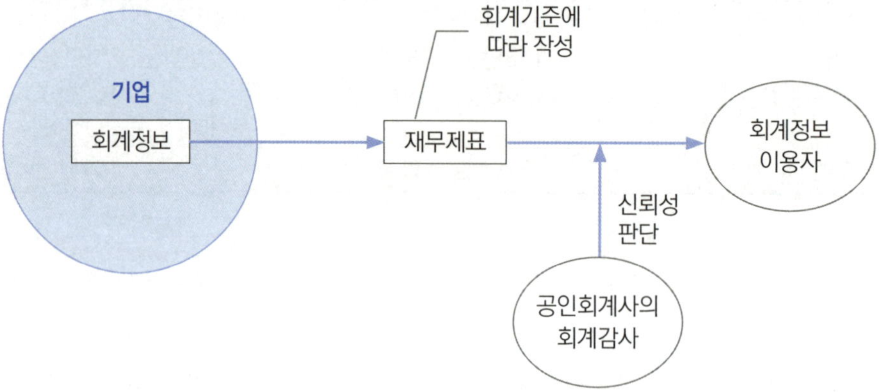

그러면 회계감사를 수행하는 이는 누구일까요? 바로 어디선가 한 번쯤은 들어봤을 공인회계사(CPA: Certified Public Accountant)가 바로 그들입니다. 의사, 변호사, 변리사처럼 전문 자격증으로 대학생들도 큰 관심을 가지는 직종 중 하나입니다. 공인회계사들이 회계감사를 통해 해당 회사의 재무제표가 회계기준에 따라 적정하게 작성되었는지 아닌지를 판단하고, 그 판단의 결과로 감사의견을 제시합니다.

감사의견에는 ①적정의견 ②한정의견 ③부적정의견 ④의견거절의 네 가지 종류가 있습니다. 회계감사 결과 재무제표가 합리적인 수준에서 믿을 만하다는 것은 이 네 가지 감사의견 중 오직 적정의견 뿐입니다. 그 외 세 가지는 모두 회사의 재무제표가 정도의 차이는 있을지언정 신뢰성 측면에서 문제가 되거나 제대로 감사를 수행하지 못해 감사의견을 제시할 수 없는 상황일 때 제시하게 됩니다.

여기서 한 가지 주의할 점이 있는데 공인회계사의 적정의견이 결코 경영 성과가 양호하다는 것을 말해주는 것은 아니라는 것입니다. 적정의견의 의미는 외부의 독립적인 전문가가 분석한 결과 경영자가 작성한 재무제표의 수치가 믿을 만하다는 것일 뿐입니다. 여기서 재무제표의 수치는 양호하게 나타날 수도 있지만, 반대로 큰 폭의 적자일 수도 있습니다. 따라서 그 재무제표가 양호하든 적자든, 그 내용과 관계없이 재무제표의 수치를 믿고 의사결정을 해도 좋다는 것으로 해석할 수 있습니다.

예를 들어 어떤 기업이 엄청난 적자를 기록한 상황에서도 경영자가 손실을 재무제표에 충실히 반영했다면 공인회계사는 해당 기업에 적정의견을 제시하게 됩니다. 반대로 재무제표 상에는 큰 폭의 이익을 보고하였지만 이익의 일부가 재무제표에 충실히 반영되지 못한 경우, 공인회계사는 적정의견이 아닌 한정 혹은 부적정의견을 제시할 수도 있습니다. 이때 이익의 일부가 충실히 반영되지 못했다는 것은 실제 이익이 재무제표 상의 이익보다 더 클 수도 있고 더 작을 수도 있는 두 가지 가능성을 모두 포함합니다. 이처럼 공인회계사의 '적정의견'만 보고 기업의 경영 성과가 양호한 것으로 오해해서는 안 됩니다.

04 재무제표 이해하기

앞에서 회계를 보다 쉽게 풀어서 '기업의 경제 활동과 관련된 정보를 수집하고 정리하여 필요한 이들에게 전달하는 활동'이라고 설명하였습니다. 그러면 이처럼 수집된 정보를 정보이용자에게 전달할 수단이 필요합니다. 회계에서는 이를 재무제표(財務諸表)라고 부릅니다. 여기서 제(諸)는 모두, 여러 가지라는 뜻을 담고 있으므로 재무제표는 '기업의 재무 정보를 담고 있는 여러 가지 표' 정도로 표현할 수 있겠습니다. 재무제표란 무엇이고 이에 담긴 정보를 어떻게 이해해야 하는지 살펴보기로 합시다.

4가지 재무제표: 재무상태표, 손익계산서, 자본변동표, 현금흐름표

현대 기업의 가장 주된 형태는 주식회사입니다. 수많은 주주들이 자금을 출자하여 큰 규모의 자본금을 모을 수 있다는 점에서 주식회사는 현대 자본주의를 움직이는 동력이라 하지 않을 수 없습니다. 그리고 주주들은 경영자에게 기업 경영을 위탁하게 되는데 경영자는 주주들의 출자금을 이용해서 기업을 경영하게 됩니다. 따라서 경영자는 보통 1년에 한 번 이상 자신이 주주들의 자금을 어떻게 관리하여 어떤 성과를 냈는지 보고합니다. 이와 같은 보고는 기업 경영을 위임 받은 자의 기본 의무입니다. 그리고 이와 같이 경영 성과를 보고하는 데 재무제표가 이용되는 것입니다.

재무제표에는 네 가지가 있는데 재무상태표, 손익계산서, 현금흐름표, 자본변동표가 그것입니다. 그리고 이 중에서도 재무상태표와 손익계산서가 중심이 됩니다. 첫째, 재무상태표(statement of financial position)는 특정 '시점'의 재무상태를 보여주는 재무보고서입니다. 둘째, 손익계산서(income statement)는 일정 '기간' 동안의 경영 성과를 보여주는 재무보고서입니다. 앞의 3장에서 설명한 바와 같이, 특정 시점의 재무상태를 보여주는 재무상태표와 달리 손익계산서는 특정 기간의 성과를 반영합니다.

셋째, 현금흐름표(statement of cash flows)는 일정 기간 동안의 현금 유입과 유출 내역을 보여주는 재무보고서입니다. 현재 모든 기업들이 산출하는 이익의 개념은 현금이 들어오고 나간 것에 근거해 계산하는 현금주의가 아니라, 실제로 수익이 생기거나 비용이 발생한 경제적 사실에 기초한 발생주의를 따르고 있습니다. 따라서 손익계산서 상의 이익에서는 큰 폭의 흑자가 발생했더라도 현금은 오히려 들어온 것보다 나간 것이 더 많을 수도 있습니다.[6] 예를 들어 매출이나 기타 영업활동을 통해 들어온 현금보다 공장 건설과 같은 투자 활동에 지출한 현금이 더 많은 경우, 현금흐름은 마이너스(-) 값을 보일 수도 있는 것입니다.

이처럼 현금흐름이 마이너스(-)라는 것은 현금의 유입보다 유출이 더 많은 상황을 뜻하는데 이와 같은 상황일 때 기업에서는 어떤 일이 벌어지게 될까요? 이익은 겉으로는 많이 나고 있어도 주주들에게 배당을 하지 못하는 것은 물론이고, 종업원들의 급여를 주지 못하거나 심지어 외상으로 구매하고 발행한 어음이나 수표의 만기가 돌아와도 지불할 현금이 부족한 상황이 벌어집니다. 이와 같은 상황을 흑자도산이라고 부릅니다. 즉, 사업이 잘 되다 보니 경영자가 지나친 욕심을 내서 무리한 확장을 한 것이고, 이로 인해 잘나가는 회사가 한 순간에 부도나는 상황을 맞게 되는 것입니다.

이처럼 손익계산서 상에서는 분명히 흑자를 기록하고 있는데도 단기간의 현금 지급 능력이 부족해서 도산하게 될 수도 있습니다. 따라서 경영자는 이익을 내는 것도 중요하지만, 그에 못지않게 현금흐름을 제대로 관리하는 것도 필수적입니다. 현금흐름표는 이와 같이 손익계산서만으로는 파악할 수 없는 현금흐름에 대한 정보를 제공하는 표라고 할 수 있습니다.

넷째, 자본변동표(statement of changes in equity)는 일정 시점을 기준으로 자본의 크기와 일정 기간 동안 자본의 변동 내역을 보여주는 재무보고서입니다. 자본이란 기업을 청산하는 경우 채권자들에게 지불해야 할 금액을 모두 제외한 뒤, 순수하게 주주에게 돌아오는 최종 몫을 말합니다. 자본변동표에는 주주의 몫인 자본을 항목별로 세분하여 기초 금액과 당기 중의 증감 내역이 상세히 표시되고 그 결과로 기말 금액이 어떻게 되는지를 보여주게 됩니다.

재무상태표

우리나라의 대표 기업이라 할 수 있는 삼성전자의 2020년 사례를 통해 재무상태표를 이해해 봅시다.[7] 우선 재무상태표의 구조부터 살펴보겠습니다.

6) 우리는 일상생활에서 흔히 이익이 나면 흑자(黑字)라고 하고 손해를 보게 되면 적자(赤字)라는 표현을 쓴다. 이는 예로부터 장부를 기록할 때 보통은 검은 색 글씨로 기록을 하지만, 손실이 나면 붉은 색 글씨로 기록하였기 때문에 유래된 표현이다. 당장 우리가 컴퓨터에서 자주 사용하는 대표적인 스프레드시트(spreadsheet) 프로그램인 마이크로소프트사의 엑셀을 보더라도, 음(-)의 숫자는 붉은 글씨로 표시해주는 옵션이 있다. 이를 통해 동서양을 막론하고 손실의 경우 붉은 색 글씨(赤字)로 표시했다는 사실을 유추할 수 있다.

7) 기업의 재무제표에는 자회사의 재무제표를 제외한 개별재무제표와 자회사의 재무제표까지 포괄하는 연결재무제표가 있다. 현재 상장기업의 주재무제표는 연결재무제표로 규정되어 있기 때문에, 본 교재의 사례에서는 연결재무제표를 사용하였다.

삼성전자의 2020년 재무상태표

재무상태표 (2020. 12. 31. 현재) (단위: 조 원)				
자산		부채 및 자본		
유동자산	198	부채	유동부채	75
비유동자산	180		비유동부채	27
		부채 총계		102
		자본		276
자산 총계	378	부채와 자본 총계		378

제일 위에는 재무상태표라는 표의 제목이 나옵니다. 다음으로 표 제목 아래에는 재무상태표가 작성된 시점이 나옵니다. 앞에서 설명한 바와 같이 재무상태표는 일정 시점의 재무상태를 보여주는 재무보고서이기 때문에, 그 일정 시점이 언제인지를 알아야 합니다. 그리고 작성일자의 오른쪽에는 재무상태표 금액의 단위가 나옵니다.

아래로 내려와서 표 안으로 들어가면 재무상태표의 왼쪽은 차변(借邊)이라 하고 오른쪽은 대변(貸邊)이라 부릅니다. 그리고 재무상태표의 차변에는 자산을, 그리고 대변에는 부채와 자본을 기록합니다. 이렇게 기록한 차변과 대변의 합계는 항상 일치하게 되는데, 이것을 복식부기의 원리라 부릅니다. 차변의 합계와 대변의 합계가 일치하는 이유는 자산이 부채와 자본의 합계로 이루어졌기 때문입니다.

예를 들어 유동자산이 전부 재고자산이고 비유동자산은 전부 토지라면 타인에게 102조 원의 빚(부채)을 내고 투자자가 출자한 돈과 영업활동에서 벌어들인 뒤 배당하지 않고 회사에 남아 있는 돈(자본) 276조 원을 모아서, 재고자산 구매에 198조 원을 사용하고 나머지로 180조 원짜리 토지를 구매한 것입니다. 따라서 대변은 자금의 조달 내역을, 차변은 자금의 사용 내역을 보여준다고 할 수 있습니다.

대변에 부채와 자본 중 부채를 먼저 기록하는 것도 이유가 있습니다. 이는 청구권의 우선순위 때문입니다. 이 말이 다소 어렵게 느껴질 수 있는데, 쉽게 말해 회사가 청산할 때 그 자산을 누가 먼저 가져가는지를 뜻하는 것이라고 생각하면 됩니다. 예를 들어 1억 원의 빚이 있는데 이를 갚지 못해 법원에서 자신의 집을 경매 처분하는 상황을 가정해 보겠습니다. 이 집이 3억 원에 낙찰되면, 먼저 채권자가 1억 원을 가져가고 자신은 남는 2억 원을 받을 수 있습니다. 그러나 낙찰 금액이 0.7억 원이면 채권자가 전액을 가져가도 빚을 충당할 수 없기 때문에, 자신은 한 푼도 받을 수 없는 것입니다. 이처럼 자산에서 먼저 빚을 갚은 뒤 남는 금액이 있으면 주주가 가져올 수 있다는 뜻에서 부채를 먼저 기록하는 것입니다.

1) 자산

자산은 회사가 실질적으로 보유하고 있는 것 중에서 경제적 가치가 있는 것을 말합니다. 여기서 실질적으로 보유하고 있다는 것은 반드시 법적인 소유권을 의미하는 것은 아닙니다. 회사가 독점적이고 배타적으로 해당 자원을 사용할 수 있으면서 동시에 미래의 경제적 효익을 지니고 있다면 이는 자산으로 인정받을 수 있습니다.

자산에는 건물이나 기계 등도 있고 기업이 판매를 위해 창고에 쌓아둔 재고자산도 포함되며, 제품을 팔고 받은 현금이나 외상대금도 해당됩니다. 그뿐 아니라 미리 낸 보험료도 자산이라 할 수 있습니다. 건물이나 기계를 사용해서 제품을 만들고 판매하면 현금이 들어올 것이고 재고자산도 고객에게 팔릴 때 현금이라는 경제적 효익을 가져올 것입니다. 또 현금 역시 투자를 통해 기업에 이득을 가져오게 하고 외상대금을 회수하면 기업에 현금이 유입되며, 미리 낸 보험료는 일정 기간 동안 보험 서비스를 받게 해주므로 자산이 됩니다.

여기서 주의할 점은 해당 자산을 구입하기 위해 자금을 어떻게 조달했는지와 상관없이 해당 자산 전체를 기업의 자산으로 본다는 점입니다. 왜냐하면 자금 조달 방법과는 상관없이 해당 자산에서 발생하는 경제적 효익은 모두 해당 기업에 돌아가기 때문입니다. 예를 들어 건물을 구입할 때 구입 대금 일부를 은행에서 차입하더라도 건물 전체가 해당 기업의 자산이 됩니다. 실제로 건물이나 차량 등을 행정기관에 등록할 때에도, 자금 조달을 어떻게 했든 상관없이 자산 전체가 해당 기업의 소유가 되는 것과 같은 이치입니다.

삼성전자의 2020년 재무상태표를 보면, 자산은 다시 유동자산과 비유동자산으로 구분됩니다. 이와 같은 구분이 왜 필요한지 생각해 봅시다. 기업 입장에서 자산은 가능한 한 빨리 현금화가 되는 것이 유리할까요? 반대로 현금화시키기 어려운 자산이 더 좋을까요? 좋은 사업 기회가 있더라도 제품을 만들고 팔아서 현금이 들어오기까지 시간이 매우 오래 걸리면 그 기간 동안 자체 조달한 자금만으로 버텨야만 합니다. 조상 대대로 물려받은 큰 선산이 있더라도 개발제한구역에 묶여 있어 팔지 못한다면 그림의 떡이나 마찬가지인 셈입니다. 이런 산을 사겠다는 사람도 거의 없을뿐더러, 구매자가 나타나도 제 값을 받기 어려울 수 있기 때문입니다.

따라서 현금화가 쉽게 될 수 있는지에 따라 유동자산과 비유동자산으로 구분하는데, 회계에서는 보통 1년을 기준으로 유동 여부를 판단합니다. 즉, 1년 안에 현금화가 예상되는 자산을 유동자산, 현금이 되기까지 1년이 넘게 걸릴 것으로 보이는 자산을 비유동자산이라 부릅니다. 예를 들어 물건을 외상으로 판매하고 대금을 나중에 받기로 하는 경우, 회계에서는 매출채권이라는 계정과목을 사용합니다. 그런데 같은 매출채권이라도 1년 안에 돈을 받기로 했으면 유동자산이 되고, 1년이 지나 대금을 회수하기로 했으면 비유동자산이 되는 것입니다.

심화학습

위의 재무상태표에는 구체적으로 표시하지 않았지만, 실제 삼성전자 재무제표의 유동자산에는 ①현금및현금성자산 ②단기금융상품 ③매출채권 ④미수금 ⑤선급비용 ⑥재고자산 등이 포함됩니다. 또한 비유동자산에는 ①기타포괄손익－공정가치금융자산 ②당기손익－공정가치금융자산 ③종속기업, 관계기업 및 공동기업 투자 ④유형자산 ⑤무형자산 등이 있습니다.

우선 유동자산부터 살펴보면, ①현금및현금성자산은 현금 그 자체거나 현금과 유사한 자산을 말합니다. 여기에는 현금만 포함되는 것은 아닙니다. 보통예금이나 당좌예금과 같이 은행에 예치한 예금이나 만기일이 곧 도래할 다른 회사의 사채도 현금과 거의 다름없는 자산이므로 현금성자산이라고 부르며 현금및현금성자산에 포함됩니다.

②단기금융상품은 기업이 주로 단기간 내에 매각할 목적으로 취득한 주식과 채권 등의 금융상품을 말합니다. ③매출채권과 ④미수금은 둘 다 물건이나 서비스를 판매한 뒤 아직 받지 못한 외상대금을 말하는데, 매출채권은 주된 영업활동에서 발생한 것이고 미수금은 기업의 주된 영업활동이 아닌 비품이나 토지 등을 매각하고 난 뒤에 생긴 것입니다.

⑤선급비용은 돈을 먼저 지급(先給)한 비용인데, 비용을 먼저 지급하는 경우로는 보험료 등이 있습니다. 이와 유사한 계정과목 중에는 선급금이 있습니다. 둘 다 돈을 먼저 지불한 상황에 사용하는데, 선급금은 재화에서 발생할 때 사용하고 선급비용은 서비스의 거래에 사용합니다. 예를 들어 토지를 구매하기 위해 선금을 지불한 경우에는 선급금이고 광고비를 선불로 낼 때는 선급비용이 되는 것입니다. 두 계정과목 모두 미래에 경제적 효익을 얻게 되므로 자산으로 분류합니다.

⑥재고자산은 보통 기업이 판매를 위해 보유하거나 생산 중인 자산을 말하는데 여기에는 생산에 사용할 원재료 등도 포함됩니다. 예를 들어 LG전자에서 생산된 세탁기 완성품이나 아직 완성되지는 않았지만 공정에서 생산중인 세탁기도 재고자산이고, 뚜레주르에서 빵을 만들기 위해 원자재 창고에 쌓여 있는 밀가루도 재고자산입니다. 재고자산이 현금화되기 위해서는 반드시 판매라는 과정을 거쳐야 하기 때문에 때로는 장기간이 소요되기도 하지만, 일반적인 상황에서는 단기간 내에 판매되므로 유동자산으로 분류합니다.

다음으로 비유동자산입니다. 우선 ①기타포괄손익－공정가치금융자산과 ②당기손익－공정가치금융자산이 있습니다. 사채나 주식과 같은 금융자산은 원금 및 이자를 수취하려는 목적에서 보유하는 경우도 있고 금융자산의 가치가 올랐을 때 매각하여 차익을 얻기 위한 경우도 있습니다. 이 중 단기간에 금융자산을 매각하여 매매차익을 얻으려는 경우에는 금융자산의 공정가치 변동을 '당기손익'으로 인식하게 되는데, ②당기손익－공정가치금융자산이 여기에 해당됩니다. 그러나 원금 및 이자를 수취하거나 금융자산을 매각하여 차익을 얻는 것 두 가지 모두를 목적으로 하는 경우에는, 금융자산의 공정가치 변동을 당기손익이 아닌 '기타포괄손익'으로 인식하게 되어 ①기타포괄손익－공정가치금융자산이 됩니다. 여기서 당기손익과 기타포괄손익은 금융자산을 처분하여 미실현이익이 실현될 가능성에 차이가 나기 때문에 구분하는 것입니다. ②당기손익－공정가치금융자산은 단기간 내에 처분을 통해 실현될 가능성이 높으므로 공정가치 변동을 당기손익에 포함합니다. 그러나 ①

기타포괄손익-공정가치금융자산은 공정가치 변동이 있더라도 장기간 보유할 가능성이 있으므로, 이를 당기손익에 포함시키면 미래 현금흐름을 예측하는 데 문제가 생길 수 있으므로 기타포괄손익에 포함합니다. 심지어 올해에는 공정가치가 올라 이익이었다가 내년에는 투자원금 이하로 하락하여 손실이 될 수도 있기 때문에, 이를 당기손익으로 부르기에는 불확실성이 있는 것입니다. 이처럼 당기손익과 기타포괄손익은 이익이라는 점에서는 동일하지만, 단기간 내에 실현될 가능성이 낮은 이익은 당기손익이 아닌 기타포괄손익으로 분류하는 것입니다.

③종속기업, 관계기업 및 공동기업투자란 다른 회사를 지배할 목적으로 보유하는 주식입니다. 다른 기업을 지배할 목적을 가지고 있기 때문에 단기간의 시세 차익을 목적으로 하지 않고 장기간 보유할 것으로 예상할 수 있습니다. ④유형자산은 건물, 토지, 차량, 기계 등과 같이 주로 영업활동에 사용할 목적으로 장기간 보유하는 물리적 형태가 있는(有形) 자산을 말합니다. ⑤무형자산은 특허권이나 산업재산권과 같이 물리적 실체는 없지만(無形) 식별할 수 있으며 경제적 가치가 있는 자산입니다.[8)]

2) 부채

부채를 한 단어로 표현하면 회사의 빚이고 의무입니다. 앞에서 삼성전자의 재무상태표를 설명하면서 “타인에게 102조 원의 빚(부채)을 내고 투자자가 출자한 돈과 영업활동에서 벌어들인 뒤 배당하지 않고 회사에 남아 있는 돈(자본) 276조 원을 모아서”라는 표현을 사용한 바 있습니다. 이 표현만을 놓고 보면 마치 빚은 누군가에게 빌린 돈만을 의미하는 것으로 오해할 수 있습니다. 그러나 부채는 꼭 이렇게 돈을 빌리는 상황에서만 발생하는 것은 아닙니다. 예를 들어 제품 대금을 미리 받은 경우에는 나중에 물건을 납품해야 하는 의무를 지니 부채가 되고, 제품을 팔고 나서 무상으로 A/S를 해주기로 약속했으면 예상되는 A/S 비용을 합리적으로 추정해서 부채로 잡아야 합니다.

부채 역시 자산과 마찬가지로 유동부채와 비유동부채로 나뉩니다. 일반적으로 유동부채는 1년 안에 현금으로 갚아야 하는 부채이고 비유동부채는 1년이 지나서 갚기로 한 부채를 말합니다.

심화학습

앞에서 예로 든 재무제표에는 생략된 삼성전자의 부채를 구체적인 계정과목을 통해 살펴보면 다음과 같습니다. 우선 유동부채에는 ①매입채무 ②단기차입금 ③미지급금 ④선수금 ⑤예수금 ⑥미지급비용 ⑦당기법인세부채 ⑧유동성장기부채 ⑨충당부채 등이 있습니다. 비유동부채에는 ①사채 ②장기차입금 ③장기미지급금 ④장기충

8) 무형자산에는 이외에도 다양한 것들이 있지만, 이는 크로스오버 교과 과정을 뛰어넘는 내용이라 판단하여 설명을 생략하였다. 예를 들어, 무형자산에는 연구개발 활동에 지출한 금액 중 자산의 요건을 갖춘 개발비도 있고, 다른 기업을 합병하는 과정에서 지급한 금액이 합병을 통해 인수한 자산, 부채의 공정가치를 초과하는 경우 인식하는 영업권 등이 있다.

당부채 등이 있습니다.

유동부채에 포함되는 계정과목들입니다. ①매입채무는 재고자산을 외상으로 매입하고 나서 지급해야 할 빚을 말합니다. ②단기차입금은 차입금 중 1년 안에 갚아야 하는 것인데, 차입금은 은행과 같은 금융기관에서 돈을 빌릴 때 쓰는 계정과목입니다. 이와 달리 장기차입금은 은행에서 돈을 빌리고 상환기간이 1년 이상인 경우를 말합니다.

③미지급금은 매입채무와 유사해 보이지만, 영업용 상품이나 제품을 제외한 비품이나 토지 등을 외상으로 구매하고 갚아야 할 빚입니다. ④선수금이란 거래 상대방이 제품 등을 구매하기 위해 미리 지급한, 즉 회사 입장에서는 미리 받은 선금을 말합니다. 따라서 선수금 계정과목이 있는 경우에는 추후에 회사가 제품 등을 납품해야 할 의무를 지게 됩니다. ⑤예수금이란 영업활동 이외의 거래에서 발생하여 기업이 일시적으로 보관하고 있는 현금을 말합니다. 예를 들어 종업원에게 급여를 지급할 때 세무서에 납부할 세금과 의료보험료를 제외하고 지급하게 되는데, 이때 기업이 보관하는 세금과 의료보험료가 예수금입니다. ⑥미지급비용과 ⑦당기법인세부채는 지급해야 할 의무가 발생했지만 아직 지급하지 않은 비용이나 법인세입니다. 미지급비용의 예로는 이미 발생한 집세를 아직 지급하지 않은 경우가 있습니다.

⑧유동성장기부채란 최초에 상환해야 할 기간이 장기인데 시간이 경과함에 따라 만기가 1년 이내로 들어온 부채를 말합니다. 예를 들어 만기가 3년인 장기 매입채무의 기간이 경과하면 만기가 1년 안으로 들어오게 됩니다. 거래가 발생한 시점에서는 장기부채지만, 만기가 1년 안에 돌아오는 상황이 되면 유동성장기부채라 부르는 것입니다.

⑨충당부채는 매우 낯설게 느껴질 수 있는 계정과목일 것입니다. 자동차를 구매하는 경우 보통 '몇 년, 몇 만 킬로미터 무상보증'과 같은 보증서를 받게 되는데, 기업 입장에서는 이와 같은 무상보증에 소요되는 금액이 충당부채가 됩니다. 정확히 얼마나 비용이 소요될지는 알 수 없지만 현재 시점에 향후 부담해야 할 의무가 있다는 사실은 분명하기 때문에, 이를 합리적으로 추정해서 제품보증충당부채로 인식합니다. 이와 유사한 계정과목으로 하자보수충당부채도 있습니다. 건설회사에서 건물을 완공한 다음에는 일반적으로 향후 몇 년 동안 하자보수를 해줄 의무를 부담하는데, 이 역시 예상 금액을 추정해서 하자보수충당부채로 인식합니다.

다음으로는 비유동부채입니다. ①사채는 기업이 자본시장에서 자금을 조달하기 위해 발행하는 회사채(會社債)의 줄임말로 대부(貸付)업체나 사채(私債)업자로부터 조달하는 자금과는 다릅니다. 기업이 부채를 통해 자금을 조달하는 대표적인 방법으로는 차입과 회사채 발행의 두 가지가 있습니다. 첫 번째는 은행 등의 금융기관에서 자금을 대여하는 것으로 회계에서는 차입금이라는 계정과목을 사용합니다. 두 번째는 자본시장에서 회사채를 발행하는 방법으로 주식과 같은 증권을 발행하여 채권자를 모집합니다. 회계상으로는 사채라는 계정과목으로 표현합니다. 이렇게 발행된 채무증권인 사채를 가지고 있으면 회사로부터 정해진 이자를 받을 수도 있지만, 자본시장 내에서 수요와 공급에 따라 가격이 오르기도 하고 내리기도 합니다. 사채를 발행한 회사가 위기에 빠지는 경우 사채도 나중에 이자와 원금을 상환 받을 수 없다는 불안감으로 가격이 폭락하기도 하는데, 이를 정크본드(junk bond)라 부릅니다.

②장기차입금은 은행에서 돈을 빌릴 때 상환 기간을 1년 이상의 장기로 약정한 차입금입니다. ③장기미지급금은 비품이나 유형자산 등을 외상으로 구매하고 장기간에 걸쳐 대금을 나누어 지급하기로 한 경우에 발생하는 계정과목입니다. ④장기충당부채는 앞에서 설명한 충당부채에 대해 회사가 단기가 아닌 장기에 걸쳐 지급해야 하는 의무가 있는 경우에 발생합니다.

3) 자본

자본은 자산에서 채권자 몫을 뺀 주주의 몫을 말합니다. 즉, 자본은 자산에서 부채를 차감하여 계산할 수 있습니다. 이는 기업이 청산하는 경우, 먼저 채권자가 해당 자산을 가져갈 권리가 있다는 뜻이고 주주는 그 뒤에 남는 잔여 재산만 가져올 수 있습니다.

자본은 크게 두 가지로 구성되어 있습니다. 첫째, 주주가 출자한 금액으로 이를 자본금이라 부릅니다. 주주가 출자 금액을 늘리면 자본금은 증가하고 과거에 출자한 금액을 찾아가면 자본금은 감소합니다. 둘째, 회사의 영업으로 얻은 이익의 누적액으로 이를 이익잉여금이라 합니다. 따라서 영업을 잘 해서 이익을 내면 이익잉여금은 증가하고 영업이 잘 되지 않아 손실을 보면 이익잉여금은 감소하게 됩니다. 또한 기업의 경영 성과를 주주들과 나누기 위해 배당을 하게 되면 이익잉여금은 감소합니다.[9]

심화학습

삼성전자의 2020년 재무상태표를 구체적으로 살펴보면 자본은 ①자본금(우선주자본금, 보통주자본금) ②주식발행초과금 ③이익잉여금 등으로 구성되어 있습니다. 우선 ①자본금은 주주가 출자한 금액입니다. 회사의 설립 초기에 출자한 금액은 물론이고 증자를 통해 추가로 출자한 금액도 모두 포함됩니다. 자본금에는 보통주자본금과 우선주자본금이 있는데, 보통주는 의결권이 부여된 주식이고 우선주는 의결권을 제한하는 대신 배당이나 잔여재산을 분배할 때 우선권을 부여한 주식입니다. ②주식발행초과금은 주식의 액면가액과 실제 발행가액의 차액으로 일종의 프리미엄입니다. 예를 들어 주식의 액면가액은 5,000원인데 발행가액은 30,000원이라면 자본금은 5,000원, 주식발행초과금은 25,000원이 됩니다. 이와 같이 액면가액보다 발행가액이 훨씬 더 높은 경우가 많은데, 주가가 높게 형성되어 있는 경우 증자를 하면 현행 주가와 비슷한 수준에서 발행가액이 결정되기 때문입니다. ③이익잉여금은 회사의 영업활동의 결과물인 손익이 누적되어 있는 항목입니다. 따라서 지속적으로 이익이 나는 기업은 이익잉여금이 플러스(+)가 되지만 손실이 누적된다면 이익잉여금이 마이너스(-)가 되고, 이때는 이익잉여금 대신 결손금이라는 표현을 사용하여 재무상태표에 표시합니다.

손익계산서

손익계산서에서 손익이란 손실과 이익의 한 글자씩을 따서 만든 합성어입니다. 손실이나 이익이 얼마인지를 보여주는 보고서라는 뜻입니다.

손익계산서 역시 삼성전자의 2020년 실제 사례를 통해 살펴봅시다. 먼저 제일 위에는 손익계산서라는 표의 제목이 있습니다. 그리고 표 제목 아래에는 손익계산서 금액이 계산된 기간이 표시되어 있습니다. 손

9) 자본 항목에는 그 외에도 회사와 주주 사이의 자본거래에서 발생한 자본잉여금 등이 있으나, 이는 크로스오버 교과 과정을 뛰어넘는 내용이라 판단하여 설명을 생략하였다.

익계산서는 일정 기간을 기준으로 계산된 경영 성과이므로 해당 기간이 명시되어야만 표의 의미를 파악할 수 있습니다. 손익계산서 기간 오른쪽에는 금액의 단위가 나타나 있습니다.

삼성전자의 2020년 손익계산서

손익계산서 (2020. 1. 1. ~ 12. 31.)	(단위: 조 원)
매출액	237
매출원가	(145)
매출총이익	92
판매비와관리비	(56)
영업이익	36
기타수익	2
기타비용	(3)
금융수익	12
금융비용	(11)
법인세비용차감전이익	36
법인세비용	(10)
당기순이익	26

1) 매출액

손익계산서 안으로 들어가면 제일 먼저 매출액이 표시되어 있습니다. 매출액이란 기업의 주된 영업활동에서 생긴 수익으로 제품이나 서비스를 판매해서 얻은 금액으로 측정됩니다. 예를 들어 현대자동차가 자동차를 판매해서 얻은 수익, SK텔레콤에서 고객의 통화나 데이터 사용으로 얻은 수익, GS건설에서 건설용역을 제공해서 얻은 수익 등이 모두 매출액에 해당됩니다. 이에 반해 주된 영업활동 이외의 부수적인 활동에서 발생하는 수익은 기타수익으로 분류됩니다. 예를 들어 카카오가 운용 자금 중 여유분을 일시적으로 채권에 투자해 이자를 얻었다면 영업외수익이지만, 하나은행이 받는 이자수익은 주된 영업활동에 해당하므로 매출액이 됩니다. 또 롯데제과가 보유한 건물을 팔아 수익이 나는 경우 영업외수익으로 분류하지만, 부동산회사가 건물을 팔아 수익이 나는 경우는 매출액입니다. 이처럼 동일한 항목이라도 그 기업의 주된 영업활동이냐 아니냐에 따라, 매출액이 되기도 하고 기타수익이 될 수도 있다는 점에 주의해야 합니다.

2) 매출원가

그 다음은 매출원가로, 판매된 제품의 원가를 말합니다. 앞에서 예로 든 떡볶이집에서 매출원가가 100만 원이라고 가정해 봅시다. 여기서 매출원가가 100만 원이라는 뜻은 떡볶이를 만들기 위한 원재료를 구매하는 데 100만 원이 들었다는 의미가 아닙니다. 일반적으로 실제 구매한 원재료는 100만 원보다 더 크거나 작지만, 그 중 팔린 떡볶이에 해당하는 원가가 100만 원이라는 뜻입니다.

떡과 고추장을 150만 원어치 구매했는데 그 중 40만 원어치는 아직 조리도 하지 않은 채 냉장고에 들어있고, 10만 원어치는 아직 팔리지는 않았지만 조리된 상태의 떡볶이로 판매대에 남아 있다고 합시다. 이 경우 떡볶이 재료 구입비 150만 원에서 냉장고에 들어있거나 판매대에 남아 있는 재료 50만 원을 차감한 100만 원이 실제로 판매된 400만 원어치 떡볶이에 투입된 원가로, 회계에서는 이를 매출원가라 부릅니다. 그리고 냉장고에 들어있는 식재료와 완성된 떡볶이의 합계 50만 원은 미래의 현금흐름을 창출할 수 있기 때문에 재고자산으로 분류합니다. 또한 만약 전기에 구매한 30만 원어치 떡볶이 원재료가 당기에 떡볶이로 팔려 나갔다면, 이 30만 원도 떡볶이의 매출원가에 추가로 포함되어야 합니다.

매출원가는 떡볶이의 예에서 든 떡과 고추장과 같이 원재료만으로 구성되는 것은 아닙니다. 일반적으로 매출원가에는 투입된 원재료는 물론이고 인건비, 전기료, 보험료 등의 비용에다 기계 등의 사용으로 인한 가치 하락분[10]도 포함됩니다.

3) 매출총이익

이렇게 계산된 매출액에서 매출원가를 차감하면 매출총이익이 됩니다. 이익에는 여러 가지 개념이 있는데 손익계산서 상에 등장하는 첫 번째 개념의 이익이 바로 매출총이익입니다. 매출총이익은 마케팅이나 이자와 같은 비용을 차감하기 전의 이익이고, 영업활동 이외에서 벌어들인 수익도 감안하지 않은 순수하게 매출액에서 그에 상응하는 매출원가만을 차감한 금액입니다.

4) 판매비와관리비

판매비와관리비는 실무에서 보통 줄여서 '판관비'로 불리는데, 광고비나 판촉비 등 판매 활동이나 본사의 관리비용 등 기업의 관리를 위해 지출하는 비용을 말합니다. 2020년 삼성전자의 재무제표 주석에 나와 있는 판매비와관리비의 내역에는 급여, 퇴직급여, 지급수수료, 감가상각비, 무형자산상각비, 광고선전비, 판매촉진비, 운반비, 서비스비, 기타판매비와관리비, 경상연구개발비 등이 있습니다.

여기서 판매비와관리비에 포함된 감가상각비, 무형자산상각비는 매출원가로 집계되는 감가상각비와는 구별되어야 합니다. 공장에서 발생한 제조와 관련된 감가상각비나 무형자산상각비는 제조원가에 포함되었다가 매출 시점에서 다시 매출원가에 포함되지만, 본사나 영업 부문에서 발생한 금액은 이와 같이 판매

10) 이를 감가상각비라고 부른다. 엄밀히 말하면 가치 하락분이라는 설명은 잘못된 것이지만, 크로스오버 교과과정 수준에서는 이와 같이 단순하게 이해하는 것이 바람직할 것이다. 예를 들어 떡볶이를 조리하기 위해 가스레인지를 사용하는데, 이 가스레인지는 10만 원에 구입하여 향후 10년 동안 사용할 수 있다고 하자. 이 경우 1년 동안 가스레인지의 대략적인 가치 하락분인 1만 원(=10만 원÷10년)을 감가상각비로 하여 제조원가에 포함한다. 그리고 이 제조원가 중 판매한 비율 만큼을 매출원가로 계산하는 것이다. 1년 동안 떡볶이 100인분을 만들어 이 중 80인분만 판매하고 20인분이 남아 있다면, 감가상각비 1만 원 중 8천 원은 매출원가이고 나머지 2천 원은 재고자산으로 남아있게 된다.

비와관리비로 집계됩니다.

5) 영업이익

매출총이익에서 판매비와관리비를 빼면 손익계산서 상의 두 번째 이익인 영업이익이 됩니다. 영업이익은 상품 판매나 서비스 제공이라는 기업 본연의 영업활동을 통해 얻은 이익으로 회사의 본질적인 이익입니다. 광고나 판촉과 같은 마케팅 비용, 본사 직원의 인건비 등은 영업활동을 위해 필수적으로 지출해야 하는 비용이기 때문에, 매출총이익보다는 판매비와관리비를 차감한 영업이익이 영업활동의 결과를 잘 보여줍니다.

이와 같은 이유로 인해 언론이나 증권사의 애널리스트들이 가장 관심을 갖는 이익 또한 영업이익입니다.[11] 기업 본연의 영업활동에서 벌어들인 이익이므로 기업의 현재 경영 성과를 가장 잘 반영한다는 의미도 있고, 이와 같은 이유로 차기 이후에도 지속적으로 벌어들일 수 있는 이익과 가장 가깝다는 측면도 있기 때문입니다.

6) 영업외수익, 영업외비용

영업이익 아래에는 '영업외' 항목이 있습니다. 여기서 영업외라는 것은 기업의 본질적인 영업활동이 아닌 다른 부수적인 활동이라는 의미입니다. 그러면 손익계산서에서 영업수익과 영업비용은 없을까요? 영업외수익과 영업외비용은 영업이 있다는 것을 전제로 하므로, 영업수익과 영업비용이 없을 리 없습니다. 앞에서 살펴본 매출액이 바로 영업활동에서 벌어들인 영업수익, 매출원가 및 판매비와관리비가 영업활동에 쓴 비용이라고 할 수 있습니다. 그런데 영업외의 부수적인 활동에서도 수익이나 비용이 발생할 수 있으므로, 다시 영업외수익과 영업외비용으로 구분하는 것입니다.

먼저 영업외수익을 봅시다. 예를 들어 제조업을 주된 영업활동으로 하고 있는 어떤 기업이 영업용 건물을 소유하고 있는 경우, 우선 이 건물에서 발생하는 감가상각비는 판매비와관리비로 분류됩니다. 그런데 이 건물 중 일부 층이 남게 되어 이를 임대하여 수익이 발생하는 경우, 이 임대료수익은 주된 영업활동인 제조업이 아닌 다른 활동에서 발생한 수익입니다. 이처럼 회계에서는 해당 수익이 기업의 영업활동이 아닌 다른 활동에서 발생한 경우 영업외수익으로 분류합니다. 반면 같은 임대료수익이라도 부동산임대업을

---

11) 코스피시장 상장사의 작년 4분기 실적이 전년보다 50% 이상 늘어났을 것으로 추정됐다. 한달 전에 제시된 전망치에 견줘선 약간 낮아졌다. 11일 금융정보업체 에프앤가이드에 따르면 코스피 상장사 164곳(증권사 3곳 이상서 전망치 제시)의 작년 4분기 연결기준 영업이익 추정치(삼성전자·엘지전자는 잠정 실적 반영)는 8일 현재 32조7094억원으로 집계됐다. 2019년 4분기 영업이익(21조4770억원)보다 52.3% 늘어난 수준이다.

(중략)

시가총액 상위 기업들을 보면 대체로 양호한 실적을 거둘 것으로 예상됐다. 에스케이하이닉스는 8814억원으로 전년 대비 273.4% 증가할 것으로 추정됐다. 삼성에스디아이의 추정치는 3227억원으로 1503.7% 증가한 수준이다. 에스케이하이닉스와 삼성에스디아이는 한달 전 전망에 비해서도 각각 1.5%, 1.6% 증가했다.

("코스피 상장사 4분기 영업이익 전년 대비 52%↑ 추정", 한겨레, 2021. 1. 12.)

본업으로 하는 회사는 이를 매출액으로 분류하게 됩니다. 이 부동산 회사가 여유 자금으로 채권에 투자해서 이자수익이 발생하는 경우에는 영업외수익으로 분류합니다.

삼성전자는 이 영업외수익을 크게 기타수익과 금융수익으로 분류하고 있습니다. 이는 영업외수익 중에서 금융수익이 차지하는 비중이 크기 때문에, 영업외수익 전체를 하나의 항목으로 묶는 대신 별도로 구분하였을 것으로 보입니다. 기타수익에는 보유하고 있는 주식에서 배당을 받을 때 인식하는 배당금수익, 임대료수익, 보유하고 있는 투자자산과 유형자산을 처분할 때 발생한 투자자산처분이익, 유형자산처분이익 등이 있고, 금융수익에는 이자수익 등이 포함됩니다.

영업외비용은 주된 영업활동 이외에서 발생한 비용이 집계됩니다. 삼성전자는 영업외비용 역시 기타비용과 금융비용으로 구분하고 있습니다. 기타비용에는 유형자산을 처분할 때 발생한 유형자산처분손실, 기부금 등이 있고, 금융비용에는 은행에서 자금을 빌리거나 사채에서 발생하는 이자비용 등이 있습니다.

7) 법인세비용차감전이익

이렇게 영업이익에서 영업외수익을 가산하고 영업외비용을 차감하면 법인세비용차감전이익을 얻을 수 있습니다. 이는 말 그대로 법인세비용을 납부하기 전의 이익을 말합니다.

8) 법인세비용

법인세란 세금의 일종으로, 회사의 이익 중 일부를 국가에 세금으로 납부하는 금액을 말합니다. 그런데 왜 손익계산서에는 법인세라는 표현 대신 법인세비용이라고 할까요? 이는 기업이 납부해야 할 법인세는 법인세비용과 다른 개념이기 때문으로, 법인세는 법인세비용과 대략은 일치하지만 완전히 같지는 않습니다. 이는 기업이 회계이익을 계산하는 방식과 세무 당국이 법인세를 부과하는 기준이 되는 세법이 다르기 때문에 나타나는 차이입니다. 따라서 손익계산서에서는 법인세 대신 '법인세비용'을 쓰고 법인세차감전이익 대신 '법인세비용차감전이익'이라는 표현을 쓰는 것입니다.

9) 당기순이익

법인세비용차감전이익에서 법인세비용을 차감하면 당기순이익이 나옵니다. 회사가 당해 회계기간 동안에 최종적으로 얻은 이익을 뜻합니다. 엄밀히 말하면 당기순이익에서 '당기'는 군더더기라고 할 수 있습니다. 손익계산서 상의 마지막 이익인 당기순이익만 당기의 이익이고 그 위에 나타나는 매출총이익, 영업이익, 법인세비용차감전이익은 당기(當期)가 아닌 전기(前期)나 차기(次期)의 이익인가요? 그렇지 않습니다. 위에서 나타나는 여러 가지 개념의 이익 역시 모두 당기 매출총이익, 당기 영업이익, 당기 법인세비용차감전이익이지만, 유독 순이익 앞에만 당기를 붙여 당기순이익이라고 부릅니다. 당기순이익을 영어로는 net income, 즉 '순이익'이라고 하는데, 여기에서는 당기에 해당하는 표현을 찾아볼 수 없습니다. 그럼에도 불구하고 손익계산서의 마지막 이익에만 '당기'라는 표현을 사용하는 것은, 어떤 연유인지는 모르겠으나 관용적으로 당기를 붙여 사용하다가 굳어진 것이 아닌가 짐작만 할 뿐입니다. 회사가 당기에 기록한 최종 이익이라는 점에서 붙인 것이라 이해하면 될 것 같습니다.

자본변동표

자본의 구체적 변동 내역은 자본변동표를 통해 파악할 수 있습니다. 전기 말 자본에서 당기 중 자본의 증감 내역을 가감하면 당기 말 자본을 구할 수 있습니다. 따라서 자본변동표에서는 당기 중 자본의 증감 내역이 중심되는 정보가 됩니다.

일반적으로 자본은 크게 두 가지 원천에서 증가합니다. 유상증자(有償增資)를 통한 자본금의 증가와 영업활동에서 얻은 이익으로 인한 이익잉여금의 증가가 그것입니다. 회사에서는 투자 재원을 확보하기 위해 빚을 내기도 하지만 주식을 새로 발행하여 자금을 동원하기도 합니다. 이렇게 주식을 발행하여 자금을 동원하는 것을 유상증자라고 부릅니다. 물론 그 외에도 다양한 원인으로 자본이 증가될 수 있지만, 가장 대표적인 것이 이 두 가지입니다.

반대로 자본이 감소되는 요인들도 있습니다. 그 대표적인 것이 주식을 소각하는 감자(減資)와 주주에게 이익을 배분하는 배당입니다. 우선 감자를 살펴보겠습니다. 회사가 사업을 확장하기 위해서는 새로운 자금을 필요로 하지만, 반대로 기존 사업을 축소하는 경우에는 건물이나 공장을 매각하고 자금이 남게 됩니다. 이 자금은 새로운 사업에 투자하는 경우가 보통이지만, 이마저도 여의치 않을 경우에는 주주에게 투자 원금을 되돌려주고 주주들이 보유하는 주식을 소각하는데 이를 감자라고 합니다. 다음은 배당입니다. 금융기관에서 자금을 차입하거나 사채를 발행하는 경우 정기적으로 이자를 지급해야 하는 의무를 부담합니다. 그 대신 주주로부터 자본을 출자 받으면, 의무적으로 배당을 지급해야 하는 것은 아니지만 배당의 형태로 경영 성과를 주주들에게 배분하게 됩니다. 이때 배당의 재원은 이익잉여금이 되는데 이로 인해 배당을 지급하면 자본도 감소하게 됩니다.

이를 단순하게 정리하면, 전기 말 자본에서 당기순이익을 더하고 당기순손실은 차감하며, 유상증자액을 더하고 감자액과 배당을 차감하면 당기 말 자본을 얻을 수 있습니다. 즉, '전기 말 자본 + 당기순손익 - 당기순손실 + 유상증자 - 감자 - 배당 = 당기 말 자본'이 됩니다.

그러면 삼성전자의 2020년 자본변동표를 통해 특정 시점의 재무상태를 보여주는 재무상태표와 일정 기간 동안의 경영 성과를 보여주는 손익계산서가 어떤 관련성을 맺고 있는지 살펴봅시다. 아래 그림은 삼성전자의 2019년과 2020년 말의 재무상태표와 2020년의 손익계산서와 자본변동표를 보여주고 있습니다.

삼성전자의 2020년 자본변동표

자본변동표 (2020. 1. 1. ~ 12. 31.)	
기초자본	263조 원
당기순이익	26조 원 ← 2020년 손익계산서
배당	(10조 원)
기타	(3조 원)
기말자본	276조 원

재무상태표
(2019. 12. 31. 현재)

자산 353조 원	부채 90조 원
	자본 263조 원

재무상태표
(2020. 12. 31. 현재)

자산 378조 원	부채 102조 원
	자본 276조 원

삼성전자의 2019년 말 자산은 353조 원에서 2020년 말 378조 원으로, 부채는 90조 원에서 102조 원으로 증가하였고, 이로 인해 자본은 263조 원에서 276조 원으로 약 13조 원 증가하였습니다. 그 증가한 자본 13조 원의 내역을 자본변동표가 보여주고 있습니다. 삼성전자의 사례에서 주주의 추가 출자 즉, 유상증자는 없으므로 손익계산서에 나와 있는 당기순이익 26조 원이 자본의 증가액이 됩니다. 또한 소각한 주식은 없고 배당 10조 원만큼 자본이 감소하였습니다. 그리고 그 외 기타 요인으로 자본이 3조 원 감소하였습니다.[12] 이처럼 자본변동표는 전기 말과 당기 말의 자본이 변하된 내역을 설명해주는 역할을 합니다.

현금흐름표

현금흐름표 역시 삼성전자의 2020년 실제 사례를 통해서 이해해 보기로 합시다. 먼저 현금흐름표라는 표 제목이 있고 그 아래에는 현금흐름이 집계된 기간이 표시됩니다. 현금흐름표 또한 일정 시점이 아닌 일정 기간 동안의 현금 유입과 유출을 보여주기 때문입니다. 그리고 기간 표시 오른쪽에는 단위가 있습니다.

12) 물론 이와 같은 사유 외에도 자본이 증가되거나 감소되는 상황은 다양하다. 그러나 크로스오버 교과에서 이를 이해하기에는 무리가 있다고 판단하여, 유상증자, 감자, 배당을 제외한 경우는 설명을 생략하고 기타로 처리하였다. 기타에 해당하는 특수한 상황에 대해서는 정식으로 회계 과목을 수강할 때 학습하기를 권장한다.

삼성전자의 2020년 현금흐름표

현금흐름표 (2020. 1. 1. ~ 12. 31.)	(단위: 조 원)
영업활동 현금흐름	65
투자활동 현금흐름	(54)
재무활동 현금흐름	(9)
현금 및 현금성자산의 증가	2
기초 현금 및 현금성자산	27
기말 현금 및 현금성자산	29

현금흐름표의 기본적인 구조는 '기초 현금±당기 현금흐름 = 기말 현금'입니다. 기초 현금에서 출발하여, 당기에 발생한 현금의 유입에서 유출을 차감한 현금 순유입 금액을 더해주면 기말 현금이 되는 것입니다. 그러나 앞에서 보는 바와 같이 현금흐름표의 시작은 기초 현금이 아니라 당기 현금흐름입니다. 이는 현금흐름표에서 가장 핵심적인 정보는 기초와 기말의 현금 잔액이 아니라 당기 현금의 유출입과 관련된 정보이기 때문입니다. 따라서 당기의 현금 흐름 내역을 제일 먼저 보여주고, 여기에 기초 현금을 더하면 기말 현금이 되는 방식으로 표시하는 것입니다.

현금흐름표는 당기의 전체 현금 유입과 유출을 한꺼번에 묶어서 보여주지 않고 영업활동, 투자활동, 재무활동의 세 가지로 항목을 구분하여 보여줍니다. 이는 현금의 유출입이 기업의 어떤 활동에서 어떻게 발생하고 있는지에 대한 정보를 정보이용자에게 제공하기 위해서입니다. 어느 항목에서 현금 유출입이 발생하느냐에 따라 현금흐름의 질은 크게 달라질 수 있습니다.

예를 들어 A와 B기업 모두 당기 중 현금흐름이 +100인 상황을 가정해 보겠습니다. 그러나 두 기업의 현금흐름에 대한 구체적인 내역을 살펴보면 그 실질은 상당히 다르게 나타납니다. 다음 그림을 보며 두 기업의 현금흐름을 비교 분석해 봅시다.

현금흐름의 비교

	A기업	B기업
영업활동 현금흐름	200	(100)
투자활동 현금흐름	(70)	140
재무활동 현금흐름	(30)	60
현금의 증가	100	100

A기업은 영업활동에서 +200, 투자활동과 재무활동에서 각각 -70, -30의 현금흐름이 발생하였습니다. 이는 장사가 잘 돼 200의 현금 유입이 있었고, 이 여유 자금으로 새로운 기계를 구매하기 위해 70의 현

금 유출, 과거에 발행한 사채를 상환하느라 30의 현금 유출이 발생하였기 때문입니다. 반면 B기업은 영업활동에서 -100, 투자활동과 재무활동에서 각각 +140, +60의 현금흐름이 발생하였습니다. 그 이유는 B기업은 당기에 영업이 원활하지 않아 적자가 나는 바람에 영업활동에서 100의 현금 유출이 있었습니다. 이로 인해 자금 압박이 심해지자 건물을 팔아서 140, 은행 차입으로 60의 자금을 마련해서 운영 자금으로 충당하였습니다. 즉, A기업은 경영 성과가 좋아서 사업을 확장하고 과거의 빚도 갚아나가고 있지만, B기업은 기존의 자산을 매각하고 새로 빚을 내서 악화된 경영 성과를 메워나가고 있는 것입니다.

이처럼 두 기업의 현금흐름 내역은 너무도 판이한데, 만약 전체 현금흐름인 +100이라는 수치만 보고한다면 정보이용자들은 의사결정을 위한 충분한 정보를 얻지 못하는 셈이 됩니다. 따라서 현금흐름표에서는 기업의 경영 활동을 영업활동, 투자활동, 재무활동으로 구분하여 집계하고, 이 세 항목의 합계를 당기 현금흐름으로 보고하는 것입니다.

1) 영업활동 현금흐름

영업활동은 기업의 본래 목적인 재화나 용역의 생산 및 판매 활동과 그에 직접적으로 관련된 활동을 말합니다. 영업활동은 원재료와 상품의 구입에서부터 생산 및 판매를 거쳐 대금 회수에 이르는 전 과정은 물론이고 이를 관리하는 활동까지 포함합니다. 아래에 설명하는 투자활동과 재무활동을 제외한 거의 모든 활동을 포함한다고 할 수 있습니다.

2) 투자활동 현금흐름

투자활동은 주로 건물, 기계, 특허권 등 영업활동에 필요한 자산을 구입하거나 처분하는 활동을 가리킵니다. 그 외에도 기업의 장단기 자금을 투자하는 활동도 포함하는데, 금융자산이나 다른 기업을 지배하기 위해 지분을 취득하거나 처분하는 활동도 여기에 해당됩니다. 삼성전자의 2020년 현금흐름표의 투자활동 항목에는 금융상품, 유형자산, 무형자산 등의 취득과 처분에서 생긴 현금흐름이 나열되어 있습니다.

3) 재무활동 현금흐름

재무활동은 주로 필요한 자금의 조달 및 상환과 관련된 것으로 이렇게 조달된 자금은 영업활동과 투자활동에 사용됩니다. 여기에는 주식이나 회사채를 발행하거나 상환하고 금융기관으로부터 자금을 차입하거나 상환하는 활동이 포함됩니다. 이외에도 자사주를 매입하거나 배당금을 지급하는 활동도 보통 재무활동으로 분류합니다. 삼성전자의 2020년 현금흐름표의 재무활동 항목에는 차입금 및 사채와 관련된 활동, 배당금의 지급 등이 나와 있습니다.

05 회계 수치를 이용한 재무비율 분석

앞 장에서는 재무제표의 구조와 재무제표를 구성하는 각 계정과목, 그리고 재무제표를 읽는 방법에 대해 설명하였습니다. 그러면 이와 같은 재무제표에 나와 있는 수치들을 이용해서 무엇을 할 수 있을까요? 자본시장의 가장 중요한 기능은 우리 사회에 존재하는 유한한 재무자원을 최적 배분하는 것인데, 재무제표 수치를 이용하여 계산한 재무비율은 그 의사결정을 위한 기초 자료가 될 수 있습니다. 또한 재무제표를 분석하는 목표는 이 수치들을 이용하여 각 기업의 가치를 평가하는 것인데, 기업 가치를 평가하는 가장 기초적인 작업이 바로 재무비율 분석이기도 합니다.

재무비율은 특정 시점의 값을 계산하여 그 회사의 수준을 진단하는 지표입니다. 그러나 그보다 더 중요한 것은 과거와 비교하여 어떤 추세를 보이는지, 또 경쟁사와 비교하여 어떤 수준에 있는지를 파악하는 것이 필요합니다. 이는 시험을 치른 뒤 특정 시점의 성적 자체도 의미가 있지만, 하락하는 흐름인지 상승하는 흐름인지, 또한 다른 친구들에 비해 어떤 과목은 잘 하지만 어떤 과목이 떨어지는지를 분석하는 것 역시 중요한 것과 비슷합니다. 이와 같은 점에 유의하여 재무비율을 살펴 본다면, 회사가 처한 상황을 보다 입체적으로 분석할 수 있을 것입니다.

이 장에서는 가장 대표적인 재무비율로 수익성 비율, 안전성 비율, 활동성 비율, 성장성 비율을 소개하고, 다시 각 비율별로 어떤 지표들이 있는지 살펴볼 것입니다. 여기에서는 대표적인 지표만을 소개하고 있으므로, 실제로는 이것 말고도 복잡한 지표들이 더 많이 있습니다. 각 지표의 산식 뿐 아니라 각 지표의 의미와 적용 과정에서 주의할 점 등도 동시에 짚어 보고자 합니다. 특히 각각의 지표별로 앞 장에서 소개한 삼성전자의 재무제표를 활용하여 실제 재무비율을 계산해 볼 것입니다.[13]

---

13) 실제 삼성전자 재무상태표에는 단위가 백만 원으로 되어 있으나, 이를 그대로 옮겨오면 금액의 단위가 너무 길어지므로 표를 간단히 보여주기 위해 수치를 반올림하여 단위를 조 원으로 바꾸었다. 이처럼 단순화된 수치로 재무비율을 계산하였기 때문에, 실제 삼성전자 재무제표를 이용하여 계산된 재무비율과는 약간의 차이가 있을 수 있다.

수익성 비율: 얼마나 남겼는가?

16일 한국은행에 따르면 3분기 대기업의 영업이익률은 8.39%로 1년 전보다 0.51%포인트 상승했다. 3분기 대기업 영업이익률은 한은이 2015년 현재 기준대로 관련 통계를 집계하기 시작한 이후 역대 최고치다. 대기업의 영업이익률은 2015~2016년 5~6%대를 기록했다가 지난해 1분기 7.17%로 뛴 뒤 꾸준히 상승했다. 대기업의 영업이익률이 8%대를 찍은 것은 올해 3분기가 처음이다.

반면 중소기업의 영업이익률은 4.13%로 1년 전보다 2.48%포인트 하락했다. 중소기업의 영업이익률은 사상 최저다. 중소기업의 영업이익률이 4%대로 떨어진 일도 2015년 1분기 이후 처음 있는 일이다. 대기업 영업이익률은 오르고 중소기업 이익률은 떨어지면서 대기업·중소기업의 영업이익률 격차는 4.26%포인트로 역대 가장 큰 폭으로 벌어졌다.

("나뉘지 않은 성장 과실… 대·중기 영업이익률 격차 역대 최대", 연합뉴스, 2018. 12. 16.)

수익성 비율을 이용해 기업을 분석한 기사입니다. 이처럼 수익성 비율이란 기업이 영업을 통해 얼마나 이익을 남겼는지, 마진은 얼마나 되는지 비율로 보여주는 지표입니다. 한 마디로 얼마나 남는 장사를 했는지 보여주는 지표입니다. 이익 수치가 이익 규모를 보여주는 지표인 데 반해, 수익성 비율 지표는 전체 매출액 중에서 이익이 차지하는 비중이 얼마나 되는지를 보여줍니다.

1) 매출총이익률, 영업이익률, 당기순이익률

$$\text{매출총이익률} = \frac{\text{매출총이익}}{\text{매출액}} \times 100$$

$$\text{영업이익률} = \frac{\text{영업이익}}{\text{매출액}} \times 100$$

$$\text{당기순이익률} = \frac{\text{당기순이익}}{\text{매출액}} \times 100$$

위 3가지 지표는 모두 매출액에서 이익이 차지하는 비율을 보여주는 지표입니다. 앞에서 손익계산서를 설명할 때 여러 가지 이익 개념을 소개했는데, 각 이익 개념마다 이익률을 계산할 수 있습니다. 따라서 매출총이익률, 영업이익률, 당기순이익률 등이 있습니다.

매출총이익은 매출액에서 매출원가를 뺀 수치이므로, 매출총이익률은 매출액에서 매출총이익이 차지하는 비율입니다. 즉, 물건을 팔아 매출총이익을 얼마나 남겼는지를 살펴보는 지표입니다. 앞의 2020년 삼성전자 재무제표 사례에서 매출총이익률은 38.8%로 계산할 수 있습니다. 이와 유사하게 매출원가가 매출액에서 차지하는 비율은 매출원가율이 됩니다. 매출원가율은 61.2%로, 매출원가와 매출총이익을 합하면 매출액이 되므로 매출총이익률은 '1 - 매출원가율'이 되는 것을 알 수 있습니다.

$$\text{매출총이익률} = \frac{\text{매출총이익}}{\text{매출액}} = \frac{92}{237} = 38.8\%$$

$$\text{매출원가율} = \frac{\text{매출원가}}{\text{매출액}} = \frac{145}{237} = 61.2\%$$

영업이익은 여러 가지 이익 개념 중에서 가장 대표적으로 사용되는 수치입니다. 보통 기업들은 분기 말이나 회계연도 말의 다음 달에 전 분기 혹은 전년도의 이익을 잠정 집계해서 발표하는데, 이때 가장 많이 활용되는 수치가 바로 영업이익입니다. 또한 증권사 애널리스트들도 일반적으로 영업이익을 이용해 기업의 이익을 예측합니다. 왜냐하면 매출액에서 매출원가를 차감하고 여기에서 영업에 필요한 비용인 판매비와관리비를 뺀 수치야말로 본업에서 생긴 경영 성과를 가장 잘 보여주기 때문입니다. 영업외수익이나 영업외비용, 예를 들어 건물이나 기계를 처분해서 얻은 손익은 본업 이외의 활동에서 생긴 것으로 반복적으로 발생하기 어려우므로 이를 예측하기도 쉽지 않습니다. 이 영업이익이 전체 매출액에서 차지하는 비중을 보여주는 것이 바로 영업이익률입니다. 앞의 삼성전자 사례에서 영업이익률은 15.2% 가 됩니다.

$$\text{영업이익률} = \frac{\text{영업이익}}{\text{매출액}} = \frac{36}{237} = 15.2\%$$

당기순이익률은 당기순이익을 매출액으로 나눈 값으로, 영업활동 이외에서 발생하는 영업외손익과 법인세비용까지 모두 고려한 다음 기업의 수익성을 보여주는 지표입니다. 삼성전자의 사례에서 당기순이익률은 11.0%입니다.

$$\text{당기순이익률} = \frac{\text{당기순이익}}{\text{매출액}} = \frac{26}{237} = 11.0\%$$

2) 총자산이익률, 자기자본이익률

$$\text{총자산이익률} = \frac{\text{당기순이익(영업이익)}}{\text{평균자산}} \times 100$$

$$\text{자기자본이익률} = \frac{\text{당기순이익(영업이익)}}{\text{평균자기자본}} \times 100$$

총자산이익률(ROA: Return on Assets)과 자기자본이익률(ROE: Return on Equity)은 분자에 당기순이

익이나 영업이익을 두고 이를 자산 혹은 자기자본으로 나누어서 계산한 수치입니다. 총자산은 기업의 투자액 전체를 말하므로, 총자산이익률은 해당 기업에 대한 투자 총액 단위 당 얼마의 이익을 올렸는지를 보여주는 지표입니다. 또한 자기자본이익률은 부채를 제외하고 투자된 자기자본 대비 이익이 얼마나 났는지를 보여주는 지표입니다. 자기자본이익률이라는 용어에서 자기자본이 나오는데, 이는 앞의 재무상태표에서 자본과 같은 의미입니다. 부채를 타인에게 빌려온 자본이라는 점에서 타인자본이라고 부르기도 하고, 이와 대비되는 개념으로 자본을 자기자본이라 부르기도 합니다.

계산식의 분자에는 영업이익과 당기순이익이 둘 다 들어갈 수 있는데, 지표를 계산하려는 목적에 맞게 둘 중 적절한 종류의 이익을 선택하면 될 것입니다. 또 분모에 나와 있는 평균은 기초와 기말 수치를 평균했다는 의미입니다.

삼성전자의 2020년 재무제표에서 총자산이익률은 당기순이익을 기준으로 할 때 7.1%, 영업이익을 기준으로 할 때 9.8%입니다. 또한 자기자본이익률은 당기순이익을 기준으로 할 때 9.6%, 영업이익을 기준으로 할 때 13.4%가 됩니다.

$$\text{총자산이익률} = \frac{\text{당기순이익}}{\text{평균자산}} \times 100 = \frac{26}{(353+378)/2} \times 100 = 7.1\%$$

$$\text{총자산이익률} = \frac{\text{영업이익}}{\text{평균자산}} \times 100 = \frac{36}{(353+378)/2} \times 100 = 9.8\%$$

$$\text{자기자본이익률} = \frac{\text{당기순이익}}{\text{평균자기자본}} \times 100 = \frac{26}{(263+276)/2} \times 100 = 9.6\%$$

$$\text{자기자본이익률} = \frac{\text{영업이익}}{\text{평균자기자본}} \times 100 = \frac{36}{(263+276)/2} \times 100 = 13.4\%$$

안전성 비율: 파산 가능성은 없는가?

기업이 이익만 많이 낸다고 장기적으로 생존할 수 있을까요? 정해진 기일에 채권자에게 약속한 이자를 지급할 현금이 부족할 수 있습니다. 또 물건을 외상으로 구매하고 발행한 어음 혹은 수표에 현금을 지급하기로 한 날짜에 은행 잔고가 부족하면 부도가 됩니다. 이익을 아무리 많이 내고 있어도 이와 같은 상황이 되면 회사는 지급 불능 상태에 빠집니다. 아무리 돈이 많은 억만장자라도, 은행도 없는 산골마을에서 당장 현금이 떨어지면 밥 한 끼 먹을 수 없는 것과 같은 이치입니다. 따라서 기업은 항상 지불 능력을 주의해서 관리해야만 하는데, 이를 평가하는 지표가 안전성 비율입니다.

1) 유동비율, 당좌비율

$$\text{유동비율} = \frac{\text{유동자산}}{\text{유동부채}} \times 100$$

$$\text{당좌비율} = \frac{\text{당좌자산}}{\text{유동부채}} \times 100 = \frac{\text{유동자산} - \text{재고자산}}{\text{유동부채}} \times 100$$

유동비율은 기업의 단기 부채상환 능력을 평가할 때 가장 많이 사용되는 지표입니다. 분자인 유동자산은 1년 안에 현금화될 것으로 기대되는 항목이고 유동부채는 1년 안에 현금으로 지불해야 하는 항목입니다. 따라서 유동부채에 비해 유동자산이 얼마나 되는지를 보여주는 비율로서 이 수치가 높을수록 안정적이라고 볼 수 있습니다. 삼성전자의 예에서 유동비율은 261%입니다.

$$\text{유동비율} = \frac{\text{유동자산}}{\text{유동부채}} \times 100 = \frac{198}{76} \times 100 = 261\%$$

그런데 이 비율이 높다고 반드시 좋다고만 할 수 있을까요? 우리나라가 IMF 구제금융을 겪은 것도 외환보유량이 부족해서 단기적으로 지급 불능에 빠졌기 때문인데, 이 교훈으로 말미암아 구제금융 졸업 후에 외환 보유량을 매우 늘린 적이 있습니다. 이로 인해 외환 보유량의 적정성에 대한 논란이 있었는데, 그 핵심은 외환은 수익을 창출하지 못하는 무수익(無收益) 자산이므로 무조건 많이 보유하는 것만이 능사는 아니라는 것입니다. 유동비율이 높다는 것은 유동자산이 많다는 것을 뜻합니다. 유동자산에는 현금과 같은 무수익 자산이 상당 부분 포함되어 있으므로 자산을 효율적으로 관리하지 못한다는 비판이 제기될 수 있습니다. 따라서 유동비율이 지나치게 낮으면 기업의 재무적 안전성이 위협 받는 상황으로 볼 수 있지만, 반대로 너무 높아도 꼭 좋다고만 할 수는 없습니다.

또 다른 관점에서도 유동비율의 문제점이 지적됩니다. 유동자산에는 재고자산과 같은 항목이 포함되어 있는데 재고자산은 반드시 판매와 대금 회수를 거쳐야 하기 때문에 현금화가 쉽지 않을 수도 있습니다. 예를 들어 경기가 좋지 않아 소비심리가 얼어붙어 있을 때는, 기업의 창고에 쌓여 있는 제품들은 재고자산에 포함되어 유동비율이 높게 나타나지만 실제로 단기에 현금화되기는 어려울 수 있습니다. 따라서 이와 같은 유동비율의 문제점을 개선한 지표가 당좌비율입니다.

당좌비율은 유동비율 산식에서 분자의 유동자산을 당좌자산으로 바꾸어 다시 계산한 지표입니다. 여기서 당좌자산이라는 표현이 다소 낯설게 느껴질 수 있는데, 당좌자산의 영어 표현인 quick assets에서 오히려 그 의미가 쉽게 느껴질 수도 있습니다. 당좌자산은 유동자산에서 재고자산을 제외한 값으로 계산되기 때문에 유동비율과 비교할 때 당좌비율은 단기지급 능력을 측정할 수 있는 더욱 직접적인 지표라 할 수 있습니다. 앞의 삼성전자 예에서 표에는 나타나 있지 않지만, 재고자산은 32조 원으로 당좌비율은 218%입니다.

$$\text{당좌비율} = \frac{\text{유동자산} - \text{재고자산}}{\text{유동부채}} \times 100 = \frac{198 - 32}{76} \times 100 = 218\%$$

2) 부채비율

$$\text{부채비율} = \frac{\text{부채}}{\text{자기자본}} \times 100$$

부채비율은 재무건전성을 측정하는 대표적인 지표입니다. 부채를 자기자본으로 나눠 줌으로써 자기자본에 비해 부채가 몇 배나 되는지를 보여줍니다. 이 비율이 높을수록 부채의 상환 능력이 부족하다는 것을 뜻하며 채권자가 돈을 받지 못할 가능성도 높아집니다. 삼성전자의 예에서 부채비율은 37%입니다.

$$\text{부채비율} = \frac{\text{부채}}{\text{자기자본}} \times 100 = \frac{102}{276} \times 100 = 37\%$$

3) 현금부채보상비율

$$\text{현금부채보상비율} = \frac{\text{영업현금흐름}}{\text{평균부채}} \times 100$$

현금부채보상비율은 관점을 바꿔 영업현금흐름에 기초한 지불능력 지표입니다. 영업활동에서 조달된 현금이 전체 부채에서 차지하는 비율이 얼마나 되는지를 보여줍니다. 만약 이 지표가 20%라면 영업현금흐름은 전체 부채의 약 20% 수준이며, 분자와 분모를 뒤집으면 영업현금흐름만으로 부채를 갚으려면 약 5년 정도가 소요된다는 뜻이 됩니다.

따라서 이 지표가 높을수록 자체적으로 조달한 영업현금흐름만으로 부채를 쉽게 갚을 수 있다는 의미가 됩니다. 이는 마치 외채 규모 대비 GDP를 통해 GDP가 외채에서 차지하는 비율이 얼마나 되는지, 그리고 GDP만으로 외채를 갚으려면 몇 년이나 걸리는지 계산해 보는 것과 같은 의미입니다. 삼성전자의 예에서 현금부채보상비율은 68%입니다.

$$\text{현금부채보상비율} = \frac{\text{영업현금흐름}}{\text{평균부채}} \times 100 = \frac{65}{(90 + 102)/2} \times 100 = 68\%$$

4) 이자보상비율

$$이자보상비율 = \frac{영업이익}{이자비용} \times 100$$

이자보상비율은 이자비용에 비해 영업이익이 얼마나 많은지를 나타내는 비율입니다. 손익계산서 구조상 영업이익은 이자비용 위에 위치하기 때문에, 영업이익은 이자비용을 고려하지 않은 상태에서 계산된 수치입니다.

따라서 영업이익이 이자비용과 같아져서 이 지표가 100%라면 회사의 본업에서 벌어들인 영업이익은 이자비용을 지불하는 데 모두 써야만 한다는 뜻이 됩니다. 따라서 이자보상비율은 이자지급 능력을 살펴보는 지표이며, 이 지표가 높을수록 영업이익 중 일부만을 사용해도 이자비용을 충분히 감당할 수 있다고 해석할 수 있습니다. 이 지표가 100%보다 낮다면 장사를 해서 번 돈으로 이자도 못 갚는다는 말이 됩니다. 앞의 삼성전자 예에서 표에는 나타나 있지 않지만, 이자비용은 11조 원으로 이자보상비율은 327%입니다.

$$이자보상비율 = \frac{영업이익}{이자비용} \times 100 = \frac{36}{11} \times 100 = 327\%$$

활동성 비율: 얼마나 활발히 활동하는가?

활동성 비율은 효율성 비율, 회전율이라고도 부릅니다. 모두 다 기업의 효율성을 살펴보기 위한 수치입니다.

항공사의 예를 들어봅시다. 항공사 비즈니스 관리의 핵심은 고가인 항공기가 지상에 서 있는 시간을 줄이고 보다 많이 운항하는 것입니다. 따라서 대부분의 항공사들은 항공기의 운항 시간을 늘리는 데 많은 노력을 쏟고 있습니다.

그러면 항공기의 운항 효율성을 판단하기 위해서는 어떤 지표를 활용하면 좋을까요? 아마도 항공기 1대당 운항 횟수나 운항 시간을 계산하면 될 것입니다. 운항 횟수가 많거나 운항 시간이 길면 항공사 입장에서 항공기를 효율적으로 활용한 것으로 볼 수 있을 것입니다.

그러나 이 지표 역시 문제가 있습니다. 200명 정원에 100명만 태우고 가는 경우와 200명 만석인 경우의 운항 횟수가 똑같이 1회로 계산되기 때문입니다. 당연히 100명에 비해 200명을 태운 경우가 항공기를 보다 효율적으로 운영했다고 볼 수 있습니다.

그러면 이와 같은 문제도 함께 고려할 수 있는 효율성 지표는 어떻게 만들 수 있을까요? 매출액을 계산하면 이와 같은 문제를 상당히 완화시킬 수 있습니다. 100명과 200명의 차이도 반영할 수 있을 뿐만 아니라, 같은 100명이라도 1등석이나 비즈니스석과 같은 고가 좌석에 승객이 얼마나 탑승했는지 또한 고려할 수 있기 때문입니다.

따라서 항공기 1대 당 매출액이나 항공기 금액 대비 매출액이 항공기의 운영 효율성을 측정하는 보다 나은 대안이 될 수 있습니다. 더 나아가 항공기를 포함한 회사의 건물이나 항공기 정비기계 등을 포함한 전체 자산 대비 매출액을 계산해 보면 회사 전체의 효율성을 파악할 수 있습니다.

이와 같은 논리를 그대로 제조업에 적용해 보겠습니다. 공장에 들여놓은 기계장치의 활동성도 제품을 몇 회 생산했는지 보여주면 될 것입니다. 그러나 얼마나 가격이 높은 제품을 얼마나 많이 생산했는지를 계산하는 것이 더 나은 활동성 지표입니다. 그리고 여기에 판매부서나 본사의 건물이나 차량 등에 대한 투자까지 모두 고려한다면, 투자 금액 대비 매출액을 분석하는 것이 종합적인 관점의 활동성 지표라고 할 수 있습니다.

이와 같은 관점에서 아래의 회전율 지표를 계산할 수 있습니다. 활동성 지표는 몇 번이나 회전되었는지를 보여주므로 단위는 '회'를 사용합니다.

1) 총자산회전율, 자기자본회전율

$$\text{총자산회전율} = \frac{\text{매출액}}{\text{평균총자산}}$$

$$\text{자기자본회전율} = \frac{\text{매출액}}{\text{평균자기자본}}$$

총자산회전율은 매출액을 평균총자산으로 나눈 값으로, 투자된 총자산 1원 당 얼마의 매출을 달성하였는지 전체적인 효율성을 보여줍니다. 이는 바로 위에서 설명한 항공사의 예에서 항공기 뿐 아니라 항공사 내에 있는 모든 자산까지 포함하는 종합적인 효율성을 살펴보는 지표입니다. 삼성전자의 예에서 총자산회전율은 0.65회입니다. 자기자본회전율은 총자산회전율과 유사하게 타인자본을 제외한 자기자본의 효율성을 측정하는 지표입니다. 삼성전자의 예에서 자기자본회전율은 0.88회입니다.

$$\text{총자산회전율} = \frac{\text{매출액}}{\text{평균총자산}} = \frac{237}{(353+378)/2} = 0.65\text{회}$$

$$\text{자기자본회전율} = \frac{\text{매출액}}{\text{평균자기자본}} = \frac{237}{(263+276)/2} = 0.88\text{회}$$

2) 재고자산회전율

$$재고자산회전율 = \frac{매출원가}{평균재고자산}$$

재고자산회전율은 매출원가를 재고자산으로 나누어 준 값으로, 재고자산의 적정성을 나타내는 지표입니다. 회사가 평균적으로 보유하고 있는 재고자산 수준에서 몇 번이나 매출이 발생했는지를 보여주므로, 이 지표가 높을수록 상대적으로 낮은 수준의 재고자산으로 매출을 달성하는 것을 의미합니다.

여기서 분자는 매출액이 아닌 매출원가가 들어가는데, 분모가 취득원가로 평가되는 재고자산이기 때문입니다. 원가 기준으로 계산된 재고자산이 마찬가지로 원가 기준인 매출원가로 전환되는 것입니다. 예를 들어 재고자산회전율이 15회라면 이 기업은 당기에 재고자산을 생산해서 판매하는 활동이 15회 있었다는 것을 의미합니다.

삼성전자의 예에서 표에는 나타나 있지 않지만, 전기와 당기의 재고자산은 27조 원과 32조 원입니다. 그리고 이렇게 해서 계산된 재고자산회전율은 4.9회입니다.

$$재고자산회전율 = \frac{매출원가}{평균재고자산} = \frac{145}{(27+32)/2} = 4.9회$$

3) 매출채권회전율

$$매출채권회전율 = \frac{매출액}{평균매출채권}$$

매출채권회전율은 매출채권이 잘 회수되고 있는지를 파악하기 위한 지표입니다. 이는 매출액을 평균매출채권으로 나누어서 구하는데, 평균매출채권에 비해 매출액이 얼마나 많은지를 뜻합니다. 매출액이 동일하더라도 현금으로 바로 회수되지 못한 채 매출채권으로 남아 있는 금액이 많다면, 이 지표는 작아질 것입니다. 따라서 이 지표가 높을수록 매출채권의 현금화 속도가 빠르다는 뜻이고, 회사 입장에서는 긍정적이라고 할 수 있을 것입니다.

만약 매출채권회전율이 10회라면 매출 뒤에 매출채권을 회수하는 활동이 10회 일어났다고 해석할 수 있습니다. 매출 뒤에 매출채권을 회수하는 횟수가 연간 10회라면 평균적으로 몇 일만에 매출채권을 회수한다는 뜻일까요? 365일을 10회로 나누면 36.5일이 되는데, 36.5일마다 매출채권을 회수하면 1년에 10회 매출채권을 회수할 수 있습니다.

삼성전자의 예에서 표에는 나타나 있지 않지만 전기와 당기의 매출채권은 35조 원과 31조 원입니다. 그리고 이렇게 해서 계산된 재고자산회전율은 7.2회입니다.

$$\text{매출채권회전율} = \frac{\text{매출액}}{\text{평균매출채권}} = \frac{237}{(35+31)/2} = 7.2\text{회}$$

성장성 비율: 회사가 커가고 있는가?

마지막으로 회사가 얼마나 성장하는지를 살펴볼 수 있는 지표가 성장성 비율입니다. 기업이 성장하는 것은 중요합니다. 기업이 성장해야만 새로운 일자리가 창출되고 경제가 활력을 유지할 수 있습니다. 따라서 이익을 많이 얻고 있는 기업들의 경우에도 미래 먹거리, 신성장동력, 미래 성장엔진 등의 표현을 써가며 신사업 발굴에 골몰합니다.

과거에 비해 우리나라 경제가 어려운 것으로 체감되는 이유도 사실 성장의 문제와 밀접히 관련되어 있습니다. 과거 몇십 년 동안 전 세계에서 유래를 찾을 수 없을 만큼 고성장을 구가해온 우리 경제가 저성장 국면에 접어들었기 때문입니다.

성장성 비율에 포함되는 각종 지표들은 항목만 달리 할 뿐 대부분 증가율로 계산됩니다. 따라서 여기에 나와 있는 총자산, 매출액, 이익 외에도 또 다른 항목을 집어넣어 증가율을 계산해 볼 수도 있습니다. 그리고 증가율은 항상 전기와 비교할 때 당기에 얼마나 변화되었는지를 뜻하므로, 전기 대비 당기와 전기의 차이분으로 계산하게 됩니다.

1) 총자산증가율

$$\text{총자산증가율} = \frac{\text{당기 말 자산} - \text{전기 말 자산}}{\text{전기 말 자산}} \times 100$$

총자산증가율이란 기업의 전체적인 성장 규모를 측정하는 지표입니다. 자산증가율이 높다는 것은 일반적으로 회사가 성장하고 있다는 증거이기도 하지만, 과도한 투자가 이루어지는 경우에도 자산증가율은 높게 나타날 수 있습니다. 따라서 자산증가율 지표가 높다고 해서 반드시 긍정적이라고만 평가할 수는 없습니다.

실제로 과거 IMF 구제금융의 근본 원인으로 우리나라 기업들의 무리한 투자를 꼽는데, 당시에는 대기업들이 과도한 투자로 경영이 어려워지더라도 정부에서 공적 자금을 투입해 이를 해결해 주었기 때문에 가능했던 것입니다. 따라서 이와 같이 성장률이 높은 상황이라면 수익성이나 안전성 비율을 동시에 분석하여, 수익성을 동반하지 않은 채 사업이 확장되는 것은 아닌지 면밀히 살펴봐야 합니다. 삼성전자의 예에서 총자산증가율은 7.1%입니다.

$$총자산증가율 = \frac{378 - 353}{353} \times 100 = 7.1\%$$

2) 매출액증가율

$$매출액증가율 = \frac{당기\ 매출액 - 전기\ 매출액}{전기\ 매출액} \times 100$$

매출액증가율이란 전기에 비해 당기의 매출액이 얼마나 증가했는지를 보여주는 지표입니다. 삼성전자의 예에서 표에는 나오지 않지만 전기와 당기의 매출액은 각각 230조 원과 237조 원으로 매출액증가율은 3.0%입니다.

$$매출액증가율 = \frac{237 - 230}{230} \times 100 = 3.0\%$$

3) 순이익증가율, 영업이익증가율

$$순이익증가율 = \frac{당기순이익 - 전기\ 순이익}{전기\ 순이익} \times 100$$

$$영업이익증가율 = \frac{당기\ 영업이익 - 전기\ 영업이익}{전기\ 영업이익} \times 100$$

순이익증가율과 영업이익증가율은 전기에 비해 당기의 순이익 혹은 영업이익이 얼마나 증가했는지를 나타내는 지표입니다. 삼성전자의 예에서 표에는 나오지 않지만 전기의 순이익과 영업이익은 각각 22조 원, 28조 원으로 순이익증가율은 18.2%, 영업이익증가율은 28.6%입니다.

$$순이익증가율 = \frac{당기순이익 - 전기\ 순이익}{전기\ 순이익} \times 100 = \frac{26 - 22}{22} \times 100 = 18.2\%$$

$$영업이익증가율 = \frac{당기\ 영업이익 - 전기\ 영업이익}{전기\ 영업이익} \times 100 = \frac{36 - 28}{28} \times 100 = 28.6\%$$

제4편 법학

최준혁
인하대학교 법학전문대학원 교수

01
나, 사회, 국가

법이란 무엇인가?

1) 법의 의미

일상생활에서 법이라는 말은 자주 쓰입니다. 예를 들어 "세상에 그런 법은 없다"라고 말할 때의 법은 건전한 상식이나 합리적인 이성, 또는 사물의 이치를 가리킵니다. 가령 소화기 사용법 등 요령이나 방법을 말하기도 합니다.

그런데 여기서 논의하는 사회규범으로서의 법이 무엇인지를 한마디로 명확하게 정의하기는 쉽지 않습니다. 아주 넓게 말하면 '우리가 법이라고 부르는 것이 법이다'고 생각하는 편이 가장 정직한 정의일 수도 있습니다.

우리에게 가장 익숙한 법인 형법에서부터 논의를 시작하겠습니다. 살인자는 처벌해야 할까요? 그렇습니다. 다른 사람을 죽인 살인자에 대하여 아무런 반작용이 없다면 사회는 약육강식의 아수라장이 될 것입니다. 힘센 사람은 자신의 마음에 들지 않는 사람을 언제든지 죽이려고 할 것이고, 힘이 약한 사람은 어디에서도 보호를 받을 수 없어 언제 죽을지도 모른다는 불안과 공포 때문에 일상생활을 하기 어렵게 되어 사회에서의 공동생활이 불가능해지겠지요. 그렇다면 살인자에 대한 대응을 피해자의 가족 또는 친구들의 복수에 맡겨야 할까요? 그럴 수는 없습니다. 복수는 반복될 뿐이며 복수를 통해 문제를 해결할 수도 없습니다. 가해자의 행위에 대한 반작용은 국가가 전담해서 맡고 있으며 그 수단이 형벌인 경우를 우리는 '범죄자에 대한 국가의 처벌'이라고 이야기합니다. 금지되는 행위인 범죄와 그에 대한 대응으로서의 형벌, 그리고 형벌과 비슷한 성격을 지닌 보안처분을 규정하고 있는 국가의 법률이 형법입니다.

법을 처음 접할 때에는 형법이 가장 중요한 법이라고 생각하기 쉽고 뉴스에도 형사사건들이 주로 나옵니다. 그런데 인간은 사회를 이루어 생활하고 있고 현재의 사회생활에서 가장 두드러진 공동체의 형식은 국가입니다. 사람의 생활은 국가를 조직하고 유지하는 생활과 그 이전에 하나의 인간으로서 생존의 유지와 계속을 위한 생활로 나누어 생각할 수 있습니다. 앞에서 설명한 내용을 규율하는 법률을 공법이라고 하며 뒤에서 설명한 내용을 규율하는 법률을 사법이라고 하는데, 형법은 공법에 속하며 사법 분야의 대표적인 법률은 민법입니다.

2) 법규범의 구조

형법 제250조 제1항은 “사람을 살해한 자는 사형, 무기 또는 5년 이상의 징역에 처한다”라고 규정하고 있습니다(이 글에서 설명하고 있는 법률의 조문과 그에 대한 판결들은 모두 법제처 국가법령정보(www.law.go.kr)에서 찾을 수 있습니다). 이 규범이 상정하고 있는 대상자는 일반인이 아니라 법관이라고 보통 설명합니다. 이 조문은 “만약 당신이 재판정에서 살인자에 대한 재판을 해야 한다면 그 사람을 사형, 무기 또는 5년 이상의 징역에 처해야 합니다”라고 형사재판을 담당하는 법관에게 말하고 있다고 분석할 수 있고, 원칙적으로 법률조문은 재판에 쓰이는 규범이기 때문입니다. 다만, 이 조문은 다시 “누구도 다른 사람을 살해해서는 안 된다”는 금지되는 행위에 대한 규범과 “사람을 살해한 자에 대한 처벌은 사형, 무기징역 또는 5년 이상의 유기징역이어야 한다”는 법률효과에 관한 규범으로 구분할 수 있습니다. 이때 “누구도 다른 사람을 살해해서는 안 된다”라는 금지명령의 대상자는 법관을 포함한 일반인입니다.

“고의 또는 과실로 인한 위법행위로 타인에게 손해를 가한 자는 그 손해를 배상할 책임이 있다”고 규정하는 민법 제750조도 같은 방법으로 분석할 수 있습니다.

정의와 개인의 자유

1) 법이 정의인가?

사례: 동성애자인 나는 처벌받아야 하는가?
나는 종교적 이유로 집총훈련을 받고 싶지 않으므로, 군대에 가고 싶지 않다. 나는 처벌받아야 하는가?

살인, 강도, 강간 등의 행위를 해서는 안 된다는 사실은 형법 제250조와 같은 조문이 없어도 분명하다고 생각할 수 있습니다. 실제로 영국에서는 이러한 죄들은 보통법상 범죄(common law crime)로서 형법전이 존재하기 전부터 처벌되었으며, 나중에 제정된 형법전들은 이러한 범죄들을 그 내용으로 반영하였습니다.

그런데, 처벌해야 하는지가 분명하지 않은 행위가 있습니다. 위 사례에서 든 행위들을 처벌하는 것처럼 보이는 조문을 우리 법률은 두고 있습니다. 그렇다고 반드시 처벌해야 할까요?

군형법 제92조의6(추행) 제1조제1항부터 제3항까지에 규정된 사람에 대하여 항문성교나 그 밖의 추행을 한 사람은 2년 이하의 징역에 처한다.

병역법 제88조(입영의 기피 등)

① 현역입영 또는 소집 통지서(모집에 의한 입영 통지서를 포함한다)를 받은 사람이 정당한 사유 없이 입영일이나 소집기일부터 다음 각 호의 기간이 지나도 입영하지 아니하거나 소집에 응하지 아니한 경우에는 3년 이하의 징역에 처한다. 다만, 제53조제2항에 따라 전시근로소집에 대비한 점검통지서를 받은 사람이 정당한 사유 없이 지정된 일시의 점검에 참석하지 아니한 경우에는 6개월 이하의 징역이나 500만원 이하의 벌금 또는 구류에 처한다.

위의 질문은 '처벌'이라는 단어와 함께 '~해야 할까요?'라는 표현을 쓰고 있습니다. 처벌되어야 한다고 생각한다면, 가령 '동성애는 자연의 질서에 반하기 때문에' 또는 '한국 남자는 군대에 가야 하므로' 등의 답이 나올 것이라고 생각할 수 있습니다.

하지만 이러한 답에 대해서는 다시 새로운 질문을 할 수 있습니다. '자연의 질서란 무엇인가요?' '과연 우리가 자연의 질서가 무엇인지 알 수 있을까요?' '군대에 가야 하는 이유는 무엇인가요?' '남성만 군대에 가야 하나요?' 등입니다.

동성애를 법률로 금지해야 하는지에 대한 질문에 답하기 위해서는 우리는 법과 윤리(도덕)를 구별한다는 전제에서 출발할 필요가 있습니다. 윤리적으로 문제가 될 수 있는 모든 행위가 법률의 규정대상이 되지는 않습니다. 현대의 다원적 입헌민주주의 사회에서는 종교나 철학, 윤리적인 쟁점과 관련한 근본적인 다툼이 있는데, 법과 국가는 특정한 입장을 지지하여 다른 입장들을 배제하는 강제력을 행사해서는 안되며 중립을 지켜야 합니다. 어떠한 삶이 가치있고 바람직한지를 선택하는 개인의 자유는 결코 침해되어서는 안 되며, 국가가 스스로의 목표를 달성하기 위해 사용하는 물리적 강제력이나 법적인 제재라는 수단은 종교적인 신념이나 철학 또는 윤리적인 확신을 실현하는데 이용되어서는 안 됩니다.

어떠한 행위를 법률로 규제하기 위해서는 그 행위가 다른 사람에게 해악이 되어야 합니다. 영미에서는 이러한 내용을 해악원칙(harm principle)이라고 합니다. 대륙법계에서는 법률의 목적은 법익보호라고 합니다. 법률로 보호하는 이익을 법익이라고 하는데, 법익은 공동생활의 유지를 위해 필수불가결한 중요하고 보편적인 것이어야 합니다.

법과 윤리의 관계에 대해서는, 법은 도덕적 성격을 바탕으로 하면서도 도덕과 같은 윤리적인 엄격성을 요구하지는 않지만 공식적인 형식과 절차를 요건으로 한다고 정리할 수 있습니다. 아래의 그림에서는 법과 윤리의 관계를 세 가지로 구분하고 있는데, 각각에 해당하는 예가 무엇인지 함께 생각해 봅시다.

법과 윤리의 관계에 관한 그림

다음으로 병역거부에 대하여 우리의 주제인 법을 연관시켜 볼 때 가장 쉬운 대답은 '한국 남자는 군대에 가야 한다고 법률에 규정하고 있으므로'가 될 것 같습니다. 하지만 반드시 그럴까요? 소위 양심적 병역거부를 둘러싼 논쟁을 살펴보면 '법률에 규정하면 반드시 따라야 하나요?' 또는 '혹시 법률규정이 잘못된 것 아닌가요?'라는 질문이 다시 등장함을 확인할 수 있습니다.

헌법재판소는 양심적 병역거부를 여러 번 다루었는데, 헌법재판소 2005. 8. 26. 선고 2002헌가 전원재판부 결정에서는 앞에서 살펴본 병역법 제88조에 대해 7:2로 합헌이라고 판단하면서도, 합헌에 동의한 재판관 가운데서도 5명은 "입법자는 국가안보란 공익을 실현하면서도 병역거부자의 양심을 보호할 수 있는 대안이 있는지 진지하게 검토해야 할 것이며, 설사 대체복무제를 도입하지 않기로 하더라도 법적용 기관이 양심을 보호하는 조치를 취하도록 하는 방향으로 입법을 보완할 것인지 숙고해야 한다"고 촉구하였습니다. 헌법재판소 2018. 6. 28. 선고 2011헌바379 결정은 "양심적 병역거부자들은 병역의무를 단순히 거부하는 것이 아니라 자신의 양심을 지키면서도 국민으로서의 국방의 의무를 다할 수 있도록 집총 등 군사훈련을 수반하는 병역의무를 대신하는 제도를 마련해달라고 국가에 호소하고 있기 때문에 이들의 병역거부를 군복무의 고역을 피하기 위한 핑계라거나 국가공동체에 대한 기본의무는 이행하지 않으면서 국가의 보호만을 바라는 무임승차라고 볼 수는 없"으며 "양심적 병역거부를 인정하는 것이 여호와의 증인 등을 비롯한 특정 종교나 교리에 대한 특별취급을 하는 것이 아니냐는 의문이 제기되기도 하나 이는 인류 공통의 염원인 평화를 수호하기 위하여 무기를 들 수 없다는 양심을 보호하고자 하는 것일 뿐, 특정 종교나 교리를 보호하고자 하는 것은 아니"며 "국가에게 병역의무의 면제라는 특혜와 형사처벌이라는 두 개의 선택지밖에 없다면 모르되, 국방의 의무와 양심의 자유를 조화시킬 수 있는 제3의 길이 있다면 국가는 그 길을 진지하게 모색하여야 할 것"이라고 판단하였습니다. 헌법재판소의 이 결정에 의해 병역법이 개정되었고 대체역의 편입 및 복무 등에 관한 법률이 시행되었습니다. 즉, 법률과 판결이 변한 것입니다.

2) 판단의 방향

개인의 자유와 사회의 질서 또는 복리가 충돌하는 상황에서 정답을 찾아내기 어렵다면 어떠한 방향으로 판단해야 할까요? 개인의 자유를 중시하는 입장과 공동체의 복리를 중시하는 입장으로 크게 나누어서 생각할 수 있습니다. 그런데, 국가를 비롯한 공동체는 개인의 행복한 생활을 위해 존재합니다. 미국이나 서구사회에서 벌어지는 자유주의와 공동체주의의 논쟁은 '자유주의 이후'라는 배경에서 나타났다는 점도 주목할 필요가 있습니다. 즉, 이는 자유주의의 가치들이 제도화되고 법질서로 편입되어 사회의 기본 가치질서로 정착된 이후에 등장하는 논쟁입니다. 이 논쟁들에서 자유주의의 기본가치인 개인의 기본권 및 자유 보호, 개인의 자주성 보장과 같은 이상들이 수정되고 제한되는 경우는 있어도 전면적으로 부정되지는 않습니다.

헌법의 중요성

나와 국가의 관계는 헌법으로 규율하고 있습니다. 헌법 제10조는 "모든 국민은 인간으로서의 존엄과 가치를 가지며, 행복을 추구할 권리를 가진다. 국가는 개인이 가지는 불가침의 기본적 인권을 확인하고 이를 보장할 의무를 진다"고 설명합니다. 헌법은 개인의 능력을 발휘할 수 있는 평화로운 상태의 조성, 그리고 (상대적) 평등을 목적으로 합니다. 헌법의 전문에서도 이러한 생각을 확인할 수 있습니다.

> 유구한 역사와 전통에 빛나는 우리 대한국민은 3·1운동으로 건립된 대한민국임시정부의 법통과 불의에 항거한 4·19민주이념을 계승하고, 조국의 민주개혁과 평화적 통일의 사명에 입각하여 정의·인도와 동포애로써 민족의 단결을 공고히 하고, 모든 사회적 폐습과 불의를 타파하며, 자율과 조화를 바탕으로 자유민주적 기본질서를 더욱 확고히 하여 정치·경제·사회·문화의 모든 영역에 있어서 각인의 기회를 균등히 하고, 능력을 최고도로 발휘하게 하며, 자유와 권리에 따르는 책임과 의무를 완수하게 하여, 안으로는 국민생활의 균등한 향상을 기하고 밖으로는 항구적인 세계평화와 인류공영에 이바지함으로써 우리들과 우리들의 자손의 안전과 자유와 행복을 영원히 확보할 것을 다짐하면서 1948년 7월 12일에 제정되고 8차에 걸쳐 개정된 헌법을 이제 국회의 의결을 거쳐 국민투표에 의하여 개정한다.

헌법은 제10조에서 인간의 존엄과 행복추구권을 선언한 후 평등권(제11조)을 비롯하여 신체의 자유(제12조) 등 여러 권리를 열거하고 있습니다. 이들 중 대부분은 국가로부터 어떠한 권리에 대한 제한을 받지 않는다는 내용의 자유권입니다. 이러한 기본권을 일일이 나열한 후 헌법은 제37조에서 "국민의 자유와 권리는 헌법에 열거되지 아니한 이유로 경시되지 아니한다"고 선언하여 국민의 자유와 권리가 소중하며 국가는 이를 보장해야 할 의무가 있음을 다시 한 번 확인합니다.

그렇다면, '헌법은 왜 지켜야 하는가?'라고 질문할 수 있습니다. '법은 왜 지켜야 하는가?' 라는 질문에서의 '법'을 '헌법'으로 바꾼 것인데, 그에 관한 전통적인 설명은 법은 법이니까 지켜야 한다는 주장(법실증주의)과 법에 담겨있는 내용 때문에 지켜야 한다(자연법론)는 주장으로 크게 구별할 수 있습니다. 법실증주의에서는 통치권자의 명령이 법이라는 입장인 권위적 법실증주의와 국민주권원리를 중심으로 하여 의회에서 이루어진 심의와 결정의 산물로서 법을 바라보고 입법과정에서의 공론과정을 중요시하는 입장인 민주주의적 법실증주의가 있습니다. 자연법론도 두 가지로 구분할 수 있습니다. 먼저 특정한 가치관에 입각한 비민주적 자연법론은, 특정한 도덕철학이나 종교, 정치철학의 관점에서 주장하는 근본원리를 자연법으로 보고 이러한 자연법에 비추어 실정법을 판별하고 개개의 실정법의 효력과 권위를 판정하는 강한 자연법론입니다. 민주적 자연법론은, 모든 합당한 도덕철학과 종교, 정치철학이 동의할 만한 자유주의적 가치와 민주주의적 가치, 도덕적 기본권들로 구성된 원리를 자연법으로 보고 시민들의 논의과정에서 검토되고 의회에서 심의되고 결정된 법률의 효력과 권위를 인정하되 필요하면 법원이 다시 한 번 자연법상의 기준에 비추어서 심사할 수 있는 성찰적 위헌법률심사제도를 민주주의 실현에 필요한 하나의 기제로 보는 약한 자연법론입니다. 위에서 설명한 네 가지 입장 중 첫 번째와 세 번째는 민주주의와 다원주의에 기반한 우리사회에서는 받아들이기 어렵다고 보입니다.

'신의 명령'과 같은 절대적인 규범이 사라진 세상에서 정의란 결국 올바른 절차와 합리적인 토론을 통해 '함께 만들어가야 하는' 무엇인가입니다. 국가의 종교를 국교(國教)라고 하는데, 우리는 어떤 특정한 종교를 국교로 하고 있지 않습니다. 사회에서 과거에 종교가 담당하는 기능을 현대국가에서는 헌법이 담당하고 있습니다. 헌법은 국가를 언제든지 괴물로 변할 수 있는 위험한 존재로 바라보고 있으며, 헌법과 법률의 목적은 국민에 대한 통제가 아니라 국가권력이 지나치게 커지지 않도록 하면서 시민을 보호하는 것입니다.

악법도 법인가?

1) 소크라테스는 '악법도 법이다'라고 말했는가?

법이 우리 모두가 지켜야 할 무엇인가이며 국가는 그 법을 준수하도록 강제력을 행사한다면, 나쁜 법도 법이기 때문에 우리는 지켜야 할까요? 소크라테스가 '악법도 법이다'라고 말했다고 하던데 사실일까요?

소크라테스는 직접 쓴 글이 없고 그의 제자였던 플라톤이 소크라테스가 한 말을 모아서 『국가』,『변명』, 『크리톤』 등의 글을 남겼습니다. 이 중에서 '악법도 법이다'라는 이야기가 나올 법한 글은 『크리톤』인데, 소크라테스가 아테네의 법정에서 국가의 신을 섬기지 않고 젊은이들을 타락시킨다는 죄목으로 재판을 받아 유죄판결을 받은 후 감옥에서 사형집행을 기다리고 있을 때, 그의 오랜 친구인 크리톤이 찾아와 여러 가지 이유를 제시하면서 도망가라고 권유하였지만 소크라테스는 이를 거절하면서 시민으로서 법률을 준수할 의무가 있기 때문에 부당한 판결에 복종해야 한다고 말했다는 내용입니다.

그러나, 『크리톤』 어디에서도 소크라테스가 '악법도 법이다'라고 직접 말했다는 부분은 찾을 수 없습니다. 또한 소크라테스가 이렇게 말했다는 해석은 『크리톤』에서의 소크라테스와 의인화된 아테네 '법률'과의 대화 내용을 과도하게 일반화한 것입니다. 하지만, 소크라테스와 '법률'과의 대화의 내용은 소크라테스 자신에게 내려진 판결만이 우연히 정의롭지 못한 것일뿐, 자신은 아테네의 법률에 관한 한 어떠한 하자도 발견하지 못했으며 그 법률을 운용하고 있는 아테네 정치 질서 일반에 관해서도 아무론 불만을 가지고 있지 않다는 점입니다.

2) 한계상황에서의 법의 준수

악법을 준수해야 하는가의 문제는 인류의 역사에서 예전부터 다양한 사례를 통해 논의되었습니다. 먼저 그리스신화에서는 오이디푸스 왕의 딸인 안티고네가 있습니다. 오이디푸스가 자신에게 얽힌 비밀을 알게 된 후 스스로 눈을 찔러 실명한 채로 떠돌아다니게 되자, 두 오빠 폴리네이케스와 에테오클레스가 왕권을 놓고 다투다 모두 죽어서 안티고네의 삼촌인 크레온이 왕이 되었습니다. 크레온은 에테오클레스만 성대히 장례를 치러주고 폴리네이케스의 시체는 들에 그냥 버려두라는 포고를 내렸으나, 안티고네는 명령을 어기고 들에 버려진 폴리네이케스의 시체를 몰래 묻어주었습니다. 안티고네에게 크레온이 국법을 위반하였다고 추궁하자 안티고네는 다음과 같이 말하였습니다.

> 네, 그 법은 제우스신께서 만든 법이 아니니까요. 하계(지옥)의 신들과 함께 계신 정의의 신도 이런 법을 세상에 반포하신 적은 없습니다. 인간의 글로 쓰지는 않았으나 영원한 하늘의 법을 어길 수 있을까요? 저는 왕께서 정하신 법이 하늘의 법과 같은 힘을 지니고 있다고는 생각지 않습니다. 하늘의 법은 어제오늘에 생긴 것이 아니며 아무도 그 법이 언제 생겼는지 알지 못합니다. 저는 인간의 자존심은 두려워하지 않지만 신 앞에서 하늘의 법을 어겼노라고 대답할 수는 없습니다.

여기에서는 하늘의 법과 인간의 법(국법)의 구별도 문제가 되지만 '국법을 위반한 경우에 대한 처벌이 반드시 사형이어야 하는가?'라는 질문도 등장합니다. 과도한 처벌에 관한 의문은 한계상황에서 등장하는데 우리나라에서도 예를 찾을 수 있습니다. 1950년 6·25가 발발한 후 같은해 9월 28일 서울을 되찾았는데, 서울을 빠져나가지 못했던 잔류시민들에게 "비상사태 하 범죄처벌에 관한 특별조치령"(1950. 6. 25. 대통령 긴급명령 제1호)을 적용하여 부역범으로 처벌해야 하는 상황이 발생하였습니다.

> **비상사태 하 범죄처벌에 관한 특별조치령**
>
> **제1조** 본령은 비상사태에 있어서의 반민족적 또는 비인도적 범죄를 신속히 엄중처단함으로써 목적으로 한다.
>
> **제2조** 본령에 있어서 비상사태라함은 단기4283년6월25일 북한괴뢰집단의 침구(侵寇)에 인하여 발생한 사태를 칭한다. 전항 사태는 대한민국정부기관에 의하여 치안이 완전히 회복하였을때에 종료된다.
>
> **제4조** 비상사태에 승하여 좌의 죄를 범한 자는 사형·무기 또는 10년이상의 유기징역에 처한다.

1. 타인의 재물을 강취, 갈취 또는 절취한 행위
2. 타인의 건조물을 파괴, 훼손 또는 점거한 행위
3. 관헌을 참칭하거나 또는 이적의 목적으로 체포, 감금, 상해, 폭행한 행위
4. 관권을 모용하거나 또는 적에게 정보제공 또는 안내한 행위
5. 적에게 무기, 식량, 유류, 연료 기타의 물품을 제공하여 적을 자진방조한 행위

이 법률이 지나치게 가혹하다는 점은, 제4조의 법정형이 1951년 1월 30일의 법률개정을 통해 '사형, 무기 또는 2년 이상의 징역'으로 완화되었다는 점에서도 드러납니다. 당시 판사로 일하던 유병진은 이러한 현실 앞에서 '진실로 법률의 노예가 될 지경'에서 벗어나려면 '판사의 직에서 떠나 버려야 한다'는 양심의 갈등에 처했습니다. 전쟁으로 인해 집주인이 장기간 피난한 빈집에서 고추장을 훔친 사람에 대하여 특별조치령에 따라서 엄하게 처벌하라는 검찰의 구형에 대하여 유병진은 무죄를 선고하면서 억울하게 시민이 처형되지 않도록 하여야 한다는 법관의 양심과 실정법에 충실해야 한다는 법관의 의무 사이의 갈등에 빠지게 되었던 것입니다.

여러분은 이러한 상황에서 어떻게 할 것인지, 그러한 입장을 정한 이유는 무엇인지 생각해 봅시다.

정의의 여신

대법원 홈페이지는 "대한민국 법원을 상징하는 이미지로서, 정의의 여신을 현대적 감각으로 형상화하였습니다. 간결하고 안정적인 이미지와 힘찬 선으로 정의에 대한 확고한 의지를 표현"하였다고 이 그림을 설명합니다. 서양에서는 정의의 여신을 유스티티아(Justitia)라고 부르는데, 정의의 여신은 어디에서 왔을까요?

그림이나 조각을 통해 정의라는 개념을 형상화하는 방법은 고대 이집트에서 시작되었는데, 이집트의 상형문자에서는 타조깃털을 진실과 정의의 상징으로 사용하였습니다. 그 후 이집트에서는 마트(Ma'at)가 진실과 정의의 여신이었는데 머리에 타조깃털을 꽂고 있었습니다.

그리스에서는 제우스와 테미스(Themis)의 딸인 디케(Dike)가 오늘날의 정의의 여신과 비슷한 기능을 하였습니다. 고대 로마에서는 칼과 저울을 들고 있는 정의의 여신이라는 개념은 알려져 있지 않았고, 정의의 의인화나 법의 여신도 없었습니다. 나중에 디케의 영향을 받아 유스티티아가 등장하기는 하였으나, 로마에서는 처음에는 유스티티아와 에퀴타스(Aequitas)를 구별하여 생각하였다고 합니다. 유스티티아는 실정법에 대한 유지와 수호의 표현인 반면에 에퀴타스는 실정법과 무관하게 모든 상황을 고려했을 때의 형평을 표현하였습니다.

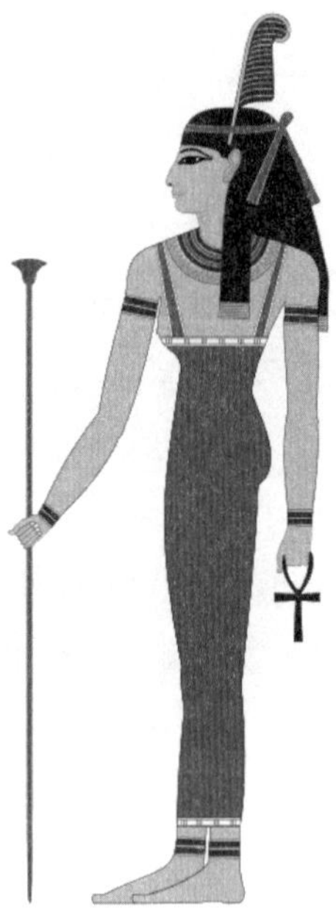

Ma'at의 그림[1)]

독일에서는 대략 1250년 경에 오늘날과 비슷한 형태로 칼과 저울을 들고 있는 정의의 여신이 등장하였는데, 정의의 여신이 눈을 가리고 있는 형태는 제바스티안 브란트(Sebastian Brand)가 1494년에 쓴 "바보배(Narrenschiff)"라는 책의 삽화로 실린 알브레히트 뒤러의 그림에서 처음 나타났다고 보입니다.

칼과 저울은 정의의 여신을 상징하는 요소로 일반적으로 받아들여졌으나, 정의의 여신이 눈을 가리고 있어야 하는지에 대해서는 그 후에도 많은 논의가 있었으며 예술가들은 서로 다르게 표현하였습니다. 정의의 여신이 눈을 똑바로 뜨고 있어야 한다고 생각할 수도 있는데, 왜냐하면 정의의 여신은 저울과 칼을 사용해 상황을 정확하게 형량하여야 하기 때문입니다. 정의의 여신이 자신의 판단에 대하여 정확한 책임을 지기 위한 전제로서, 그는 사건 전체를, 즉 사건에서의 사실과 자신의 판단의 결과도 가능한한 정확히 보아야 합니다. 진실을 확정하기 위해서는 정확한 판단이 무엇보다 중요합니다. 다른 한편으로 가린 눈은 판단대상에 대한 선입견 없이 판단하라는 명령을 상징하는데, 이또한 진실과 정의만큼 중요한 가치입니다.

우리 대법원에 있는 정의의 여신상은 어떠한지 함께 살펴봅시다. 오른쪽에 보이는 사진의 왼쪽 위에 있는 조각상이 정의의 여신상인데 대법원의 대법정 바로 위에 있습니다. 눈을 가리지 않았다는 점이 어떠한 의미를 갖는지에 대해서 스스로의 생각을 정리해 봅시다.

1) https://en.wikipedia.org/wiki/Maat : 2015. 12. 13. 최종방문. Jeff Dahl의 작품임 (Creative Commons Attribution-Share Alike 4.0 International 에 따라 사용).

대법원에 있는 정의의 여신상(출처: 법원 홈페이지. www. scourt.go.kr)

더 읽을 책

이상영·김도균, 『법철학』, KNOU Press, 2016.

한인섭, 『식민지 법정에서 독립을 변론하다』, 경인문화사, 2012.

플라톤(천병희 옮김), 『플라톤전집1: 소크라테스의 변론/크리톤/파이돈/향연』, 숲, 2012.

02
개인과 개인의 관계(1)

계약이란?

사례: ① 핸드폰 대리점에서 핸드폰 약정을 하였는데 계약서를 제대로 읽지 않아 위약금 등의 명목으로 큰 손해를 보았습니다.

② 대학생활을 위해서 기숙사를 신청해 한 학기 동안 생활하였으나 룸메이트와 마음이 맞지 않아서 원룸에 들어가려고 합니다. 부동산의 중개인은 자신만 믿으면 된다고 하는데, 과연 제대로 하고 있는지 알 수가 없습니다.

③ 대학을 졸업하기 직전 다행히도 회사에 취직할 수 있었습니다. 근로계약서를 썼는데 무슨 뜻인지 이해할 수 없습니다.

④ 회사에 취직하였더니 다른 회사와 물품구매계약을 체결하라고 합니다. 계약서를 작성하려고 하는데 어떻게 써야 할까요?

⑤ 위 ④에서 상대방 회사가 물건을 보내오지 않습니다. 어떻게 해야 할까요?

위의 사례들은 모두 계약을 통해 내가 다른 사람과 어떠한 관계를 맺게 되며, 그 계약의 내용이 나 또는 내가 일하고 있는 회사의 돈과 관련이 있다는 점이 공통적입니다.

계약이란 둘 이상의 서로 대립하는 의사표시의 일치에 의해서 성립하는 법률행위입니다. 그리고 계약을 성립시키는 의사표시의 일치를 합의라고 합니다.

'둘 이상'이라는 표현에서 알 수 있듯이 계약을 맺기 위해서는 적어도 두 명 이상이 있어야 합니다. 내가 대학교에 입학한 다음 지금까지 너무 놀았다고 반성하고 '내일부터 일기를 열심히 쓰겠다', 아니면 '모바일게임을 하루에 한 시간만 하겠다'고 굳게 결심하고 그 내용을 종이에 쓴 후 서명까지 해서 잘 보관하였다고 하더라고 하더라도 이는 스스로와의 약속일뿐 나와의 '계약'이라고 볼 수는 없습니다. 내가 계약을 맺기 위해서는 상대방으로서의 다른 사람, 즉 나와 구별되는 누군가가 반드시 필요합니다.

‘대립하는 의사표시’란 무엇일까요? 계약의 두 당사자는 어떠한 계약 자체를 체결한다는 점에 대해서는 이해관계가 같지만, 그들의 생각의 방향은 서로 반대라고 할 수 있습니다. 예로 원룸을 1년 동안 빌리는 계약을 생각해 봅시다. 이런 계약을 임대차계약이라고 하는데, 집을 빌리는 A는 계약기간 동안 그 집을 사용할 권리가 있지만 그를 위해서는 매월 약속된 임대료를 집주인 B에게 내야 합니다. B는 임차인 A에게 임대료를 받을 수 있지만 그를 위해서는 집을 사용할 수 있는 상태로 제공해야 합니다. 핸드폰약정도 마찬가지입니다. 이때 A가 어떠한 채무를 부담하는 것은 B가 채무를 부담하기 때문이며, B가 채무를 부담하는 것도 A가 채무를 부담하기 때문이므로 당사자들의 채무부담을 서로 의존적이라고 할 수 있습니다.

합의는 어떠한 사항에 대해서 존재해야 할까요? 계약의 본질적인 구성부분, 예를 들어 물건을 사고 파는 매매라면 매매의 대상과 대금, 임대차라면 임대차의 대상(임차물)과 빌리는 값(차임)에 관하여 합의가 있어야 합니다. 그 외에도 누가 계약당사자가 되어야 하고, 그들이 어떤 역할을 하여야 하는지에 관하여도 합의가 필요합니다. 물론 계약을 하는 그 시점에서 이러한 사안 모두에 대해 구체적으로 확정되어 있어야 할 필요는 없으나, 구체적으로 확정할 수 있는 방법과 기준은 정해져 있어야 합니다. 법률, 특히 민법이 각각의 계약형태와 관련하여 상세하게 규정하고 있는 사항이거나 모든 계약에 동일하게 적용되는 일반규정의 내용에 관해서는 당사자가 다시 합의할 필요는 없습니다. 다만, 법률이 규정하고 있는 사항이라고 하더라도 당사자 중 한쪽이 법률규정과 다른 합의가 필요하다고 표시한 때에는, 그에 관하여 양당사자의 합의가 있어야 합니다.

계약을 위해 계약서가 꼭 필요한가?

1) 계약서의 의미

계약 당사자들이 합의한 내용을 계약서로 작성하는 것은 매우 중요합니다. 물론 계약서를 작성하지 않아도 계약은 성립합니다. 다시 말하자면 말로만 한 계약, 즉 구두계약(口頭契約)도 당연히 계약입니다. 대부분의 계약은 당사자의 합의만으로 성립하는데, 이러한 계약의 형태를 낙성계약(諾成契約)이라고 부릅니다. 반대로 당사자의 합의 외에 물건의 인도나 기타 어떠한 급부(給付)가 있어야 성립하는 계약을 요물계약(要物契約)이라고 합니다.

즉, 계약서를 작성하지 않아도 계약은 성립합니다. 하지만 계약의 내용을 확실히 하고 혹시 문제가 발생했을 때 증거로 활용하기 위해서는 계약서를 쓸 필요가 있습니다.

영수증에도 계약금과 비슷한 기능이 있습니다. 계약의 이행과 관련하여 돈 또는 물건을 받았다는 사실을 증명하는 서류가 영수증입니다. 계약의 내용에 따라 돈 또는 물건을 주었다면 계약을 이행한 것이며, 상대방이 내게 영수증을 주었는지는 나의 계약의 이행 여부와 무관합니다. 최근에는 식당이나 편의점 등에서 영수증을 받는 경우가 점점 줄어들고 있음을 보아도 알 수 있습니다. 그렇지만, 상대방이 내가 준 물건이나 돈을 받고도 딴소리를 하는 상황에 대비하기 위해서라면 영수증을 받아 잘 보관할 필요가 있습니다. 예전에 '법 없이도 살 사람'이라는 표현은 어떠한 사람의 인품을 칭찬하는 표현이었으나, 사회생활은 상대방과의 관계를 통해 이루어지기 때문에 내가 '법 없이도 살 수 있'다고 하더라도 상대방이 악독하다면 결국 손해를 보는 사람은 나입니다.

2) 계약이 이행되지 않은 경우 경우의 해결방법

대부분의 경우 계약당사자들은 계약의 내용을 지키는데 이를 계약의 이행이라고 합니다. 하지만 계약에서 합의한 내용을 지키지 않았을 때 어떻게 되는가를 조금 더 살펴볼 필요가 있습니다.

유효하게 성립한 계약이라고 하더라도 그 효력이 처음부터 없었던 것과 같은 상태로 돌아가게 할 수 있는데 그러한 제도를 계약의 해제(解除)라고 합니다. 가령 A가 B에게 자신의 집을 1억원에 파는 계약을 체결하였는데 집값이 8,000만원으로 하락하자 B가 매매대금을 지급하지 않았다고 생각해 봅시다. 이때 A는 B가 계약을 이행하도록 민사소송을 제기하고 손해배상도 청구할 수 있겠지만, 그렇다면 A 자신이 소유권 이전채무와 목적물의 인도채무도 이행해야 하는 번거로움이 따릅니다. 이때 A가 B의 계약을 해제하고 손해배상으로 싯가와의 차액을 청구하면, A는 계약의 구속으로부터 벗어나 자유로워질 수 있으며 손실은 입지 않게 됩니다. 이와 같이 해제는 당사자 일방이 이행을 지체한 경우에 상대방으로 하여금 계약의 구속력으로부터 벗어나게 한다는 점에서 그 의미가 있습니다. 일상생활에서 많이 쓰이는 계약금과 관련하여, 민법은 당사자의 일방이 이행에 착수할 때까지 계약금 교부자는 이를 포기하면서, 그리고 수령자는 그 배액을 상환하면서 매매계약을 해제할 수 있다고 규정합니다.

민법 제565조(해약금) ① 매매의 당사자 일방이 계약당시에 금전 기타 물건을 계약금, 보증금등의 명목으로 상대방에게 교부한 때에는 당사자간에 다른 약정이 없는 한 당사자의 일방이 이행에 착수할 때까지 교부자는 이를 포기하고 수령자는 그 배액을 상환하여 매매계약을 해제할 수 있다.

앞에서 '이행을 지체한 경우'한다는 표현을 썼는데, 채무자에게 책임있는 사유로 채무의 내용에 좇은 이행이 이루어지지 않고 있는 상태를 채무불이행이라고 합니다.

민법 제390조(채무불이행과 손해배상) 채무자가 채무의 내용에 좇은 이행을 하지 아니한 때에는 채권자는 손해배상을 청구할 수 있다. 그러나 채무자의 고의나 과실없이 이행할 수 없게 된 때에는 그러하지 아니하다.

민사사건과 형사사건의 구별

하나의 행위에 대하여 민사사건으로, 또는 형사사건으로 해결할 수 있으나 이 둘은 서로 구별됩니다.

앞에서 민사적 관계를 맺게 되는 대표적인 원인인 계약을 설명하면서 보았듯이, 민사는 개인과 개인의 관계입니다. 상대방이 나에게 한 약속을 지키지 않거나 상대방으로부터 내가 부당하게 손해를 입은 경우에 민사에 관한 다툼이 발생합니다. 이를 민사분쟁이라고 하는데, 민사분쟁의 해결방법은 법원에 민사소송을 제기하여 손해배상 등을 받는 것입니다. 반면 형사는 범죄를 저지른 개인과 국가 사이의 관계입니다. 검사가 국가를 대표하여 범죄혐의자를 기소하면 법원은 그에게 잘못이 있는지, 만약 잘못이 있다면 벌할 것인지, 벌하겠다면 어떤 형태로 얼마나 할 것인지를 판단합니다. 민사사건과 형사사건은 서로 독립적인 절차입니다.

어떠한 사건이 민사분쟁이 되었고 한쪽 당사자가 그 소송에서 승리하였다고 하더라도 형사책임까지 없다고 할 수는 없으며, 형사책임이 있는지 여부는 형사소송에서 따로 판단합니다. 실제로 많은 경우에는 민사사건과 형사사건이 얽혀 있으며, 하나의 사안이 민사사건과 형사사건 모두에 관련되기도 합니다.

상대방의 돈을 갚지 않으면 돈을 빌려준 사람에게 재산상 손해가 발생한다는 점은 분명합니다. 그렇다고 돈을 빌린 사람이 바로 처벌되는 것은 아니며 돈을 갚지 않은 행위가 어떠한 범죄에 해당해야 합니다. 대표적으로 사기죄를 생각할 수 있는데, 사기란 다른 사람을 속여서 착각에 빠진 상대방에게서 돈이나 다른 재산적 이익을 얻는 행위를 말하며, 그에 대한 처벌조문은 형법 제347조입니다. 그런데 사기죄로 처벌하려면 행위자에게 사기를 저지르겠다는 생각, 즉 사기죄의 고의가 있어야 하는데, 실제사건에서 돈을 빌릴 당시에 이미 빌리는 사람에게 '돈을 갚지 않겠다'는 생각이 있었는지 확인하기는 쉽지 않습니다. 고의란 행위자의 생각이며, 그 생각은 행위 당시에 있어야 하기 때문입니다.

'빌린 돈을 갚지 않은 행위'는 민사상 채무불이행에 해당한다는 점은 분명하나, 그 행위도 반드시 형법의 사기죄로 처벌된다고 보기는 어렵습니다. 왜냐하면 형법을 적용한 결과인 형벌은 대상자에게 가혹한 결과를 낳으므로, 국가권력은 가능하다면 형법을 적게 활용해야 하기 때문입니다. 형법은 형법 이외의 다른 사회통제수단으로서는 목적달성이 불가능한 경우에 최후수단으로서만 투입되어야 합니다. 다만 돈을 빌릴 당시 이미 전혀 갚을 생각이 없었다거나, 아니면 처음 돈을 빌릴 때에는 갚을 생각이 있었으나 그 다음에 돈을 빌릴 때는 이미 사정이 어려워져서 '빌린 돈을 갚을 수 없다'고 생각하였다면 사기죄의 고의를 인정할 수 있으므로 사기죄가 성립한다고 볼 수 있습니다. 채무불이행을 처벌한다고 볼 수 있는 또다른 예는 수표가 부도났을 때입니다.

부정수표 단속법 제2조(부정수표 발행인의 형사책임)

① 다음 각 호의 어느 하나에 해당하는 부정수표를 발행하거나 작성한 자는 5년 이하의 징역 또는 수표금액의 10배 이하의 벌금에 처한다. (중간생략)

② 수표를 발행하거나 작성한 자가 수표를 발행한 후에 예금부족, 거래정지처분이나 수표계약의 해제 또는 해지로 인하여 제시기일에 지급되지 아니하게 한 경우에도 제1항과 같다.

③ 과실로 제1항과 제2항의 죄를 범한 자는 3년 이하의 금고 또는 수표금액의 5배 이하의 벌금에 처한다.

그리고, 형사소송의 관심사는 실체적 진실의 발견 및 그를 통해 행위자가 처벌되는가이지 행위자의 행위로 인해 피해를 입은 피해자의 피해의 회복이 아닙니다. 형벌에 벌금형이나 과료 등 돈을 규정하고 있지만, 가해자가 피해자에 대한 어떠한 행위에 대하여 벌금형을 선고받았다고 하더라도 벌금형의 집행을 통해 받은 돈은 국가의 소유일 뿐 피해자에게 돌아가는 것도 아닙니다.

이렇게 민사사건과 형사사건은 서로 구별되지만, 어떤 사건의 피해자의 궁극적인 목표는 나의 손해를 어느 정도 회복하겠다는 것이며 그 수단으로 국가권력의 하나인 재판을 어떻게 이용할 수 있는가가 관심사입니다. 그렇다면 사실 하나의 사건에 대하여 민사사건과 형사사건을 각각 제기하여 각각의 결론을 따로따로 받아내는 방식은 법률소비자의 관점에서는 불편하고 보이며, 이러한 문제를 하나의 절차에서 해결하기 위한 방법으로 우리 법률은 배상명령을 규정하고 있습니다.

소송촉진 등에 관한 특례법 제25조 (배상명령)

① 제1심 또는 제2심의 형사공판 절차에서 다음 각 호의 죄 중 어느 하나에 관하여 유죄판결을 선고할 경우, 법원은 직권에 의하여 또는 피해자나 그 상속인(이하 "피해자"라 한다)의 신청에 의하여 피고사건의 범죄행위로 인하여 발생한 직접적인 물적(物的) 피해, 치료비 손해 및 위자료의 배상을 명할 수 있다. (중간생략)

② 법원은 제1항에 규정된 죄 및 그 외의 죄에 대한 피고사건에서 피고인과 피해자 사이에 합의된 손해배상액에 관하여도 제1항에 따라 배상을 명할 수 있다.

민사사건과 형사사건이 구별되는 측면이라는 문제로 돌아가면 우선 사용하는 법률용어가 다릅니다. 민사소송에서는 소송을 제기한 사람을 원고, 그 소송의 상대방을 피고라고 합니다. 계약의 양 당사자는 계약의 내용에 따라 하거나 하지 말아야 할 일이 있기 때문에, 가령 중고나라를 통한 거래에서 상대방에게 돈을 받지 못한 사람은 소송을 제기할 수 있고 물건을 받지 못한 사람도 소송을 제기할 수 있습니다. 반면에 형사소송에서는 검사만 기소할 수 있고 그 기소의 대상이 된 사람을 피고인이라고 합니다.

민사소송의 예를 들면, 원고가 '내가 상대방(피고)에게 이러이러한 손해를 입었다'거나 '상대방이 O월 O일까지 나에게 물건을 주기로 했는데 그 약속을 지키지 않는다'라고 법정에서 주장을 하게 됩니다. 소송을 제기한 이유는 그 재판에서 이겨서 자신이 원하는 목적, 즉 돈을 통한 손해배상 또는 물건의 인도 등을 국가의 강제력을 통해 달성하기 위해서입니다. 국가기관의 힘을 빌어 채권의 만족 또는 손해의 회복을 하기를 원한다면 먼저 채권 또는 손해의 존재와 내용이 공식으로 확인되어야 합니다. 판결이 확정되면 그 판결문을 가지고 강제집행을 할 수 있으며, 국가는 권력을 사용하여 그 판결의 내용을 집행합니다. 그런데, 소송에서 이기기 위해서는 '손해를 입었다'거나 '물건을 받지 못했다'라는 점을 스스로 증명해야 법원이 나의 주장이 설득력이 있다고 받아들일 수 있으며, 입증하기 위해서는 나와 상대방이 계약을 했다는 등의 사실을 법원이 알 수 있도록 설명해야 합니다. 따라서, 소송의 당사자는 그에 필요한 자료들을 미리 확보해야 하며, 계약에서 계약서가 중요한 이유는 여기에 있습니다.

형사소송의 목적은 실체적 진실발견이며, 검사가 피의자를 기소하는 유일한 목적이 피고인의 유죄판결은 아닙니다. 형벌은 국가권력의 행사 중 가장 시민에게 큰 부담이 되기 때문에 신중해야 하며, 어느 피고인에 대해 유죄판결을 하기 위해서는 그 사람이 그 죄를 저질렀다는 점이 의심의 여지없이 증거로 입증되어야 합니다. 그리고 유죄를 인정할 증거를 제출하고 범죄사실을 입증할 책임은 전적으로 검사에게 있습니다. 피고인이 죄를 저질렀다는 의심만 있을 뿐 그를 입증할 증거가 없다면 법원은 피고인에 대해 유죄판결을 선고할 수 없습니다.

그런데, 분쟁해결의 수단으로 법이 최상일까요? 그렇지 않습니다. 민사소송에서 보듯이 손해배상은 돈으로 받는 것이 원칙인데 피해자가 입은 손해를 그 상한으로 합니다. 채무불이행이 있을 경우의 결과에 대한 법조문을 봅시다.

민법 제393조(손해배상의 범위)

① 채무불이행으로 인한 손해배상은 통상의 손해를 그 한도로 한다.

② 특별한 사정으로 인한 손해는 채무자가 그 사정을 알았거나 알 수 있었을 때에 한하여 배상의 책임이 있다.

제394조(손해배상의 방법) 다른 의사표시가 없으면 손해는 금전으로 배상한다.

물론 제조물책임법에서 보듯이 실제 발생한 손해보다 더 많은 액수의 돈을 받을 수 있는 경우도 있습니다. 손해를 입은 사람에게 실제로 발생한 손해를 넘어서 배상을 명할 수 있다는 취지의 법규정은 다른 여러 법률에도 있는데, 이러한 추세는 특히 일방당사자가 상대방에 비하여 경제적·사회적으로 또는 전문적·기술적으로 통상 우위에 있는 거래유형에서 두드러집니다. 그러나 손해액 또는 그보다 많은 돈을 받을 수 있다고 하더라도, 민사소송을 하기 위해서는 시간과 비용이 소요됩니다. 소송에서 이겼다고 하더라도 상대방이 나의 손해를 배상해 줄 돈이 없을 수도 있습니다. 그렇다면, 법은 분쟁해결에서 기댈 수 있는 최소한의 안전장치 정도라고 보아야 할 것입니다.

제조물 책임법 제3조 (제조물 책임)

① 제조업자는 제조물의 결함으로 생명 · 신체 또는 재산에 손해(그 제조물에 대하여만 발생한 손해는 제외한다)를 입은 자에게 그 손해를 배상하여야 한다.

② 제1항에도 불구하고 제조업자가 제조물의 결함을 알면서도 그 결함에 대하여 필요한 조치를 취하지 아니한 결과로 생명 또는 신체에 중대한 손해를 입은 자가 있는 경우에는 그 자에게 발생한 손해의 3배를 넘지 아니하는 범위에서 배상책임을 진다. 이 경우 법원은 배상액을 정할 때 다음 각 호의 사항을 고려하여야 한다.

민법이 상정하고 있는 인간상과 그 변화

1) 근대 민법의 원칙들

근대 민법은 개인주의와 자유주의라는 당시의 사상의 경향에 따라 모든 개인은 태어날 때부터 완전히 자유롭고 서로 평등하다는 이념을 기본으로 삼았습니다. 근대 민법은 이러한 이념을 사유재산제도 및 자본주의 경제에 실현시키기 위해 사적 자치의 원칙, 사유재산권 존중의 원칙, 과실책임의 원칙을 인정하였는데, 이를 근대 민법의 3대원칙이라고 부르고 있습니다.

사적 자치(私的 自治)의 원칙은 개인이 자기의 법률관계를 스스로의 자유로운 의사에 의하여 형성할 수 있다는 원칙입니다. 사적 자치의 원칙은 세 원칙 중 가장 핵심적인 원칙으로서, 다른 두 원칙은 이 원칙에서 끌어낼 수 있다고 설명합니다. 우리는 앞에서 해악원칙에 대해 이야기하였는데, 해악원칙에 따르면 각 개인은 자신의 행위가 다른 사람을 해하지 않는한, 즉 다른 사람의 정당한 이익을 침해하지 않는한 스스로의 희망과 목표를 추구할 자유를 갖습니다. 이를 한 문장으로 표현하면 "My freedom to move my arm ends at your nose"입니다. 사적 자치의 원칙은 각 개인의 자유로운 자기형성을 공동체보다 앞세우는 이념이 민법에 반영된 것입니다.

사유재산권 존중의 원칙은 각 개인이 사유재산에 대하여 절대적 지배를 하고 있다는 점을 인정하고 국가나 다른 개인은 이에 간섭하거나 제한을 가하지 않는다는 원칙입니다. 사유재산권 가운데 소유권이 가장 대표적이기 때문에, 이 원칙은 소유권절대의 원칙이라고도 합니다.

과실책임의 원칙은 개인이 타인에 대하여 준 손해에 대하여는 그 행위가 위법(違法)할 뿐만 아니라 동시에 일부러(고의) 또는 실수(과실)로 한 경우에만 책임을 진다는 원칙입니다. 그리고 이때의 책임의 한도는 원칙적으로 상대방이 입은 손해입니다. 과실책임의 원칙은 개인의 자유로운 활동을 보장하는 기능을 갖습니다. 과실이 없으면 책임이 없다고 보기 때문에 개인은 과실책임을 면하기 위해 필요한 주의를 하면서 자유롭게 활동을 할 수 있습니다.

2) 원칙의 수정

하지만 이러한 원칙은 관철되기 어렵습니다. 먼저, 과실책임의 원칙에 관한 예를 들어보겠습니다. 과실로 인한 민형사상 책임을 지지 않기 위해서는 사회생활의 특정한 상황에서 필요하고 요구되는 주의의무를 이행해야 합니다. 이와 관련하여 교통사고에서 발전된 신뢰의 원칙은 객관적 주의의무를 다한 운전자는 다른 사람이 예상치 못한 행동이 발생할 것까지 고려하여 행동할 필요는 없다고 합니다. 교통사고로 인해 죽거나 다치는 사람이 많다는 점을 볼 때 운전은 그 자체로 스스로 및 다른 사람에게 위험한 행동임은 분명하지만, 그러한 위험성 때문에 아예 운전을 금지할 수는 없습니다. 운전행위의 사회적 필요성 때문에 위험한 운전행위를 허용한 것이며 이를 허용된 위험이라고 부릅니다. 이때 운전자는 운전에 필요한 객관적 주의의무를 다하면 충분하며, 그러한 운전자에게는 과실이 없습니다. 가령 고속도로에서 제한속도를 지켜서 운전하고 있는데 갑자기 도로를 횡단하려는 보행자가 튀어나왔으며, 운전자는 그 보행자를 미처 피하지 못해 교통사고가 발생하여 보행자가 사망하였다고 생각해 봅시다. 이때 운전자에게 보행자의 사망에 대한 민사상 책임(손해배상)과 형사상 책임(업무상 과실치상죄)을 물어야 할까요? 그럴 수는 없습니다.

신뢰의 원칙은 교통사고 이외에 마취과 의사와 외과의사의 협력 등 분업적인 업무관계에도 적용되지만 적용할 수 없는 경우도 있습니다. 먼저, 이 원칙은 행위자가 스스로의 의무를 다한다는 것을 전제로 하고 있으므로, 주의의무를 다 하지 않은 행위자가 신뢰의 원칙을 주장할 수 없다는 점은 분명합니다. 상대방, 즉 피해자의 규범위반을 이미 인식하였고 피할 수 있었음에도 불구하고 '나는 잘못이 없으니까' 계속 달려가 사고를 일으킨 운전자에게도 신뢰의 원칙은 적용할 수 없습니다. 피해자가 약자인 경우에도 신뢰의 원칙을 그대로 적용할 수는 없습니다. 어린이보호구역에서의 자동차의 속도를 시속 30km로 제한하고 있는데, 유치원이나 초등학교 근처라면 운전자는 길가에서 언제든지 어린이가 차도로 튀어나올지도 모른다는 생각까지 하면서 주의운전을 해야 합니다. 운전자 입장에서는 억울하다고 생각할 수 있지만, 애당초 차량과 보행자는 대등한 지위라고 볼 수 없습니다.

약자의 지위는 경제적인 측면에서 비롯될 수도 있습니다. 가령 노동법은 근로계약의 당사자인 근로자와 사용자 사이의 관계에 대하여, 자본주의의 구조에서 근로자는 사용자에 비해 경제적, 사회적으로 약자라는 인간관에서 출발합니다. 일자리는 적고 취업희망자는 많은 현실에서 대부분의 사용자들은 이윤을 최대한으로 달성하려는 목표를 실현하기 위해 인건비를 절감하고 싶어하며, 장시간 근로, 저임금과 같은 열악한 근로조건을 감수할 수 있는 근로자를 채용하려고 합니다. 최저임금제에 대한 사회의 논의, 그리고 정규직과 비정규직 노동자에 대한 구별을 생각해 보십시오. 자본과 생산수단이 없어 사용자에게 고용되어 노동력을 제공하고 그 대가로 임금을 받아 생활하려는 근로자는 취업을 하기 위해서는 열악한 근로조건과 비인간적인 대우라도 감수할 수밖에 없습니다. 근로자는 채용이 된 후에도 자율적으로 노동력을 제공하는 것이 아니라 사용자의 지휘명령을 받아 노동력을 제공해야 합니다. 그렇기 때문에 근로자와 사용자의 관계는 사용종속적 관계라고 설명합니다.

다른 한편으로 정보의 비대칭성도 약자의 원인이 됩니다. 핸드폰거래를 할 때 내가 돈을 내야 전자회사 및 통신회사가 돈을 벌 수 있지만, 그렇다고 나와 통신회사 사이에 내가 '갑'이고 통신회사가 '을'이라고 보기는 어렵습니다. 핸드폰거래 등 대량의 거래에서는 약관을 활용해 계약을 체결하고 있습니다. 약관이란 계약의 한쪽 당사자가 여러 명의 상대방과 계약을 체결하기 위하여 일정한 형식으로 미리 마련한 계약의 내용을 말합니다(약관의 규제에 관한 법률 제2조 제1호). 이처럼 계약의 내용으로 삼기 위하여 당사자 중 한쪽이 미리 준비한 계약조건을 보통거래약관 또는 일반거래약관이라고 합니다.

보통거래약관은 긍정적인 기능도 있습니다. 첫째, 다수의 상대방과 계약을 체결해야 하는 경우 계약내용을 일일이 상대방과 협의하여 정하는 번거로움을 피하고 신속하게 계약을 체결하고 거래를 할 수 있도록 합니다. 둘째, 계약의 내용을 통일적으로 규율하게 되어 경영의 합리화를 달성할 수 있게 합니다. 셋째, 거래에 따른 위험을 적절히 분산시킬 수 있도록 도와줍니다. 대표적인 예로 할부매매에서 '상품의 소유권은 대금의 완급시까지 매도인에게 유보된다'는 약관을 들 수 있습니다. 넷째, 법률에 규정이 전혀 없거나 있다고 해도 불완전한 법률관계를 포괄적으로 규율할 수 있게 됩니다.

그런데 보통거래약관은 약관의 사용자 측에서 일방적으로 준비하므로 그에게만 유리한 내용으로 이루어질 가능성이 크다는 점은 분명합니다. 가령 사용자가 의무를 면하거나 모든 위험을 상대방에게 떠넘기거나 분쟁이 발생한 경우에 자신에게 유리하도록 해결방법을 정해놓는 경우가 그렇습니다. 상대방이 전혀 예상할 수 없는 의무를 부담시키는 조항이 존재할 수도 있습나다. 물론 보통거래약관의 사용자가 약관을 이용해서 계약을 체결하려는 경우 상대방은 계약체결을 거절할 수도 있겠으나, 일단 계약을 체결하려면 보통거래약관에 따를 수밖에 없게 됩니다. 가령 대리점에 가서 핸드폰사용계약을 맺으면서 대리점에서 제시하는 계약서 내용대로 계약을 맺을 수 없다고 거절하고 새롭게 합의할 수 있을까요? 불가능합니다. 보통거래약관에 따르는 결과로 계약체결의 자유는 있으나 계약내용결정의 자유는 가지지 못하게 됩니다. 더구나 보통거래약관 사용자가 생존에 불가결한 상품이나 서비스를 제공하는 독점기업일 때에는 보통거래약관에 의한 계약체결이 강제되어 체결의 자유도 없게 됩니다.

소비자를 보호하기 위해서 약관의 규제에 관한 법률은 개별 약관을 그 내용에 따라 무효로 하는 조문을 두고 있으며, 공정거래위원회도 부당한 약관을 규제하고 있습니다.

계약서의 작성

계약서를 작성할 때는 먼저 어떠한 내용에 대한 것인지 정확히 알 수 있도록 계약서의 제목을 적을 필요가 있습니다. 가령 자동차를 매매한다면 자동차 매매계약서, 부동산을 임차하기 위해 계약서를 쓴다면 부동산 임대차계약서라고 제목을 쓰면 됩니다.

다음으로 계약을 하려는 사람이 누구인지, 어떠한 목적으로 계약하는지를 적어야 합니다. 따라서 계약의 당사자, 계약하려는 물건이나 권리 또는 목적물, 만약 계약의 이행을 보증할 수 있는 보증인이 존재한다면 그 보증인의 이름을 적어야 합니다.

심화학습

보증이란?

보증채무란 원래 채무를 지는 사람(이를 주채무자라고 합니다)이 그의 채무를 이행하지 않는 경우에 이를 이행해야 하는 채무를 말하며(민법 제428조 제1항), 이러한 채무를 지는 사람을 보증인이라고 합니다. 보증제도는, 보증인이 주채무자와 같은 채무를 부담함으로써 채무자가 채무를 이행하지 않는 경우에도 채권자가 자신의 채권을 만족시킬 수 있도록 하는 기능을 갖습니다(인적 담보). 보증채무는 주채무가 이행되지 때 이행하는 채무이나(보충성), 이는 주채무자가 이행하지 않는 경우에만 보증채무의 이행을 청구할 수 있다는 뜻은 아닙니다. 채권자는 보증인에 대하여 자유롭게 청구를 할 수 있으며, 보증인은 채무의 이행을 주채무자에게 먼저 청구하라고 채권자에게 주장할 수 있을 뿐입니다(민법 제437조).

보증채무가 개입하는 전형적인 계약인 채무자 A가 채권자 B에게 돈을 빌리는 상황을 생각해 봅시다 이때 B는 A가 나중에 돈을 잘 갚을 수 있도록 하는 안전장치를 가능하면 확실하게 하고 싶을 것이며, A는 B의 요구를 최대한 들어주어야 돈을 빌릴 수 있을 것입니다. B는 돈을 확실히 받기 위한 방법 중 하나로 A 소유의 부동산에 저당권을 설정한 후 A가 약속한 날짜까지 돈을 갚지 않으면 그 부동산을 팔아서 자신의 돈을 받을 수 있습니다. 이러한 상황은 A가 부동산이라는 물건을 B에게 제공하였으므로 물적 담보라고 하며, 다른 방법 중의 하나가 보증계약입니다. 이때 주로 이용하는 보증은 연대보증인데, B의 요구로 A가 C를 연대보증인으로 세웠다고 가정해 봅시다. 이때 C는 A에게 이행을 먼저 청구하라고 B에게 주장할 수도 없으며, 혹시 연대보증인이 여러 명이라고 하더라도 B는 그 중 C에 대해 빌려준 돈 전액을 달라고 청구할 수 있습니다. 그렇다면 B로서는 일반적인 보증계약보다 연대보증을 이용하고 싶을 것입니다.

일상생활에서 많이 이용되는 또다른 보증은 신원보증이 있습니다. 신원보증은 주로 고용계약과 함께 체결되는데, A가 B회사에 채용되는 상황을 생각해 봅시다. 이때 A의 가족 또는 친지인 C가 신원보증인이 되는데 신원보증의 내용은 직원 A가 장래 고용계약에서의 채무를 이행하지 않아 B회사에 손해배상의무를 부담하게 될 경우 C가 그 이행을 담보한다는 것이 일반적입니다. 신원보증은 보통 대가를 받지 않고 친분관계에 의하여 행해지는데, 그럼에도 불구하고 그 기간이 매우 길고 책임범위도 매우 넓다는 문제점이 있습니다.

연대보증과 신원보증의 이러한 문제점을 해결하기 위하여 "보증인 보호를 위한 특별법"과 "신원보증법"이 제정되어 있기는 합니다. 그러나 이러한 법률의 도움도 한계가 있기 때문에, 가능하다면 다른 사람을 위한 보증계약은 체결하지 않는 편이 좋으며 어쩔 수 없이 체결해야 한다면 체결할 당시에 책임범위와 내용을 명확히 할 필요가 있습니다.

다음으로, 계약의 내용은 상세하게 적어야 합니다. 혹시 발생할지도 모르는 문제를 미리 예방하기 위해 계약서에는 계약 당사자들이 합의한 내용이 모두 들어가야 하며, 손해가 발생했을 때의 손해배상책임도 미리 정해 놓는 경우가 대부분입니다. 그래야 나중에 분쟁이 일어났을 때 손쉽게 해결할 수 있겠지요. 그리고, 계약의 효력은 당사자가 따로 정하지 않는한 계약을 할 때 발생하므로 계약서의 작성일자를 명확히 써야 합니다.

마지막에는 계약 당사자의 성명과 주소를 명확히 적고, 계약의 확인을 위하여 당사자의 도장을 찍거나 서명을 해야 합니다. 이는 당사자가 이 계약서를 작성하였고 그 내용이 진실하다는 점을 확인한다는 뜻입니다.

분야별로 표준계약서가 있는 경우가 있습니다. 표준계약서는 대규모소매업고시 및 업계 현실 등을 반영하여 법위반을 최소화하고 거래당사자 사이의 분쟁소지를 예방할 목적으로 보급하는 것이며, 공정거래위원회는 이 표준거래계약서의 사용을 권장하고 있습니다.

더 읽을 책

양창수, 『민법입문(8판)』, 박영사, 2020.

이시윤, 『민사소송법입문 – 역사, 사례와 함께(2판)』, 박영사, 2016.

03

개인과 개인의 관계(2)

인터넷의 위력

인터넷에서는 여러 가지 현상이 나타납니다. 이러한 현상들은 인간이 공동생활을 하는 사회에서 이미 존재하고 있었으나, 사람들이 상대방과 직접 얼굴을 맞대지 않고 자신의 이야기를 쓸 수 있다는 이유와 인터넷이라는 수단으로 인한 파급효과가 매우 크다는 점 등에서 기존의 현상들과 차이가 있다고 볼 수 있습니다.

그런데, 인터넷에서는 문제도 많이 발생합니다.

사례: ① A는 연예인 B에 대한 인터넷 신문기사에 댓글을 달았습니다. 이 기사에는 'B가 모 재벌과의 사이에서 아이를 낳았으며 그 댓가로 수십억원을 받았다'는 내용의 댓글이 이미 달려 있었는데, A는 "지고지순의 뜻이 뭔지나 아니?", "모 재벌님과의 관계는 끝났나?"는 등의 댓글을 달았습니다.

② C는 애인 D와 헤어진 이후, D에 대한 비난의 글과 자신과 D의 성행위 장면이 담긴 동영상을 인터넷에 올렸습니다.

문제의 해결의 출발점: 법조문 찾기

법률에 기반하여 이 문제를 해결하기 위해서는 문제에 해당하는 조문이 무엇인지를 알아야 합니다. 아래에서는 민사소송과 형사소송에 관한 조문을 모두 제시하겠습니다.

사례1은 실제 일어난 사건입니다. A는 대법원 2008. 7. 10. 선고 2008도2422 판결의 피고인이었는데, 형사재판을 받던 중, 자신의 댓글은 떠도는 소문에 대한 의문제기에 지나지 않아서 구체적인 사실을 적시한 경우에 해당하지 않는다고 주장하였습니다. 다음으로는, 자신이 댓글로 단 내용은 연예정보를 다루는 모든 방송, 신문, 잡지 등에서 이미 다루었기 때문에 공연성이 없다고 주장하였습니다. 세 번째로, 비방의 목적 또는 고의가 없었다고 주장하였습니다.

이 사안을 함께 생각해 봅시다.

먼저, A는 B의 기사에 인터넷 댓글을 달아서 B의 사회적 평판을 떨어뜨렸습니다. 이는 민법 제750조의 불법행위에 해당합니다. 제751조는 명예훼손의 피해자가 위자료도 청구할 수 있다는 규정이며, 제764조는 명예훼손의 피해자가 손해배상 대신 또는 손해배상과 함께 명예훼복에 적당한 처분을 청구할 수 있다는 규정입니다.

민법 제750조(불법행위의 내용) 고의 또는 과실로 인한 위법행위로 타인에게 손해를 가한 자는 그 손해를 배상할 책임이 있다.

제751조(재산 이외의 손해의 배상)

① 타인의 신체, 자유 또는 명예를 해하거나 기타 정신상 고통을 가한 자는 재산 이외의 손해에 대하여도 배상할 책임이 있다. (중간생략)

제764조(명예훼손의 경우의 특칙) 타인의 명예를 훼손한 자에 대하여는 법원은 피해자의 청구에 의하여 손해배상에 갈음하거나 손해배상과 함께 명예회복에 적당한 처분을 명할 수 있다.

형법은 명예훼손과 모욕을 범죄로 규정하고 있습니다. 명예훼손과 모욕은 사실을 적시했는지에 따라 구별되는데, 여기에서의 '사실'은 과거와 현재에 일어난 사건으로서 입증가능한 무엇인가로서 진실한 사실과 허위사실로 구별됩니다. 즉, 사실은 진실과는 구별되는 개념으로서 명예훼손은 사실의 적시이며, 모욕은 사람의 인격적 가치에 대한 사회적 평가를 저하시킬 만한 추상적 판단이나 그에 대한 경멸적 감정을 표현하는 것입니다.

A는 '모 재벌과의 관계' 등 B와 관련한 사실을 인터넷 댓글로 적어 B의 사회적 평가를 훼손시켰으므로 명예훼손죄를 저질렀습니다. 그런데, 다른 사람을 비방할 목적으로 인터넷을 통해 사실을 드러내면 정보통신망법 제70조 제1항에도 해당합니다. 형법 제307조와 정보통신망법 제70조에 모두 해당할 때에는 정보통신망법이 적용되는데, 그 이유는 정보통신망법이 규정하고 있는 법정형이 더 높기 때문입니다. 이 사건에 정보통신망법이 적용될 수 있기 때문에 A는 자신에게 비방의 목적이나 고의가 없었고, 그렇기 때문에 정보통신망법은 적용될 수 없다고 법정에서 주장한 것입니다. '비방의 목적'의 의미에 대해 대법원은 가해의 의사 내지 목적이라고 설명합니다.

형법 제307조(명예훼손)

① 공연히 사실을 적시하여 사람의 명예를 훼손한 자는 2년 이하의 징역이나 금고 또는 500만원 이하의 벌금에 처한다.

② 공연히 허위의 사실을 적시하여 사람의 명예를 훼손한 자는 5년 이하의 징역, 10년 이하의 자격정지 또는 1천만원 이하의 벌금에 처한다.

제309조(출판물 등에 의한 명예훼손)

① 사람을 비방할 목적으로 신문, 잡지 또는 라디오 기타 출판물에 의하여 제307조제1항의 죄를 범한 자는 3년 이하의 징역이나 금고 또는 700만원 이하의 벌금에 처한다.

② 제1항의 방법으로 제307조제2항의 죄를 범한 자는 7년 이하의 징역, 10년 이하의 자격정지 또는 1천500만원 이하의 벌금에 처한다.

제311조(모욕) 공연히 사람을 모욕한 자는 1년 이하의 징역이나 금고 또는 200만원 이하의 벌금에 처한다.

정보통신망 이용촉진 및 정보보호 등에 관한 법률(약칭: 정보통신망법) 제70조(벌칙)

① 사람을 비방할 목적으로 정보통신망을 통하여 공공연하게 사실을 드러내어 다른 사람의 명예를 훼손한 자는 3년 이하의 징역 또는 3천만원 이하의 벌금에 처한다.

② 사람을 비방할 목적으로 정보통신망을 통하여 공공연하게 거짓의 사실을 드러내어 다른 사람의 명예를 훼손한 자는 7년 이하의 징역, 10년 이하의 자격정지 또는 5천만원 이하의 벌금에 처한다.

사례2에서 C는 D와의 성행위 동영상을 올리는 행위를 통해, 사생활의 비밀이 침해되지 않을 D의 권리를 훼손하였습니다. 이러한 행위 또한 민법상의 불법행위에 해당하며 정신적 고통을 줄 것이므로 민법 제751조도 적용될 것입니다.

형법 제243조는 소위 음란물을 일반인들에게 돌린 경우를 처벌하고 있습니다. 이 조문은 사회의 선량한 성풍속을 보호법익으로 하고 있다고 설명하는데, 정보통신망법은 인터넷으로 음란물을 돌리는 행위를 금지하며(제44조의7) 금지규정을 위반한 경우를 처벌합니다(제74조 제1항). 형법과 정보통신망법 중 어느 조문을 먼저 적용할지에 대해서는, 정보통신망법이 그 행위유형을 더욱 자세하게 규정하고 있고 형량도 더 높기 때문에, 특별법이 일반법에 우선한다는 원칙에 따라 정보통신망법만을 적용해야 할 것입니다.

비슷한 내용의 조문을 다른 법률에서도 찾을 수 있습니다. 성폭력범죄의 처벌 등에 관한 특례법(약칭: 성폭력처벌법) 제14조는 인격체인 피해자의 성적 자유 및 함부로 촬영당하지 않을 자유, 또는 의사에 반하여 촬영물이 유통되지 않을 자유를 보호하고 있습니다. 아동·청소년의 성보호에 관한 법률(약칭: 청소년성보호법)에서 아동·청소년성착취물의 제작 등을 처벌하는 입법목적과 보호법익은, 아동이나 청소년을 성적 학대나 착취로부터 보호하며 더 나아가 장래의 성범죄를 예방하는 것이라는 설명이 일반적입니다.

형법 제243조(음화반포등) 음란한 문서, 도화, 필름 기타 물건을 반포, 판매 또는 임대하거나 공연히 전시 또는 상영한 자는 1년 이하의 징역 또는 500만원 이하의 벌금에 처한다.

제244조(음화제조 등) 제243조의 행위에 공할 목적으로 음란한 물건을 제조, 소지, 수입 또는 수출한 자는 1년 이하의 징역 또는 500만원 이하의 벌금에 처한다.

정보통신망법 제44조의7(불법정보의 유통금지 등)

① 누구든지 정보통신망을 통하여 다음 각 호의 어느 하나에 해당하는 정보를 유통하여서는 아니 된다.

1. 음란한 부호·문언·음향·화상 또는 영상을 배포·판매·임대하거나 공공연하게 전시하는 내용의 정보

제74조(벌칙)

① 다음 각 호의 어느 하나에 해당하는 자는 1년 이하의 징역 또는 1천만원 이하의 벌금에 처한다. (중간생략)

2. 제44조의7제1항제1호를 위반하여 음란한 부호·문헌·음향·화상 또는 영상을 배포·판매·임대하거나 공공연하게 전시한 자

성폭력범죄의 처벌 등에 관한 특례법 제14조(카메라 등을 이용한 촬영)

① 카메라나 그 밖에 이와 유사한 기능을 갖춘 기계장치를 이용하여 성적 욕망 또는 수치심을 유발할 수 있는 사람의 신체를 촬영대상자의 의사에 반하여 촬영한 자는 7년 이하의 징역 또는 5천만원 이하의 벌금에 처한다.

② 제1항에 따른 촬영물 또는 복제물(복제물의 복제물을 포함한다. 이하 이 조에서 같다)을 반포 · 판매 · 임대 · 제공 또는 공공연하게 전시 · 상영(이하 "반포등"이라 한다)한 자 또는 제1항의 촬영이 촬영 당시에는 촬영대상자의 의사에 반하지 아니한 경우(자신의 신체를 직접 촬영한 경우를 포함한다)에도 사후에 그 촬영물 또는 복제물을 촬영대상자의 의사에 반하여 반포등을 한 자는 7년 이하의 징역 또는 5천만원 이하의 벌금에 처한다.

③ 영리를 목적으로 촬영대상자의 의사에 반하여 「정보통신망 이용촉진 및 정보보호 등에 관한 법률」 제2조제1항제1호의 정보통신망(이하 "정보통신망"이라 한다)을 이용하여 제2항의 죄를 범한 자는 3년 이상의 유기징역에 처한다.

④ 제1항 또는 제2항의 촬영물 또는 복제물을 소지 · 구입 · 저장 또는 시청한 자는 3년 이하의 징역 또는 3

천만원 이하의 벌금에 처한다.

⑤ 상습으로 제1항부터 제3항까지의 죄를 범한 때에는 그 죄에 정한 형의 2분의 1까지 가중한다.

아동·청소년의 성보호에 관한 법률 제11조(아동 · 청소년성착취물의 제작 · 배포 등)

① 아동 · 청소년성착취물을 제작 · 수입 또는 수출한 자는 무기징역 또는 5년 이상의 유기징역에 처한다.

② 영리를 목적으로 아동 · 청소년성착취물을 판매 · 대여 · 배포 · 제공하거나 이를 목적으로 소지 · 운반 · 광고 · 소개하거나 공연히 전시 또는 상영한 자는 5년 이상의 징역에 처한다. ③ 아동 · 청소년성착취물을 배포 · 제공하거나 이를 목적으로 광고 · 소개하거나 공연히 전시 또는 상영한 자는 3년 이상의 징역에 처한다.

④ 아동 · 청소년성착취물을 제작할 것이라는 정황을 알면서 아동 · 청소년을 아동 · 청소년성착취물의 제작자에게 알선한 자는 3년 이상의 징역에 처한다.

⑤ 아동 · 청소년성착취물을 구입하거나 아동 · 청소년성착취물임을 알면서 이를 소지 · 시청한 자는 1년 이상의 징역에 처한다.

⑥ 제1항의 미수범은 처벌한다.

⑦ 상습적으로 제1항의 죄를 범한 자는 그 죄에 대하여 정하는 형의 2분의 1까지 가중한다.

법규범의 구조 및 법조문의 해석방법

1) 법규범의 구조와 의미이해

위에서 보았듯이, 하나의 사건에 적용할 수 있는 법조문이 여러 개라면 어느 조문을 적용할지 판단해야 하는데, 판단을 위해서는 조문의 뜻을 알아야 합니다. 조문에서 사용되고 있는 각 단어가 무슨 의미인지를 알아야 하는데, 인터넷 댓글 사례에서 '명예훼손', '사실', '비방' 등의 개념은 이미 설명하였습니다.

법률용어를 찾기 위해서는 관련과목의 교과서나 조문을 설명한 주석서 등을 찾아야 할 것입니다. 법률용어가 어려운 이유 중 하나는, 일반인들과 법률가가 다른 의미로 사용하는 단어, 즉 전문용어가 많다는 점에 있습니다. 일반인과 법률가가 다른 의미로 사용하는 대표적인 단어는 선의(善意)와 악의(惡意)가 있습니다. 일상용어에서 선의와 악의는 윤리적 의미를 가지고 있는데, 선의는 호의(好意)와 비슷한 뜻으로서 '다른 사람에게 도움이 되려는 생각'이며 악의는 '다른 사람에게 해를 끼치려는 나쁜 생각'입니다. 그러나 법률에서 선의와 악의는 다른 의미로 쓰입니다. 민법은 제107조 이하에서 선의라는 단어를 사용하고 있는데, 그 중 제110조는 다음과 같습니다.

민법 제110조(사기, 강박에 의한 의사표시)

① 사기나 강박에 의한 의사표시는 취소할 수 있다.

② 상대방있는 의사표시에 관하여 제삼자가 사기나 강박을 행한 경우에는 상대방이 그 사실을 알았거나 알 수 있었을 경우에 한하여 그 의사표시를 취소할 수 있다.

③ 전2항의 의사표시의 취소는 선의의 제삼자에게 대항하지 못한다.

여기서의 선의와 악의는 착하거나 나쁘다는 뜻이 아니라 어떠한 사정을 알고 있음(악의) 또는 그러한 사정을 알지 못함(선의)이라는 뜻이며, 타인을 해칠 의도가 있는지와는 관계가 없습니다. 그러므로 위에서 말하는 선의의 제3자란 '의사표시가 사기에 기했다는 사실을 알지 못하는 제3자'라는 뜻입니다. 예를 들어 A가 가지고 있는 어떤 미술품의 가격이 매우 비싼데 B가 그 돈을 다 내기가 싫어서 실제로 이 그림이 매우 싼 물건이라고 A를 속여서 헐값에 그 그림을 샀다고 가정해 봅시다. B는 A를 속였고 그로 인해 A가 착각에 빠져 그림을 팔았기 때문에 A의 그림의 매도의사는 사기에 의한 것으로 취소할 수 있습니다(민법 제110조 제1항). B가 자신이 산 그림 가격에 어느 정도의 이익을 붙여서 C에게 팔았다고 하면, 이때 C는 자신에게 그림을 판 B가 A를 속여서 이 그림을 취득했다는 점을 알지 못하므로 민법 제110조 제3항이 말하는 선의의 제3자입니다.

일반적으로 사기는 '거짓말'과 같은 의미로 쓰입니다. 가령 내가 "사실은 정말 유명한 연예인 X가 내 애인이야"라고 친구들에게 말하면, 모두들은 나를 무시하거나 '뻥치지 마'라거나 '사기치지 마'라고 대답할 것입니다. 그러나 앞에서 보았듯이 사기는 어떤 재산적인 이익과 관련됩니다. 방금 본 사례에서 나의 말에 친구들이 속아넘어가지도 않겠지만, 혹시 내가 친구들을 속이는데 성공하였다고 해서 나에게 돈과 관련한 어떤 이익이 생기지 않으므로 법률이 사용하는 의미의 사기는 아닙니다.

전문용어가 어렵다는 사실은 법률 분야뿐만 아니라 의학 등 다른 모든 전문분야에서도 같습니다. 그런데, 법률에서는 일반인이 법조인의 역할을 해야 하는 상황이 발생하는데, 바로 배심재판에서입니다. 우리는 미국의 여러 영화나 드라마를 통해 배심재판에 대해 익숙해져 있는데, 그 중 가장 뛰어난 영화는 『12명의 성난 사람들(12 Angry Men)』입니다.

미국과 우리의 형사재판에는 여러 가지 차이가 있는데, 우리의 입법자는 "사법의 민주적 정당성과 신뢰를 높이기 위하여 국민이 형사재판에 참여하는 제도"를 도입했으며(국민의 형사재판 참여에 관한 법률 제1조) 이는 영국과 미국의 예를 따른 것입니다.

이 법에 의해 형사재판에 참여하는 사람을 배심원이라고 하는데(제2조) 배심원은 국민참여재판을 하는 사건에 관하여 사실의 인정, 법령의 적용 및 형의 양정에 관한 의견을 제시할 권한이 있습니다(제12조). 배심원은 20세 이상의 국민에서 선정되는데 법관·검사, 변호사·법무사, 법원·검찰 공무원, 경찰·교정·보호관찰 공무원 등은 배심원이 될 수 없습니다(제18조). 그렇게 정한 이유는, 일반국민들의 건전한 상식에 따라 배심재판을 해야 하는데 법률적인 지식이 많은 사람들은 다른 배심원에게 영향을 미쳐 의사결정을 왜곡시킬 수 있기 때문입니다.

그렇다면 일반인들이 배심원으로 판단할 때 법률용어라는 높은 장벽을 어떻게 극복할 수 있을까요? 배심원들은 변론이 종결된 후 유무죄에 대하여 판단하기 전에 판사에게 설명을 듣습니다. 재판장은 "법정에서 배심원에게 공소사실의 요지와 적용법조, 피고인과 변호인 주장의 요지, 증거능력, 그 밖에 유의할 사항에 관하여 설명하여야" 하는데(제46조), 가능한한 쉬운 단어를 사용해 이해하기 쉽도록 하여야 합니다.

2) 법률의 해석방법

법률이 무슨 뜻인지를 알아야 우리는 어떠한 법률을 구체적인 사건에 적용할 수 있습니다. 법률을 해석할 때에는 크게 네 가지 방법을 사용한다고 설명합니다. 앞에서 설명하였던, 단어의 사전적 의미에 따른 해석(문리해석)이 가장 많이 쓰는 방법인데, 문리해석을 통해도 법률의 의미를 정확히 파악하기 어려울 때는 다른 해석방법을 활용하게 됩니다. 체계적 해석(논리적 해석)이란, 어느 규정을 해석하면서 법규의 다른 관련규정도 고려하여 전체가 체계적으로 조화를 이룰 수 있도록 하는 해석입니다. 역사적 해석이란 입법자가 입법 당시에 어떠한 의도로 이 조문을 제정했는지를 파악하여 그 의도에 따르는 해석입니다. 입법자의 의도를 파악하기 위해서는 입법자료가 매우 중요한데, 우리나라의 경우에는 민법이나 형법 등 기본적인 법률에 대한 입법자료가 전쟁 등의 이유로 충분히 남아있지 않을 뿐만 아니라 최근에 제정된 법률도 국회에서의 회의록이 매우 빈약한 경우가 많습니다. 다른 한 편으로 법률은 일단 입법자가 제정한 후에는 입법자의 손을 떠나서 독자적인 텍스트(text)로 사람들의 이해의 대상이 된다는 점에서, 역사적 해석은 완전하다고 보기 어렵습니다.

목적론적 해석이란 법조문의 제정목적을 현재의 관점에서 파악하여 그에 따라 조문을 해석하는 방법입니다. 법률은 그 법률이 재판에서 적용되는 시점에서의 의미에 따라 내용을 파악해야 한다는 설명으로서, 일반적으로는 목적론적 해석이 가장 중요하다고 설명하고 있습니다.

이때이 목적을 무엇이라고 보아야 할까요? 처벌과 관련된 법규정이 분명하지 않은 상황에서는, 무엇가 나쁜 짓이라고 보이는 일이 있다면 그에 관한 처벌조문이 무엇인지의 문제와 무관하게 '처벌하고 싶다'라는 욕구가 생기는 것 같습니다. 형법이 법익보호를 목적으로 한다면 법익의 보호를 위해서 애매한 경우에도 행위자를 처벌해야 할까요? 이러한 질문은 법학에서는 해석과 유추의 구별이라는 주제로 논의되었습니다.

현대의 법률에 많은 영향을 미친 로마법에서 유추에 관한 흥미있는 사례를 찾을 수 있습니다. 생각이 짧은 어느 입법자가, 특정한 공간에는 네 발 달린 짐승이 들어오지 못하게 하여, 오물과 악취 또는 이보다 더 끔찍한 사태로부터 사람들을 보호하려고 했고 출입금지를 어길 때에는 형벌을 부과한다는 규정을 만들었습니다. 이 입법자가 염두에 두었던 짐승은 아마 코끼리이거나 돼지였던 것 같습니다. 그런데 어떤 사람이 타조를 이 공간에 끌고 들어왔고, 천연덕스럽게 타조는 두 발뿐이라 괜찮다는 논거를 들었습니다. 이 사건을 어떻게 판단해야 할까요? 법조문의 문언을 중요하게 보는 입장에서는 "네 발 달린 짐승을 들어오게 하면 처벌하는데 타조는 두 발 짐승이니 처벌할 수 없다"고 볼 것입니다. 반대로 법률의 목적이 중요하다고 보는 관점에서는 "오물이나 악취 등에 대해서는 어떠한 동물이 네 발 짐승인지, 아니면 두 발 짐승인지는 중요하지 않으므로 타조를 데리고 들어온 사람도 처벌해야 한다"고 볼 것입니다. 관련된 법영역이 무엇인지도 중요한데, 민법에서는 유추해석을 일반적으로 인정하고 있으나 형법에서는 유추와 해석을 구별하면서 유추는 금지된다고 설명합니다.

왜 형법에서는 유추를 금지할까요? 범죄자를 처벌하고 싶지 않아서일까요? 위에서 본 타조 사례에서 법률의 제정목적을 무시하고 공간이 난장판이 되어도 괜찮기 때문일까요? 그렇지 않습니다. 국가형벌권의 행사를 통해 그 상대방은 커다란 피해를 입기 때문에, 국가는 가능하면 자신의 권한행사를 자제할 필요가 있다는 점은 이미 이야기하였습니다. 시민은 어떠한 행위가 금지되는지를 미리 알고 있어야 하며, 국가가 명확한 법률규정이 아니라 '감' 또는 '여론'에 의해 형벌권을 행사한다면 시민은 언제든지 자의적인 국가권력의 희생양이 될 수 있습니다. 나찌스가 집권한 이후의 1935년 독일형법 제2조는 이러한 섬뜩한 상황을 잘 보여주는 예입니다. "형벌법규상 처벌을 명시한 행위 또는 법규의 근본사상과 건전한 국민감정에 비추어 처벌할 필요가 있다고 인정되는 행위는 처벌한다. 행위에 대하여 직접 적용할 법규가 없을 때에는 그 행위에 가장 적합한 기본사상을 갖는 법규에 의하여 처벌한다."

시민은 어떠한 행위 당시에 그 행위를 금지하는 조문이 행위방법과 법률효과의 모든 측면에서 명확하게 미리 규정되어 있을 때에만 그 행위로 처벌될 수 있다는 죄형법정주의는 모든 근대법의 중요한 원칙이며 우리 헌법도 이를 명시하고 있는데, 유추해석금지는 죄형법정주의의 세부 원칙 중 하나입니다.

앞에서 본 성폭력처벌법의 카메라등 촬영금지에 관한 처벌조문은 유추해석금지와 관련하여 흥미있는 사례들을 만들어 냈습니다. 먼저, 대법원 2009. 10. 29. 선고 2009도7973 판결의 피고인은 피해자의 승낙을 받아 캠코더로 촬영해 두었던 피해자와의 성행위 장면이 담긴 영상물을 뿌렸습니다.

> **당시 성폭력처벌법** 제13조(카메라 등을 이용한 촬영)
>
> ① 카메라나 그 밖에 이와 유사한 기능을 갖춘 기계장치를 이용하여 성적 욕망 또는 수치심을 유발할 수 있는 다른 사람의 신체를 그 의사에 반하여 촬영하거나 그 촬영물을 반포·판매·임대 또는 공공연하게 전시·상영한 자는 5년 이하의 징역 또는 1천만원 이하의 벌금에 처한다.

② 영리를 목적으로 제1항의 촬영물을 「정보통신망 이용촉진 및 정보보호 등에 관한 법률」 제2조제1항제1호의 정보통신망(이하 "정보통신망"이라 한다)을 이용하여 유포한 자는 7년 이하의 징역 또는 3천만원 이하의 벌금에 처한다.

대법원은 이 사건의 피고인을 당시 성폭력처벌법 제13조 제1항으로 처벌할 수 없었습니다. 왜냐하면 이 조문이 처벌하고 있는 행위는 '촬영하던 당시에 피해자의 동의를 받지 못한 촬영'과 '동의없는 촬영물의 유통'이기 때문입니다. 촬영 당시에 동의를 받았다면 비록 나중에 동의없이 그 촬영결과를 인터넷에 올렸다고 하더라도 이 조문에서 규정하고 있는 처벌대상이 아닙니다.

결국 대법원은 피고인을 형법에서의 음란물유포죄로 처벌했지만, 이러한 상황을 방치할 경우에는 사귀다기 헤어진 후 앙심을 품고 인터넷에, 그것도 교묘하게 자신의 얼굴만을 가린 성행위 동영상을 올린다고 해도 처벌할 수 없다거나 형법의 처벌조문은 형량이 너무 낮다고 우려할 수 있습니다. 따라서 촬영 당시에는 상대방, 즉 피해자의 동의를 받았으나 그 후 피해자의 동의 없이 영상을 유통시킨 자도 처벌할 수 있도록 법률이 개정되었으며, 현재의 성폭력처벌법 제14조 제2항이 그것입니다.

촬영에 대해서는 피해자의 '신체를 직접 찍어야 한다'는 취지의 대법원 판결이 과거에 있었습니다. 대법원 2013. 6. 27. 선고 2013도4279 판결의 피고인 A는 피해자 V(여, 14세)와 인터넷 화상채팅 등을 하면서 카메라 기능이 내재되어 있는 A의 휴대전화를 이용하여 V의 가슴 등 신체 부위를 V의 의사에 반하여 촬영하였다고 하여 구 성폭력처벌법 위반(카메라등이용촬영)으로 기소되었습니다. 쉽게 말하면 A와 V가 웹캠을 통해 채팅을 하고 있었는데, A가 V의 허락도 없이 V가 노출하고 있는 장면이 드러난 컴퓨터 화면을 자신의 핸드폰으로 찍었다는 말입니다. 대법원은 아래와 같이 판단하면서 A에게 무죄를 선고하였습니다.

"V는 스스로 자신의 신체 부위를 화상카메라에 비추었고 카메라 렌즈를 통과한 상의 정보가 디지털화되어 A의 컴퓨터에 전송되었으며, A는 수신된 정보가 영상으로 변환된 것을 휴대전화 내장 카메라를 통해 동영상 파일로 저장하였으므로 A가 촬영한 대상은 V의 신체 이미지가 담긴 영상일 뿐 V의 신체 그 자체는 아니라고 할 것이어서 법 제13조 제1항의 구성요건에 해당하지 않으며, 형벌법규의 목적론적 해석도 해당 법률문언의 통상적인 의미 내에서만 가능한 것으로, 다른 사람의 신체 이미지가 담긴 영상도 위 규정의 '다른 사람의 신체'에 포함된다고 해석하는 것은 법률문언의 통상적인 의미를 벗어나는 것이므로 죄형법정주의 원칙상 허용될 수 없다는 이유로 A에게 무죄를 인정한 원심판단은 정당하다."

풀어서 설명하면, A는 V의 신체가 아니라 V가 찍힌 영상을 핸드폰으로 찍었으므로 당시 성폭력처벌법

제13조의 적용대상에 포함시킬 수 없다는 말입니다. 유추해석금지를 강조하는 대법원의 입장이 옳다고 생각합니다. 사건의 사실관계에서 A가 V를 찍은 사진을 인터넷에 올리는 등의 사실이 드러나지 않았으므로 우리가 살펴본 다른 법률 중 형법이나 정보통신망법도 적용할 수 없습니다. 하지만, 피해자의 신체를 직접 찍었는지 아니면 피해자의 신체가 나온 화면을 찍었는지 여부는 보호법익과의 관계에서 별로 중요하지 않습니다. 그렇기 때문에, 성폭력처벌법을 개정하여 현재는 위의 A의 행위를 처벌할 수 있습니다. 앞에서 살펴보았던 현행 성폭력처벌법 제14조를 참고하기 바랍니다.

형법은 무엇을 하는가?

1) 왜 처벌하는가?

국가가 범죄자를 왜 처벌하는가에 대해서는 다양한 의견이 제시되어 왔습니다. 범죄자는 마땅히 처벌해야 하며 그 자체가 정의이기 때문에 다른 이유가 필요없다는 설명이 소위 응보주의입니다. 가령 칸트(Kant)가 『도덕형이상학』에서 밝힌 섬나라 사례, 즉 내일 지구가 멸망한다고 하더라도 최후의 1인의 범죄자에 대한 형집행까지 해야 한다는 설명은 그 대표적인 예입니다. 응보는 우리의 법감정에 합치한다는 장점이 있습니다만, 형벌도 국가권력의 행사이기 때문에 그러한 강한 국가권력이 '맹목적으로', 즉 다른 이유 없이 행사되어도 좋은지는 의문입니다.

그렇다면 형벌에는 어떤 목적이 있어야 하는데, 목적형주의는 그 대상을 범죄자 그 자체와 일반인으로 나누어서 설명합니다. 먼저, 범죄자를 가두어 놓으면 그 기간 동안 범죄자는 다시 범죄를 저지르지 못할 것이고, 혹시 범죄자를 죽인다면 앞으로 영영 그는 다시 범죄를 저지르지 못할 것입니다. 다른 한편으로 범죄자를 교도소에 가두어 놓고 열심히 개선교화시켜 '사람을 만들' 수 있다면 그 범죄자는 사회에 복귀해서도 다시 범죄를 저지르지 않을 것입니다. 일반인이라도, 어떠한 범죄에 대한 형벌이 자신이 그 범죄를 통해 얻을 수 있는 이익보다 크다면 무서워서 범죄를 저지르지 않을 것입니다. 나아가, 범죄자에 대한 처벌을 통해 일반인들에게 법규범을 준수해야겠다는 생각을 내면화시킬 수 있다면 일반인들은 당연히 범죄를 저지르지 않을 것이라고 설명하기도 합니다.

어떠한 형벌이 적합한가라는 질문에서 형벌의 종류를 생각할 수 있습니다. 형법은 형벌의 종류를 다음과 같이 규정합니다.

> **형법** 제41조(형의 종류) 형의 종류는 다음과 같다.
> 1. 사형 2. 징역 3. 금고 4. 자격상실 5. 자격정지 6. 벌금 7. 구류 8. 과료 9. 몰수

이 중 벌금형 등 범죄자에게 재산을 빼앗는 방법은 공평하다고 보기 어렵습니다. 사소한 범죄에 대한 처벌로는 적합할 수 있으나, 재산이 많은 범죄자에게는 껌값에 불과한 액수가 가난한 범죄자에게는 매우 중한 형벌일 수 있습니다. 형벌은 해악으로서 그 대상자들에게 공평한 희생이 되어야 하는데, 돈은 그렇지 못합니다.

대표적인 사례로 대법원 2008. 4. 11. 선고, 2007도8373 판결이 있는데 H 그룹의 총수 J와 그밖의 측근 임원들은 그들이 경영하던 G 회사 등의 소유자금으로 수천억원 대의 비자금을 조성한 다음 이를 사적인 용도로 사용하였나는 혐의로 수사를 받고 특정경제범죄가중처벌 등에 관한 법률위반으로 기소되었습니다. J는 1심에서 징역3년을 선고받았는데, J는 1심공판 당시 이미, 자신이 경영하는 그룹 계열사의 피해를 회복하기 위하여 현금 300억원을 변제하고 나머지 금액에 대하여는 위 피고인의 소유 주식 약 406억원 상당을 계열사들 앞으로 질권 설정하는 등의 피해를 변제하기 위한 노력을 하였으며 1심재판부도 이를 양형에 유리한 사실로 보았습니다. 그런데, J는 2심의 공판기일에서 "자신의 범행으로 인하여 계열회사에 금전적 손실을 끼치는 유형의 손해를 발생시킨 것뿐만 아니라 경제질서 훼손 등 사회전반의 무형의 손해를 발생시킨 점에 대하여 반성하고 회복방안을 제시하는 차원에서, 최소 8,400억원 규모의 개인 재산으로 문화시설 제공 등 사회구성원 모두가 그 이익을 향유할 수 있는 사회공헌계획을 수립하고 시행하겠다"고 추가적으로 약속하였습니다. 법원도 이를 유리한 양형사유로 판단하여, J에 대하여 사회공헌약속의 이행 및 준법경영을 주제로 한 강연 및 기고를 내용으로 하는 사회봉사명령을 명하면서 징역 3년에 처하나 판결확정일로부터 5년간 형의 집행을 유예한다는 판결을 내렸습니다.

형법 제62조(집행유예의 요건)

① 3년 이하의 징역이나 금고 또는 500만원 이하의 벌금의 형을 선고할 경우에 제51조의 사항을 참작하여 그 정상에 참작할 만한 사유가 있는 때에는 1년 이상 5년 이하의 기간 형의 집행을 유예할 수 있다. 다만, 금고 이상의 형을 선고한 판결이 확정된 때부터 그 집행을 종료하거나 면제된 후 3년까지의 기간에 범한 죄에 대하여 형을 선고하는 경우에는 그러하지 아니하다.

② 형을 병과할 경우에는 그 형의 일부에 대하여 집행을 유예할 수 있다.

이 사건에 대하여 대법원은 "재벌그룹 회장의 횡령행위 등에 대하여 집행유예를 선고하면서 사회봉사명령으로서 일정액의 금전출연을 주된 내용으로 하는 사회공헌계획의 성실한 이행을 명하는 것은 시간 단위로 부과될 수 있는 일 또는 근로활동이 아닌 것을 명하는 것이어서 허용될 수 없고, 준법경영을 주제로 하는 강연과 기고를 명하는 것은 헌법상 양심의 자유 등에 대한 심각하고 중대한 침해가능성, 사회봉사명령의 의미나 내용에 대한 다툼의 여지 등의 문제가 있어 허용될 수 없다"고 판단하였습니다. 대법원의 판결은 2심 재판부가 사회봉사명령의 성격을 잘못 이해했다는 점을 주로 지적하고 있습니다만, 사실 J에게는 교도소에서 징역형의 시간을 보내는 것보다는 8,400억원이 가벼운 형벌로 보입니다.

그렇다면, 징역형 등이 평등에 적합한 형벌입니다. 나의 24시간은 다른 사람에게도 24시간입니다. 개선교화를 위해서도 자유형이 벌금형보다 낫습니다. 다른 한편으로 특별예방이 형벌의 중요한 목적이라면, 국가는 범죄자를 교도소에 가두어 놓고 그의 개선교화를 위해 최선을 다해야 합니다. 이때, 자유박탈이 이미 범죄자에게 매우 중요한 해악으로 작용하고 있기 때문에 그 외의 다른 조건들까지 열악해야 할 이유는 없습니다.

2) 형법의 목표: 자유보장과 법익보호

형법은 원래 평화로운 공동생활을 보호하려는 과제를 수행하기 위해 탄생하였습니다. 그래서 형법의 과제는 법익보호와 사회윤리적으로 가치 있는 행위의 보호라고 설명합니다. 그러나 형법에게는, 그 자체 남용의 속성을 가진 국가형벌권으로서의 한계를 명확하게 설정하여 자의적인 국가형벌권의 행사로부터 시민의 자유를 보장하는 역할도 있습니다.

서로 역설적인 관계에 있는 이 두 가지 목표는 형법의 해석에도 영향을 미칩니다. 예를 들어 A가 주유소에서 기름값을 내지 않고 도망하려 하자 주유소 직원인 B가 A가 운전하는 자동차의 장문을 잡고 차를 세우라고 소리치는데도, A는 정차하지 아니하고 B를 차량에 매단 채 약 30m 진행하다가 땅에 넘어뜨려 다치게 한 사건(대법원 1998. 5. 29. 선고, 98도1086 판결)을 어떻게 판단할까요?

형법 제260조(폭행, 존속폭행)

① 사람의 신체에 대하여 폭행을 가한 자는 2년 이하의 징역, 500만원 이하의 벌금, 구류 또는 과료에 처한다.

② 자기 또는 배우자의 직계존속에 대하여 제1항의 죄를 범한 때에는 5년 이하의 징역 또는 700만원 이하의 벌금에 처한다.

③ 제1항 및 제2항의 죄는 피해자의 명시한 의사에 반하여 공소를 제기할 수 없다.

제261조(특수폭행) 단체 또는 다중의 위력을 보이거나 위험한 물건을 휴대하여 제260조제1항 또는 제2항의 죄를 범한 때에는 5년 이하의 징역 또는 1천만원 이하의 벌금에 처한다.

폭행죄에서의 폭행은 사람의 신체에 대한 유형력의 행사라고 정의하는데, 우리의 사안에서 A가 B를 폭행하였음은 분명합니다. 문제는 혹시 자동차를 이용한 폭행이 형법 제261조에서 말하는 '위험한 물건을 휴대'한 폭행인가입니다. 이때의 '위험한 물건'은 흉기를 포함하며 사용방법에 따라 다른 사람의 생명, 신체에 해를 줄 수 있는 물건을 의미하기 때문에 자동차가 위험한 물건이라고 보는데에도 큰 문제가 없습니다. 다만 자동차의 '운전'을 '휴대'라고 볼 수 있는지에 대해 대법원은 휴대의 개념을 '널리 이용하여'라고 폭넓게 해석합니다. 반면에 휴대란 '몸에 지니는 것'이라는 일상언어적 이해를 중시한다면 A에게 특수폭행죄가 아니라 폭행죄가 성립한다고 설명할 것입니다.

형사절차를 통한 시민의 자유와 안전의 확보

1) 형사재판의 한 단면: 소위 '자백'과 '조서'의 문제

수사기관은 자백을 좋아합니다. 경찰과 검찰은 피의자를 기소하여 유죄판결을 받기 위해 범죄사실을 입증할 증거를 찾기 위해 전력을 다합니다. 많은 증거 중에서 수사기관이 가장 원하는 것은 피의자의 자백입니다. 혐의 자체가 불분명할 때 일단 자백을 받아내면 수사를 압축할 수 있고, 피의자가 심리적으로 무너지기 때문에 추가 증거도 얻어내기 쉽기 때문입니다. 이 때문에 역사적으로 보면, 수사기관은 자백을 받아내기 위한 고문, 회유, 협박, 속임수 등의 다양한 방법을 사용해 왔습니다.

여러 명이 동시에 수사를 받는 상황에서, 수사기관은 사람마다 격리된 곳에서 상호 의사소통을 막은 채 신문을 하면서 "옆방에 있는 사람은 이미 다 불었다"라고 말하면서 자백을 회유하는 경우가 있습니다. 혼자서 계속 버티면 오히려 자기 자신만 불리해질 것이라고 암시합니다. 유명한 '죄수의 딜레마'와도 일맥상통하는 이런 상황에서 사람은 심리적으로 자신을 지키기 위해 쉽게 자백을 한다고 합니다. 실제로 옆방 사람은 자백을 하지 않았더라도, 수사기관은 이런 방식으로 모든 방마다 자백을 받아낼 수 있습니다.

그런데 위에서 말하는 두 가지는 모두 우리 법률이 금지합니다.

> **형사소송법** 제309조(강제등 자백의 증거능력) 피고인의 자백이 고문, 폭행, 협박, 신체구속의 부당한 장기화 또는 기망 기타의 방법으로 임의로 진술한 것이 아니라고 의심할 만한 이유가 있는 때에는 이를 유죄의 증거로 하지 못한다.
> 제310조(불이익한 자백의 증거능력) 피고인의 자백이 그 피고인에게 불이익한 유일의 증거인 때에는 이를 유죄의 증거로 하지 못한다.

미국과 우리나라의 상황이 다르다는 점은 여기에서도 드러납니다. 미국은 모든 형사재판을 배심재로 진행하지만 사실 대부분의 사건은 유죄인부협상(plea bargaining)으로 해결합니다. 피고인은 자신이 유죄임을 인정한 후 검사와 협상을 통해 가벼운 처벌을 받도록 시도하는데, 검사는 보다 가벼운 범죄 또는 사회적인 비난이 적은 범죄로 기소하거나 죄수를 줄여서 기소하거나 판사에게 낮은 처벌을 권유하도록 피고인에게 약속한다는 것입니다. 그런데, 우리 대법원은 검사가 피고인과 한 약속도 형사소송법 제309조의 '기타의 방법'에 해당한다고 보고 있습니다.

수사기관은 열심히 자백을 받아내어 그 내용을 피의자신문조서에 쓰려고 합니다. 검사가 작성한 피의자신문조서와 사법경찰관이 작성한 피의자신문조서의 증거능력을 다르게 규정하고 있던 시절에는 더욱 그랬습니다. 피의자신문조서는 수사기관과 피의자가 문답한 내용을 정리한 문서인데, 각 페이지에 대하여 피의자가 그 내용을 확인하라고 법률은 규정하고 있습니다. 그렇다고 하더라도, 피의자신문조서에 기재되는 내용과 분위기가 실제로 피의자가 진술한 것과 다른 경우가 많이 있었는데 그러한 피의자신문조서에 써있는 내용을 법관이 그대로 믿고 유죄판결을 한다면 문제가 아닐 수 없습니다. 그래서 우리 형사소송법 제312조는 검찰과 경찰이 작성한 피의자신문조서를 언제 증거로 쓸 수 있는지에 대한 요건을 규정하고 있습니다.

나의 권리를 어떻게 보호받을 수 있을까요? 범죄를 저지르면 안되겠지만, 혹시 문제가 되는 상황이라면 바로 변호사에게 연락하여 조언을 받아야 합니다. 내가 돈이 없으면 국가에서 돈을 내서 국선변호인을 붙여주기도 합니다. 특히 피의자신문에서는 변호인의 조력이 매우 중요하며, 최근에는 피해자에게도 국선변호인을 붙여주기도 합니다.

2) CCTV와 블랙박스

2012년에 나온 책에 의하면 테러 차단, 범죄 예방 등의 명목으로 영국 전역에 설치된 CCTV는 420만대 이상으로, 영국은 CCTV가 세계에게 가장 많은 국가로 알려져 있다고 하였습니다. 런던에만 15만대의 CCTV가 설치되어 있어 런던 시민들은 하루 평균 5분에 한번씩, 하루 300번 정도 감시카메라에 노출된다고 합니다.

우리나라에 설치된 CCTV는 얼마나 될까요? 일단 공공기관이 설치한 CCTV는 2021년 5월 25일 현재 1,336,653대입니다(2020년 기준). 2014년 기준으로 655,030대였던 것과 비교해 보면 2배 이상이 되었고, 범죄예방 및 수사, 시설안전 및 화재예방 등 사회질서 유지에 CCTV가 중요 수단으로 사용됨에 따라 CCTV 운영대수는 지속 증가하고 있습니다. 증가율은 개인정보보호법 제정에 따른 의견수렴 절차 등 준수, 사생활 침해에 대한 관심 증가 등에 따라 점차 감소하는 추세였으나 2019년부터는 생활안전에 대한 사회적 관심 증가로 다시 증가하는 추이를 보입니다. 개인정보보호법에 의하면 일반인도 CCTV를 설치할 수 있는데, 일반인이 설치한 CCTV가 얼마인지는 정확히 알 수 없습니다. 이미 2015년 당시 200만대가 넘는다는 추측이 있었습니다.

개인정보보호법 제25조(영상정보처리기기의 설치·운영 제한)

① 누구든지 다음 각 호의 경우를 제외하고는 공개된 장소에 영상정보처리기기를 설치·운영하여서는 아니 된다.

1. 법령에서 구체적으로 허용하고 있는 경우
2. 범죄의 예방 및 수사를 위하여 필요한 경우
3. 시설안전 및 화재 예방을 위하여 필요한 경우
4. 교통단속을 위하여 필요한 경우
5. 교통정보의 수집·분석 및 제공을 위하여 필요한 경우

② 누구든지 불특정 다수가 이용하는 목욕실, 화장실, 발한실(發汗室), 탈의실 등 개인의 사생활을 현저히 침해할 우려가 있는 장소의 내부를 볼 수 있도록 영상정보처리기기를 설치·운영하여서는 아니 된다. 다만, 교도소, 정신보건 시설 등 법령에 근거하여 사람을 구금하거나 보호하는 시설로서 대통령령으로 정하는 시설에 대하여는 그러하지 아니하다. (하략)

개인들이 CCTV를 설치하는 장소 중에는 어린이집이 있는데, 몇몇 어린이집에서 보육교사들이 어린이들을 학대한 사건이 발생하여 영유아보육법은 어린이집의 CCTV 설치를 의무화하였습니다.

영유아보육법 제15조의4(폐쇄회로 텔레비전의 설치 등)

① 어린이집을 설치 · 운영하는 자는 아동학대 방지 등 영유아의 안전과 어린이집의 보안을 위하여 「개인정보 보호법」 및 관련 법령에 따른 폐쇄회로 텔레비전(이하 "폐쇄회로 텔레비전"이라 한다)을 설치 · 관리하여야 한다. 다만, 다음 각 호의 어느 하나에 해당하는 경우에는 그러하지 아니하다.

1. 어린이집을 설치 · 운영하는 자가 보호자 전원의 동의를 받아 특별자치시장 · 특별자치도지사 · 시장 · 군수 · 구청장에게 신고한 경우
2. 어린이집을 설치 · 운영하는 자가 보호자 및 보육교직원 전원의 동의를 받아 「개인정보 보호법」 및 관련 법령에 따른 네트워크 카메라를 설치한 경우

② 제1항에 따라 폐쇄회로 텔레비전을 설치 · 관리하는 자는 영유아 및 보육교직원 등 정보주체의 권리가 침해되지 아니하도록 다음 각 호의 사항을 준수하여야 한다.

1. 아동학대 방지 등 영유아의 안전과 어린이집의 보안을 위하여 최소한의 영상정보만을 적법하고 정당하게 수집하고, 목적 외의 용도로 활용하지 아니하도록 할 것

2. 영유아 및 보육교직원 등 정보주체의 권리가 침해받을 가능성과 그 위험 정도를 고려하여 영상정보를 안전하게 관리할 것

3. 영유아 및 보육교직원 등 정보주체의 사생활 침해를 최소화하는 방법으로 영상정보를 처리할 것

③ 어린이집을 설치 · 운영하는 자는 폐쇄회로 텔레비전에 기록된 영상정보를 60일 이상 보관하여야 한다.

④ 제1항에 따른 폐쇄회로 텔레비전의 설치 · 관리기준 및 동의 또는 신고의 방법 · 절차 · 요건, 제3항에 따른 영상정보의 보관기준 및 보관기간 등에 필요한 사항은 보건복지부령으로 정한다.

대법원은 어린이집에 설치한 CCTV에 비닐봉지를 씌운 행위가 형법의 업무방해죄에 해당하는지를 판단해야 했습니다. 아동학대 사건이 발생한 사실이 있는 대전의 A어린이집은, 학부모들로부터 CCTV 설치 요청을 받자 노동조합에 협의를 구했습니다. 인권침해 우려 등을 이유로 노동조합이 이를 반대하자, 어린이집은 교사들과 합의 없이 CCTV 설치를 강행했습니다. CCTV는 교사들이 출입하는 화장실 입구, 교사 개인 사무 공간, 심지어는 교사가 사용하는 컴퓨터 모니터 부분을 촬영할 수 있는 위치에 설치돼 있었고, 어린이집 교사들은 CCTV의 설치 방법, 장소, 기간 등에 관해 의견을 개진할 수 있는 기회를 부여받거나 정보를 제공받지 못한 채, CCTV 촬영에 노출되었습니다. 그런데 어린이집이 교사들과 맺은 단체협약에 따르면 CCTV를 설치하려면 노동조합과 사전에 합의해야 하고, 사생활을 침해할 수 있는 장소에는 설치할 수 없으며, 사전합의 없는 감시장비는 즉시 철거해야 하였습니다. 교사들은 단체협약 위반이라고 반발했고, 당시 어린이집 노동조합의 지부장을 맡고 있던 장씨는 조합원들에게 비닐봉지로 CCTV를 감싸 촬영이 되지 않도록 하라고 지시하였습니다. 장씨는 처벌되었을까요? 그에 대해서는 대법원 2015. 6. 11. 선고 2015도929 판결을 참고하기 바랍니다.

CCTV가 범죄예방에 효과가 있다는 연구결과는 많이 있습니다. 몇몇 사건에서 어린이집 CCTV에 찍힌 아이들 동영상이 공개되어 우리들의 분노를 샀다는 점은 분명하고 이러한 사건에서 CCTV는 증거를 확보하는 유효한 수단입니다. 그렇지만, 대부분의 아동학대범죄는 가정 안에서 일어난다는 점에서 어린이집의 CCTV 설치는 아동학대를 해결하기 위한 '바로 그' 수단인지는 의문입니다. 자동차의 블랙박스도 CCTV와 마찬가지로 개인이 범죄의 정보를 수집하는 유력한 수단으로서, 실제로 경찰은 개인의 블랙박스에 저장된 동영상을 활용해 범인을 검거하는 경우가 자주 있습니다. 그런데 CCTV에 대한 개인정보보호법 제25조 제4항이 안내판 설치 등 CCTV의 위치를 알 수 있게 하는 조치를 하도록 설치자에게 요구하고 있는 반면에, 블랙박스에 대해서는 아무런 규정이 없습니다. 블랙박스는 '공개된 장소'(개인정보보호법 제25조 제1항)를 촬영하고 있지 않으니 CCTV와 다르다고 생각할지도 모르나, 자동차 블랙박스는 자신의 차량의 외부를 촬영하며 이는 공개된 장소입니다.

더 읽을 책

시겔, 『범죄학: 이론과 유형(13판)』, 교우, 2020.
푸코(오생근 옮김), 『감시와 처벌』, 나남, 2011.
하세머(배종대·윤제왕 옮김), 『범죄와 형벌』, 나남, 2011,

김성돈, 『형법총론(7판)』, SKKUP, 2021.
민주사회를 위한 변호사 모임, 『쫄지 마 형사절차: 수사편』, 생각의 길, 2015.

솔 레브모어·마사 누스바움 편저(김상현 옮김), 『불편한 인터넷』, 에이콘, 2012

04
법과 나, 그리고 사회

근로관계와 구제수단

1) 구제수단의 활용

사례: 편의점에서 알바로 일했으나 알바비를 받지 못하는 상황이 발생하였습니다. 이때 나는 무엇을 언제 어떻게 해야 할까요? 무엇을 하면 안될까요?

첫째, 임금을 달라고 분명히 요구해야 합니다. 특히, 사업주가 차일피일 미루면서 별로 임금을 지급할 뜻이 없다고 보이면, 내가 법률의 구제수단을 활용하겠다는 의사를 분명히 보이는 뜻에서 내용증명 우편을 보낼 수 있습니다.

심화학습

내용증명: 분쟁이 생겼을 때 증거로 활용하기 위해 언제, 누구에게 어떤 내용의 우편을 발송했는지를 우체국장이 증명하는 제도입니다. 같은 내용의 편지를 3통 작성하여 한 통은 상대방에게 발송하고 다른 한 통은 본인이, 나머지 한 통은 우체국장이 보관합니다.

나는 사업주와 근로계약을 체결하였으며, 사업주는 계약의 내용에 따라서 내게 임금을 지급해야 합니다. 앞에서 보았었던 계약서가 여기서 다시 중요한 의미를 갖습니다. 임금은 사업주의 입장에서는 일종의 빚인데, 법률에서는 일반적으로 돈을 빌려준 사람이 10년 동안 빚을 갚으라고 빌린 사람에게 요청하지 않으면 돈을 받을 의사가 없다고 보아 빌려준 돈을 받아낼 권리 자체가 없어진 것으로 취급하고 있으며, 이를 채권의 소멸시효라고 합니다.

그러나 임금채권은 소멸시효가 3년으로 다른 채권보다 짧습니다. 결국 3년 동안 한 번도 임금을 달라고 요구하지 않았다면 그 임금은 못 받게 된다는 것입니다. 직접 만나서 알바비를 달라고 말하거나 전화 등으로 달라고 요구했을 수도 있겠지만, 나중에 법정에서 사업주가 그런 말을 들은 적이 없다고 발뺌할 수도 있습니다. 이런 경우에 대비해 임금을 달라는 내용의 편지를 확실히 보낸 적이 있다고 우체국장이 증명해 주는 것이 내용증명우편입니다. 현재는 통화내역녹음이 비슷한 기능을 맡고 있다고 볼 수 있습니다. 다만 내용증명을 보낸 때부터 6개월 이내에 소송 등을 제기하지 않으면 시효중단의 효력이 없다고 법률은 규정합니다.

둘째, 사용주가 내용증명 우편을 받은 후에도 임금을 지급하지 않으면 고용노동부에 도움을 청할 수 있습니다. 고용노동부에 있는 근로감독관은 노동사건에 대해서는 경찰과 같은 기능을 합니다. 노동자가 지방노동청에 진정서를 제출하거나 홈페이지를 통해 도움을 요청하면 근로감독관이 회사에 와서 사실관계를 조사한 후 화해권고나 시정명령을 합니다. 만약 사업주가 근로감독관의 시정명령을 이행하지 않을 경우 형사처벌을 받을 수 있습니다.

셋째, 법원에 민사소송을 제기하는 방법이 있습니다. 그러나 이미 보았듯이, 법에 호소하는 이러한 방법은 다른 수단을 통한 해결이 어려울 때 사용하는 최후수단이라고 보아야 합니다. 그리고, 내가 사장에게 받을 돈이 있다고 하더라도 가령 조폭을 동원하거나 회사의 비리를 폭로한다고 하여 사장을 협박하는 방법을 사용해서는 안 됩니다. 이러한 방법은 사장에게 오히려 빌미를 줄 뿐이며, 사적인 복수는 법의 한계를 넘어섰기 때문에 정당화될 수 없습니다.

2) 시효라는 제도

시효는 정의로운 제도일까요? 시효는 일정한 사실상태가 일정기간 이상 계속되면 그 상태를 그대로 인정하려는 제도입니다. 민법에서는 취득시효와 소멸시효가 있는데, 소멸시효는 위에서 설명하였고 취득시효는 어떤 자가 권리자인 것처럼 권리를 행사하고 있는 사실상태가 일정한 기간 동안 계속된 경우에 그가 진실한 권리자인지를 묻지 않고서 처음부터 권리자였던 것으로 인정하는 제도입니다. 시효제도를 두는 이유는 법률생활의 안정과 평화의 달성, 증거보전의 곤란으로부터의 구제, "권리 위에 잠자는 자는 보호할 필요가 없다"는 등으로 설명하고 있습니다.

형법에서 말하는 시효는 공소시효와 형의 시효가 있습니다. 형의 시효란 형사재판을 통해 확정된 형이 일정기간 동안 집행되지 않았을 때에 그 형이 집행되었다고 보는 제도입니다. 그리고, 공소시효란 어떤 행위를 저지른 행위자가 일정 기간 동안 기소되지 않았을 경우에는 더 이상 기소하지 못하는 제도입니다. 공소시효를 두는 이유에 대한 주된 설명은 위에서 본 시효에 대한 설명과 비슷해서, 어떤 사건이 저질러진 후 오랜 시간이 흐르면 증거가 사라져서 진범을 찾기 어려워진다는 것입니다. 적절하고 쉬운 설명에 의하면, "공소시효는 당사자와 가족에게 긍정적이라는 점 이외에는 다른 장점이 없습니다. 그러나 법 자체에는 매우 유용한, 말하자면 법의 숨통을 트이게 해 주는 장치입니다. 법이 자신의 존재성을 안정적으로 계속 유지시켜 주는 장치로서 그를 통해 법적 안정성을 추구할 수 있게 되기 때문입니다."

그러나 어떠한 범죄를 저지른 자가 오랫동안 수사를 받지 않았다는 이유로 처벌되지 않는 결과가 발생한다면 정의롭지 못하다고 볼 여지는 충분히 있습니다. 다른 나라의 법률을 보면 공소시효 제도를 두고 있지 않은 국가들도 많이 있습니다. 살인죄처럼, 만약 저지른 범죄가 매우 중하다면 그 범죄자는 반드시 처벌해야 한다고 생각할 수도 있습니다. 따라서 공소시효 제도를 두고 있는 국가들도 특정한 중한 범죄에 대해서는 공소시효를 적용하지 않는 경우가 있습니다. 우리는 살인죄의 공소시효를 폐지하였으며, 성폭력처벌법 등의 법률에 성범죄의 공소시효에 대한 특례규정도 두고 있습니다.

형사소송법 제253조의2(공소시효의 적용 배제) 사람을 살해한 범죄(종범은 제외한다)로 사형에 해당하는 범죄에 대하여는 제249조부터 제253조까지에 규정된 공소시효를 적용하지 아니한다.

청소년성보호법 제20조(공소시효에 관한 특례)

① 아동 · 청소년대상 성범죄의 공소시효는 「형사소송법」 제252조제1항에도 불구하고 해당 성범죄로 피해를 당한 아동 · 청소년이 성년에 달한 날부터 진행한다.

② 제7조의 죄는 디엔에이(DNA)증거 등 그 죄를 증명할 수 있는 과학적인 증거가 있는 때에는 공소시효가 10년 연장된다.

③ 13세 미만의 사람 및 신체적인 또는 정신적인 장애가 있는 사람에 대하여 다음 각 호의 죄를 범한 경우에는 제1항과 제2항에도 불구하고 「형사소송법」 제249조부터 제253조까지 및 「군사법원법」 제291조부터 제295조까지에 규정된 공소시효를 적용하지 아니한다. (생략)

④ 다음 각 호의 죄를 범한 경우에는 제1항과 제2항에도 불구하고 「형사소송법」 제249조부터 제253조까지 및 「군사법원법」 제291조부터 제295조까지에 규정된 공소시효를 적용하지 아니한다. (생략)

사회적 약자의 보호

세계인권선언 제2조 모든 사람은 인종, 피부색, 성, 언어, 종교, 정치적 또는 기타의 견해, 민족적 또는 사회적 출신, 재산, 출생 또는 기타의 신분과 같은 어떠한 종류의 차별이 없이, 이 선언에 규정된 모든 권리와 자유를 향유할 자격이 있다. (생략)

1) 남녀평등

사례: 여학생인 B는 열심히 공부하여 취업에 성공하였습니다. 근로계약서를 작성하던 도중, 사장 A가 "우리 회사의 일은 복잡하기 때문에, 오랫동안 성실하게 일할 사람을 원합니다. B씨도 그렇게 해 줄 것이라고 믿고 있습니다만, 계약서로 분명히 해 두는 편이 좋으니, 결혼하거나 임신하면 퇴직하는 것으로 하지요"라고 말하였습니다. 어떻게 해야 할까요?

남녀고용평등과 일·가정 양립 지원에 관한 법률(약칭 남녀고용평등법)은 정년퇴직 및 해고에서 남녀를 차별하는 행위를 금지합니다(제11조 제1항). 나아가 여성근로자의 혼인, 임신 또는 출산을 퇴직사유로 예정하는 근로계약을 체결하는 행위를 금지합니다(제2항). 사용자가 여성인 B에게만 혼인이나 임신, 출산을 퇴직조건을 붙이면 여성이 능력을 잘 개발하고 발휘하여 장기간 일하려는 의욕과 기회를 막고 혼인이나 임신, 출산을 통해 개인의 행복을 추구하려는 권리를 침해하게 됩니다. 이는 성(性)을 이유로 합리적 이유 없이 불이익을 주는 차별에 해당합니다.

사례: B에게 A가 말하였습니다. "근로기준법이 출산전후휴가를 90일로 정하고 있지만, B씨가 맡은 일을 오래 비워두기는 어렵습니다. 결혼하거나 임신, 출산해도 퇴직시키지는 않을테니, 출산휴가기간은 60일로 줄입시다." B는 그래도 해고되지는 않으니 다행이라고 생각하였습니다. 어떻게 해야 할까요?

근로기준법이 정한 근로조건의 기준은 최저기준입니다. 사용자와 근로자가 혹시 합의하였다고 하더라도 법에 정한 기준보다 낮은 근로조건을 근로계약으로 정할 수는 없으며, 근로기준법이 정한 근로조건 기준에 미치지 못하는 근로조건을 정한 근로계약은 그 부분에 한하여 무효가 됩니다. 그러므로 위 사례에서 A가 B와 합의해서 근로계약서에 출산전후휴가기간을 60일로 정했다고 하더라도, A는 B에게 90일의 휴가를 주어야 합니다.

2) 장애인보호: 발달장애의 예

장애인에 대해서 장애가 없는 사람과 동일한 대우를 한다면 일견 아무런 차별을 하지 않은 것처럼 보이지만 이는 분명한 차별입니다. 왜냐하면 장애인이 장애가 없는 사람과 동등하게 같은 활동에 참여할 수 있도록 장애인의 성별, 장애의 유형 및 정도, 특성 등을 고려한 편의시설·설비·도구·서비스 등 인적·물적 제반 수단과 조치를 제공하지 않은 결과로 인하여, 형식상으로는 장애인에 대한 제한·배제·분리·거부 등에 의하여 불리하게 대하지 아니하지만 정당한 사유 없이 장애를 고려하지 아니하는 기준을 적용함으로써 장애인에게 불리한 결과를 초래하기 때문입니다(장애인차별금지법 제4조).

장애인의 하나인 발달장애인은 의사소통에 문제가 있기 때문에 수사절차에서 본인이 하지 않은 일임에도 불구하고 하였다고 판단되거나 그 반대로 판단될 가능성이 항상 있습니다. 피의자가 약자일수록 경찰이 조력기능을 발휘할 필요성은 높아짐에도 불구하고, 수사기관이 발달장애인의 특성에 대한 세심한 고려를 하지 않은 채 장애가 없는 사람과 동일한 기준으로 수사하게 되면 자신의 권리에 심각한 해악을 입게 될 위험성이 큽니다. 2013년에 나온 영화 "7번방의 선물"에서의 지적장애인인 주인공은 신뢰관계인의 동석 등 아무런 보호조치 없이 혼자 피의자신문을 받으며, 수사관으로부터 "빨리 끝내고 니 딸내미 보러 가야지"라는 말을 듣고 수사관이 시키는 대로 현장검증을 합니다. 그런데 영화에서의 이러한 묘사는 완전한 허구라고 보기는 어려운데, 실제로 소위 '수원 노숙소녀 상해치사 사건'의 피고인이었던 지적장애인은 수사과정에서 신뢰관계인의 동석 등 아무런 보호조치 없이 피의자신문을 받는 과정에서 심리적 불안감과 공포감을 이기지 못해 허위자백을 하였고 이를 토대로 징역 5년이 선고되었습니다.

현재 시행되고 있는 발달장애인 권리보장 및 지원에 관한 법률은 발달장애인의 의사를 최대한 존중하여 그들의 생애주기에 따른 특성 및 복지 욕구에 적합한 지원과 권리옹호 등이 체계적이고 효과적으로 제공될 수 있도록 필요한 사항을 규정함으로써 발달장애인의 사회참여를 촉진하고, 권리를 보호하며, 인간다운 삶을 영위하는 데 이바지함을 목적으로 하며(제1조) 형사절차에서 발달장애인의 권리를 보호하기 위한 규정을 두고 있습니다(제12조).

3) 연대의 필요성

앞에서 '법 없이도 살 사람'이라는 표현을 잠깐 언급했지만, 나의 권리는 아무도 대신 찾아주지 않습니다. 내가 약자라면 더욱 더 그러한데, 이럴 때 나의 권리를 찾는 가장 확실한 방법은 비슷한 처지에 있는 다른 사람들과의 연대입니다.

우리 헌법은 노동3권을 보장하고 있습니다, 헌법 제33조 제1항은 "근로자는 근로조건의 향상을 위해 자주적인 단결권·단체교섭권 및 단체행동권을 가진다"고 규정합니다. 단결권은 근로자가 근로조건과 경제적·사회적 지위의 향상을 위해 노동조합을 자주적으로 조직하고 자유롭게 노동조합에 가입·활동할 수 있는 권리와 노동조합이 자주적이고 자유롭게 활동할 수 있는 권리를 말합니다. 단체교섭권은 노동조합이 근로조건의 유지개선과 노동조합의 활동보장 등에 관하여 사용자와 교섭하고 합의된 사항을 단체협약으로 체결할 수 있는 권리입니다. 단체행동권은 근로자와 노동조합이 자신의 주장을 유리하게 관철시킬 목적으로 집단적 행동을 할 수 있는 권리로서, 업무의 정상적 운영을 방해하는 쟁의행위를 할 수 있는 쟁의권을 포함한다. 경제적 약자인 근로자가 사용자에 대항하기 위해서는 근로자단체의 결성이 필요하고 단결된 힘에 의해서 비로소 노사관계에 있어서 실질적 평등이 실현됩니다(헌법재판소 1998. 2. 27 선고 94헌바13·26, 95헌바44(병합) 전원재판부).

마치며

지금까지의 논의는 '법의 역할'을 중심으로 재구성할 수 있습니다. ① 질서/공동체의 형성(헌법), ② 안전의 확보(형법), ③ 자유의 보장(민법), ④ 더 나은 사회로의 변화(사회법)입니다.

그렇다면 법에 대해서는 어떠한 생각을 가져야 할까요? 형법학자인 김성돈 교수님은 법과 영화는 '끝내준다'는 공통점이 있다고 설명합니다. '끝내준다'는 여러 가지 뜻이 있지만 여기에서는 결판이 난다는 의미입니다. 현실에서는 갈등이 매듭지어지지 않는 경우가 많지만, 영화는 어떤 갈등이든지 약 두 시간 이내에 결말을 내주는 경우가 대부분입니다. 법적인 판단 역시 우리 사회에서 이루어지는 철학적, 윤리적, 또는 정치적 논쟁에서와는 달리 언제나 최종결론을 내려주는 체계입니다. 어떤 문제가 법정 앞에 섰을 때 판사가 판결을 내려주지 않는 경우란 없습니다. 어떤 방식으로든 사건은 종결되도록 되어 있으며, 당사자는 물론 사회구성원 모두가 법원의 최종판단에 승복하지 않을 수 없습니다. 민주적인 법치국가에서 법이 이와 같은 역할을 제대로 하지 못하면 사회가 유지될 수 없을 것입니다.

법관이 이러한 어려운 임무를 맡고 있기 때문에 미국의 법철학자인 드워킨은 법관을 헤라클레스에 비유하기도 하였습니다. 그런데, 사실 법률가 집단이란 그다지 중립적이지 않고, 실제로 법원이 가치중립적 법원칙에 의거하여 재판하기보다는 사회적 또는 경제적 가치에 입각하여 재판하는 경우도 종종 있기 때문에, '어느 내용이라고 하더라도 법률이므로 지켜야 한다'고 판단하거나 '법관이 판단했다'는 이유만으로 권위에 맹종할 이유는 없습니다.

그러나 비난도 그와 관련된 내용을 정확히 알아야 할 수 있습니다. 몇 년 전 화제가 되었던 술집 화장실 사례를 함께 생각해 볼 필요가 있습니다. 이 사건은, 술집 화장실에서 여성의 용변 장면을 본 남성에게 법원이 '법에서 정한 공중화장실'이 아니라는 이유로 무죄판결을 내린 사안입니다.

당시 성폭력처벌법 제12조(성적 목적을 위한 공공장소 침입행위) 자기의 성적 욕망을 만족시킬 목적으로 「공중화장실 등에 관한 법률」 제2조제1호부터 제5호까지에 따른 공중화장실 등 및 「공중위생관리법」 제2조제1항제3호에 따른 목욕장업의 목욕장 등 대통령령으로 정하는 공공장소에 침입하거나 같은 장소에서 퇴거의 요구를 받고 응하지 아니하는 사람은 1년 이하의 징역 또는 300만원 이하의 벌금에 처한다.

성폭력처벌법 제12조(성적 목적을 위한 다중이용장소 침입행위) 자기의 성적 욕망을 만족시킬 목적으로 화장실, 목욕장 · 목욕실 또는 발한실(發汗室), 모유수유시설, 탈의실 등 불특정 다수가 이용하는 다중이용장소에 침입하거나 같은 장소에서 퇴거의 요구를 받고 응하지 아니하는 사람은 1년 이하의 징역 또는 1천만원 이하의 벌금에 처한다.

이 사건을 처벌할 수 있을까요? 처벌할 수 없다면 그 이유는 무엇일까요? 처벌할 수 없다면 그 이후에는 어떻게 해야 할까요?

이 사건에 적용할 수 있는 법률은 당시 성폭력처벌법 제12조인데, 이 사건에서의 술집 화장실은 술집 한쪽에 작게 위치하고 있어서, 술집 주인이 공중의 이용에 제공한 것이 아니라 술집을 이용하는 불특정 다수 손님들의 이용을 위해 설치한 것이기 때문에 법률이 정하는 공중화장실이라고 보기 어려웠습니다. 즉, 처벌할 수 없다는 결론을 내리는 이유는 죄형법정주의인데, 죄형법정주의는 일반 시민의 자유를 보장하기 위해서 필요합니다. 조문의 해석으로는 처벌할 수 없는데 법익보호를 위해 처벌이 반드시 필요하다면 빨리 법률을 개정해야 하며, 성폭력범죄에 대한 여러 처벌규정이 이러한 이유로 개정되었음은 이미 살펴보았습니다. 성폭력처벌법 제12조도 2017년 말 개정되었습니다.

다음으로, 정의와 법적 안정성은 모두 법이 추구하는 중요한 가치이나 이중 어느 한쪽을 절대시하는 태도는 위험한데, 법적 안정성보다 정의를 우위에 놓을 때의 위험성이 더 크다고 보입니다. 내가 겨눈 정의의 칼날이 다시 내게 돌아올 가능성도 크며, 사실 정의는 무엇이라고 적극적으로 규정된다기보다는 '명백히 정의가 아닌 것'으로부터 희미하게 도출될 뿐입니다. 다원적 사회에서는 어떠한 정해진 결론의 내용에서 정의가 보장되는 것이 아니라 그 결론을 얻기 위한 공개적인 토론과 합리적인 의사소통 자체가 정의의 중요한 내용입니다.

즉, 나, 사회, 국가와 관련한 현실을 그대로 받아들이지 말고 항상 의문을 제기하는 비판적인 태도를 취할 필요가 있다는 점은 법에서도 다르지 않습니다. 올바른 삶이란 무엇일까요?

더 읽을 책

문유석, 『미스 함무라비』, 문학동네, 2016.
박상규·박준영, 『지연된 정의』, 후마니타스, 2016.

예링(윤철홍 옮김), 『권리를 위한 투쟁』, 책세상, 2007.

크로스오버 3: 사회의 탐색

초판 1쇄 인쇄 2016년 2월 15일
개정판 1쇄 발행 2022년 2월 23일
개정판 4쇄 발행 2025년 2월 19일

저 자 | 장세진 유정민 고재민 최준혁
발행처 | 인하대학교 출판부
인천광역시 남구 인하로100
전화 032)860-8301, 팩스 032)862-0080
등 록 | 1979.5.23 남구 제13호
디자인·인쇄 | 진원디자인프린텍

값은 뒷표지에 있습니다.
ISBN 978-89-7407-993-2(93300)